D0986013

Chicago Public Library
Vodak/East Side Branch
3710 E. 106th St.
Chicago, IL 60617

Gritos y susurros II

Gritos y susurros II

EXPERIENCIAS INTEMPESTIVAS DE OTRAS 39 MUJERES

Denise Dresser

COORDINADORA

Sp/ CT 3295 .G75 2009
Gritos y susurros II :

AGUILAR

R A Y A
E N E L
A G U A

Copyright © Denise Dresser Guerra, 2009

De esta edición:
D. R. ® Santillana, Ediciones Generales, S.A. de C.V., 2009
Av. Universidad 767, Col. del Valle.
03100 México, D.F. Teléfono (55) 54 20 75 30
www.editorialaguilar.com

D. R. ® Ediciones Raya en el Agua, S.A. de C.V., 2009
Av. Cuauhtémoc 1430, Col. Santa Cruz Atoyac.
03310 México, D.F. Teléfono (55) 56 88 23 48
rayaenelagua@mx.inter.net

Primera edición: marzo de 2009.

ISBN: 978-607-11-0173-0
ISBN tapa dura: 978-607-11-0175-4
Diseño de interiores: Ediámac
Fotografías de portada y solapas: Guillermo Güémez Sarre
Diseño de portada: León Muñoz Santini
Impreso en México.

Todos los derechos reservados. Esta publicación no puede ser reproducida, ni en todo ni en parte ni registrada en o transmitida por un sistema de recuperación de información, en ninguna forma ni por cualquier medio, sea mecánico, fotoquímico, electrónico, magnético, electroóptico, por fotocopia o cualquier otro, sin el permiso previo, por escrito, de las editoriares.

R03250 59140

Agradecimientos

A 39 mujeres por participar en esta aventura
A Carol Shields por sugerir la idea
A Julia de la Fuente por encabezarla
A Andrea Huerta por cuidar sus pasos
A Francisco Varela y Cecilia Farfán por acompañarnos
A Guillermo Güémez por darle portada
A Nina Menocal por darle albergue
A Ingmar Bergman por inspirar su título
A John Fleming otra vez, por todo, para siempre

Índice

Prólogo

"Siento que hay cosas inexploradas sobre las mujeres que sólo otra mujer puede explorar", escribió la pintora Georgia O'Keefe. Y tiene razón: cuando una mujer escribe sobre su experiencia vital y otra la lee, suele surgir una identificación inmediata, una empatía instantánea, una conversación que se vuelve puente construido a lo largo de las palabras. Desde el principio de la historia, las mujeres se han comunicado entre sí, inclinadas sobre una fogata, o meciendo la cuna, o cocinando sobre el calor de una estufa, o escribiendo las líneas de un texto. Al hacerlo, airean sus problemas y exorcizan sus miedos. Descubren quienes son y se construyen como personas a través de las conexiones que forjan. Crean una comunidad de entendimiento.

El primer libro de *Gritos y susurros* generó entusiasmo y energía precisamente porque tejió una comunidad entre quienes lo leyeron, lo comentaron y lo recomendaron; su éxito demostró que la mujeres de México necesitan compartir sus historias, identificarse con ellas. Este libro avanza el ejercicio de libertad iniciado con el primer volumen y convoca nuevamente a un grupo diverso de mujeres —escritoras, actrices, artistas, políticas, funcionarias, empresarias, chefs, cantantes— a contar sus historias. Al igual que en el volumen anterior, a todas les he pedido que contesten a las siguientes preguntas. ¿Qué te ha tomado por sorpresa? ¿En qué momentos y frente a qué circunstancias te has sentido poco preparada? ¿Qué ha constituido un reto inusual y desconcertante para ti?

A partir de la diferencia, todas escriben sobre decisiones, elecciones y omisiones que han determinado su destino. Revelan momentos vitales, describen encrucijadas difíciles, hablan de situaciones imprescindibles que las llevan a ser quienes son hoy. Mujeres que, como diría Rosario Castellanos, "se separaron del resto del rebaño e invadieron un terreno prohibido". Mujeres que ocupan el espacio público. Mujeres que han rechazado el anonimato. Mujeres que ejercen la libertad. Mujeres valientes. Mujeres que pagan el precio de la impopularidad. Mujeres forjadas a golpes de interrupciones e improvisaciones. Mujeres que rehusaron portarse bien, o ser insignificantes. Mujeres que no han querido conformarse con versiones de sí mismas que otros han intentado imponer. Y que ríen y lloran y sufren y se caen como tantas más en México. Lo que las hace distintivas es la ausencia de resignación ante el destino dado; más que emular modelos han creado el propio. Más que aceptar un molde tradicional, han horneado el suyo a base de la valentía, la creatividad, la dignidad, la coherencia.

Escriben con sabiduría, con humor, a veces desde la intimidad, a veces desde el dolor. Unas se perciben fuertes y contundentes; a otras les invade la duda. Viñeta tras viñeta descubren lo que implica ser una mujer vital, pionera, dispuesta a tomar riesgos, a asumir –con frecuencia– los costos que entrañan. Revelan así, las vidas escondidas de mujeres públicas que gozan el amor, padecen la enfermedad, enfrentan la muerte, viven la discriminación, participan en la política, aman a su país. A lo largo de sus textos emergen imágenes inolvidables, revelaciones sobrecogedoras: la que siempre quiso tener hijos pero no pudo, la mujer golpeada por el hombre con el cual quería compartir la vida, la esposa que sobrevive el secuestro de su pareja, la hija que no se ha sobrepuesto ante la muerte de sus padres, la hermana que añora a su hermano ausente, la empresaria formidable sorprendida por el amor. Las divergencias, las afinidades, las sintonías de sus textos empujan la frontera de lo posible; de aquello que las mujeres tienen derecho a contar.

Sus textos son aleccionadores y emancipadores. Al leerlas es difícil no sentirse más fuerte, más capaz, más resistente, más dispuesta a soltar una carcajada ante la adversidad, en lugar de agachar la cabeza. Las mujeres de este libro –al igual que sus predecesoras del volumen anterior– contagian las ganas de vivir en lo que Virgina Woolf llamó "una habitación propia". Al leerlas se vuelve fácil reconocer que nos necesitamos las unas a las otras: para compartir nuestras experiencias, para elaborar nuevas formas de entendimiento, para saber cómo somos y cuánto nos falta por hacer, para cargar una antorcha e iluminar el mundo como ellas lo hacen. Este libro es un mensaje de multiplicidad, de posibilidad.

Como escribe la dramaturga Sabina Berman sobre el primer libro: "Disfruto en especial las fotos del libro porque en conjunto me dicen de una manera rápida lo que después los textos me confirman. Las fotos me hablan de que existe hoy en día una diversidad abundante de formas de ser mujer. Hay que hojear algún álbum de fotos de hace cien años. Aparecen la mujer proletaria, la prostituta de lujo o de bajos fondos, y la mujer (entre muchas comillas) "decente". No más. Trabajadora, puta o decente –es decir: ama de casa– hace un siglo no había más modelos para las mujeres, y las mujeres se uniformaban en cada clase.

Es casi doloroso observar las fotos de Rosario Castellanos, la poeta, novelista y luchadora social, distraídamente trabajada para parecer señora decente, es decir señora burguesa. Las cejas depiladísimas, que no cuadran con sus ojos enormes y saltones, ojos de observadora implacable; los labios pintados en forma de corazón, háganme el favor, en la cara de una poeta pesimista; los tacones altos para quién caminaba en los pueblos indígenas en Chiapas. Da risa, da pena, da rabia imaginarla con esos zancos que son grilletes de cuero trepando por un camino de piedras, en Chiapas.

¿Qué hacer al ver la foto de Golda Meier, la primera jefa de Estado mujer, con su bolsita de señora bien, ridículamente colgándole del antebrazo, mientras da un discurso al ejército israelí? Hay que gritar *fashion emergency, fashion emergency* al ver a Simone Weil anoréxica, en los huesos, para no quitarle a nadie espacio a pesar de su intelecto de genio. O al imaginar a Virginia Woolf, autora de la prosa más depurada del siglo, tal como la describe su amiga Vita Sackville-West: con falda y calcetines –y cada calcetín de otro color.

Qué incomodidad la de esas primeras mujeres de negocios o pioneras en la función pública que resolvieron la bronca de ser activas en el mundo y ser mujeres ajustándose al traje masculino. Sólo les falta la corbata y bajo el saco con hombreras les sobra la redondez de los senos: incomodidad que transparenta la de su alma. Las mujeres de *Gritos y susurros* en cambio ya se ven cómodas en su aspecto. Es una generación que ha integrado ya su estar activas en el mundo público con su identidad de mujeres. Y representan un abanico amplio de modelos. Algunas son, de hecho, las acuñadoras en nuestro país de algunos de los nuevos moldes para "ser mujer".

Sabina Berman también sugirió que, inadvertidamente, *Gritos y susurros* se ha convertido en un catálogo de diversas formas de ser mujer a principios del siglo XXI. Un catálogo no exhaustivo, pero suficiente para abrir muchas cabezas, sacudir algunas conciencias, ensanchar el tamaño de la libertad para las mujeres. Y para ayudarlas a conquistar el derecho de "convertirse en lo que se es", como exhortó Rosario Castellanos. Una persona que se elige a sí misma. Que derriba las paredes de su celda. Que estremece los cimientos de lo establecido. Que alza la voz contra el país en el cual demasiadas mujeres han sido educadas para tan sólo susurrar. Que aspira a hacer realidad –con libros como este– una verdadera República donde los hombres tienen sus derechos y nada más; donde las mujeres tienen sus derechos y nada menos. Que logra la realización de lo auténtico. Mujer y cerebro. Mujer y corazón. Mujer y madre. Mujer y esposa. Mujer y profesionista. Mujer y ciudadana. Mujer y ser humano. Mujer, como cualquiera de mis 39 admirables colaboradoras.

Denise Dresser
Ciudad de México, febrero del 2009

© Gerardo Izzo

BOMBEROS MEXICANOS

Sandra Fuentes-Berain

Ésta no es una historia de valentía, tampoco de heroísmo, como pudiera sugerir el título al evocar la noble profesión de bombero. En todo caso, es una historia de diplomacia.

Me hice profesional en la representación de nuestro país en el exterior en los años setenta de manera casi coincidente con la finalización de mis estudios de derecho en la UNAM. Desde entonces, me forjé no sólo un espíritu de servicio público, sino sobre todo una actitud de compromiso con la imagen de México en el extranjero. Así habían transcurrido muchos años de mi vida profesional, lo mismo en Londres que en Washington o Hong Kong, hasta que llegó a mi oficina en París una sorpresiva llamada el miércoles primero de julio de 1998.

Desde que soy embajador, tengo por costumbre hacer una reunión semanal de coordinación con el personal, sobre todo cuando he tenido a mi cargo alguna misión diplomática grande, lo que me permite planear los compromisos y ofrecer mejor servicio. Mis colegas a veces lo resienten porque las reuniones tienden a ser largas, pero inevitables.

La imagen estereotipada, que difunde la literatura y la crónica, sobre el diplomático acartonado que vive y pervive en recepciones realizadas en grandes salones de nobles edificios, es más la evocación de un mundo ya perdido y dejado a la vera del siglo XIX. La diplomacia de palacio, la de los Metternich, aquel proverbial diplomático alemán que negoció la paz en el Congreso de Viena, ha dado paso desde la segunda mitad del siglo XX a una actividad de profesionistas en la que la exigente vida moderna les demanda acción y resultados. Por eso, las reuniones de coordinación semanal tienen la ventaja de crear sinergias al interior de la Embajada y evitar duplicidad de funciones.

Tiempo para el coctel desde luego existe, y continúa siendo parte del ejercicio diplomático, pero no es ni por mucho la principal actividad. No deja de ser, sin embargo, el estereotipo común del diplomático de la *belle vie*.

Tomo muy en serio mis reuniones de coordinación, porque representan incluso un momento de complicidad con mis colaboradores, de imaginación creativa, de identificar desafíos y llevar a cabo cursos de acción. Por eso tengo "amenazadas de muerte" a mis asistentes; saben que bajo ninguna circunstancia ni pretexto deben interrumpirme en ese momento privilegiado en el que intercambiamos información sobre los acontecimientos de la semana en México, en el país en el que trabajamos y en el mundo. Esto, a la vez que facilita un mayor diálogo e interlocución con las autoridades y las personalidades del país en el que vivimos, asegura además que la Embajada se exprese con una sola voz. Así que cuando Arlette entró a la sala de reuniones con un pequeño papelito discretamente doblado, de inmediato pensé que algo grave habría sucedido.

Quienes tienen espíritu futbolero habrán ya captado el momento al que me refiero: estaba a la mitad el memorable Campeonato Mundial de Futbol Francia 98 y yo tenía en ese momento el privilegio de ser embajador de México en el país de la Ilustración, las buenas maneras y la razón, y a partir de ese año, del campeón del mundo.

En el papelito que Arlette había doblado de manera tan cuidadosa se leía un breve mensaje: llamada urgente del ministro de la Defensa francés. Eran las diez de la mañana de ese día que se revelaría importante, que alteraría la imagen de nuestro país y, debo decirlo con un poco de pena, que me tomó absolutamente por sorpresa. Permítanme confesarles, a diez años de distancia de las circunstancias que me relataría unos minutos después el ministro de

Defensa, que me sentí poco preparada para hacerles frente. Tenía ya para entonces más de dos décadas de carrera diplomática en la que había lidiado por igual con presidentes y primeros ministros, con negociadores internacionales y con viejos lobos de las más grandes empresas multinacionales pero nunca, nunca, me había sentido tan incómoda, tan a la deriva como en esa mañana.

Me asaltó la duda: ¿qué hacer? En realidad me ahorré el trabajo de encontrar la respuesta, el ministro francés de la Defensa me había hecho una sugerencia que cualquier diplomático como yo entendía cargada de la fuerza de una petición oficiosa y, dadas las circunstancias que me relató, parecía que había muy poco margen para no tomar al vuelo la sugerencia.

Si bien un embajador mantiene contactos a veces cotidianos, a veces esporádicos con los ministros del país en el que se encuentra acreditado, no es común que el ministro de la Defensa tenga un asunto específico que tratar con un embajador de México. Por lo tanto, la circunstancia de la llamada parecería ser grave, urgente e ineludible. Debía por ello, contestar el teléfono y suspender mi reunión de coordinación.

Una vez que leí el breve mensaje, me sentí afortunada de conocer muy bien al director de Gabinete del ministro de la Defensa, desde mis épocas en Canadá, cuando era embajador en Ottawa y él cónsul general en Quebec. Manteníamos, por suerte, una relación de amistad y camaradería desde hacía varios años. Por ello, antes de devolver la llamada al ministro, pedí a Arlette que me comunicara con mi amigo. Para mi mala fortuna, en ese momento no se encontraba en su oficina; así que, sin saber el motivo, me reporté con el ministro de la Defensa, quien en tono serio y, lo recuerdo bien, severo —lo que hizo que por un momento me recorriera por todo el cuerpo una suerte de escalofrío— me preguntó si sabía lo que había sucedido unas horas antes en el Arco del Triunfo. Tuve que decirle que no.

El Arco del Triunfo no es poca cosa. Evoca la grandeza de Francia. Es más, debo decir que evoca también las mayores aspiraciones de trascendencia de Napoleón Bonaparte, personaje no menor en la historia universal, quien lo mandó construir en 1806 después de su victoria en Austerlitz, inspirado en los arcos triunfales del antiguo Imperio Romano. Así de grandes y así de ambiciosos eran los sueños de Napoleón. El Arco del Triunfo es, ahora, de cierta manera, el corazón de París desde el que se distribuyen doce de sus arterias principales, a manera de estrella, evocando urbanísticamente el mote de Ciudad Luz que propios y extraños le dan a París.

"Aquí yace un soldado francés muerto por la Patria, 1914-1918", así reza desde 1923 la leyenda en la superficie del arco, convertido en el monumento al Soldado Desconocido y en el que se encuentra un pequeño pebetero con la Llama Eterna, en recuerdo a los soldados franceses sacrificados en todas las guerras, tanto en la primera como en la Segunda Guerra Mundial. Se trata, en consecuencia, de un símbolo del heroísmo francés y del sacrificio de los soldados galos por su patria.

Así, cuando le dije al ministro de Defensa que no estaba al tanto de algún suceso en el Arco del Triunfo acontecido ese mismo día, me informó que hacia las seis de la mañana un ciudadano mexicano había tenido la osadía de apagar la llama del recuerdo del Arco del Triunfo.

¿Qué hacer?, es más ¿qué decir? Son ese tipo de circunstancias que, incluso al más avezado de los diplomáticos, lo debe tomar por sorpresa, y yo, debo ser franca, no fui la excepción, quedé enmudecida. ¿Debía ofrecer disculpas telefónicas al ministro? En realidad, no tenía por qué dudar de la palabra de tan alto funcionario, pero tampoco contaba con una información clara y suficiente sobre el acontecimiento. Ni siquiera sabía a ciencia cierta que se tratara de un ciudadano mexicano, así que apenas me atreví a balbucear algunas frases para ganar tiempo.

El ministro en esa comunicación me invitó a encender la llama esa misma tarde, en una "pequeña ceremonia", por lo que nos dimos cita en la famosa "Estrella" hacia las cuatro de la tarde de ese día. Eso me daba, desde luego, algunas horas para pensar en los pasos a seguir, para localizar al osado bombero mexicano y para verificar la certeza de los hechos.

En cuanto colgué el teléfono, lo primero que hice fue llamar al cónsul general para asegurarme de que estuviese informado del incidente. Como yo, hacía unos momentos, no lo estaba. Así que ordené que todo el personal de ambas oficinas, es decir de la Embajada y del Consulado, se dieran a la tarea de localizar al mexicano presunto apagador de llamas inmortales del que poco se sabía.

Mientras tanto, la Embajada estaba trabajando a marchas forzadas como cualquier otra embajada ubicada en un país sede de una Copa del Mundo. Es bien sabido que los aficionados mexicanos siguen a su Selección fielmente y en esa ocasión, para colmo de mis afanes diplomáticos, que no de mi conocida afición futbolera, el Tri jugaba muy bien y se había calificado a la siguiente ronda.

El 13 de junio –por demás día de mi cumpleaños– en Lyon, habíamos borrado de la cancha a Corea del Sur con un contundente 3-1 (¡no podía esperar mejor regalo!) y, seis días más tarde, habíamos empatado con los Diablos Rojos de Bélgica en Burdeos al son de 2-2. El orgullo nacional se fue a las nubes cuando el 25 de junio en Saint-Etienne, Luis Hernández, *El Matador*, anotó el gol del empate, justo en el minuto noventa, ante la potente escuadra de los Países Bajos. México se clasificaba así con cinco puntos, los mismos que los neerlandeses, a la siguiente ronda. Las expectativas, las esperanzas y, sobre todo, el apoyo eran enormes entre los mexicanos que iban y venían de diferentes ciudades de Francia siguiendo los pasos del Tri.

En la medida que se afirmaba el buen desempeño de nuestra selección, crecía la presión sobre la Embajada para conseguir boletos para los siguientes partidos. El fin de semana previo a la hazaña de nuestro bombero, en un célebre partido de octavos de final, con la cara muy en alto, México había sido eliminado por un apretado marcador de 2-1 por la Selección de Alemania. El Mundial había acabado para México, pero los mexicanos para celebrar o para lamentar nos tomamos algunos días, las jornadas pasaron y muchos de ellos permanecieron en Francia. El Tri había jugado tan bien que las esperanzas habían sido enormes, por lo que las desilusiones fueron también profundas en muchos de nuestros compatriotas y qué mejor que olvidar la pena con algunos tragos: París bien valía un brindis extra.

La imaginación de los futboleros mexicanos por conseguir boletos no tenía límite. Incluso gobernadores, diputados, senadores, secretarios de Estado, pretendían que la influencia de su Embajada en París, como por arte de magia, hiciera aparecer boletos a raudales, sobre todo para los partidos en los que jugaba nuestro equipo nacional.

Para mi desgracia, el día en que el ministro de Defensa me hizo la invitación para reencender la llama del recuerdo en el Arco del Triunfo, la Selección mexicana ya había abandonado Francia, por lo que los medios de comunicación mexicanos que se quedaron estaban a la expectativa de cualquier noticia que les pudiera servir de pretexto para que la afición mexicana mantuviera un vivo interés por lo que sucedía en torno al Mundial de futbol.

La acción de nuestro bombero cayó, en consecuencia, en un momento particularmente oportuno para su difusión por los medios de comunicación. En tanto que los franceses se indignaban por el hecho y el mundo sonreía sarcásticamente de esta puntada muy a la mexicana, yo tenía que dar la cara a la prensa y por medio de ella a la afición digamos "para salvar la dignidad del país" y procurar a toda costa que el incidente no pasara a mayores en la relación bilateral.

Las horas transcurrieron rápidamente y después de recorrer todas las comisarías de París y algunos hospitales, finalmente encontramos al responsable de los hechos, quien estaba en una *cure de dégrisement*, que en buen español quiere decir que estaba curándose la cruda... Cuando finalmente estuvo en una situación que le permitiera hablar, me dijo que, junto con una chica de Mazatlán a quien había conocido el día anterior, había bebido cerveza a partir de las seis de la tarde, y se habían detenido a comer una pizza en Campos Elíseos cerca de media noche; luego, durante varias horas habían caminado sin rumbo hasta que finalmente se encontraron en el majestuoso Arco del Triunfo.

Verdad o mentira, nuestro bombero me dio una explicación digna de una novela de dudosa calidad. La chica de Mazatlán había tenido la brillante, pero incómoda idea, de ponerse zapatos con tacones muy altos para la juerga nocturna y, si bien su recorrido cervecero con un toque italiano de pizza había durado varias horas, ella gallardamente se había mantenido incólume sobre sus tacones hasta el amanecer, sin contar que el rocío de la madrugada la haría resbalar, de tal suerte que el vaso de cerveza que llevaba en una de sus manos fue a dar justa, casual y lamentablemente para el honor nacional a la famosa llama eterna, la *flamme du souvenir*, que se vio extinguida para desgracia del orgullo francés.

Nuestro bombero y aspirante a novelista siguió su relato con tintes de caballero andante. Me aseguró que la policía empezó a increpar violentamente a su amiga, por lo que nuestro nuevo héroe, a quien sus padres habían educado para defender a las damas en peligro, decidió echarse la culpa para que la dejaran en paz. Me dio el nombre de la chica y el del hotel en el que se alojaba. Por desgracia no pude obtener la versión de la Dulcinea de esta historia ya que, a la llegada del personal de la Embajada al hotel, pudimos constatar que lo había abandonado unas horas antes, sin informar la manera de localizarla y no había dejado tampoco rastro sobre su dirección en Sinaloa.

Para esas horas ya los medios mexicanos presentes para cubrir el campeonato empezaban a llamar a la Embajada con avidez para obtener información sobre lo acontecido. El pequeño incidente se estaba convirtiendo, en este mundo intercomunicado, en una noticia internacional.

Designé a un funcionario de la Embajada para acompañar al susodicho mexicano e intentar que en las siguientes horas obtuviera más datos sobre lo acontecido y, sin pensarlo más, regresé a mi oficina para continuar trabajando en espera de la hora de la cita en el Arco del Triunfo, con el ministro de la Defensa. Como buena mujer presumida recuerdo perfectamente haber pensado que hubiera sido deseable haber pasado al peluquero en la mañana e incluso cambiarme de ropa en la residencia de la Embajada, pero fue tal el frenesí de las horas que siguieron a la llamada, que las actividades del día me devoraron el tiempo y a las tres treinta de la tarde me encaminé a la cita pensando que se trataría de algo sumamente sencillo, entre el ministro y yo y quizá un par de asistentes del Ministerio.

En el auto oficial me dirigí al lugar de la cita. El chofer enfiló por la Avenida Iéna hacia la célebre *Etoile*. En principio no di importancia al fuerte dispositivo de seguridad, pensando que habría algún acontecimiento ajeno a la cita que tenía con el ministro. Sin embargo, conforme avanzábamos y los agentes paraban en ocasiones el tránsito y en otras lo dirigían en forma ostentosa, mi sorpresa iba en aumento. De nueva cuenta un escalofrío me recorrió todo el cuerpo. La policía gala vestía sus mejores *ídems*, y lamenté no haber ido al peluquero y la mala fortuna de no haber pasado a cambiarme para lo que se anunciaba un acto ceremonioso cargado de pompa y circunstancia. La cita con el ministro era directamente en la rotonda, es decir al pie del Arco del Triunfo, así que esperé que el auto del funcionario francés se aproximara. Mi chofer, quien tenía más de veinticinco años en la Embajada y había visto desfilar numerosos embajadores, me acercó con habilidad hacia el carro oficial francés.

Ese sutil movimiento me llevó a una nueva sorpresa, al percatarme de un número impresionante de veteranos de la primera y segunda guerras mundiales, muy bien formados, ostentando todas las medallas que las batallas les dieron y formando una valla para recibir al ministro. Más adelante, me percaté que también se encontraba un contingente a caballo de la Guardia Republicana con sus sombreros de pluma y sus uniformes con botones brillantes, botas impecablemente lustradas y sus espadas en la mano, haciendo honores militares.

Debe haber unos cincuenta metros entre el lugar en que descendimos de los automóviles y el monumento mismo, pero ese día en esas circunstancias me parecieron kilómetros. Había estado en el Arco del Triunfo en varias ocasiones, porque mi mamá pretende que el nombre de uno de nuestros antepasados franceses está grabado en los muros del arco como uno de los héroes que dieron su vida por Francia. Dada la fértil y muy conocida imaginación de mi madre, que la ha llevado a escribir guiones para telenovelas inolvidables desde hace más de cuarenta años, ignoro si el nombre del almirante Villenave, ahí inscrito, corresponde efectivamente a un familiar nuestro, pero en todo caso mi madre ha mantenido siempre con gran orgullo esa referencia familiar.

Ya para entonces no quedaba duda de que un par de mexicanos había protagonizado el hecho. Lo que no me quedaba claro era la manera en que lo habían realizado. Los medios electrónicos especulaban acerca de la forma en que había acontecido la extinción de la llama y, para delicia de los radioescuchas y del teleauditorio, se pueden imaginar qué idea prevalecía de la puntería y la forma en que pudo haber pasado.

Al ver la majestuosidad militar del momento, pensé en la gran ofensa que se había hecho a esos hombres —no recuerdo, por cierto, haber visto mujeres entre esos antiguos combatientes— que pelearon al lado de tantos camaradas muertos y por cuyo heroísmo Francia los había condecorado y les había dado un papel preponderante en su sociedad. Entre los veteranos, había algunos que literalmente se iban de lado con el peso de sus condecoraciones. No pude evitar recordar a aquel caricaturista mexicano tan querido, Abel Quezada, quien dibujaba a generales de la Revolución mexicana doblados por el peso de sus medallas.

La presencia del ministro generó una serie de murmullos y muchos aprovecharon el momento para acercarse a él, con el ánimo de expresarle su malestar y descontento. Yo no podía evitar escuchar los comentarios y tampoco eludir alguna que otra mirada de suspicacia o incluso de disgusto hacia mí. "Esto tiene que parar"; "no son posibles tantas faltas de respeto"; "¡anteayer, un grupo de estudiantes australianos trajo un sartén con aceite para freír huevos en la flama!"; el lunes, fueron unos alemanes ebrios que jugaban a saltarla evitando quemarse. El malestar era genuino, la afrenta la sentían como intolerable. Los medios de comunicación habían difundido e impuesto la idea de que la flama había sido apagada de una manera indecorosa, con el producto de lo que resulta después de varias horas de estar bebiendo cerveza.

En ese momento me percaté de que el mexicano estaba siendo usado como escarmiento por los antiguos combatientes, para detener de una vez por todas las faltas de respeto entre los aficionados del mundo entero que durante varios días se habían sucedido ante el máximo símbolo del patriotismo francés.

Proseguí caminando junto con el ministro, entre la fila de medallas y miradas de desaprobación, hasta el lugar en el que se encuentra el pebetero y que en ese momento no lucía su flama. No pude contener mis recuerdos, la cabeza me daba vueltas a mil por hora, ¿qué habrían pensado los franceses de la época cuando con la lentitud de las noticias de entonces, se enteraron de que unos intrépidos militares mexicanos habían derrotado en Puebla, el 5 de mayo de 1862, al más poderoso ejército? ¿Habrían tenido la misma indignación que ahora mostraban los veteranos presentes? Uno de los oficiales me sacó bruscamente de mis cavilaciones históricas cuando me entregó un enorme encendedor y otro más para el ministro. Juntos, en un acto solemnísimo, reencendimos la llama del recuerdo. El desagravio estaba consumado.

Una vez encendida la flama, una banda militar tocó con maestría *La Marsellesa* y todos los militares presentes, tanto en retiro como en activo, rindieron honor a su bandera tricolor mediante sendos cañonazos. Las sonrisas volvieron a aparecer. Al despedirme del ministro, mucho más segura de mí misma, convencida de que bien habrían podido estar los embajadores de Australia o de Alemania en mi lugar, le dije: "Señor ministro, me la debe..." A mi regreso a la Embajada llamé de inmediato a Tlatelolco y expliqué lo sucedido en medio de las carcajadas generalizadas de mis colegas.

Ignoro en qué momento preciso del día empezó a correr el rumor de la manera como nuestro bombero había realizado su proeza, precisamente en una forma en que sería muy difícil para alguna mujer apagar una llama. El caso es que la prensa, la radio y la televisión mexicanas estaban ya inundadas de comentarios de indignación sobre la poco elegante actuación de uno de nuestros paisanos, ni más ni menos que en la Ciudad Luz.

El escándalo parecía hacerse demasiado grande. Recordé que días antes, algunos *hooligans* británicos habían propinado una buena paliza a un par de policías franceses, lo que sí me parecía un acto reprobable desde cualquier punto de vista. Hice ver a los medios de comunicación que se trataba de un borrachazo sin premeditación, al que no había que darle mayor importancia, pero la verdad es que yo misma no estaba muy convencida de la defensa de un acto ignominioso.

Sin embargo, el rumor se convirtió, a la postre, en mito; la imagen del mexicano vertiendo los resultados de ingerir cerveza sobre la llama del recuerdo bajo el Arco del Triunfo en la Plaza de la Estrella de la capital francesa se había impuesto en el imaginario colectivo.

Al día siguiente, a pesar de la ceremonia de desagravio, de nueva cuenta me llamaron del Ministerio de Defensa para informarme que por la gravedad de la situación, la Sociedad de Veteranos guardianes de la flama presentaría cargos judiciales contra el joven mexicano. De inmediato me comuniqué con mi amigo, el jefe de Gabinete, para decirle que en modo alguno permitiría que este incidente, por desagradable que fuera, alcanzara proporciones mayores y que me ofrecía a garantizar que el ya para entonces famoso connacional tomara el primer avión de regreso a México.

En la llamada telefónica hice ver a mi amigo francés que, si bien de ningún modo podía excusar el agravio cometido, no había razón para sobredimensionarlo y, por el contrario, inscribirlo tan sólo en el anecdotario de la relación bilateral. Le hice saber, sin ambigüedades, que no me quedaba claro que el "apagón" se hubiera dado en la forma referida por los medios y que en caso de seguir adelante con los cargos, debería buscar también a los australianos freidores de huevos y a los jóvenes piruetas alemanes que habían visto en la llama sin proteger, una tentación constante.

Ante mis argumentos, el jefe de Gabinete ofreció hablar con su ministro para calmar los ánimos de la Sociedad de Veteranos. Por mi parte, manifesté a nuestro joven bombero y/o protector del honor de las damas en peligro que al día siguiente debía tomar el primer avión de regreso a México. Como era de esperarse, se defendió diciéndome que no podía regresar ya que tenía boletos para algún partido subsecuente, e incluso para las semifinales y para la final.

En medio del escándalo y la incomodidad de la situación, esto de los boletos resultaba una buena noticia. Le dije a nuestro apagafuegos que caían muy bien porque habría gran demanda para esos boletos y estaba segura de darles muy buen uso.

Al día siguiente, escoltado por personal de la Embajada, nuestro bombero regresó al país y, para mi sorpresa, una fotografía en la que aparezco junto con el ministro haciendo la guardia en el Arco del Triunfo daba la vuelta al mundo. Muchos amigos mexicanos empezaron a llamarme. La foto de mi *décoiffee* me llegó de regreso desde Sudáfrica, Brasil y de los lugares menos esperados. Un alto personaje de la política mexicana me llamó por teléfono para preguntarme: "¿Cómo se dice en francés con la cola entre las patas?", así me veía en la fotografía.

La diplomacia es, en muchas ocasiones, un oficio de apariencias. En este caso, visto a distancia, el bombero había sido yo, que apagué un incipiente fuego que pretendía quemar la buena relación que hemos construido Francia y México en muchas décadas y todo, como dicen en mi pueblo, por una "miadita..."

© Guillermo Güémez Sarre

Sorprendida ante el amor

Lydia Cacho

La vida me ha tomado por sorpresa desde niña. Algunas veces me asombro cuando, al hablar con mis amigas sobre nuestra infancia, descubro que me pasé muchos días de mis primeros años francamente boquiabierta ante la revelación de la vida misma. Cuando la gente normal –no la de mi loca familia– aseguraba que las niñas no deben decir lo que piensan, yo pensaba que eso no tenía ningún sentido, y lo decía.

Pasé mis primeros años pensando y escribiendo y diciendo que eso de ser pequeña era una injusticia, así que soñaba con llegar a grande para tener las riendas de mi vida bajo control. Y claro, el destino se encargó de burlarse de mis sueños infantiles, demostrándome que las niñas que dicen lo que piensan se convierten en mujeres que escriben lo que otras niñas y otras mujeres piensan y eso, en este país, no es buen negocio. Además de no ser buen negocio, porque yo no nací para vendedora de nada, hacer crónicas de las realidades ocultas es necesariamente una profesión de incertidumbre. Así que ni riendas, ni caballo, ni carroza. A los días los navego escuchando lo que las otras y los otros dicen, e intentando descifrar lo que no expresan con palabras, pero sí con la mirada y sus silencios. Por eso cuando creo que ya nada puede sorprenderme, la realidad me pilla con alguna novedad y yo le sigo el paso.

Tatuada en el alma me quedé cuando mi abuelo paterno, un ingeniero militar, hombre severo y de pocas palabras, se murió en mis brazos cuando yo tenía diecisiete años. No murió repitiendo mi nombre para no morir sólo porque yo fuera una nieta ideal, sino porque las circunstancias de la vida nos llevaron a ese momento, y una vez que tomó mi mano se aferró a ella como un náufrago asido al brazo perdido de un árbol que pudiera mantenerle flotando, a una precaria distancia de la muerte. Y yo no supe qué hacer más que mirar a la parca de frente y decirle a mi abuelo todo lo que lo quería y que estaba bien que se muriera porque ya había sufrido suficiente con esa maldita leucemia.

Llegaron los adultos cuando, moderado como él era, suspiró con un hilo de sangre ladeando las comisuras de sus labios. Me lanzó primero una mirada aterrorizada y luego otra dulce como de niño huérfano de amor, una mirada que jamás le conocí sino hasta ese día. Con mi abuelo José Ernesto descubrí la mirada de la muerte. Tal vez desde entonces adopté esa manía de esculcar en los ojos de la gente la luz de la vida que flota en sus pupilas.

Unos días después quedé más sorprendida cuando mi padre halló unos versos que mi abuelo me había escrito. Los conservo como prueba de que la educación machista mutila el corazón de los hombres, y por eso muchos aman a escondidas hasta su defunción. Más sorprendida estuve cuando esa noche dormí tranquila; en mi diario escribí que me daba más miedo la vida sin sentido que la muerte, y pensé que debía prepararme para la vida, porque sólo los monjes tibetanos y las ballenas se disponen pacíficamente para la muerte.

Supongo que desde entonces aprendí a decirle a la gente cuánto la amo, para no esperar a que busquen en mis cajones el cariño añejo, oculto en versos de papel viejo, cuando haya soltado el último aliento.

Desde entonces en mis brazos ha muerto la gente que más he amado, mi abuela materna, Marie Rose, y tras de ella como promesa de amor cumplida se fue mi abuelo Zeca, el portugués que me enseñó a leer a Camoes y a Pessoa. Luego murió mi madre. Y eso es punto y aparte.

Me sorprendió cuán preparada estuve para acompañarla en su muerte, y descubrir que hasta la fecha no estoy preparada para la vida de huérfana. Cuando la madre es una humana tierna, sabia y compasiva, arrebatada, apasionada y capaz de redescubrir el amor todos los días, la orfandad no es cosa fácil. En los momentos más difíciles de mi vida, entre las amenazas de mafiosos y el llanto de una niña que me pedía explicaciones para su dolor, yo levanté el teléfono incontables veces, así nomás, como si los años no hubieran pasado desde el funeral de Paulette. Después de tres rings caía en cuenta de que estaba marcando a casa de mi padre viudo, y su ausencia me hacía llorar a mares. Lloraba con ese sollozo de niña que perdió a su madre en el mercado.

Cuando ya habían desahuciado a mi madre, viajé con ella para que se despidiera de Francia, la tierra donde nació. Con una sonrisa de la que siempre se colgaba la esperanza de cientos de personas que la amaban, fue dando besos y abrazos del adiós a su mejor amiga en Portugal, a sus tíos y tías que más la quisieron y le prodigaron cuidados cuando niña. Bebió un sorbo del mar de Oporto para llevárselo a la tumba; compró agua bendita de Fátima para que con ella la bendijeran antes de enterrarla. Me confesó que su palabra favorita era *saudade*, que en portugués es un canto a la pérdida que sueña con ser encuentro, es la nostalgia que le habla a la ausencia.

Conversó conmigo con la seriedad de una filósofa y la preocupación de una analista política. Revisó sus defectos y me pidió perdón por haber sido tan exigente conmigo, por haberme tratado como adulta desde la adolescencia. Lloramos y lloramos como Pessoa, que decía: "Tengo ganas de lágrimas". Me habló de sus miedos y sus arrepentimientos, luego brindamos con buenos vinos, porque aunque le habían prohibido de todo por su hígado necio y moribundo, ella reía y gozaba cada bocado y cada trago como el manjar más exquisito sobre la tierra. Con buenas viandas y mucha risa me contó sus anécdotas favoritas de mi infancia: "¡Escribe ésa, y ésa también!", me remachaba, "para que no se te olviden". Y se reía con las pupilas flotando en el agua salada de su melancolía, recordando la primera vez que me fui de casa a los tres años. Repetía mis argumentos relativos a la libertad de elegir, que no eran otra cosa que los revires de todo lo que ella nos relataba y nos leía.

Me dijo que le preocupaba morirse sabiendo que no estaba acompañada de alguien que me amara y a quien yo amara. Me repitió mil veces que el amor es esencial para enfrentar al mundo, y me entregó una veintena de consejos sobre cómo nutrir la amistad y proteger a mis seres amados. Mi madre fue siempre una romántica inquebrantable.

En el balcón de mi departamento en Cancún tomó mis manos y las unió como un cántaro de piel rugosa. "Así, –me dijo–, me muero con la preocupación de que andas por la vida mostrando tu corazón como una niña que lleva entre sus manos un pajarito recién rescatado de un nido caído. Y la gente que mira tus ojos intensos y escucha tu voz taimada, y no pierde de vista tus pasos firmes con que pisas el camino que recorres, cree que eres una mujer dura; no pueden comprender que justo porque no lo eres puedes andar por la vida sin miedo, porque todo lo sientes, todo lo vives, todo te conmueve."

A veces como ahora que escribo, me detengo para unir mis manos acunadas y recuerdo ese momento; sonrío a solas y pienso que las apariencias engañan. Conforme pasan los años la gente a nuestro alrededor intenta descifrar con su imaginación quiénes somos en la intimidad, se figura que nuestros miedos son sus miedos, piensa que la valentía es coraje, que el arrojo es ira... y nos reinventa hasta que ante sus ojos no somos esa simple y llana mujer que goza y piensa que la vida es una sola, un breve suspiro, una carcajada. A veces son los otros quienes nos inventan nuevas máscaras.

Yo por eso no le obsequio ni un minuto de vida al odio ni al rencor. Denise me pregunta qué me toma por sorpresa, pues me sorprende siempre la imagen que mucha gente ha fabricado respecto a mí. En el fondo no soy otra persona que esa niña que mi madre conoció tan bien. Una niña arrobada por el poder de la poesía, de la palabra, del diálogo. Una que desde pequeña podía ver a los adultos como seres transparentes que mostraban su verdadero yo, que halló en las palabras de las feministas de los años setenta el eco de un deseo de libertad merecida e imprescindible.

En el fondo, todas, todos, no somos otra cosa que nuevas y múltiples versiones de esa niña, ese niño, que forjó en su memoria, en su alma, en su cuerpo, el recuerdo de lo que ser humano significaba para las personas adultas que le rodearon. A veces pienso que cada vez que una mujer camina por México, el sonido de sus pasos es el eco de todas las mujeres que la antecedieron, de allí la firmeza del paso, o la timidez del caminar. Creo que la forma de amar que develamos con los años, es producto de aquello que vimos y escuchamos en la niñez, de lo que concebimos al mirar a los otros, o a las otras, sujetos de nuestro deseo, destinatarias de nuestro amor. Mi madre y mi abuela lo sabían, tal vez por eso tejieron en nosotras alas de libertad y nos dieron argumentos múltiples para soñar con un mundo en el que todas las personas tengamos derecho al amor y a la felicidad.

Añoro asirme de las palabras de mamá, de sus consejos y sus charlas inteligentes e ingeniosas. Busco su voz en la sapiencia de mi hermana Myriam. Encuentro las huellas de su sabiduría feminista en mis sobrinas Paulina y Maria José. Entonces mi orfandad se convierte en un mágico espectro de virtudes en las niñas que me rodean, de bondades que se nutren y prosperan, que se transforman en conciencia renovada, capaz de inventar nuevos caminos. Recuerdo a Rosario Castellanos cuando se descubrió ante un espejo y en ella halló la vida propia y la de otras mujeres.

Una tarde de 2005, días después de que fui rescatada de prisión, mi familia, mi padre, mis hermanos, mis hermanas con sus parejas y sus criaturas, nos reunimos en un brindis. Era Navidad. Llorábamos de alegría e incertidumbre. Mi padre, hijo del militar serio y formal, formal y serio él también, me miraba a través de sus espejuelos y con su voz ronca que se quebraba a pesar del esfuerzo por parecer ecuánime, dijo: "Si tu madre viviera estaría orgullosa de ti, te diría que no te des por vencida". Y redescubrí el poder de mi madre en el recuerdo de mi padre. Porque lo que él me decía es que si me moría en la batalla, él se tragaba sus lágrimas, porque nos criaron para ser valientes y para decir la verdad, para creer que mejorar el mundo es una responsabilidad y no una casualidad.

Entendí que mi madre nos preparó a todas y a todos para amarnos y respetar nuestras decisiones ante cualquier circunstancia. Esa tarde éramos veinticuatro a la mesa, llorando, amándonos. Y comprendí que ser valiente significa asumir la vulnerabilidad y abrirle la puerta al miedo para averiguar qué mensaje trae consigo.

También, claro, entre un mar de trabajo, un paseo en la playa y un tequila entre amigas, me sorprendió el amor de nuevo a los cuarenta y tantos. Y hasta las palabras sonríen cuando las arrojo al papel. No es que nunca hubiera estado enamorada, tengo un corazón apasionado y un cuerpo gozador. Pero esta vez descubrí otra forma de amor profundo, incondicional. El amor cómplice.

Luego de un matrimonio de trece años y un sano y necesario divorcio, pasé un tiempo gozando al reconocerme a solas, en mi pequeño estudio, pintando cuadros inmensos, escribiendo poesía. Al mismo tiempo que trabajaba en el centro de atención a víctimas, editaba una revista feminista, conducía un programa de televisión y escribía en el periódico. Mi vida se transformaba y renacía otra yo, mientras se manifestaban vetas nuevas de una mujer madura, más equilibrada, más alegre y cómoda en su propio cuerpo. Gocé al descubrir la ceremonia de cocinar platillos exquisitos para mí sola, sentada en el balcón de mi casa con una novela en la mano y música en el fondo. Salí a bucear entre cuevas y cenotes recién descubiertos, mientras mi alma silenciosa agradecía el don de flotar en el líquido amniótico de la madre tierra, entre la luz y la oscuridad.

Hallé una nueva felicidad al reconocerme trazando la ruta de mi destino con base en mis convicciones y deseos.

Escribí al despertar en una edad que era nueva pero a la vez contenía los años de sabiduría construida por las lecciones aprendidas. Comencé a gozar una soledad renovada, cristalina, acogedora. En mi piel se reescribió el placer con caricias nuevas, mis oídos gozaron la voz de amigos apasionados que se aventuraron a explorar conmigo la alegría del amoroso encuentro de una pasión sin ataduras que arrebata el aliento y se adueña del aroma de la piel, que lo desea probar todo y se atreve a adentrarse al universo tántrico de la búsqueda fogosa, esa que de un grito descubre el eco de todo el Universo en una habitación.

Una tarde lo encontré. Miré sus ojos como dos pequeñas almendras bajo unas cejas tímidas. Mientras él analizaba la situación política del país con la seriedad de un matemático a punto de revelar la fórmula del caos, entre mi pecho y mi estómago se iluminó un sutil estallido de alegría que nunca conocí. Un monje budista me dijo en Sri Lanka que eso sucede cuando el alma sonríe.

En su cuerpo delgado y sus manos finas y suaves, en los rizos de su cabello castaño y su piel marcada abusivamente por el paso del tiempo, intuí la pasión de un hombre que tiene la claridad de que la vida es tiempo prestado. Esa noche bailamos salsa y mi cuerpo me dio aviso de haber hallado al dueño de un aroma vital que le hacía vibrar. Yo escuché a mi intuición, que en general es buena consejera. Y vaya que lo fue.

Con él he enfrentado los tiempos más difíciles de mi existencia, a veces creyendo que sería el último beso, el último abrazo de nuestras vidas. Con él medité frente al mar de Tulum buscando respuestas a preguntas sobre la maldad humana que no tienen explicación. Con él hice el amor durante horas en la isla de Holbox cuando no sabíamos si las amenazas de muerte serían cumplidas al volver de ese breve viaje al paraíso. Él es el hombre que se atrevió a decirme que si estaba dispuesta a dar la vida por mis principios me acompañaría en la batalla, pero debía prometerle que haría todo por aferrarme a la vida y sus milagros sin ceder un ápice en mi ética, sin conceder a la autocensura una palabra. Él entiende mi sentido del humor ácido y se ríe de mis bromas en los momentos más dramáticos. Con él descubrí el sabor del amor amigo, del amor cómplice, del amor que sabe que cada cual tiene una vida propia y que se puede construir un espacio "de nosotros" que no se roba al espacio "sólo mío". Acepta que en el amor auténtico no hay otra propietaria del cuerpo y la pasión más que una misma. Con él me siento durante horas a leer a cuatro manos cada cual su libro, mientras nuestros pies se tocan. De vez en vez él interrumpe y lee un párrafo magnífico. Otras veces yo interrumpo y mi voz repite las palabras de una novela que me conmueve; siempre que esto sucede ambos nos miramos a los ojos. Cada año, sin planearlo hemos editado un libro propio, al mismo tiempo. Él vive en la ciudad, yo frente al mar y siempre buscamos el momento para estar cerca, sin angustias, sin reclamos. Fluimos como iguales diferentes.

Frente a nuestras computadoras corregimos como editores neuróticos que somos, consensuamos frases, nos miramos alentando la complicidad de un buen descubrimiento periodístico. Él me mira mientras escribo sobre las mafias de tratantes de mujeres y sin preguntar me trae un té verde con menta como el que bebimos en Marruecos, lo pone a mi lado y me besa un hombro en silencio. Miramos el maple que solitario nos resguarda en el patio de su estudio. Él no me pregunta por qué no soy celosa, ni acepto los celos. Fue maestro de yoga, así que nada le sorprende mi paz interior o mis meditaciones matutinas, el copal encendido o mis tiradas del *I-ching*.

Él deja los cajones y las puertas abiertas, y la pasta de dientes destapada, yo voy detrás de él cerrando las puertas y los cajones y poniendo la tapa en la pasta dental. Descubrimos juntos a Orhan Pamuk y a la nueva ola de autores orientales; jugamos a sorprendernos obsequiándonos libros de literatos desconocidos. Tenemos la manía de leer todo lo que ha escrito una autora o un autor que nos cautiva; viajamos y nos perdemos juntos en la librería de la ciudad o pueblo. Gozamos no hacer nada de nada más que mirar una serie completa, cómica o de suspenso, o tres películas al hilo acompañados de un tequila, arrumacados. Leemos los periódicos durante el desayuno pero nunca en la comida, gozamos cenando en su casa con las amistades favoritas.

Él es huérfano desde que era un niño pequeño. Yo estoy segura de que cuando su madre, una feminista americana, murió de cáncer, él también miró a la muerte en las pupilas, y desde entonces comenzó a gozar la vida como si fuera un carnaval. Por eso nos encontramos. Por eso escribo lo que me sorprende a los cuarenta y cinco años, y hablo de mis pérdidas y mis hallazgos; porque nada tiene sentido sin el entrañable consuelo de la complicidad amorosa. La luz no existe si no se hace presente la oscuridad. "Si no me mira usted yo no existo" le dijo Umberto Ecco al Papa en el Vaticano. No somos nada sin la mirada del otro, de la otra. La muerte nos recuerda que unos ojos cierran el telón y el mundo desexiste un poco. La vida me recuerda que tengo cada día el privilegio de estar en la mirada del amor, de darles vida –en mis ojos– a los otros, a las otras que amo y admiro. Cada día al sentir el dolor de la prójima, del prójimo, le acompañamos a reinventar su derecho a la felicidad. Cada mañana, cada noche, queriéndonos salvamos un poco nuestro mundo, que es parte del mundo de allá afuera.

© Guillermo Güémez Sarre

OJOS DE ASOMBRO

Diana Bracho

Todo en la vida me toma por sorpresa. Todo, porque yo he tenido una vida inusual, poco adecuada a lo que se espera de la vida en términos convencionales. Desde muy niña aprendí a recibir la vida, más que a pedirle a la vida. Eso ha sido muy bueno porque me ha permitido vivir con una sorpresa permanente, y más que sorpresa, con un asombro de todo lo que me rodea. Creo que si tengo alguna virtud es la capacidad de asombro, todavía a los sesenta y tres, casi sesenta y cuatro años que tengo. Además la sorpresa me ha acercado a mi profesión de actriz de una manera excelente. Porque si no tienes capacidad de asombro, como actor estás hundido.

Mi vida comenzó por ser poco convencional debido a mi padre, Julio Bracho. Era un artista, era un hombre extraordinario, era un gran renacentista. Un hombre con una cultura vastísima al que adoré. Mis papás se separaron cuando yo tenía siete años y mi hermanito Jorge tenía seis. En ese momento mi mamá se va de la casa. Eso sucede en la década de los cincuenta y es totalmente inédito; es una especie de *Kramer vs. Kramer*, como la película en la que los papás se separan. Mi papá que es un padre admirable se queda con nosotros y mi mamá no vuelve. Se va a Nueva York a estudiar danza moderna con Catherine Dunham, esta bailarina negra muy famosa, y pues nos quedamos con mi papá.

Entonces todas las vicisitudes, toda la infancia que tuve fue con ese ser maravilloso que era mi padre; bohemio, apasionado de la vida, un gran gozoso, se comía un plato de caviar con el mismo placer que se comía un plato de frijoles. Nos enseñó a apreciar la vida de una manera muy especial. Pero sin duda éramos niños raros mi hermano y yo. Éramos niños sin mamá, para empezar y además un poco extraños, pues para mí, el modelo era mi papá no era mi mamá. Cuando mis amiguitas se vestían con los tacones de la mamá yo me ponía la corbata de mi papá y cosas por el estilo y, además, con una adoración mutua entre mi padre y yo. Un amor muy especial, muy fuerte. Él compartió conmigo desde los siete años, toda su vida.

Me llevaba a todos lados, me llevaba a los estrenos a Bellas Artes. Yo me quedaba dormida en las butacas. Me acuerdo entre sueños, chiquitita, en un estreno de María Douglas. Yo me moría de sueño en la butaca, pero de repente María Douglas pegaba unos gritos y yo me despertaba. Compartía con mi papá todo: sus pesares, sus amores, sus desamores, sus tristezas. Me acuerdo la primera vez que vi llorar a mi papá. Fue un momento de asombro total, el primer enfrentamiento con la muerte como a los ocho años, yo creo. Mi papá estaba en un pasillo, hablando por teléfono y de pronto se soltó llorando. Llorando desconsoladamente. Entonces, me acuerdo del *shock*: mi papá llora, mi papá llora, ¿qué le pasa? "Papi ¿qué te pasa?", "Nada –me respondió– es que acaba de morir Xavier Villaurrutia" –que era como su hermano–, "es que acaba de morir Xavier". Entonces escribí mi primer poema, "la muerte nos acecha, la muerte no sé qué...", a los ocho años. Fue un asombro permanente esa vida con mi papá, que no tenía nada que ver con la vida de mis amiguitos.

Mi padre me marcó profundamente y para bien. Aunque mi casa era un desastre doméstico, también era un lugar fantástico, porque era un lugar libre de prejuicios. Mi papá fue un hombre siempre libre de prejuicios. En mi casa jamás hubo un comentario negativo sobre alguien de otra condición social o económica o racial o religiosa. Mi papá trató igual de bien al señor que recogía la basura que al Presidente de la República y yo mamé eso, yo vi eso toda mi vida. Él me dio un espacio de libertad y me enseñó a asombrarme todos los días. Todos los días me preguntaba qué iba a pasar en mi vida; mi vida era no esperar; era aprender: no a esperar sino a recibir. Un amigo de mi papá que era poeta decía: "Esta niña tiene ojos de asombro" y sí era cierto, porque mis ojos siempre parecían como asombrados de todo.

Ahora bien, no podría decir que de niña fui "feliz" porque se me escapa un poco el concepto de qué es la felicidad. Yo puedo pensar que soy una persona plena, mas no feliz. La felicidad me parece como que no tiene que ver conmigo. Entonces, de niña definitivamente no fui feliz. Fui una niña que pasó muchos sobresaltos, justamente por esta inseguridad familiar y doméstica. Sobresaltos por ejemplo de inseguridades muy profundas; de no ser igual a mis amiguitas, de ser diferente. Porque desde niña fui una persona diferente y como saben, para un niño ser diferente es la gran tragedia.

Y era diferente porque mi casa era diferente. Cuando mis amiguitas iban a comer a la casa se asombraban mucho de que fuera tan rara. No había mamá, pero sí todo tipo de personas. A mi casa iban Octavio Paz, Xavier Villaurrutia, toda esta gente que ahora es historia y que eran como mis tíos. Eran los íntimos de mi papá, me sentaban en sus piernas y les dábamos cierta ternura mi hermano y yo; los niñitos ahí solitos.

Estoy segura que sí me afectó no tener mamá, por todas estas pequeñas cosas que cuando eres niña necesitas y no tienes. Pero no me dañó, cosa que me sorprende mucho; no he sido una persona dañada por la ausencia de la mamá. Por ejemplo, la mamá de Sabina Berman que es una psicoanalista maravillosa a la que quiero muchísimo, me dice: "Diana, yo no entiendo, con tus antecedentes familiares deberías ser una persona muy enferma. ¿Qué te pasó? ¿Por qué eres tan sana?" No sé. Realmente no sé qué me pasó. Tal vez fue porque me permití esto de que la vida me sorprendiera en lugar de dañarme. Aprendí a adaptarme; me volví totalmente darwiniana, digamos. Desde muy chiquita aprendí que la vida no tenía que ser de cierta manera, sino que yo tenía que entender la vida como se presentaba día con día. Yo creo que la sorpresa tiene que ver con la capacidad de apertura para dejarte avasallar por la vida, sin tener miedo, con la capacidad de ser muy valiente y no esperar realmente nada. Entender que las cosas no tienen que ser de una manera. La gente no tiene que ser de una manera. El compañero no tiene por qué ser de una manera. Esta capacidad que tuve que desarrollar cuando era niña para sobrevivir –porque si no, hubiera sido una niña muy dañada, muy enferma y muy desadaptada– me ha permitido, por ejemplo, entenderme con Rafa, mi pareja, que me lleva veintitrés años.

Él es pintor. Es un artista plástico. Es un artista de la vida. Es un ser maravilloso. Pero es lo contrario de todo lo que convencionalmente dicen que puede ser un buen compañero. Es un hombre mucho más grande que yo. Es tremendo. Era adorador de las mujeres pero infiel por naturaleza, iconoclasta, irreverente. Era lo opuesto a Felipe, mi primer esposo, un hombre muy brillante. Felipe estudió lógica matemática en Oxford e hizo un doctorado allá. Un hombre muy racional, un hombre muy culto, muy preparado, sus amigos lo adoran. Estuve quince años con él, pero era un hombre muy complicado, muy neurótico; me costó mucho trabajo crecer estando junto a él, porque había competencia entre ambos. No era una competencia abierta, más bien era esta cosa de los hombres brillantes. Es como cuando Arturo Ripstein me dijo: "Yo te inventé en *El castillo de la pureza*". No, espérame, ¿cómo que tú me inventaste? Perdón a mí nadie me inventó, ni siquiera creo en Dios, no creo que Dios me inventó, ¿cómo que tú me inventaste? ¿Qué es eso?

Mi matrimonio termina y después me dejo sorprender por este "monstruo" que es Rafa y ahí voy. Y bueno, han sido los veinticuatro años más plenos de mi vida. Empecé a andar con él a los cuarenta y a vivir realmente de manera libre y plena cuando decidí vivir con él. Ha sido realmente sorprendente ese encuentro.

También fue sorprendente y sacudidora la muerte de mi padre. Y no es que estuviera mal preparada. Mi papá y yo teníamos una empatía muy, muy especial. Yo estaba viviendo en Oxford –allá tuve a mi hija– y mi papá no la conocía. Su sueño dorado era tener una nieta mía o un nieto mío. Andrea estaba chiquita, chiquita de diez meses, y de pronto me llega un telegrama de parte de mi padre diciendo: "Me van a operar, pero no te preocupes, todo va a estar bien". Y a los dos días otro telegrama de mi papá: "No gastes en llamadas, todo va mejor". Y de pronto me habla el abuelo de mi ex marido y me dice: "Vente en el primer avión que encuentres". "¿Por qué?" pregunté. "Porque tu papá está muy mal", me respondió. "Pero si me acaba de mandar un telegrama". Y así descubrí la verdad: eran telegramas que él escribió antes de irse al hospital y le pidió a su esposa que cada dos días me mandara uno para que yo no me preocupara. Mi papá era un ser de una delicadeza espiritual realmente impresionante. Pues allí vengo a México con mi niña, a la que todavía amamantaba. No teníamos dinero; tuvimos que pedir prestado a un amigo para comprar el boleto. Fui del aeropuerto al hospital con Andrea, mi hija, para que la conociera mi papá. Tuve que rogarle a la enfermera para que me dejara entrar. Nos estaba esperando. Nada más decía: "Diana, Andrea", y murió en la madrugada.

Yo salí del hospital a las ocho de la noche y se murió a las cuatro de la mañana. Me acordé del último viaje que hice a México antes de su muerte. Todavía no tenía a Andrea, y vine a hacer una película –Las Poquianchis– con Felipe Cazals. Mi papá me dijo, "quédate aquí en la casa con nosotros para que te vea". Entonces me quedé con él, y el día que me fui de regreso a Inglaterra, salió con unos pants grises y su bastón a la puerta a despedirse de mí. Iba en el taxi al aeropuerto y volteé, y por el vidrio de atrás vi a mi papá de lejos y pensé "es la última vez que lo veo". Con una claridad meridiana. Y pues sí, fue la última vez que lo vi. No es que fuera inesperado pero fue sorprendente. Sentí más que nada un hueco. Me acuerdo del velorio con muchísima gente del cine, funcionarios, gente saludándome. No me acuerdo de nada más que de estar en un hueco enorme, hasta auditivo. Regresé a Inglaterra destrozada.

De verdad, no me acuerdo ni cómo iba, ni cómo llegué, no me acuerdo de nada. Unos amigos alemanes –ahí es donde entra la amistad que también para mí ha sido un gran regalo de la vida– que teníamos en Oxford me vieron muy triste y me ofrecieron que fuera a Alemania a su casa de campo. Como no teníamos dinero me pagaron el boleto, y ahí descubrí esta cuestión maravillosa de la vida, que cuando hay una pérdida tan grande de manera correlativa, si estás abierto y dispuesto, si no te cierras en la depresión, se abre otra vida. En este caso fue esa amistad, ese momento de amistad.

Todavía extraño todo de mi padre. Todavía me pasa que voy de compras, y veo algún sombrero y digo ¡ay mira para mi papi! Y hace treinta años que murió. Extraño su conversación porque era una persona muy sorprendente, era una persona muy imaginativa. Viajaba y te contaba: "Fui a la tumba del Dante, ahí me paré frente a su busto y qué crees que decía, Dante Alighieri, creador del verbo italiano, ¿qué te parece Diana?" Era un contador de historias. Extraño mucho su pasión por la vida.

Desde que yo era muy pequeñita, nunca me hizo sentir que por ser niña era ciudadana de segunda. O que por ser niña tenía que dedicarme a hacer calcetas y aprender a cocinar. Desde que yo era niña, a los tres años me enseñó a leer, me enseñó el alfabeto griego. Les presumía a sus amigos: "A ver Dianita ven acá, recítanos el alfabeto griego". Yo de tres años "alfa, beta, gama..." Él me dio esa fuerza de pensar. Me abrió ese camino en la vida. Pero él siempre me dijo: "Diana tú tienes que estudiar", porque además yo escribía. Mi papá siempre me alentó mucho por el lado intelectual, siempre la literatura, la filosofía, las inquietudes con la historia, porque las conversaciones de mi papá siempre eran por ahí. Jamás me hizo pensar que yo podía ser actriz, pero jamás, ni de broma.

Me dio una gran libertad en la vida, todavía recuerdo cuando le dije tímidamente que quería ser actriz, porque Elenita Paz, la hija de Elena Garro y Octavio Paz, me lo había sugerido. Cuando regresaron de París de un viaje que hicieron, ella venía con sus calcetitas, muy europeas, su boinita y me dijo: "Diana tú tienes que ser actriz; tú tienes cara de actriz". Yo tenía como quince años, ella tenía como veinte o algo así creo. "No, ¿cómo crees?" Si yo tenía una timidez patológica. Y por todas esas inseguridades, producto de ser diferente, era muy sensible y percibía cosas de las amigas que no me invitaban a su casa porque mis papás estaban divorciados. Con todas esas inseguridades, cuando Elenita Paz Garro me dijo eso, yo me quedé helada. Y después tímidamente le dije a mi papá: "Oye papi, fíjate que creo que me encantaría aprender a actuar". "No, no, no. No tienes nada para ser actriz. No tienes el equipo físico ni tienes la voz ni tienes la personalidad. No traspasarías ni la tercera butaca". Me cerró la puerta. Y como mi papá para mí era Superman, yo acepté que tenía razón: no tengo nada para ser actriz.

Flash-forward y de pronto conseguí una beca y me fui a Nueva York. Me fui a estudiar filosofía y letras inglesas y allá me invitaron a que participara en una obra de teatro. En la audición me quedé muda de miedo, y me dije a mí misma: "Mi papá tenía razón. No tengo nada para ser actriz". Fue hasta mucho después, cuando ya independiente de mi papá, descubrí que la libertad que mi papá me había dado, la tenía que aplicar en mi vida, en mis decisiones. Como que me liberé de ese yugo terrible de la opinión de mi padre y ahí fue cuando empecé a estudiar actuación con José Luis Ibáñez. Mi pensamiento era, "pero qué he estado haciendo si esto es lo que quiero hacer en la vida, no quiero hacer otra cosa".

Lo descubrí en la primera clase. Iba temblando, me sudaban las manos, me acuerdo. "Yo qué hago aquí. ¿Qué hago aquí, Dios mío?", me preguntaba. Porque yo quería escribir. Yo quería ser escritora. Para ganarme la vida me metí a un concurso de publicidad que gané y entré a una agencia. Era un *modus vivendi* que no me gustaba mucho, pero poco después fui a esa primera clase de actuación. Fue como esos momentos de iluminación que uno tiene en la vida. Y mi papá, después de todo, lo aceptó. Mi papá siempre respetó mis decisiones de trabajo. Siempre.

Ser actriz es mi vida. Es el aire que respiro. Actuar es el aire que respiro, aunque suene como un poquito melodramático. Para mí actuar es como respirar; es como llenarme de oxígeno. Es como despertar esas cosas o esos sentimientos o esas sensaciones corporales o emocionales que no tocas en la vida y que de pronto en la recreación de la vida, las puedes tocar con toda libertad. Puedes buscar lo fino de las emociones y expresar cosas con sutileza. Lograr que el menos sea más con un gesto, con una palabra. Es un trabajo de filigrana, es un trabajo muy fino que te pide todo. Porque te pide emocionalmente y te pide corporalmente, todo. Estás toda ahí, completa.

Siempre me propuse trabajar por amor. Eso es algo que mi papá me dio: la dignidad del trabajo. La posibilidad de vivir gracias al sudor de tu frente. No ese rollo bíblico de que el trabajo es una maldición de Dios porque te portaste mal. El trabajo es un regalo de la vida, cuando puedes hacer lo que te gusta y para lo que tienes facultades. Es el regalo máximo de la vida. Es lo que te da libertad. Es lo que te abre el mundo. Es lo que te hace vivir. Es lo que te estimula. Desde que empecé a trabajar lo decidí: no voy a hacer cosas que no me gusten o que yo no respete. He hecho cosas que no han salido bien, pero las asumo. Yo las escogí, que es diferente.

Hay proyectos de los que te enamoras y que finalmente no salen bien o no tienen éxito comercial, lo que a mí me da igual. O sientes que no cuajaron bien o que tú no estuviste tan bien como te hubiera gustado y a todos nos pasa. Sin embargo, siempre son cosas de las que me siento orgullosa. Siento que puse todo y aunque no salieron, no importa. Crecí, aprendí, hice lo que yo quería. Yo me equivoco muchas veces, pero me equivoco con gusto, porque digo que de ahí surge algo. No me voy a tirar al piso cuando una película no fue genial. Pero sí te puedo decir que todo lo que he hecho lo he hecho por amor. Ésa es la gran satisfacción.

Lo que sí reconozco es que me he sentido poco preparada para el abandono. Creo que soy una persona muy fuerte en muchos sentidos. Enfrenté la muerte de mi padre con cierta entereza. Enfrenté la muerte de mi hermano a los treinta y cinco años. No sólo la enfrenté sino lo acompañé. Murió de insuficiencia renal crónica, pero fueron tres años en los que estuve pegada a él. Lo acompañé y se lo dije, un día que platicamos de esto, que hablamos de la muerte. Porque uno de los problemas de la gente que tiene enfermedades terminales, es que nadie se atreve a hablar con ellos y es gente que se acerca a la muerte y nadie los quiere oír, porque todo mundo les dice: "Échale ganas, vas a estar bien no te preocupes, estás en manos de muy buenos médicos". Todo mundo engañándolos y ellos sabiendo que no es cierto. Entonces un día de regreso del hospital nos paramos en el estacionamiento del Superama y yo le dije: "¿Sabes qué Jorge? Yo te voy a acompañar hasta la puerta. A lo mejor yo me voy antes que tú, pero lo que tú tienes es muy grave".

O sea que hasta la muerte he podido enfrentar con cierta entereza. Pero me cuesta trabajo enfrentar el abandono, pero el abandono a niveles hasta muy absurdos como, por ejemplo, al citarme con alguien en una esquina y no encontrarlo y que después nos hablemos y me diga "es que estaba en la esquina" y era la esquina contraria. De ese tipo hasta el abandono emocional, por ejemplo, de una madre, de un amigo. El abandono voluntario me duele mucho. He sido una persona muy sola en muchas cosas. Parece contradictorio, porque estoy rodeada de mucha gente, pero he sido una persona profundamente solitaria y no me asusta.

El abandono lleva una connotación de rechazo evidente y yo, cuando era niña, me sentí rechazada muchas veces y tuve que sobreponerme. Sobreponerme al mundo en el que vivía, el mundo en el que tenía que vivir. Mi papá era un hombre muy extravagante para el mundo en el que yo vivía. Para mí, el sueño de mi vida era tener una mamá con tubos, en su sillón de peluche rosa y el papá viendo tele y la sopita de fideo. Porque era lo que yo no tenía en la vida. Yo tenía un papá súper sofisticado, súper intelectual, con una biblioteca padrísima, viviendo una vida muy excitante, para mí eso era lo común, pero de pronto me sentía como una niña señalada.

Por eso en mi vida actual he buscado crear un entorno amable, un entorno amoroso, un entorno donde no haya violencia ni verbal ni emocional, ni psicológica, de ningún tipo. Ése ha sido mi objetivo en la vida. Entrar a mi casa y sentir que estoy en un mundo limpio, bello, amable. Ése es un gran legado de mi padre. Yo creo que ese respeto a la inteligencia y el acceso a la belleza se deben a que mi papá era un esteta. Todo lo que lo rodeaba era bello de alguna manera. Compartió mucho de eso conmigo. Una activación estética y el respeto al pensamiento humano y, muy importante, el respeto a todo ser vivo. Mi papá era divino. Escribió una oda a la mosca. Yo le dije, "pero papá la mosca es lo más asqueroso que hay en el mundo y decía no, pero fíjate como vuela una mosca ¿no te parece realmente impresionante y sorprendente?" Yo vivo con ese respeto, con ese abrirte a todo. No decir no a las cosas *a priori*, sino vivir la vida como va llegando.

Yo aspiraría a que mi principal legado fuera el amor. Por ejemplo, ahora mi gran aspiración en la vida es que mis nietas —a las que adoro— cuando crezcan y yo ya no esté digan: "Es que mi abuela me acercó a la música, mi abuela me leía libros, mi abuela me llevaba al teatro, mi abuela me llevaba a mis clases de ballet, mi abuela me quería mucho, en casa de mi abuela me sentía segura, me sentía feliz. Jugaba con ella a muchas cosas. Mi abuela era una mujer padrísima".

Aspiro a que ése sea mi legado más que el cine, porque mi profesión es una forma de ser más rica como ser humano para adentro, más que para afuera. El éxito, el reconocimiento, la proyección, yo no creo en ese tipo de legados, no creo en los homenajes. Porque somos tan efímeros, somos tan frágiles. Hoy me acaban de avisar que a una amiga mía de cincuenta y dos años le dio un derrame cerebral y ya la van a desconectar. Junto a eso qué te importa cuántos libros escribió. Más bien te importa qué dejó como ser humano. Qué les dejó a sus hijos, a su marido, a sus amigos.

A mí eso es lo que me importa en realidad, aunque no menosprecio lo otro. No menosprecio que cierto éxito me da la libertad para elegir, por ejemplo, mis proyectos. Que cierto éxito me permite tener proyectos interesantes a mi edad, cuando muchas actrices ya no los tienen. Todo eso se lo debo justamente a la proyección hacia afuera del trabajo. Pero no es un legado, es un instrumento simplemente para poder hacer lo que quiero. Mi trabajo es un alimento y ese alimento quiero compartirlo con este pequeño mundo, que es el que en realidad me importa.

El mejor legado sería que mis amigas dijeran: "Te acuerdas de esa tarde que tomamos té, qué padre fue; Diana era una persona divertida y linda". Eso es lo que más me interesaría, porque no aspiro a ser la actriz que todos alaban, qué flojera. Nunca se me ha antojado eso. Y eso de "la primera actriz Diana Bracho", me saca ronchas. Cómo que "la primera", pónganme "la última actriz", pero nunca me pongan "la primera". Yo siempre digo cuando pasas de los cuarenta años y no saben que hacer contigo te ponen "la primera" y resulta que te sientes muy lograda. No, yo no he llegado a ningún lado. El día que llegue a algún lado será a la tumba. Voy caminando y quiero seguir caminando y aprendiendo. Y que alguien, al final de mi vida diga: "Cómo la extraño; la extraño con una sonrisa".

© Guillermo Güémez Sarre

N<small>O SE ME OLVIDA</small>

Rebecca de Alba

No se puede vivir esperanzada. El mundo es azaroso, la vida te sorprende. El primer hecho que me tomó por sorpresa fue el abandono de mi padre. Lo recuerdo, lo revivo, y vuelvo a sentirme vulnerable. A mis seis años, ¿cómo iba a alcanzar a imaginarme que aquélla, que era la figura masculina que yo más admiraba y respetaba, se iría? Pero cuando pasó un mes, mes y medio y no volvía, el golpe fue contundente... No se me olvida. Me marcó, me definió. En ese momento empecé a construir, sin darme cuenta, un mundo interno: me volví una niña reservada, gran observadora de mi entorno; aprendí a escuchar, a ser analítica, y desarrollé desde entonces una gran intuición de los hechos y las personas. Hoy, tengo que admitirlo, ¡soy una enferma del análisis!

Incluso ahora, los cambios me cuestan mucho trabajo. Yo hago hogar, echo raíces no importa qué, ni cómo, ni dónde. La gran conclusión —nada nuevo—, los eventos de la infancia te marcan. Por el trabajo de mi padre, cada año nos mudábamos del lugar donde vivíamos. Cuando por fin había logrado adaptarme al nuevo sitio, sentir que ésa era mi casa, teníamos que irnos de nuevo. Siempre dejaba algo en el camino: un cuaderno favorito del colegio, un juguete. Siempre me quedaba con una sensación de pérdida. Con el abandono de mi padre viene un cambio definitivo y sorprendente. Mi madre, mis tres hermanas, mi hermano y yo nos vamos a vivir a casa de mis abuelos.

A causa de las circunstancias, mi madre se convierte en una mujer trabajadora. Mi abuela, que siempre ha sido una guerrera, una revolucionaria, ya lo era. Crecí así entre mujeres trabajadoras. La familia se sostenía en sólidos pilares de apoyo y respeto mutuo entre hombres y mujeres. Era muy extraño, si consideramos que se trataba de Zacatecas, una ciudad tan socialmente conservadora, que ni mi abuelo ni mis tíos fueran machos. Aprendí en la calle a lidiar con el machismo. Eso no existía en mi casa. Ahí había siempre armonía entre los géneros. Desarrollé así una gran complicidad con mi hermano y mi abuelo. Este último era un hombre generoso, poco expresivo, que demostraba su afecto con acciones. Pasábamos horas conversando y jugando dominó. En una de nuestras tantas partidas probé por primera vez el mezcal zacatecano... No se me olvida.

Mi mamá tenía dos trabajos, salía muy temprano en la mañana a encerrarse en una oficina y regresaba de otra ya de noche. ¿Pero en qué momento disfruta esta mujer de la luz del día?, me preguntaba.

Durante ese tiempo el contacto con mi papá existe pero se rompen las ilusiones. Yo vivía con la esperanza de que la familia volviera a unirse y mi padre la alimentaba con cartas en las que me hablaba de que también ésos eran sus deseos. Sin embargo, eso no sucedió. Por más que trates de fluir con las circunstancias las cosas no siempre suceden como las planeas. Más mata una esperanza que un cruel desengaño... Y no se me olvida.

Cuando yo tenía doce años, la vida vuelve a sorprenderme: muere mi padre. Su ausencia se vuelve irremediable. ¿Qué sentido tiene entonces la vida?, me preguntaba, ¿qué sentido tiene creer en alguien? Me enojé mucho con él. Recuerdo que fui a una cajita donde yo guardaba sus cartas y dibujos que él hacía de niños jugando con elementos naturales, como piedras y otras cosas, y en los que escribía frases. Destruí todo. Muchos años después, como a mis treinta, leí a Rabindranath Tagore, poeta indio, y me di cuenta de que las frases en los dibujos de mi papá eran de este autor. Esto fue una gran revelación. Yo no estaba preparada para este encuentro con mi padre por medio de las palabras de Tagore, pero entonces lo entendí, por fin supe quién era mi padre. El día que fuimos a enterrarlo había llovido, olía a tierra mojada... No se me olvida: amo el olor de la tierra mojada.

A los catorce años decidí asumir la responsabilidad de mi vida, convertirme en una niña trabajadora. Empecé ordenando archivos en una dependencia de gobierno y desde entonces no he dejado de ganarme la vida con mi propio esfuerzo.

A los quince años tomé la decisión de que, terminando la preparatoria, me iba a ir de casa de mis abuelos a conocer el mundo, a estudiar y a vivir la vida, tomando cualquier reto que se me presentara. Cuando les conté, mi abuela dijo: "Vete y vive". Mi madre: "No te doy permiso". Viajé en autobús toda una noche, de Zacatecas al D.F., para presentar el Toefl, examen que me exigían como requisito para ingresar a la Universidad de Colorado. Regresé ese mismo día a Zacatecas.

Me aceptaron en la carrera que quería: periodismo y comunicación. Yo había estado juntando dinero de lo que me pagaban en el trabajo, suficiente para el boleto de ida. Vuelvo a ponerme en movimiento. La incertidumbre, que nunca desaparece de mi vida y que primero me atormentaba, ahora es mi gran aliada, me hace crecer, me mantiene viva, curiosa, interesada por la vida, ocasiona que busque herramientas para construirme y reconstruirme; a veces me asusta, pero eso produce la adrenalina necesaria para que siga adelante. No decidí emprender el viaje por rebelde o por aventurera. Ya lo dije, soy analítica. Si lo emprendí fue para seguir esa voz interna que me decía "crece"; la palabra me atraviesa.

Por primera vez en mi vida me subí a un avión. Llegué a Colorado un enero y vi, a través de la ventanilla, una de las imágenes más sorprendentes de mi vida: todo blanco, la nieve. Mi equipaje era un baúl que me prestó mi abuela.

Me instalé con una familia que tenía una niña de seis meses, un niño de cuatro años y otro de siete. Todavía tengo contacto con ellos.

Al principio, cuando recién llegué, extrañaba mucho a mi familia, los afectos, todo aquello que me arropaba y me protegía. Pero la añoranza me hundía. A la semana tomé una decisión: a mis casi dieciocho años decidí no sentir nostalgia ni extrañar más. Y así fue, hasta que la vida volvió a sorprenderme.

Después de dos años en Colorado yo tenía una vida hecha. Estudiaba, cuidaba niños, tenía un negocio en el que vendía y repartía globos, y daba clases de español en una preparatoria. Vaya, me buscaba la vida. En ese momento mi mamá me avisa que mi hermana está muy enferma, que está desahuciada. Sin pensarlo dos veces, emprendo entonces la travesía más larga y penosa de mi vida. Dejaba yo atrás mis sueños, mis ilusiones, segura de que no iba a regresar nunca. Además, aturdida por las novedades, viajé torpemente y tardé dos días en llegar a Zacatecas. Pero lo peor me esperaba en casa: mi hermana, que de las cuatro era la más bella y a quien yo había dejado dos años antes en perfecto estado, estaba en una silla de ruedas y pesaba veinticuatro kilos... No se me olvida. Estuvo cabrón. El recuerdo me quiebra. La muerte de mi padre me impactó, me dolió, pero no se compara con el dolor que sentí cuando, nueve meses después, murió mi hermana Patricia. Entonces aprendí una gran lección: lo único seguro es la vida y la muerte. Más allá de vivir en el presente, el reto es, si se puede, seguir la filosofía india de vivir el aquí y el ahora, que es muy distinto.

En mi adolescencia solía tener un sueño recurrente: una carretera de concreto gris y una línea azul que no acababa nunca, interminable, y que yo iba recorriendo. Esta idea de la eternidad, de lo que nunca acaba, me resultaba terriblemente angustiosa. ¡Qué tedio, qué horror! Respeto mucho las creencias de los demás, pero me cuesta mucho trabajo creer, por ejemplo en la reencarnación. Yo no creo que haya una continuidad espiritual o energética de la vida después de la muerte. Es esto y se acabó. Si existiera alguna especie de paraíso, me encantaría que incluyeran a los animales. ¡Anda ya! Y me acuerdo del revuelo que causó ese comentario en una cena familiar, una Navidad hace dos años.

Creo en la buena voluntad de las personas y en las malas intenciones y el poder que pueden tener. Creo en el poder de la palabra y el pensamiento. Creo en el trabajo. Creo en los géneros masculino y femenino como una conjugación de fuerza entre ambos, nunca como competencia, siempre como complemento. Creo en la parte femenina de la mujer. Una postura feminista me aleja de ella.

Mi abuelo tenía un rancho y ahí me enamoré de la naturaleza. Ahí la vida te sorprende a cada instante. Ahí aprendí desde hacer pasteles de lodo hasta esperar el amanecer y describir sus colores, pasando por ordeñar vacas y montar a caballo, y hacerme experta en cortar las tunas del nopal. Y todavía no se me olvida. De viernes a domingo estábamos en el rancho y no se acababa la tertulia en los tres días. Me fascinan los boleros. Cantarlos mano a mano con mis tías abuelas, mis tíos y mi mamá nos unía. Las mujeres de mi familia son, además de trabajadoras, muy fuertes, tan fuertes que hasta me dan miedo, aunque es también eso lo que hace que me cobije su seguridad y me sienta protegida.

Cuando estoy con mi familia en Zacatecas lo que más hago es reír. Recuerdo una anécdota de mi abuelo, un día que el director de turismo del estado vino a preguntarle si no tendría inconveniente en que su nieta fuera señorita Zacatecas. Mi abuelo respondió, muy serio: "Mientras sea señorita, lo de Zacatecas me tiene sin cuidado". Genial, ¿no?

Un gran reto para mí es la aceptación, de mí misma y de los demás. Aceptarte y aceptar circunstancias y personas es muy difícil. Soy muy paciente, pero puedo ser muy intolerante con ciertas cosas: con la corrupción, con la ineficiencia, la injusticia. Y ni hablar de la indiferencia, ésta me indigna, también el abuso. ¿Dónde está la observancia de los derechos humanos? ¿Quién sabe, por ejemplo, que uno de los derechos de la mujer es contar diariamente con un espacio de tiempo para ella? ¿Qué mujer sabe siquiera que ése es un derecho que le corresponde? Ya no digamos que lo practique.

Vivo una vida de contrastes: soy una mujer solitaria, tímida y penosa, al mismo tiempo estoy sumamente expuesta. Soy reservada en cuanto a mi vida personal. El silencio me acompaña en todas mis jornadas. En el silencio están la reflexión, las lágrimas, la soledad, el conocimiento de ti misma, los recuerdos. Hay silencios ensordecedores, otros que se acercan a la paz. Hay silencios de contento, de alegría. Estoy tan rodeada de gente en mi trabajo que soy una mujer solitaria. En mi vida pública hay tanto ruido, que busco el silencio. Hago de mis espacios encuentros con la gente que quiero. Busco momentos íntimos en los que puedo brindar calidad de tiempo. Escucho, y valoro profundamente ser escuchada.

Después de catorce años de trabajo continuo en la televisión, en 1998 renuncié a un programa en un momento de gran éxito. No estaba preparada para lo que vendría después, no tenía un plan B. Necesitaba seguir creciendo y para ello tenía que dejar el confort de lo seguro, de lo estable. La vida era más amplia que una pantalla de televisión. Necesitaba reencontrarme y rediseñar mi vida fuera de ella.

De nueva cuenta me puse en movimiento. Primero me fui como conductora de un programa para cubrir el campeonato mundial de futbol en Francia 98. La convivencia con ciento y pico de hombres fue un gran reto. Aunque todos los compañeros eran siempre muy amables y respetuosos conmigo, había momentos en que yo deseaba tener cerca algo que oliera a rosas, en vez de tanta testosterona.

Estaba yo tan saturada del trabajo en televisión que empecé a cuestionarme seguir con mi carrera, con mi profesión, con la vida como la conocía hasta entonces. Después del mundial decidí quedarme unos meses en Francia, a aprender francés. De ahí me fui a España, con la intención de tocar puertas, y la vida me sorprendió de nueva cuenta. Vivir día a día como la mayoría de la gente, sin compromisos de trabajo y en un país en el que no me conocían, me trajo consecuencias muy particulares: comencé a sentirme despersonalizada y muy extraña, ajena a mi cuerpo y a mis emociones. Entré en una crisis existencial espantosa. Durante meses me torturaba día y noche preguntándome, a dónde voy, cómo le voy a hacer, qué quiero hacer, qué quiero de mí. Aquello se volvió una dinámica insoportable, angustiante.

Yo soy bastante escéptica respecto a los asuntos zodiacales, pero dicen que una de las características de los que somos Escorpión es ser como el ave Fénix, que muere y renace y vuelve a morir y vuelve a renacer. Así me pasa a mí. Me hundo, casi, para volver a resurgir. Las crisis son oportunidades y ésa fue una. Logré vencerla cuando me di cuenta de que Rebecca, la persona, había superado a Rebecca de Alba, la figura pública. Ahora hay una compatibilidad, un entendimiento y un equilibrio entre ambas.

En España encontré, además, a una mujer maravillosa que reúne un pedacito de mi mamá, un pedacito de mi abuela, un pedacito de mis tías, de mis hermanas, es una, cada una y todas las mujeres de mi vida: Lucía Bosé. Ella se convirtió entonces en mi gran cómplice, mi gran amiga, mi consejera. Es para mí una presencia muy sólida, muy clara, llena de música. Fue una verdadera salvadora. Su pragmatismo, su humanidad, su sensibilidad, me dieron una visión nueva ante la vida. Es con mis ojos y con los de mis mujeres que yo he ido descubriendo la vida. Siempre a través de los ojos de ellas. Los ojos de los hombres tienen otras cosas. Las mujeres tenemos mil formas mágicas de tejernos un mundo interno y externo para sobrevivir. Una mujer puede tener la habilidad de llegar a un pueblo desolado y llenarlo de flores. Un hombre que llega al mismo pueblo se encierra para no verlo.

Si algo me ha sorprendido en la vida es que se dijera que me gustan los hombres homosexuales y que yo también les gusto a ellos; quién quita y sea lesbiana o bisexual. ¿Pero a qué lengua viperina se le pudo ocurrir semejante cosa? Yo soy muy transparente y sólida. He procurado mantenerme lejos del escándalo. Sin embargo, todo eso me ha hecho fuerte. No voy por la vida con resentimientos ni deseándole mal a quien me hizo daño. Los tiranos dejan grandes lecciones y hay mucho que les puedo agradecer. Me han dado la oportunidad de crecer.

Yo no hablo de mis parejas, pero en esa área, puedo decir que no he sido ni soy muy convencional. Hubo una etapa de mi vida en que todas las niñas de mi edad hablaban de los vestidos y las fiestas de quince años. Yo no festejé mis quince años, porque no me interesaban esas cosas. Tampoco a los dieciocho o veinte años, cuando todas las mujeres hablaban de matrimonio, tenía yo esa ilusión. No se me ocurrió dar cabida a la ilusión de casarme, aun cuando en mi familia no hay divorcios y todas las mujeres tienen una vida de pareja. Yo creo en la pareja y creo en la decisión de dos personas para darle una forma a esa unión. Creo en la pareja como un intercambio continuo de lo que quiere cada quien. Todavía soy soltera codiciada y no soltera sospechosa. Mi naturaleza es muy libre. Son las mismas razones por las que un hombre se ha enamorado de mí, las que lo hacen salir corriendo. Cuando una mujer reúne ciertas cualidades puede mermar la autoestima de un hombre que no es lo suficientemente seguro. Si yo fuera hombre, qué mejor que tener una mujer chingona, sólida, pensante. Una mujer tonta no ayuda en la adversidad. Las rubias tenemos fama de tontas. Yo sólo soy rubia.

De mis relaciones me gusta aprender, compartir, ayudar; no concibo la vida si no tiendo una mano. Le doy mantenimiento a mis afectos y soy consistente. Mantengo relaciones largas y duraderas, como la que tengo con mi abuela Beatriz, de noventa y cuatro años, que cuando yo tenía catorce me dijo: "Tú naciste para ser libre..." Y no se me olvida.

© Guillermo Güémez Sarre

Una tarde con mi hermano Tony

Astrid Hadad

Como el sonido de las campanas de la iglesia que se quedan resonando en la cabeza, así ciertos momentos de nuestras vidas están siempre presentes y resuenan en nuestra memoria todos los días.

Esa tarde estábamos Tony y yo en su cuarto, por la ventana se veía un hermoso almendro, exuberante, frondoso, con sus verdes y brillantes hojas como abanicos redondos, como hojas de lirio acuático.

Ante tanta belleza y tanta plenitud, le pedí emocionada que se acercara y mirara el almendro, a ver si la belleza de la naturaleza le daba un poco de ánimo a mi entrañable hermano torturado por el cáncer.

No quiso mirar, él que tanto amó la belleza en todas sus formas, él que era un artista, inteligente, carismático, seductor, que se hacía querer por todos, era un ser extraordinario, en cada parte suya miel y bondad había, estar con él era estar con la vida, con la vida a carcajadas, era al único al que podía soportarle que dijera chistes sin parar, también era un gran conversador y un idealista, si se hubiera dedicado a la actuación habría sido un gran actor, honesto y transformista, cantaba y bailaba como el mejor, él y José mi otro hermano eran "uña y mugre", yo era el complemento, nos adorábamos.

Esa tarde cambiaron cosas en mi vida, no me di cuenta hasta después, todavía me sigo dando cuenta, no es un capítulo cerrado, no se puede cerrar mientras la muerte exista.

Es un capítulo que estaba abierto desde antes, desde la muerte de mi hermana Claudette unos años antes cuando la arrolló un borracho y murió estando embarazada y dejando un niño de ocho meses, que me había puesto en los brazos antes irse a su automóvil diciendo: "Cuídamelo tantito ya vuelvo", y no volvió, murió, la chocaron, en el mismo sitio donde habíamos tenido un tremendo accidente unos meses antes por otro borracho que nos arrolló, hasta una palmera joven tiramos con el impacto de nuestro auto.

Salimos corriendo las dos para que no se nos fuera a pelar el tipo que nos había chocado por pasarse el alto, después del susto nos reímos mucho y lo contábamos como una anécdota graciosa y pedimos que se pusieran topes en ese cruce de calles, los pusieron después de la muerte de mi hermana, la burocracia tarda pero llega, quizá se han evitado otras muertes.

Tony se acababa de recibir de médico en Guadalajara, no sé por qué pero sospecho que no era la profesión que más le gustaba, creo que hubiera preferido ser actor. Con todo y su desparpajo ante la vida era frágil, muy frágil, no por lo flaco –era muy flaco y huesudo– con un pegue para las mujeres increíble aunque él no se daba cuenta o fingía no darse cuenta, bromeaba sobre todo. A él le decíamos que parecía biafrano porque era moreno y muy flaco (cuando no se sabe qué es lo políticamente correcto, se puede bromear sobre cualquier cosa, hasta sobre la muerte).

Cómo íbamos a saber que esas bromas se convertirían en realidad, cuando lo teníamos que bañar cuando ya estaba consumido por la enfermedad, lo poníamos en una sábana y lo remojábamos en agua tibia, mi hermano José y yo llorábamos de la risa literalmente porque era inevitable reír por las situaciones absurdas que se producían en medio de tanta aflicción. La congoja de mi hermano Tony por los dolores que sufría y la de toda mi familia por verlo sufrir y no poder hacer nada. Me acuerdo de esos momentos y me vuelve a doler el estómago y el alma, ese dolor que te hace llorar al recordar; ese dolor que no se olvida.

Quién nos iba a decir cuando éramos pequeños y jugábamos como salvajes, todo lo que habríamos de vivir después, pero aunque nos lo hubieran dicho, ¿quién hubiera podido evitar que lo viviéramos?

No lo imaginamos cuando le hacíamos maldades a Tony porque era el más inocente, el más creyente no sólo en Dios sino en la gente, el más confiado; recuerdo que un día por mi culpa se cayó en una de las zanjas de una construcción y se cortó el brazo con un fierro salido, se hizo una herida tremenda que le dejó una gran cicatriz y cuando pienso que yo en mi inconsciencia me burlaba de él, hasta que vi correr la sangre y entré en pánico por dos cosas: por la paliza que me iban a dar por haber llevado a mi hermano más pequeño a un lugar peligroso y por ver el tamaño de la herida... casi me desmayo. ¡Qué horror!

Después, ya adolescentes, en las largas veladas con los amigos nos quedábamos hasta el amanecer tocando guitarra, cantando, contando chistes y anécdotas de adolescentes y de la niñez, repetidas una y mil veces, pero siempre nos hacían reír como si fueran nuevas, con toda la frescura de la juventud y la sensación de pertenencia, de vivir en un ambiente ideal con una familia llena de amigos y de amor.

Ya no peleábamos, éramos cómplices, compañeros de fiestas, de noches bohemias que hicieron historia y luego se convirtieron en mito, llenas de placer, llenas de hermosísimos amaneceres en la laguna de Bacalar, con la niebla surgiendo del agua, con el rosado de la aurora y el silencio de todos admirando tanta belleza, todos místicos, todos arrobados.

Qué intensidades, qué manera de vivir la vida, qué añoranzas, qué *saudade*.

Tony era el octavo de una familia de once hermanos y hermanas, Géminis, aire, de esos aires que pasan dejando huella haciendo surcos en el alma, dejando flores en la vida, risas, la pena de no verlo, cómo duele el alma y aunque duele recordar, quiero recordar para no olvidar lo que amo y en consecuencia me ha formado.

Un poco antes de su graduación supimos que tenía cáncer, le dieron los primeros tratamientos de quimioterapia pero no funcionaron, tenía veinticuatro años cuando lo desahuciaron; yo vivía en el D.F. y lo recibía cuando viajaba de Guadalajara a Chetumal. Ya sufría los primeros dolores.

No recuerdo exactamente qué sentí cuando nos dijeron que no había remedio, sólo sé que decidí acompañarlo a su regreso a la casa. Creía que podíamos luchar, estaba dispuesta a encontrar cualquier cura, sentía que con mi fuerza iba a detener a la muerte; probamos todo, vegetarianismo, dieta de pura agua durante dos semanas, brujería, imanes, charlatanes, etcétera, pero de nada valió.

Su último viaje lo hicimos juntos en su "vochito azul" de México a Chetumal. Él manejó todo el camino, no me quería dejar manejar porque no me tenía confianza, decía que manejaba muy despacio y yo le contestaba que me moría de miedo cuando él manejaba las curvas y las pendientes tan rápido.

Me acuerdo que cuando estábamos en una recta se quedó dormido con los ojos abiertos y si no me doy cuenta nos matamos.

Al principio nos quedábamos con mis hermanos Amín y José conversando interminablemente toda la noche en el balcón de la casa de mis papás, hablábamos de todo, de literatura, de geografía, de política, de extraterrestres, de las plantas, de la vida toda y las infaltables anécdotas recordatorias de la niñez como ahuyentando a la muerte, como no queriendo verla.

El tumor creció muy rápido, era como esos monstruos de las películas de *aliens*, de esos que crecen por dentro comiéndose todo y no hay manera de detenerlos.

El dolor se volvió insoportable, dejó de tener ilusión, no se puede tener o recordar una imagen agradable cuando el dolor no te deja ni un instante, su dolor se prolongó casi seis meses, nuestro dolor hasta ahora, casi treinta años después.

Murió en mis brazos, ahora sé que la piel se eriza cuando uno muere, el almendro estaba brillante, tardé en reaccionar, no sabía qué me ordenaba mi cerebro, no sabía si tenía que llorar, que gritar, lo llamé sin sacudirlo, lo abracé suavemente, después bajé a avisarles a mis papás, a mis hermanos. No por esperada dolía menos la ausencia, el alivio y la desesperación se mezclaban, el dolor sordo, brutal, inevitable y la sensación de paz, de descanso.

Éramos egoístas, contradictorios, por un lado lo queríamos vivo a pesar de su dolor, por el otro deseábamos que dejara de sufrir no sin culpa por darnos por vencidos, aunque por momentos esperábamos el milagro. ¡Sí que soñamos!

Yo en unos momentos desafiaba a la muerte y conversaba con ella en la sala de la casa de mis papás, la regañaba... ¡como si hiciera caso! La temía, pero como para darme fuerzas me decía a mí misma que no tenía miedo, aunque la verdad es que sí... por supuesto que tenía miedo y tenía culpa por tener miedo y por estar bien, después lo pagué de alguna manera si se le llama pagar, a quedarse sin palabras, sin voz... ¿pagar a quién?, ¿por qué?

Cuando murió mi hermano Tony supe lo que la fuerza de las palabras puede hacer para exorcizar una pena, una pérdida, la del hermano y amigo querido, amado, insustituible: esa noche lo despedimos hablando de sus puntadas, de sus chistes, de sus anécdotas, de las cosas absurdas que le pasaban y que nos hacían reír.

Cómo nos reímos esa noche, cómo lloramos esa noche, cómo lo entrañamos esa noche, cómo lo extrañamos, cómo lo lloramos.

Después de la muerte de Tony quedé muy tocada, había un vacío, una sensación de intrascendencia total que me quitaba las ganas de hacer cosas, la voluntad de crear, de creer... se me fue la voz, cada vez que cantaba me enronquecía, se me fueron las palabras, no podía expresar lo que me estaba pasando, no sabía qué quería, vivía por inercia y por inercia el teatro me salvó.

Así de misterioso e inquietante como el vuelo del colibrí, así es mi relación muerte-vida.

Me llené de preguntas, de dudas, de supuestas respuestas, de certezas absolutas y la negación total de ellas después, la pregunta incesante: ¿Y si le hubiera dicho esto o aquello? Tengo muchas teorías sobre por qué un ser tan querido, tan pleno de vida y de amor por la vida se murió tan de repente, tan joven y con tanta agonía.

¿Será que la muerte es cuestión de voluntad o es destino, cómo es posible que alguien por voluntad desee la muerte cuando ama tanto la vida y la disfruta tanto?

Dejar que las cosas tomaran su curso, dejar que la intensidad se acomodara por su cuenta a riesgo de perderme por momentos en el exceso de intensidad; vivir cada momento como si fuera el último, me ayudó a reubicarme; sigo viviendo así: cada día como si fuera el último, aunque más encauzada o controlada... no sé... eso creo.

No tenía voz ni tenía palabras, pero tenía imágenes, tenía mi cuerpo para moverme, mis clases de teatro, los amigos para apapacharme, para improvisar juntos, para reírnos juntos hasta que la risa nos llevara al éxtasis, a festejar enloquecidamente estar vivos.

Esa tarde con mi hermano me dejó una imagen, un símbolo de vida, la vida sigue a pesar de la muerte así como ésta sigue a pesar de la vida y, si es así, mejor pasársela lo mejor; esa imagen, ese almendro brillante, exultante, asomándose a la habitación de muerte de mi hermano. La vida se nutre de la muerte, la muerte... ya sabemos.

Después de mi hermano Tony se fue mi hermano Amín, cómo lo extraño, extraño su mirada triste como la de mi papá, su sabiduría. Tenía mente de genio, se sabía el mapamundi de memoria y varios idiomas, era un convencido del vegetarianismo, dejó de fumar y se hizo vegetariano. También murió de cáncer.

Por él y por mi padre tengo adoración por las plantas, él también me enseñó el amor por la naturaleza, me mostraba apasionadamente las distintas variedades de flores que encontraba en su camino, lástima que yo no tenga su privilegiada memoria que era como la de mi papá, para contar todo lo que me decía.

Mi papá y él tenían el balcón más bonito de Chetumal, con una variedad de plantas y flores que no he vuelto a ver. Me acuerdo que un día, Amín llevó del monte una enredadera que daba unas rosas color amarillo que, al secarse estando aún en la mata, adquirían un color dorado, parecían de cera, eran increíbles, se podían ver a veces a la orilla de alguna carretera de por allá y no las he vuelto a ver.

Otra planta desaparecida, fue una que es mítica para mis hermanos y hermanas, y para mí: era otra enredadera que subía por la pared de la antigua casa de madera, sus flores tenían forma de patitos con venas moradas que apachurrábamos con las manos y sonaban como las palomitas de maíz cuando explotan.

Es otra planta que nunca hemos vuelto a ver y que nuestra mirada busca inconscientemente cuando recorremos esos caminos donde, a pesar de la mano del hombre y de los ciclones, la selva se sigue asomando a las carreteras, pero ya no están ni las rosas doradas ni los patitos que explotan, ni mi padre, ni mi hermano Amín, ni mi hermano Félix, sus historias son para otro momento.

Entendí que aun en el sufrimiento hay resquicio para la vida, que ante el dolor inevitable uno tiene que cantarle a la vida, que cantarle a la vida es lo único que sé hacer gracias al amor de mis padres, de mis hermanos y hermanas, de mi familia, de mis amigos que son mi familia.

Aprendí a dar placer, teniendo en cuenta que en la ausencia lo que más perdura son los momentos felices, armoniosos. Aprendí a reírme de las ambiciones sin freno de nuestros hombres de negocios y de nuestros políticos, que usan la política para llegar a un poder miserable sin importarles hundirse en la corrupción creyendo que la mejor herencia para sus hijos es el dinero y no la honorabilidad, aprendí que el arte es curativo y que el amor del pueblo perdurará mientras siga poniendo la mesa para recibir a sus muertos.

La vida me seguirá tomando por sorpresa, la muerte también, espero estar preparada... para la vida; porque la muerte una vez que llega... ¡¿ya qué?!

© Guillermo Güémez Sarre

Mis dos cenizas

Ángeles Mastretta

Todas las luces están prendidas, pero yo me he quedado a ciegas en la casa de mi madre. Es una casa en mitad del jardín que es de todos. Y de nadie.

Este jardín lo heredó mi padre de su padre, un inmigrante italiano que llegó a México a principios del siglo pasado. El jardín pudo perderse en la nada de las deudas si mi madre no se hubiera aferrado a esta tierra que entonces era un paraje remoto a la orilla de la ciudad.

A mi padre le tocó la guerra y el matrimonio como lo que debió ser la única secuela posible de aquel sueño de horrores: una tregua. La ardua paz que él resumía diciendo: en la iglesia te atan una esponja a la espalda. El presbítero dice que semejante carga habrá que llevarla de por vida con serenidad y alegría. Uno piensa que no habrá nada más fácil. Luego, termina la ceremonia, se abre la puerta de la iglesia y los cónyuges salen para siempre a un aguacero.

A mi madre le tocaron la belleza y la tenacidad. El matrimonio fue como una decisión que supuso en su mano y que no fue sino la mano del destino jugando a hacerla creer que ella mandaba en la desmesura de sus emociones.

Sucedió que se casaron tras dos años de un noviazgo a tientas. Él quería besarla, ella se preguntaba si podría soportar de por vida que su marido no fuera alto, como su padre.

Hay una foto en que mi madre sonríe y es divina como una diosa: así, con su cara de niña que por fin se hizo al ánimo de no serlo. Él la lleva del brazo y está como de vuelta, como si de verdad fuera posible no contarle nada de lo que hubo detrás. Es el día de su boda, en la mañana, el 11 de diciembre de 1948. También él sonríe, como si pudieran olvidarse el desaliento y las pérdidas. Se ve dichoso.

Mi madre tenía entonces la edad que hoy tiene mi hija.

Hemos puesto la foto sobre la chimenea. Hasta hace un año estaba en un baúl, pero Verónica mi hermana la encontró justo cuando empezaba a ser urgente. Nuestros padres se quisieron. ¿Qué tanto se quisieron? ¿El suyo fue un romance de época o no estaba la época para romances? Yo jamás los vi besarse en la boca. Lo pienso ahora que me he quedado a solas, con ellos. ¿Por qué no se besaban frente a nosotros?

Mi abuelo materno pensó por meses que esa boda no sería tal. Carlos no era rico, era doce años mayor y, de remate, soñaba despierto.

Mi abuela paterna estaba segura de que la familia de mi madre era demasiado liberal, pero las seguridades de mi abuela paterna no le importaron nunca a nadie. Durante cuatro años había creído que Carlos estaba muerto en Italia mientras aquí se le morían otros dos hijos. Para ella sólo Dios mandaba y cualquier cosa que mandara era bien mandada. Quizás por eso nadie le hacía mucho caso.

Nadie más que mi madre. Ella no olvidó nunca que cuando le llevó unos mangos en abril, su futura suegra se negó a comerlos porque aún no había llovido.

A mi abuela materna le hubiera fascinado el jardín. De mis abuelos maternos viene el amor a la tierra que en su nieta Verónica se ha vuelto una cruzada. Mi abuelo paterno fue el comprador porque cerca había construido un sistema hidráulico para generar energía con las aguas del río Atoyac. No había alrededor sino campo y días rodando como piedras.

Cuando lo compró, su segundo hijo, mi padre, todavía no estaba perdido en un país en guerra. El abuelo creía en las guerras, un motivo de litigio que nadie quiso dar contra él. Ni siquiera mi padre que hubiera tenido mil motivos, porque vivió la guerra y su abismo. Cuando regresó de Italia, no volvió a mencionarla. Ni mi madre, que durmió junto a él veinte años, supo del espanto que atenazó su vida y su imaginación desde entonces y para siempre. Todos creímos que se le había olvidado.

Pero ahí estaba el abismo del que nunca hablaba, ahí, en la nostalgia con que se reclinó en la puerta de nuestra casa, a ver cómo sus tres hijos mayores nos íbamos a vivir a la ciudad de México. De golpe. Nos fuimos los tres. Como si nuestros progenitores fueran ricos y como si nosotros no supiéramos que no lo eran.

Cinco meses después murió mi padre, Carlos Mastretta Arista. Y hasta hace muy poco, yo, su hija Ángeles, dejé de creer que había sido mi culpa. Ahora lo sé como sé de otras cosas como el agua: la gente se muere en cualquier tiempo. Y un hombre de cincuenta y ocho años, la edad que yo tengo ahora, que llevaba cuarenta fumando, que pasó cinco en un país con guerra y veinte fuera del lugar en que nació, que sólo descansaba los domingos, puede morir por eso y porque sí. Aunque nadie se lo esperara, aunque todos lo viéramos irse temprano a trabajar y volver silbando como si volviera de una feria.

Se le veía contento, sobre todo el domingo, cuando escribía un artículo sobre automóviles para el periódico en que publicó durante más de quince años. Un periódico ridículo que acabó despidiéndolo por comunista, a él que un instante, no sé qué tan largo y tan cierto, llegó a creer en la ensoñación fascista. Pobre lucero. No cobraba un centavo por escribir, ni se lo hubieran pagado, pero era su fiesta. Creo que no se creyó un hombre feliz, pero sabía hacernos reír y al mismo tiempo nos contagió su pasión por la melancolía. Un hombre así no debería morir temprano. Pero también la bondad tiene plazo.

Lo enterramos mi madre, mis hermanos y yo. Pasaron los años y no pasó él. Pasó la vida y su memoria se encandiló en la nuestra. Mi madre trabajaba desde antes de perder a mi padre, pero como quien juega. Enseñaba los primeros pasos de ballet en una escuela hechiza, para pena de su marido que vivía como una vergüenza lo que ahora sería un orgullo, tener una mujer que trabaja en algo más que pintarse y quejarse.

Huérfana de marido a los cuarenta y seis años, preciosa, no se volvió a casar ni lo intentó. Cerró esa puerta a lo que veía inhóspito. ¿Un señor que no fuera de la familia, durmiendo en su casa? Todo menos ese lío, decía su actitud de reina clausurada.

Y pasó el tiempo. Los hijos nos fuimos haciendo útiles, dejamos de pesar en su monedero, pero no en su ánimo. En el ánimo los hijos pesan siempre. Uno carga con ellos, como con sus sueños, por fortuna.

Dos sueños cargaba ella cuando sus cinco hijos encontramos cauce. Uno estudiar. Otro, hacer la casa de sus deseos en mitad del jardín que mi padre no vio nunca sino como la fantasía más remota del mundo. Si lo hubieran vendido, quizás habrían mejorado las finanzas, pero mi madre se hubiera muerto entonces y no cuarenta años después. Se hubiera muerto sin haber estudiado la preparatoria a los sesenta y terminado la carrera a los setenta. Se hubiera muerto entonces y no ahora que tampoco quería morirse.

Nadie quiere morirse, y no por esperada la muerte nos violenta y atenaza menos. Con mi madre fue como lo más inusitado. Ella estaba muy enferma y tenía cuatro más de ochenta años, pero vivió meses litigando con las debilidades de su cuerpo, empeñada en balbucir que aunque fuera así quería estar un rato más, mojarse con el sol, oír nuestras pláticas, beber su avena y comer cada día el dorado pan nuestro. Respirar.

A un pedazo de su jardín se irán los trozos de arena cenicienta que se volvieron sus ojos claros, su voz, su memoria, su pasión desesperada por la vida y por los hijos de su esposo Carlos, los hijos que nos hemos reunido hoy en la tarde, a pensar bajo qué árbol los pondremos. A los dos, porque luego que mi madre murió recuperamos también los restos de mi padre y lo hicimos arder, también, hasta que nos devolvieron su destello en granos pequeños.

Lo que había de sus huesos, solos bajo la sombra, está ahora en una caja de madera, idéntica a la que encontramos para mi madre. Hemos puesto las dos cajas cerca, sobre el escritorio, bajo la luz, viendo al jardín. Y ahora que se han ido mis hermanos, cada cual a su casa, yo me he quedado aquí, a oscuras.

Esta casa de todos es mi herencia. Tiemblo de saberlo y de pensarlo. Miro las dos pequeñas cajas, pongo una mano en cada una. La de mi padre, se oye raro, me alegra.

Ya no había nada suyo sino el recuerdo nuestro, y ahora ahí están esas pequeñas piedras grises diciendo que existió, que hubo tal cosa como un ser vivo detrás del mito enorme que entre todos tejimos tras su muerte. Las de mi madre, en cambio, me derrumban. Hace apenas dos días eran la fiebre y la fe de una mujer que sigue viva en cada planta de su jardín. Y aquí está lo que hay suyo: en una caja muda. La caja de Carlos habla, no deja de decirme tonterías. Hola hija, fui feliz. Hola hija, no te apures que uno se muere porque ha de morirse, hola hija hicieron bien en traerme a este jardín, hola hija no temas, nada pasa en la nada.

La caja de mi madre no dice una palabra, pero me hace llorar como si estuviera perdida en un desierto. Como si, además de sufrirla, esta soledad fuera mi culpa. La de mi madre dice ya no estoy, ya eres vieja, ya te toca ser madre de mis hijos, ya no llores así no ayudas a nadie, ya ponte a trabajar, ya no me mires. No me mires que aquí no estoy, que ando afuera paseando entre los libros, junto a la mesa, frente a la estufa, bajo los árboles, con los niños, contra todo lo que parezca. No me mires. Quédate con la "yo" que anduvo viva, que el muerto sea tu padre, que ya él estaba muerto. En esta caja no estoy, llévatela al jardín, tírala, despilfarra. No están aquí mis ojos, ni mis manos, ni mi terco deseo de estar aquí. Llévatela al jardín y ponla con lo que hay de tu padre, con él que no conoció esta casa, ni la extraña, ni sabe que ustedes ya saben que estoy muerta. No me mires. Déjame andar viviendo, sin que interrumpas mi pena con la tuya.

Todas las luces están prendidas, pero yo me he quedado a ciegas, en casa de mi madre, una casa en mitad del jardín que es de todos. Y es mía. Como la memoria, el desamparo y el viento. No tengo miedo, padre, tengo espanto. No tengo espanto, madre, tengo tu herencia y esta casa y tus perros. Tengo a mis hijos y tengo a mis hermanos con sus hijos. Tengo dos cajas, dos montones de arena, una sola tristeza enardecida.

© Guillermo Güémez Sarre

CUANDO URANO SE FUE DE MI SOL

Alejandra de Cima

El ser invitada a formar parte de este libro me ha hecho sentir muy honrada, pues he sido considerada para compartir una historia junto con todas estas interesantísimas mujeres y he de confesar que por lo mismo, también me sentí un poco abrumada.

A partir de entonces los temas empezaron a dar vueltas en mi cabeza, tenía que decidir sobre uno. ¿Cuál podría ser? Pasé varias semanas repasando episodios de mi vida. Surgía la comedia, la tragedia y hasta la ciencia ficción. El agobio crecía por momentos, a pesar de no faltar historias en mi vida para contar, elegir alguna se me complicaba. La primera opción fue escoger entre las más "notorias" pero no supe cómo se podía empezar a esbozar la historia de un cáncer a los treinta años cuando lo tenía que comprimir en quince cuartillas, y menos aún me alcanzaban los párrafos cuando iba escabrosamente combinado con mi historia de separación y divorcio de uno de los hombres más poderosos del país. (Ya sé que ésta es la parte que a la mayoría le gustaría que contara, pero además de que es cierto que no me alcanzan las cuartillas, hay también mucha gente a la que realmente no le gustaría para nada que la refiera, y como no se puede complacer a todos, pasé del tema como tal. Quizá para la edición sesenta de *Gritos y susurros* me anime).

Así fueron pasando por mi cabeza vivencias que me han formado, deformado y transformado al paso de los treinta y siete años que ahora tengo, y justo estando en eso, reparé que en toda situación incómoda o amenazante en mi vida me ayudé de una especie de muleta que se volvió un hilo conductor entre muchas de ellas. Qué les digo, ¡cuando los tiempos aprietan, uno se agarra de donde puede! Hay personas que se acercan a la religión, otras se dirigen a la perdición, otras de plano caen en profundas depresiones, pero hay a quienes como a mí no nos alcanzan las prácticas usuales, ni las simples, ni las autodestructivas como método para remediar tristezas y decidimos explorar otras opciones, menos ortodoxas.

Yo me agarré del mundo de lo paranormal, de lo metafísico. Confieso que aunque no dejo de tener mis reservas y dudas, esto me ha atraído siempre. Muchas veces lo hago simplemente por retar y comprobar la efectividad de estas prácticas, pero la razón más fuerte es porque en ellas he encontrado una poderosa capacidad para "terapearme" que me allana el camino para reencontrar mis propios recursos tranquilizadores, que a veces, hasta para sorpresa mía, llegan realmente a apaciguarme.

Mis búsquedas en este plano se volvieron especialmente un salvavidas cuando me separé del que fue mi primer marido por escasos e intensos dos años; no encontrando explicación real del rompimiento en este mundo, quise buscar respuestas en otras dimensiones.

La indagación en esta etapa se inició con un viaje a Tepoztlán para acudir a la cita con una astróloga muy recomendada, quien entre libros y gatos paseando por encima de la mesa empezó por describirme acertada y descaradamente de pies a cabeza tanto en lo emocional como en lo profesional, pero que cuando pasó al meollo del asunto, me dijo que "lo sentía muchísimo". Y es que estando Urano justo encima de mi Sol, en donde se quedaría casi dos años más, lo único que me podía recomendar era aguantar la tormenta porque no se iba a ir hasta pasado ese tiempo. Es decir, todo ese proceso de sufrimiento, cambio, rupturas, composturas y transiciones que estaba empezando a vivir se quedaría conmigo veintidós interminables meses más. Quedé peor de como había llegado. Sin lugar a dudas vivía en esos momentos la peor etapa que jamás experimenté y que probablemente jamás experimentaría, y encima por toda respuesta obtuve sólo una: tendrás que seguir aguantando.

Decidí consultar a alguien más, con suerte, alguien quien le viera a Urano una mejor cara. Fui con otra astróloga, Carmen, quien es mamá de una chava que conocí por esas fechas; ella me platicó que el tema de la astrología siempre había regido su vida y la de su familia, no se daba paso sin consultar a los astros. Opté por ir a verla para corroborar si el cosmos en serio quería tenerme aguantando por veintidós meses y para verificar si en realidad la astrología era una ciencia cierta.

Carmen no se limitó a mi carta astral, la cual me mandaba decir exactamente lo mismo que ya me había augurado la astróloga de Tepoztlán, sino que también me hizo mi revolución lunar. Esta última indicaba sin margen a debatir el resultado, dónde tendría yo que pasar mi próximo cumpleaños para que las doce casas de las que consta una carta astral estuvieran en balance. Me recetó que ni todo el amor ni todo el dinero, sino una dosis medida de cada uno para así procurar un año un poco balanceado que me disuadiera de la idea que ya traía yo atrincherada en la cabeza de tirarme del punto más alto de las escaleras eléctricas de cualquier centro comercial.

Para continuar con la interminable búsqueda de respuestas inalcanzables que ahora veo como evidentes obviedades, me permití, para completar la foto, pedirle a Carmen una carta astral del que todavía entonces era mi marido. El resultado fue la fotografía de un panorama tan feo de su futuro, que si en algún momento desde mi dolor y desesperación yo había tenido malos deseos para él, en ese mismo instante mi mente rebobinó y me desdije pidiéndole perdón, a él, a su destino y al mío.

Con esas tres consultas quedó afianzada mi relación con la astrología, ya hace más de siete años de esas visitas y puedo decir que las cartas astrales hechas por la alineación del Sol, la Luna y los planetas al momento de mi nacimiento fueron atinadas y reveladoras. Cada consejo y previsión se materializó frente a una Alejandra un poco más preparada para recibir cada embestida. No se resolvía el problema, pero si iba a seguir lloviendo yo ya tenía mi espacio lleno de sombrillas.

Algunos meses después de la fase astrológica, conocí a una médium que tras unos meses de consultarla, aprendí a querer mucho. Gabriela leía las cartas, la mano, el café, los cirios, las toallas con las que te secas luego del baño para la limpia y todo lo que se deje, incluso en una misma sesión. La visité casi cada semana durante dos años y aunque no me leyera nada, siempre salía de su casa impresionada con sus atinos, sus novedades y sus predicciones.

Comenzamos el proceso de las magias con una buena limpia a mi casa porque fue muy clara en advertirme que estaba infectada de malas vibras y de intranquilidad por un alma que residía ahí desde hacía mucho tiempo sin poder encontrar la paz por haber muerto repentinamente de asfixia. Me mostró y describió exactamente cómo y dónde había ocurrido. Eso bastó para que desde ese día yo no visitara ni con la mirada aquella parte del jardín.

La limpia empezó en mi recámara. Montó un altarcito en una esquina donde oró y le pidió a Dios que le diera fuerzas y capacidad para hacer un buen trabajo. Acto seguido, se puso a desparramar docenas de gardenias blancas que compramos esa mañana en el mercado de Jamaica mismas que ya había remojado en un preparado de esencias naturales, que elaboraba para esos "cometidos" como ella les llamaba. Mientras tapizaba el suelo de mi cuarto con las flores, iba rezando con mucho fervor, estaba por acabar, pero antes de salir de la recámara se detuvo un momento, volvió su mirada a la misma esquina donde había instalado su altar, caminó a ese punto muy despacio, visiblemente contrariada, paró frente a él y comenzó a relatarme la escena que se le había revelado mientras oraba. Puntualizó paso a paso una situación muy fuerte que habíamos vivido apenas unos meses antes mi marido y yo en ese preciso lugar: no omitió detalles, con cada frase me aterraba más, por sus palabras me había convertido en la protagonista y espectadora de una extraña proyección de ese miserable episodio de mi película. Absolutamente nadie sabía lo sucedido en ese espacio porque era algo muy personal, muy mío y muy de él. Desde ese momento no se me ocurrió dudar de las capacidades de Gabriela ni por un instante.

Pasadas casi cinco horas de trabajo de limpia terminamos con la casa entera. Descansamos un rato y después dimos un recorrido por cada habitación. La alfombra de flores hecha por Gabriela en toda la casa estaba haciendo su labor: unas permanecían blancas, tal y como las habíamos comprado por la mañana, pero parte de esa alfombra se iba marchitando en algunos puntos bien específicos de la casa, los de mala energía las habían vuelto de un tono amarillento y los que tenían la peor energía las marchitaron por completo, dejándolas secas y en ese tono café que tienen las flores muertas.

La limpia fue todo un éxito, además e independientemente de darle paz a seres que intranquilamente vagabundeaban por mis espacios, desde ese feliz día ya no tuve taquicardia al dormir, ni me desperté agotada cuatro o cinco veces durante la noche sintiendo que el corazón se me saldría del pecho. Ya sólo por esta razón y porque a partir de ese día empecé a escuchar el canto de los pájaros en las mañanas, valió la pena el cuantioso cheque que le di a Gabriela. Sí, las médiums también comen, y algunas muy bien.

Para cerrar esta fase terminamos con una larga lectura de cartas, ellas entre otras cosas, me seguían empujando al camino del altruismo, me dijeron quién de mi gente estaba en problemas y a quién podía o debía auxiliar. Entonces, entre la Fundación y mis prácticas paranormales, me dediqué de lleno a ayudar. Por lo que toca a la ayuda fuera de la Fundación, robaba calcetines, pañuelos o hasta pedazos de cuello de camisa al integrante de la familia en aprietos pues debía llevárselos a Gabriela para que ella hiciera lo propio: enfrascar el objeto con ramas, esencias y a veces hasta con alguna foto.

Santa Alejandra Auxiliadora llegó a tener a varios seres queridos en frasquitos y los visitaba frecuentemente preguntándole a Gabriela sobre los cambios que se habían reflejado en su contenido. A cada modificación reportada salía yo corriendo para verificar su realización en este "plano". A pesar de lo que parezca soy una mujer loca pero práctica y consciente. Los resultados "afuera" tenían que coincidir con los del laboratorio que habíamos organizado. Y así era.

Frascos para enderezar caminos, para ablandar corazones, para suavizar el alma, para congelar intenciones de la gente que pretendía causar un mal. Todo esto en paralelo a la práctica de no salir nunca de casa sin usar un cinturón de siete listones de diferentes colores que anudados entre sí me protegía de los malos deseos y vibras perniciosas de varias personas que no me querían acabar de soltar. Después de mi enfermedad sólo tenía una cosa muy clara, nunca más permitiría que nada ni nadie, de ninguna forma posible o imposible intentara debilitar mi organismo. Llegué a confiar tanto en mi cinturón de coloridos listones que cuando por algo no podía llevarlo puesto, lo cargaba dentro de mi bolsa, así, a ratos me escapaba al baño para tocarlo, encomendarme y pedir disculpas a quien correspondiera por no traerlo puesto.

Dos confesiones. Primera: absolutamente todo lo que hicimos Gabriela y yo fue procurando el bien de la persona en cuestión. Jamás me atreví a hacer ningún trabajo para dañar a nadie. Segunda: me daban muchas, pero muchas, pero muchísimas ganas de pasar por las armas a varios, pero el rebote me aterraba. Ese juego del *boomerang*, sólo estaba dispuesta a jugarlo si se trataba de recibir algo bueno.

Mi relación con Gabriela no tardó en convertirse en una linda rutina codependiente. Le hablé todas las noches durante aproximadamente un año y medio, sólo para que ella me dijera a mí cómo estaba yo.

¿Por qué no me lo preguntaba yo misma? ¿Por qué prefería que fuera ella quien diagnosticara mi estado de ánimo? Sencillamente porque yo seguía cruzando mis tormentas y prefería hacerme tonta por iniciativa propia. Eso me daba descanso. Ella era entonces el bálsamo que me espantaba los insomnios, antes de dormir escuchaba su voz que decía "te veo mucho mejor, vas avanzando lentamente, pero con paso firme". Lo irónico es que sus palabras eran una maravillosa verdad que yo no alcanzaba todavía a distinguir.

Gabriela lo veía con claridad en los cirios que juntas encendíamos en mi nombre. Esos cirios los colocaba en su cuarto de lectura, donde de 12:30 de la madrugada a 5:30 de la mañana, seis días de la semana, se encerraba a orar. Los cirios al consumirse le iban revelando a Gabriela mis estados de ánimo, mis buenos y malos pensamientos, los sucesos por venir.

En ese mismo año 2003 mientras veía a Gabriela, un amigo me presentó al Maestro Luisito, un chamán Águila Blanca que en el momento en que lo conocí, me leyó tres runas y me sintetizó lo que yo ya sabía por otras vías esotéricas (o por mi lógica, que a esas alturas caía en la misma categoría: esotérica). Aprovechando, el Maestro Luisito me hizo una curación y una limpia mucho más sencilla y barata que la de Gabriela. Pasados unos meses de conocerlo, aunque no de frecuentarlo, se organizó una particular excursión a Amatlán, Morelos, la cuna de Quetzalcóatl: la serpiente emplumada.

Amatlán es un lugar muy peculiar y de mucho tránsito de energías. Fuimos cuatro amigos y yo guiados por el Maestro Luisito a hacer un ritual. Se trataba de festejar el nacimiento de nuestro ser superior interno bautizándonos en una fosa sagrada. Caminamos dos horas subiendo un cerro entre poca vegetación y el sonido del viento, hasta que llegamos al punto de entrada del recinto sagrado flanqueado por los árboles guardianes a quienes uno por uno de los presentes teníamos que pedir permiso para entrar.

Se nos había explicado el procedimiento y me sentía muy nerviosa de que no se me permitiera la entrada, mi seguridad y autoestima seguían arrastrándose por el suelo: hasta eso me daba miedo. Pero luego de abrazar al árbol guardián que me correspondió, un asentimiento de cabeza del Maestro Luisito me comunicó que la entrada para mí estaba libre. Si se entra al recinto y no se hace caso de la prohibición, el rechazo se manifiesta de distintas maneras, pero las más frecuentes son mediante obstáculos naturales en el camino que impiden seguir con el recorrido para llegar a la fosa. La gente se cae, se tuercen los tobillos, se resbala, se marea o simplemente se siente mal físicamente al grado de no poder continuar. Los cinco que íbamos pasamos, yo creo que gracias a nuestro respeto ante el asunto.

Desde este punto hasta llegar a la fosa sagrada, no caminamos, más bien escalamos a cuatro patas cerro abajo por una hora hasta llegar al santuario. Al llegar prendimos veladoras blancas, encendimos incienso y nos echamos a nadar en un lugar tan hermoso y mágico como helado. El agua de la fosa sagrada era un hielo. Me zambullí siete veces antes de que el Maestro Luisito me asignara el nombre náhuatl de *Ameyali* que significa Manantial de Sabiduría. Después de bautizada, Ameyali se quedó en el agua muy relajada, se le empezaron a escurrir antiguos resentimientos, corajes y odios. Es difícil describir la liberación que sentí. Pasado el bautizo, las ansias de salir de ahí por el frío se convertían en una extraña sensación que invadía el cuerpo en una frescura que limpiaba de adentro hacia afuera como si nos hubiéramos convertido en unas *Halls mentholyptus*. Definitivamente no era frío, era mucho más que eso, era un bienestar desbordante.

Sabíamos que todo lo que sucediera en esa fosa tenía un significado sustancial, así es que cuando me metí al agua con unas chanclas de orcapollo que compramos en el mercado de Tepoztlán esa mañana, y se me salió la del pie izquierdo en un brusco resbalón, inmediatamente comprendí ese día con la misma brusquedad y sencillez que dejé ahí gran parte de un pasado tormentoso, intranquilo, superficial y de muchas taquicardias. Bendito sea Dios, la fosa y los árboles guardianes porque se cumplió lo de "la chancla que yo tiro no la vuelvo a levantar".

Tiempo después, pasado mi bautizo pero todavía con la relación vigente y reinante de Gabriela, mi gurú de cabecera, viví la que he experimentado como la más fuerte de mis incursiones en el más allá. Me entrevisté con Manuel, un "índigo verde" –uno de los escasos ochenta o noventa que hay en el mundo– con el fin de que me ayudara a sanar aquellas cosas que como un karma he venido arrastrando de otras vidas y que en ésta me tocaba saldar. Él inmediatamente supo de qué vidas y qué dimensiones venía yo cargando con aquello que me había provocado el cáncer y mi fallido matrimonio, las dos grandes cruces que marcaron en mi vida el antes y después de Cristo. En esa primera cita, Manuel analizó mis niveles de sensibilidad y percepción para decidir qué tanto me iluminaría mi ser de luz mientras trabajáramos las regresiones, también se cercioró de cuántos guardianes me acompañarían en el viaje, porque no se trataba de cualquier viaje. Después de obtener el "go", me citó un viernes a las once del día para hacer mi regresión. Me recibió a la una de la tarde, con eso de que el cosmos no tiene itinerarios.

Con mucho trabajo, ininterrumpida concentración e increíbles ganas de conocer lo que fui en otras vidas, en algún punto que no supe identificar quedé transportada a Indonesia para reconocerme en el cuerpo de un hombre salvaje con horribles pelos negros grifos como de estropajo, sin ropa, sucio y con una lanza en la mano izquierda. Vivía al borde de un lago que me pareció el lago Toba en Sumatra.

Vi templos hindúes y supe que creía en deidades que no pude distinguir. Lo más impresionante fue observar mi comportamiento. Vivía en medio de animales pero más impactante que eso, me comportaba como un animal. Era un alma mala e hiriente, particularmente salvaje con las mujeres de la aldea. Abusaba de ellas física y emocionalmente. Tuve otras visiones de vidas pasadas, entre ellas un piloto narcotraficante en 1939, o un esclavo negro; en fin, en todas recibí algo de información que podía utilizar en mi vida actual, en todas resultó paralizante reconocerme y encontrarme en otro cuerpo y con un alma igual, pero diferente. Sin lugar a dudas la del hombre de Indonesia fue la que marcó ese viaje, fue como reencontrarme con la parte más primitiva de lo que alguna vez fui y de alguna manera me daba una explicación del origen de mi enfermedad en esta vida. Con la misma, he pensado que quizás las vidas a las que me remonté fueron puramente inventadas y producto de mi imaginación en ese momento. Pero aun si ése fuera el caso, sé que existe una razón del porqué las inventé así. Esas historias tenían algo que decirme y mi interpretación de las mismas colaboró con mi proceso de sanación.

Los años que siguieron a esta y a otras tantas experiencias paranormales y normales fueron de reconstrucción y mucha espera. Hoy, septiembre de 2008, a más de seis años de que Urano se fue de mi Sol, sólo puedo decir que todas estas prácticas han sido una verdadera terapia, han sido muletas, patines y sillas de ruedas que me ayudaron cuando las piernas no me daban para moverme, ni para escaparme y mucho menos para avanzar. Con sinceridad puedo decir que no fue esto lo que me sacó adelante, lo que me devolvió la seguridad o lo que me empujó a levantarme de la cama y tener fuerzas para seguir luchando en la Fundación Cim*ab, ese mérito es de todos los que tuvieron el amor y las agallas para sostenerme, y en particular, es de una persona que ha estado a mi lado durante más de quince años, a veces cerca, a veces lejos, pero siempre presente. Más sabe el diablo por viejo que por diablo. A él, le agradezco haber tenido los tamaños, porque llevó a cabo gran parte del rescate.

¿Creo o no creo? No estoy segura, pero cuando te descubres sensible a la energía de la cual estamos innegablemente compuestos, resulta interesante explorar este otro mundo. Es un hecho que todas estas experiencias han contribuido a hacerme una mejor persona, me han dado una fe y una espiritualidad que antes no tenía y principalmente, me enseñaron a tener esperanza.

Por cierto, yo también soy índigo, pero azul.

© Guillermo Güémez Sarre

BUSCANDO RESPUESTAS

Mónica Patiño

Yo creo que lo que me ha sorprendido ha sido la vida en sí. La sorpresa de cómo llegamos aquí. Esas fueron mis primeras preguntas: "Mamá, ¿qué hacemos aquí?", ¿alguien sabe qué hacemos aquí, de dónde salimos?" Y eso es lo que me ha movido hasta donde sigo. Y eso me ha ayudado a moverme, a estudiar, a cambiar, a seguir buscando, a buscar un maestro. A buscar a alguien que le diera una respuesta a esto que nadie sabe. Esas preguntas me han llevado a moverme en todos los sentidos.

Todavía recuerdo que en busca de respuestas me fui de mi casa a los dieciocho años, me rapé. Porque nadie me contestaba. Mis padres eran y siguen siendo unas personas muy lindas y muy responsables. Mi padre trabajaba para Unión de Productores de Azúcar como directivo y mi mamá era ama de casa. Frente a mis preguntas me decían: "Eso no importa, trabaja, estudia, prepárate". Entonces, al no haber esas respuestas, me rapé. Quería provocar algo.

Siempre fui muy buena estudiante. Estuve en un colegio en el Pedregal y luego me fui a Inglaterra un año, luego a Francia, luego a Suiza. Experimenté mucho pero regresé con mucho dolor y con muchas preguntas por haber vivido circunstancias tan complicadas con gente de otra dimensión. Ahora ya todos están muy acostumbrados al divorcio, pero antes esos niños de padres divorciados se volvían drogadictos, se volvían lesbianas, se cortaban las venas en la escuela. Había muchos eventos de rebeldía en las escuelas en las que estuve. Yo viví seis meses en un internado con seres humanos con los que nunca había convivido antes. Regresé a México bastante desconcertada por lo que había visto y leído y vivido.

Entonces me rapé, me salí de mi casa, encontré un grupo, me fui a vivir a la colonia San Rafael después de haber vivido tanto tiempo en el Pedregal de San Ángel. Dejé coche, dejé casa, dejé ropa. Me llevé nada más unos jeans, unas camisetas y el dinero que traía en la bolsa y me fui con un grupo que ya era un grupo esotérico, donde había ciertos métodos para lograr el "despertar". Dejé una carta, me despedí de mis papás. Fui a ver a mi papá una mañana mientras se ponía la corbata y le dije: "Papá me vengo a despedir" –mi papá es muy grande– y nada más se me quedó viendo. "Papá te aviso que ya me voy te vengo a dar las gracias por todo lo que has hecho por mí, pero mi camino lo tengo que hacer yo. Ustedes ya no me dan respuestas, las voy a buscar". Entonces le gritó a mi mamá: "¡Sara, Sara! Ven a ver a esta niña porque yo me tengo que ir". Lo típico, ¿no? No me tomó en serio y tampoco podía atenderme. Nada más se puso su corbata.

Fui una niña que vivía en una casa donde había todo y me rebelé. Me escapé. Dejé una carta en la que copié un texto precioso de Unamuno, porque yo no sé escribir, pero sé copiar. Pensé que la poesía no es de quien la escribe sino de quien la usa. Entonces utilicé sus palabras porque embonaban muy bien con el momento. Tiene una frase que dice: "El camino cada quien lo hace". La dejé ahí y me fui. Y por supuesto que la colonia San Rafael fue una experiencia muy fuerte, porque trataba de romper con esta idea de la "niña bien", con esos colchones de protección que nos impiden ver la realidad y para ello pues había que vivir el extremo. No teníamos dinero. Había que conseguir el dinero para comer diario, no había esa seguridad.

Nos manteníamos pidiendo en las esquinas, a veces vendiendo flores. A veces iba a la Lagunilla porque conocía a un señor que vendía ahí y le decía: "Oiga me deja aquí un pedazo los domingos" y él me preguntaba: "¿Qué vas a vender niña?" Y le respondía: "Voy a hacer cojines". Pero a veces pasaba todo el domingo y no vendía ni uno. No tenía ni para comer. Sentía hambre pero también mucha humanidad. Eso sí fue muy bonito. No te puedes morir de hambre si tienes un corazón abierto. Pasaba un señor con un carrito y me decía: "Señorita le invito un huevo duro". Pues órale un huevo duro. A veces comíamos huevo tres días. Lavaba ropa de todo el grupo. Eran seis hombres y yo, formábamos parte de un grupo que se llamaba "El cuarto camino de Gurdjieff". Yo no sabía ni lavar un calcetín. Lavaba jeans, sangre en las manos. Pero todo lo entendía como parte del conocimiento y sobre todo de estar presentes, como señalaba Gurdjieff en su método.

Pasé un año, dos años. Pero esto en sí no era la enseñanza que yo quería. Seguí buscando, rompiendo. Tuve mucho enojo, porque dejé todo y no encontraba la respuesta a mis preguntas. Entonces, me vino como un enojo muy grande. Un enojo con Dios. Yo creía en ese Dios poderoso, esa idea que nos inculcan de chiquitos en el cristianismo, pero empecé a sentir un odio muy fuerte. Es una historia larga. Volví a salirme otra vez, y el hombre que era el maestro del grupo se volvió mi pareja, tuve dos hijos. Tuve mi primer hijo a los diecinueve años.

Nos salimos y abrimos un restaurante en Valle de Bravo; pero en el restaurante también hacíamos nuestras prácticas y buscábamos estar atentos de vivir al día un poco. No sabía lavar ropa, tampoco sabía cocinar, pero sabía comer. Viví con mi papá que es un gran gourmet; le encanta comer, le encanta tomar vino. Cuando era niña y salíamos de viaje me llevaba a restuarantes tres estrellas y desde chiquita lo gozaba. Incluso cuando vivía en la colonia San Rafael le preguntaba a la portera Nacha: "¿Nacha que va a cocinar hoy? Albóndigas, pues enséñeme porque no sé nada". Nos íbamos al mercado juntas.

En aquella época no sabía hacer nada. La gelatina no me cuajaba. Si hacía gelatina como viene en paquete, me quedaba aguada porque no la revolvía bien. Si hacía pan, era una piedra. Por supuesto que las primeras albóndigas y el primer arroz que hice no se podían comer, eran un engrudo horrible. Las albóndigas picaban. Dije "tengo que comprar un libro" y compré uno de recetas antiguas de 1860, de esos chiquitos con pasta dura y hojas amarillas y ahí empecé a leer y dije: "¡Qué maravilla!" De ahí me agarré. De niña me gustaba comer, me gustaba estar en la cocina, veía a mi nana usando el molcajete. Cuando estuve en Francia aprendí a hacer mermeladas, que es lo que más me gustaba en aquel entonces. Podía estar parada enfrente de una pastelería más que de una tienda de ropa.

Fue entonces cuando me reconecté con mi papá y le dije: "Voy a tener un hijo y quiero poner un restaurante en Valle de Bravo". Yo ya estaba en una casita en Valle de Bravo cerca del mercado, con una huerta de aguacates y pensaba "yo quiero poner mi restaurancito aquí". Le dije a mi papá: "Quiero tener un restaurante". No hubo boda porque a él le dio pena que su hija se casara con el pastor-cartero y embarazada. Yo le pedí nada más un molino para hacer jugos, una licuadora y una estufa. Le dije: "Con eso la hago, nada más regálame esas cosas. Quiero poner una fonda en mi casa, en el patio". Mi padre me dijo que podía contar con él, pero me pidió que estudiáramos antes de abrir el restaurante.

Entonces nos fuimos un año a México. Trabajé en la Hacienda de los Morales y Juan trabajó en el bar. Me paraba a las tres de la mañana, iba a la Hacienda de Los Morales, estudiaba, regresaba a casa por la noche, muerta de cansancio. Me ponía a hacer cuernitos y con eso vivíamos porque apenas se estaba construyendo el restaurante. Por fin lo abrimos con una carta hecha a mano; una hojita pequeña, del tamaño de mi mano. Nos empezó a ir bien pero siempre con gran dolor y sufrimiento. Hacía unas crepas de chicharrón en salsa de guajillo al horno. A veces se cortaba la salsa bechamel y no sabía por qué se cortaba o se echaba a perder algo. Mi ignorancia era tan grande. Pensaba, "yo necesito quitarme esta ignorancia". Trabajé dos años con mucha ignorancia, a veces con quejas e insultos de los clientes lo cual me producía una gran inseguridad.

La cocina mexicana siempre me ha gustado mucho; yo lo que quería hacer eran las albóndigas. Pero mi papá me metió la idea de que yo tenía que hacer cocina francesa para poder sobrevivir de la cocina ya que nadie iba a ir a mi restaurante a comer albóndigas y fideos. En esa época la moda era la nueva cocina francesa. Mi papá venía de una casa en la cual su mamá cocinaba muy bien, pero al estilo francés y tenía la idea de que todo lo extranjero es bueno. Entonces me fui a Francia y empecé a quitarme un poco el dolor de la ignorancia.

Allí vi que la cocina implica un mar de información, un mar de conocimientos, un mar de avatares que poco a poco he ido resolviendo. Cómo se debe servir la fruta en un platón, qué debe decir el mesero. Ahora ya estoy haciendo procedimientos y manuales y tengo un chico que me acompaña y es el que supervisa la creación de una estructura para quitar ese dolor, para aliviarlo. De lo que se trata es de crecer internamente. Cuestionarte, ser disciplinado, no perderte.

Pasé diez años en Valle de Bravo. Me divorcié porque ya se había acabado la historia. Me volví a casar y me volví a divorciar, siempre en busca de respuesta a la pregunta de por qué estamos aquí. Esos divorcios reflejan parte de mi inconformidad interna, de mi búsqueda. Decidí venir a la ciudad de México cuando ya los niños estaban grandes y uno de mis clientes asiduos de Valle de Bravo me platicaba que iba a poner un restaurante en México y pues decidí trabajar con él. Ya tenía la concesión casi terminada, yo le di los toques. Me traje al equipo de Valle de Bravo con la idea de encontrar un nicho entre los grandes restaurantes de Polanco como el Champs Élysées y El Estoril. Fue muy difícil: la cocina, el reto, trabajar todos los días. En Valle de Bravo trabajábamos todos los días, pero no en lo mismo. El lunes íbamos al banco, pagábamos la nómina, el martes descansábamos, el miércoles hacíamos el menú, el jueves veníamos a México a comprar. Aquí en "La Galvia" era hacer eso pero diariamente. De un restaurante artesanal pasé a un restaurante en forma.

Un momento muy difícil en mi vida fue vender "La Galvia" e irme a vivir a Querétaro dos años. Mi pareja en ese momento, el papá de mi hija Micaela, es una persona de ideas muy rígidas. Gualo alucinaba México, la contaminación, el ruido, el caos. Él es orgánico, él es de flores, de vacas, de ríos. Y yo en ese entonces creía en el sacrificio por los demás. Gualo me dijo que llevábamos dos años en México y que era hora de irnos a otro lugar. Y le contesté: "Gualo, estamos perfecto, tenemos casa, los niños van a la escuela, ¿a dónde te quieres ir?". "Pues a donde sea, fuera de México". "Gualo qué vamos a hacer, de qué vamos a vivir?". "Pues ya veremos, yo tengo un rancho". Pues vendimos La Galvia, vendimos nuestras acciones y nos fuimos a Querétaro. Fue muy fuerte para mí, pero dije: "Me voy a sacrificar, soy muy egoísta, yo ya tengo éxito, llevo dos años y he puesto uno de los mejores restaurantes de México y Gualo tiene razón, soy muy egoísta, es lo que dice el papá de la casa, vámonos a donde tú digas". Vendimos todo con la condición de que yo siguiera asesorando La Galvia. Yo venía dos veces por semana y me levantaba a las seis de la mañana, me venía en un camión, trabajaba, dormía en casa de Claudia mi hermana, tomaba un taxi desde San Jerónimo. Pasé un año así. Empezamos a hacer negocios en Querétaro pero no funcionaban y entretanto surgió la oportunidad de "La Taberna del León" y Gualo no se quería regresar a México así es que nos divorciamos. Fui con el psiquiatra, pero no había nada que hacer. Se rompió esta historia.

Ahora tengo tres restaurantes y creo que el éxito que he tenido se debe a varios factores. Uno es la constancia, la tenacidad, saber que te duele algo y te lo quieres quitar. Otro es el entusiasmo que le pones a lo que te gusta y poderlo transmitir. Entendí que había que aprender mucha psicología para poder ser líder. Fue natural estar interesada en ayudar a la gente, sobre todo en la cocina. Tengo mucho más contacto con la gente de la cocina. Posiblemente no conozca sus nombres, pero sus caras sí. A veces paso mucho tiempo hablando con ellos de sus problemas personales: por los problemas económicos, por los líos familiares, porque tenían problemas de drogas, porque su novia se había ido con otro. Entonces, a veces he sido más psicóloga que cocinera y creo que eso también ayuda mucho.

Soy más feliz en la cocina que en cualquier otro lugar, me va muy bien. Las cosas administrativas no me gustan tanto. En eso busco alguien que lo haga y si no lo hacen bien, pues igual me tengo que meter. Ahora ya se cómo hacerlo. Antes no era así y me metía en muchos problemas. Mi papá me decía: "Mónica no pongas la cabeza en un hoyo como un avestruz. Te tienen que pagar, no se lo dejes a un tercero porque te van a meter en líos".

Sin duda mi papá ha sido un personaje muy grande en mi vida. Y no solamente en su presencia sino porque es muy poderoso, es muy controlador. Me puede elevar y darme mucha seguridad o me puede hacer mierda. Si eres una pieza que embona con su sueño, te invita y eres la reina, pero si empiezas a decirle que no, te puede hacer caca. Me apoyó en mi sueño porque era suyo también. Mi papá es un gourmet y no le gusta cuando me rebelo y hago albóndigas. No le gusta cuando me rebelo y pongo piedras en las mesas, así de repente, como de decoración. En mi relación con él he tenido que entender que hay que ser inteligente y dócil a veces, porque siendo solamente rebelde no logras cosas. Hay que ser rebelde internamente con inteligencia. Pero no puedes ser rebelde contra la tormenta que viene; mejor te tapas y te cubres o si te quieres mojar pues mójate pero sabiendo las consecuencias.

Entender eso también me ha ayudado a desarrollar mucha inteligencia emocional, a lidiar con el dolor, a buscar respuestas. De alguna manera ya tengo muchas más herramientas en la parte espiritual. El dolor no se quita, pero ya sé dónde refugiarme. Para poder caminar en este planeta, hay que sentirse seguros, hay que sentirse tranquilos y cada quien debe buscar dónde está su confianza, dónde está su tranquilidad, y no importa lo que hagas o a qué son bailes. La confianza y la seguridad están dentro y no importa lo que hagas, hay que buscarlas. Y tienes que encontrar ese refugio que siempre estará donde tú estés, en todo lo que hagas. El mío es la cocina.

© Guillermo Güémez Sarre

BIENVENIDA LA VIDA

María Elena Morera

Amo la vida. La he recibido por lo menos cinco veces. Tres con el parto de mis hijos, tan deseados, y las otras dos con otro tipo de nacimiento. El amor a la vida volvió a explotar en mí después de veintinueve días de secuestro, cuando vi a Pedro, mi esposo, muy delgado, barbón, mutilado, sí, pero vivo.

Antes, a los diecisiete años, había experimentado una sensación de asombro semejante al constatar cómo la nueva vida tiene curiosas maneras de irrumpir en la nuestra cuando en un evento menos público, una bata blanca de dentista me convirtió súbitamente en partera. Eran las seis de la tarde, cuando llegó repentinamente al consultorio en Lindavista un señor de edad madura buscando un médico. Por la hora no estaba ninguno. Fijó su mirada en mí con mi bata blanca de aprendiz de odontólogo y en tono de urgencia dijo: "Venga a atender un parto". "No estoy preparada", respondí con franqueza. Sin perder la calma, agregó "usted está vestida de blanco, yo le diré cómo lo haga".

Necesitaba, dijo, una persona que, aunque no fuera doctor, pareciera serlo. Sin entender plenamente lo que pasaba pero con voluntad de ayudar tomé del consultorio lo que a mi entender se podía necesitar: una toalla, unos guantes y unas tijeras. Caminamos a la calle para enfrentar un reto que nunca antes habría imaginado, ayudar a traer a un niño al mundo. En dos minutos el extraño me explicó el *abc* de un parto.

La embarazada era una mujer mayor, cuando menos mayor que yo a mis diecisiete años. Vestía en forma sencilla, su piel estaba quemada por el sol y quizá por eso la vi con más años a cuestas. Sin mayores complicaciones, nació un hermoso bebé. Sentí que su vida se me escapaba de las manos porque su cuerpecito era muy resbaladizo. Entonces experimenté una mezcla de susto, sorpresa, asombro y en especial alegría.

Al paso de los minutos, las horas y conforme la tarde se convirtió en noche, entendí que cuando me fueron a buscar al consultorio sólo se trataba de garantizar la creación de una fugaz atmósfera psicológica —aunque fuera usando la banqueta como improvisado quirófano—, en la que la inminente madre se sintiera atendida por alguien con ropaje blanco, por más que yo fuera apenas una joven estudiante de odontología que cursaba el segundo semestre de la carrera.

Así recuerdo como si fuera hoy aquella experiencia en la banqueta del consultorio del doctor que me había dado la oportunidad de colaborar, haciendo limpiezas dentales. Y terminé atendiendo la llegada de una nueva vida... qué bendición.

Aprendí además que cuando sabes escuchar y te dejas ayudar, la gente te apuntala para que salgas avante ante los desafíos, por más desconocidos e insuperables que parezcan ser. Fue un acontecimiento que me marcó, porque comprendí que las personas somos capaces de enfrentar los retos para los que no estamos preparados, sólo debemos creer y trabajar para lograrlo.

Al encontrarme en preparatoria y tratar de escoger la carrera a la que dedicaría el resto de mi vida me enfrenté a un gran dilema porque me gustaban diversas áreas que no tenían que ver una con otra, o al menos así parecía; me apasionaba el tema de justicia, me hacía debatir con mis compañeras del Colegio Guadalupe y esperaba con ansía la clase de civismo. Me imaginé siendo abogada, buscando enfrentarme al atropello y proteger con las leyes a quienes tienen la razón: la objeción de mis padres fue más fuerte. Ellos se opusieron, porque decían que me vería obligada a tratar con autoridades y delincuentes, y por eso terminé en odontología.

Así entré a la universidad y cuando estaba por terminar la carrera conocí a Pedro, mi esposo, un muchacho de 25 años, simpático, muy trabajador, alto de ojos claros. A los pocos meses decidimos casarnos. Después de varios años de ejercer mi carrera, y combinar la atención de pacientes con la maternidad opté, con gusto, por dejar de trabajar para dedicarme a la divertida tarea de ser mamá. Fue como quemar las naves, ya que una parte de mi equipo la vendí a un colega y otra parte la regalé a un centro de atención para personas de áreas marginadas. El tiempo que ejercí la odontología estuve feliz, y ahora me sentía satisfecha al dedicarme totalmente a mi familia. Con los años las circunstancias me llevarían por otros caminos desconocidos para mí, como la pintura y la técnica de manos libres en porcelana.

Estaba preparando mi primera exposición pública de manera independiente cuando ocurrió el plagio de mi esposo. Su sencillez, su carácter excepcionalmente alegre y su buena relación con las personas, hacían que su secuestro se antojara casi imposible. Teníamos programado un viaje, él asistiría a una convención de personas de negocios en su ramo, el sector de alimentación, pero con los atentados del 11 de septiembre de 2001 en Estados Unidos, paradójicamente, pensamos que era muy inseguro viajar por avión. Escucharíamos a varios prestigiados expositores de muchos países y asistiríamos a eventos especiales. La vida sin embargo, nos tenía destinado otro camino.

Recuerdo que era viernes, él había salido como de costumbre temprano de casa. Yo fui a comer con amigas. De pronto sonó el teléfono, era mi suegra quien me daba la grave noticia del secuestro. Nos reunimos todos ante la emergencia en la casa familiar; ahí llegué sola, mis hijos estaban en nuestra casa, a donde nos trasladamos para hacer las negociaciones en el mes de septiembre de 2001, cuando me sentí morir mil veces.

En esos días experimenté la dificultad de encontrar personas confiables para tratar de tomar las mejores decisiones. Una central fue que avisamos a la policía, pero la primera semana incluso llegué a pensar que la mitad de los secuestradores estaban con nosotros, en mi propia casa. No tenía claridad del profesionalismo de los policías que nos ayudaban y hacían su trabajo, o si cargaba con todos los prejuicios –o juicios bien fundamentados– de nuestra sociedad, respecto a que si ves un policía en la calle estás más seguro cruzando a la otra acera.

Con información que nos permitió tranquilizar los temores iniciales decidimos mantener al equipo de negociadores de la policía al frente del caso, aunque éste y cada paso implicó difíciles decisiones aun dentro de la familia. Meses después del regreso de mi esposo, platicando con mi suegro entendí que gran parte de la dificultad en la toma de decisiones venía de algo que nunca nos dijimos: él sentía que estaba negociando por un hijo muerto, yo por un esposo vivo.

En el proceso un gran amigo de la familia, quien había pasado por un evento similar, se presentó en casa con dos cuadernos, uno en el que debía hacer un registro puntual de las decisiones diarias pues decía que era la forma para que cuando el proceso terminara yo pudiera dejar las culpas atrás, y el otro para que durante su ausencia, le escribiera a Pedro. Mientras duró el calvario fui armando los dos cuadernos. Fue un proceso de unión con mis hijos y con todos los demás miembros de mi familia, pero también de gran angustia porque se decide con los pocos elementos de los que dispones, negociando por la vida de quien amas, pero al otro lado de la línea del teléfono hay un delincuente para el cual su cuerpo, no su vida, no es sino una mercancía a la que se le pone precio.

Fue rescatado del cautiverio el 19 de octubre, cuando volvió estaba casi irreconocible, pesaba muchos kilos menos y su barba era totalmente blanca. Lo abracé desde los diez centímetros que separan nuestras cabezas, le quise dar un beso y él no quería siquiera que lo tocara. Estaba apenado de su olor, de un mes sin aseo. No lo dejamos. Me le colgué al cuello, llegaron los niños, nuestros familiares y amigos. A las tres de la mañana despertamos a todos para anunciarles la nueva vida. Pedro estaba de regreso.

Vivimos unos días de gran felicidad, de reencontrarnos nuevamente los cinco, de llorar y reírnos juntos, de hablar y compartir su experiencia en cautiverio y la nuestra en otra forma de cautiverio. Cuando revisamos juntos el cuaderno de notas sobre el secuestro me parece increíble cómo muchos días los habíamos vivido en forma similar, coincidíamos en momentos de terror y en días de esperanza. Después de unas semanas creí que la pesadilla había terminado pero pronto iniciaba un nuevo reto, sacar a los delincuentes de mi interior. No tenía la presión de tomar decisiones correctas, sin embargo, ahora tenía una situación para la que tampoco estaba preparada: el rencor o el perdón.

Por terrible que parezca, sentía que había invitado a los delincuentes a vivir a mi casa. Durante el día pensaba en ellos y por la noche no dormía, la tristeza se convirtió en enojo, en coraje y en un rencor que no me dejaba vivir, hasta que tomé la decisión de hacer un ejercicio de perdón, y aprendí una de las lecciones más grandes de mi vida. El perdón es un regalo que te haces a ti mismo, no a los demás. Cuando lo logras es como si tu vida fuera otro gran cuaderno, el tercero, con hojas de madera, a las que tienes que darles la vuelta para no seguir escribiendo en ellas y no volver la vista atrás.

Pasaron los meses y empecé a recibir llamadas de familias que nos pedían ayuda para enfrentar lo que nosotros ya habíamos vivido. El proceso judicial del secuestro de Pedro se alargaba, mientras que yo aprendía lo que nunca había imaginado: el tortuoso camino de la justicia en México; desconocía por completo su complejidad y su "injusticia", su indiferencia hacia el dolor de las víctimas y de sus familias. No era, ni es, como yo me lo imaginaba de colegiala. No eran las clases de civismo donde parecía que la Constitución era perfecta; comprendí que posiblemente sí lo era, o por lo menos era casi perfecta, pero no quienes la aplicaban.

Dos años después del regreso de Pedro, la asamblea de México Unido Contra la Delincuencia me eligió presidenta, el 12 de diciembre de 2003. Invité a integrarse al Consejo a personas con ideas valiosas, que me han acompañado a lo largo de estos años en un reto inusual para muchos de nosotros. Surgirían nuevas ideas, pero nunca pensamos que nos encaminaríamos a la movilización de dos sentimientos que prevalecen hasta hoy: indignación y miedo.

Ofrecimos y ofrecemos los mecanismos desde la sociedad para actuar con corresponsabilidad pero exigiendo a las autoridades que su parte la cumplan porque los ciudadanos les estamos pidiendo que nos rindan cuentas de su trabajo. Además de atender a víctimas de secuestro, nos enfocamos en el tema de la prevención, junto con mis consejeros y asesores dispuestos a ayudarnos a reflexionar, estudiar el fenómeno delictivo y la violencia social. Desde entonces todos los días aprendo mucho, pero nunca es suficiente.

Con el telón de fondo de la gran marcha que organizamos para el 27 de junio de 2004, el color blanco llegó nuevamente a mi vida, esta vez no como uniforme de odontóloga sino como sello distintivo en las vestimentas de los miles y miles de participantes que colmaron el Paseo de la Reforma, desfilando desde el Ángel de la Independencia hasta la Plaza de la Constitución. Se abrieron importantes expectativas y muchas personas se sumaron para hacer una organización cada vez más consolidada; los retos se hicieron mucho más fuertes. Incorporamos un sistema de afiliación por medio de tarjetas y después abrimos nuestra página de Internet. Ahora contamos con miles de simpatizantes.

En retrospectiva mi pasión me alcanzó, la pasión de aquella joven que veía la justicia como su vocación y su vida. Mi labor seguirá siendo desde la sociedad civil, aquí encuentro mi mejor lugar, manteniendo una posición abierta, crítica y de suma de voluntades. He recibido propuestas para trabajar dentro del gobierno pero no he aceptado. Mis hijos crecieron y hacen su vida, yo no he aceptado trabajar para el gobierno pero ellos son libres de elegir desde dónde quieren construir su vida profesional. Yo encontré que mi trinchera es desde la sociedad donde muchos tenemos que sumarnos a la construcción de un México seguro pero en una definición más amplia de seguridad.

Los que vamos a transformar a nuestro país somos los ciudadanos mexicanos más activos, más participativos y más críticos. Las autoridades, nos guste o no, son una parte de la sociedad. Cuando en una fotografía de conjunto, donde aparecemos ciudadanos y gobierno, dejamos un espacio vacío, aparecen figuras que distorsionan el encuadre, aparecen delincuentes aprovechándose de esos espacios de distancia y distorsionan la placa.

No busqué ser una persona pública, el día que me eligieron presidenta del grupo, había tomado la decisión con Pedro y con mis hijos de aceptarlo, pero no se lo dije a mis padres, pensé que no se iban a enterar, ¡qué ilusa!

Mañana será otro día y sin duda habrá nuevas oportunidades, situaciones en las que seguramente me sentiré poco preparada, inusuales, pero siempre espero verlas como interesantes; espero que se abran y abrir nuevas puertas, hay tanto por hacer... La vida, si se lo permitimos, a diario nos sorprende y nos invita a asumir nuevos retos. Sin dejar de lado que aun cuando creamos que valemos por lo que hacemos, en realidad valemos por lo que somos.

Amo la vida y lo que venga es bienvenido.

© Guillermo Güémez Sarre

MADRE, HIJA, UNIVERSITARIA

Rosaura Ruiz

La maternidad

Tenía veintitrés años, una edad en la que, en ese tiempo era más o menos común que las mujeres del sector académico empezáramos a tener hijos. Ciertamente, hoy las mujeres se embarazan a edades más avanzadas. Dos meses después de casados, decidimos, mi pareja y yo, que ya queríamos tener un hijo. Cuando sospeché que estaba embarazada, me hice la prueba del *Predictor*. Me acompañaban Pino y mi hermano Ernesto, que siempre ha sido muy cercano a mí, y ha estado presente en momentos muy importantes de mi vida. Escuchamos *Las cuatro estaciones* de Vivaldi, para esperar la noticia. Al ver que el resultado era positivo, me embargó una alegría incomparable, inmensa.

Supongo que la determinación de embarazarnos obedeció a lo que yo llamo en broma el "imperativo darwiniano", pues la explicación de la evolución se sustenta, entre otros temas, en la tendencia de todos los seres vivos a reproducirse en la mayor medida posible. Pero sin duda también se debió al condicionamiento social que determina cuándo hay que ser madre o padre. Sin embargo, al nacer mi hija, me di cuenta de que no estaba preparada para ello.

Cuando estaba embarazada, sentía que no podría separarme de mi bebé, y que no me sería fácil permitir que otros la cargaran. Mi suegra ya estaba desesperada porque naciera lo que ella deseaba, su primera nieta, pues había tenido sólo nietos. Me angustiaba la sola idea de tener que compartirla. Cuando nació Rosaura, reconocí que para el cuidado de un bebé se requiere todo el apoyo posible y también entendí que, como me dijo Santiago Ramírez (el psico-analista) "los niños requieren mucha gente que los quiera. No sólo sus padres". Desde el primer momento, mi suegra dijo que se había formado un lazo indisoluble entre ella y su nieta, lo que resultó ser cierto: siempre se adoraron. Su despedida, cuando mi suegra estaba a punto de morir fue impactante. Aunque sedada, ella se estremecía con los besos de su nieta, lo que no pasó con nadie más.

El día del parto, mi mamá, mi suegra y Pino estuvieron todo el tiempo conmigo, desde que llegué al hospital. Salvador Martínez Della Rocca, *Pino* –como le decimos de cariño–, siempre ha sido un excelente padre. No quiso entrar al parto, porque le dio miedo. El médico le dio la opción, aunque en ese tiempo apenas empeza-ba a acostumbrarse que los papás estuvieran en el alumbramiento de sus hijos. Mi ginecólogo, el doctor Ramiro Ruiz Durá, le dijo a Pino que podía estar presente si así lo deseaba. Pero él respondió que no, "¿qué tal si me desmayo y Rosaura, en lugar de estar pen-diente del nacimiento de mi hijo me va a tener que cuidar a mí?" Después se arrepintió y dijo que debería haber entrado, aunque realmente creo que me hubiera puesto más nerviosa que ayudarme.

El nacimiento de mi hija Rosaura fue una experiencia mara-villosa y sorprendente a la vez. Evidentemente, la estuve esperan-do con ansias durante los nueve meses, siempre con la seguridad y la convicción de mi decisión de ser madre. Pero cuando la tuve en mis brazos, la primera sensación fue de una inmensa alegría pero también de susto, pienso que en ese momento entendí la respon-sabilidad que implicaba la maternidad. Creo que uno no tiene cla-ridad, cuando decide embarazarse por primera vez, del nivel de responsabilidad que implica un hijo.

El nombre de mi hija lo eligió Pino. Decidió ponerle el mío, creo que con la intención de que si luego nacía un niño él le pudie-ra poner Salvador, lo que no ocurrió pues no tuvimos otro hijo. El amor tan grande y exagerado por los hijos es un proceso que se desarrolla muy rápido. Aunque el primer contacto sea desconcertante, uno ya los idolatra enseguida. Rosaura era una bebé de tres kilos, una niña de un peso normal. Todavía en el Hospital Santa Mónica, un día una enfermera me trajo a un niño muy grande, calculo que pesaría cerca de cinco kilos, envuelto en una cobijita azul. Desde que la enfermera entró, me quedé helada. Yo sabía que había parido una niña, y sentí pánico de que me la hubieran cambiado. La enfermera insistía en que ése era mi hijo, y yo en que había tenido una hija. Además, el bebé que me traía nada tenía que ver con mi hijita chiquita y niña. El susto duró un par de minutos, pero para mí fue mucho tiempo. Unos instantes después, entraron con mi hija, la enfermera reconoció su error y se disculpó.

Ahora puedo decir que he disfrutado muchísimo ser madre de Rosaura, mi única hija, pero también reconozco que la maternidad es difícil. Me doy cuenta de que es una gran responsabilidad, e implica momentos complicados y dolorosos. Cada vez que se enfermaba, o cuando, por ejemplo, pensaba que podía tener un accidente porque se iba de campamento o de fiesta, estaba aterrada. He vivido la maternidad como la más importante experiencia y la más grande alegría de mi vida, pero también como algo difícil, porque soy una persona aprensiva con mis seres queridos, particularmente con mi hija y ahora con mis nietos.

Por otro lado, en ese tiempo Pino empezó a cursar otra licenciatura y tuve que dejar el laboratorio de ecología en el que participaba en una investigación fascinante pues apenas podía con mi bebé y las clases que impartía en el CCH Sur y en la Facultad de Ciencias, que no podía dejar pues necesitábamos los dos salarios. Sólo el apoyo de mis dos hermanas y de mi hermano me permitió un tiempo después terminar la tesis de licenciatura y continuar con mis estudios de maestría y doctorado. Esto nos pasa a las mujeres con la maternidad, tenemos que posponer los proyectos personales y esto no se reconoce como un asunto social que debe atender el Estado con la creación de programas de apoyo especiales para mujeres. Gracias a mis hermanos, concluí mis estudios de doctorado en poco tiempo, me recibí a los treinta y cuatro años.

Ser abuela

Ser abuela ha sido para mí igual de impactante, y mucho más disfrutable, por cierto. La sensación que tuve al cargar en mis brazos a Jerónimo, mi primer nieto, y luego a Tamara la segunda, fue absolutamente distinta a la que experimenté con el nacimiento de Rosaura. Fue también una gran felicidad, pero sí estaba preparada para ser abuela y lo deseaba profundamente. Y digo que estaba preparada pues creo que algo fundamental es el respeto a los nuevos padres y entender que uno está para apoyar. Aunque mis temores y mi aprensión siguen presentes con mis nietos, soy extremadamente respetuosa de las decisiones que Rosaura y mi yerno toman con sus hijos, aun si mi opinión es diferente.

Me doy cuenta de que tengo un conflicto importante con la enfermedad. No la asumo como algo natural que puede pasar, que puede ser intrascendente, sino como algo que se puede complicar y que implica estar alerta. Por ejemplo, recuerdo perfectamente que durante sus primeros días de vida, Jerónimo no quería comer y yo estaba angustiadísima. A la fecha, mi yerno y mi hija me hacen burla. Temía que bajaran sus niveles de glucosa en sangre, lo que, para un recién nacido es muy peligroso. Fueron más o menos dos o tres los días en los que Jerónimo prácticamente no ingirió alimento alguno. Mi hija insistió en que tenía que nutrirlo con leche materna y descartó el biberón. Para ella, eso era no sólo una necesidad sino —diría yo— una obsesión. Por la formación de su marido, que es psicoanalista, y la de ella, que es filósofa con el psicoanálisis como uno de sus temas de investigación, para ellos era fundamental y no había la menor duda de que Rosaura iba a lactar a ese bebé. En cambio yo, quizás por mi formación, estaba tan preocupada por aspectos biológicos, como ellos lo estaban por la parte psicológica. Rosaura decía que no le daría a su bebé una gota de leche que no fuera de ella, pero yo estaba en un tremendo conflicto entre la psicología y la biología, al pensar que estaban protegiendo a mi nieto en esta parte tan fundamental pero podían dañarle orgánicamente. Además, para ellos era fundamental no dejar que nadie más interviniera, porque se trataba también de quién podía o no tomar decisiones. Así, mi yerno estaba convencido de que nada que su suegra dijera iba a hacer cambiar su opinión de que ese niño tenía que ser cuidado primero por Freud que por Darwin. Hoy nos reímos todos de esa anécdota, pero estamos conscientes de lo importante de esta polémica, los psicólogos tienen que aprender más de la naturaleza biológica del ser humano y los biólogos y médicos tomar en cuenta la influencia de lo mental en los procesos vitales.

Por suerte, Jerónimo comenzó a comer. Simplemente estaba agotado por el trabajo de parto y sólo quería dormir. Se alimentó, y esa primera gran angustia terminó muy pronto. Ahora come perfectamente bien y es un niño sano y muy inteligente. Como todo nieto o nieta, es brillante, bonito, simpático, en suma, perfecto. Lo mismo Tamara, su hermana, quien nació cuatro años más tarde. Tener una nieta me hizo muy feliz y además, me recuerda mucho a mi propia hija. Ahora, los dos son para mí el máximo disfrute de la vida.

Mi padre

Otra experiencia, para la que evidentemente no estaba preparada y no creo que nadie pueda estarlo, fue la noticia de la enfermedad terminal que tuvo mi padre. Cuando me enteré que él a los ochenta y cuatro años, tenía cáncer, me sorprendió terriblemente. Cualquiera puede argumentar que es muy probable que una persona de esa edad tenga una enfermedad. Pero cuando se trata de un ser tan cercano, tan querido, no hay manera de que uno esté preparado y esa fue una experiencia espantosa en mi vida. Por más que racionalmente asumiera a la muerte como parte de la vida, enfrentarme a ella fue distinto.

Que mi papá tuviera un cáncer tan avanzado, que involucraba al páncreas, me sorprendió y consternó. Tres meses después murió. A pesar de mi edad, el deceso de mi padre me afectó tanto que me cambió en muchos sentidos. Mi papá decidió que no quería hacer nada, rechazaba la idea de estar en un hospital, decía que si iba a morir prefería que fuera en su casa. Sin embargo, nunca aceptó que tenía cáncer. Los médicos comentaban delante de él su enfermedad, que tenía un tumor, y él no lo oía, se abstraía, simplemente lo negaba. Al salir del hospital, me preguntaba: "¿Por qué no saben qué me pasa, hijita?, ¿por qué no encuentran lo que tengo?" Considero que fue muy respetable su decisión de no querer saber cuál era su enfermedad. Entonces yo le decía: "Papá, los médicos a veces no saben; por más esfuerzo que hacen, la medicina no está tan avanzada". Esta etapa fue muy dura para toda mi familia, porque nos dábamos cuenta de que, además de todo el drama en torno a una enfermedad de ese tipo, teníamos que guardar las apariencias y simular que nadie sabía que tenía algo tan grave. Nunca lo hablamos, pero mi padre se dio cuenta de que iba a morir y no quería aceptarlo. Decía: "Le pido a la vida que me dé dos años más, tan sólo dos años". Me dolió mucho que no pudiéramos cumplirle ese deseo, que los médicos no pudieran hacer nada para lograr esos dos años más de vida. Su petición nada tenía que ver con religión, pues era ateo. Me alegró que no aceptara ningún rito religioso, mostrándose hasta el final congruente con sus ideas.

En algún momento, convocó a la familia y me dejó responsabilizada de todos. Dijo que él quería que yo estuviera al pendiente de ellos, sobre todo en dos temas. Uno, que los mantuviera unidos, porque él pensaba que cuando los padres fallecen, las familias se dispersan y los hermanos se separan. El otro, que estuviera pendiente de que todos sus nietos y bisnietos estudiaran. Ése fue el legado de mi padre. Era un obsesivo de la educación, como yo lo soy ahora, tenía la convicción de que uno debería estudiar siempre. Él no tuvo la oportunidad de hacerlo formalmente, pero fue un autodidacta, leía muchísimo, era una persona culta.

Mi padre fue un personaje sumamente importante para mí, a pesar de que tuvimos una relación conflictiva sobre todo por su autoritarismo y mi correspondiente rebeldía. Fue alguien con quien siempre conté, me quería y me admiraba incondicionalmente. Le encantaba que yo fuera académica. Desde que era pequeña, me decía que tenía que ser bióloga y me regaló un microscopio. Fui una niña que discutía mucho, y la gente decía que sería abogada. Pero mi papá estaba convencido de que me inclinaría por la ciencia.

A pesar de ser un hombre machista, como la absoluta mayoría tanto de su generación como de las subsecuentes, decía que ya venía la época de las mujeres. Con esa visión, nos repetía a mis hermanas y a mí que teníamos que estar preparadas, que no podíamos depender de un hombre, y que teníamos que valernos por nosotras mismas: "Si sus maridos las dejan, tienen que salir adelante por sí mismas y trabajar, y la mejor manera de que tengan un buen trabajo es con una carrera universitaria".

El movimiento estudiantil de 1968

He hablado de la maternidad, de mi padre, de experiencias que me han afectado, pero creo que un evento fundamental en mi vida, sin el que no se explicaría mi forma de ser y de pensar, fue el movimiento de 1968, que me marcó a mí como a todos los que participamos en él. Por supuesto, no estaba preparada para participar en ese movimiento, me hubiera encantado ser dirigente de mi prepa. Pero los hombres me inhibían, poco me atrevía a hablar en las asambleas, las faldas empezaban a acortarse y me chiflaban. Por otro lado los líderes vivían en la escuela, incluso se quedaban a dormir ahí, y mi papá por supuesto no me dejaba hacerlo. En realidad, pocas mujeres tuvieron un papel relevante como dirigentes, a diferencia de movimientos estudiantiles más recientes comos los de la UNAM en 87 y 99 donde ya hubo dirigencia femenina. En 1968 cursaba el tercer año en la Preparatoria 4 de la UNAM. Ya había tenido una participación incipiente en el movimiento del 66, cuando estaba en primer año. De aquel movimiento, siempre se ha dicho que lo inició el propio gobierno de Díaz Ordaz para remover al entonces rector, el doctor Ignacio Chávez. Pero aunque el Presidente haya pagado a estudiantes priístas para que derrocaran a Chávez, es un hecho que después se convirtió en un movimiento con demandas legítimas, entre ellas una importantísima para la historia de México y de la UNAM fue la del pase automático. Esa demanda que impulsamos los estudiantes de entonces sí tuvo un gran eco. El pase reglamentado implicaba el reconocimiento de que ya éramos estudiantes de la UNAM que habíamos aprobado el examen de admisión y que teníamos el derecho de continuar con nuestros estudios al haber concluido adecuadamente la preparatoria. También exigíamos la desaparición de los grupos represivos que entonces financiaba la Rectoría.

En 1968 participé convencida y con gran entusiasmo. Intervine en las brigadas, me gustaba muchísimo el trabajo que ahí realizábamos. En la Preparatoria 4, todos los días hacíamos asambleas conducidas por uno de los dirigentes, Germán Álvarez. Ahí discutíamos qué era lo que había que hacer, nos informaban sobre lo que había pasado en el Comité General de Huelga, qué decisiones había tomado, cuáles eran las instrucciones, etcétera. Nos invitaban a cuestionar, a que discutiéramos si estábamos de acuerdo o no con esas decisiones. Recuerdo que nunca estuvimos en contra. Todos los que estábamos en la asamblea de la Prepa 4, apoyábamos lo que dijera el Consejo General de Huelga, teníamos un gran respeto por nuestros dirigentes e invariablemente votábamos a favor de las posiciones de Raúl Álvarez y Gilberto Guevara. Lo analizábamos, lo discutíamos, pero siempre llegábamos a la conclusión de que ellos tenían razón, y que había que hacer lo que indicara el CGH.

Después de la asamblea, nos íbamos de brigada. Ahí estaba mi hermana Lucía, que ya iba en primero de preparatoria. Una misión que le correspondía a mi brigada, era ir al mercado. Todos los días nos regalaban grandes cantidades de comida que entregábamos a los encargados de la cocina, quienes a su vez preparaban los alimentos de todos los brigadistas y de todos los que estábamos en el movimiento. Al contrario de lo que pasaba en las asambleas, yo era la que hablaba en los pequeños mítines (les decíamos "mítines relámpago") que hacíamos. Llamaba la atención de la gente del mercado o de la calle: "Pueblo de México" –siempre empezábamos así– "los estudiantes estamos en huelga...", y explicábamos por qué, dando a conocer los seis puntos del pliego petitorio, y terminábamos diciendo: "Esperamos su colaboración para que este movimiento pueda triunfar". Nos apoyaban con una solidaridad entrañable, nos daban de todo, carne, pollo, verduras, frutas y dinero. Incluso los policías que estaban por ahí se quedaban a escuchar el mitin y contribuían. Cerca de mi preparatoria estaba un destacamento del ejército. Éramos tan atrevidos que hacíamos mítines afuera de un local en que se confeccionaban los uniformes de los soldados. Los militares que estaban afuera vigilando también colaboraban con nosotros, y es que realmente la absoluta mayoría del pueblo de México se sintió involucrada con el movimiento, la gente participaba y nos apoyaba de una manera decidida, sincera. Rara vez ocurría, que alguien se rehusara a contribuir con dinero o alimentos.

Por supuesto, fui a todas las marchas convocadas por el CGH. Recuerdo especialmente la "Marcha del silencio". Fue notoria la manera en que seguíamos a nuestros líderes y fue impresionante ver a miles y miles de jóvenes acatando estrictamente sus instrucciones. Esta obediencia preocupó al gobierno. Mi hermana y yo íbamos acompañadas por mi papá, mi mamá y mi hermano de doce años, Ernesto; mi hermana Amparo, que ya estaba casada y tenía dos niños pequeños no podía ir. Discutíamos mucho con unos vecinos que estaban en contra y llegábamos a tener conflictos fuertes, discusiones alteradas y desagradables, y mi papá y mi mamá nos defendían. No estuve en Tlatelolco, porque antes de la gran matanza, ya se había producido una represión fuerte. Además, habían asesinado a un vecino mío mientras pintaba una barda. Era estudiante de medicina y lo mató un policía de tránsito. Mi papá se asustó porque él sabía que mi hermana y yo andábamos en las pintas, en los camiones, en el boteo. Decidió no dejarnos salir. A finales de septiembre, sólo iba él con mi hermano Ernesto a los mítines.

El feminismo

Uno de los aspectos más relevantes de ese movimiento, por el que en particular he luchado con pasión y que cuarenta años después comienza apenas a permear en los más altos niveles del discurso, es el de la liberación femenina. Hasta antes del 68, las mujeres estábamos prácticamente predestinadas a la reproducción y la vida doméstica, difícilmente accedíamos a la vida académica y no participábamos en la toma de decisiones, ni en el ámbito privado, ni mucho menos en el público. Tengo amigas a las que sus padres (principalmente el padre) no las dejaban estudiar y tuvieron que enfrentarse a ellos para inscribirse al bachillerato o a la licenciatura. Con esa rebeldía, las jóvenes de aquella época demostramos, con los hechos y con ideas cómo imperaba el dominio masculino en todos los aspectos de la vida social, desde el gubernamental hasta el doméstico, pasando por la cotidianidad en las calles.

Me marcó especialmente, como a muchas otras compañeras, que lográramos empezar a transformar la concepción que teníamos de nosotras mismas, y la visión clara del rol que debíamos y podíamos ejercer en la sociedad. Logramos con nuestra voz y nuestra fuerza colectivas, dejar patente la necesidad de distinguir entre el sexo, determinado por factores biológicos, y el género, entendido como una construcción de carácter cultural. Finalmente, cuestionamos y revertimos las funciones que se nos adjudicaban por ser mujeres.

Esta profunda revolución, que consistió en dar nombre a lo que no lo tenía, en hacer visible lo invisible y en poner en evidencia un discurso obsoleto y autoritario que pretendía hacer pasar por natural e incluso necesario el dominio masculino, trastocó todos los ámbitos de nuestra vida. Cambiaron nuestra forma de relacionarnos con nuestros padres y con nuestros compañeros, nuestra forma de vestir, pues antes era impensable que usáramos pantalones, y después usábamos minifaldas y *hot-pants* que escandalizaban a mucha gente, tanto por su significado retador como por su tamaño. Cambiaron nuestras preferencias estéticas, nuestra forma de expresarnos. Cambió nuestro modo de entender y de ejercer la sexualidad. Las jóvenes de hoy no se imaginan que con nuestra virginidad éramos responsables del "honor de la familia". Sin embargo la píldora anticonceptiva hizo una innegable contribución al avance de la libertad sexual.

Abrimos con nuestra lucha nuevas vetas y nuevos horizontes, siempre para ser reconocidas con los mismos derechos y las mismas oportunidades que los hombres. Las mujeres de hoy todavía tenemos que enfrentar cotidianamente todo tipo de violencia misógina, empezando por los feminicidios y la publicidad sexista, pasando por el acoso, la manipulación psicológica, la agresión verbal, etcétera. Pero contamos ya con una amplia trayectoria de concientización y trabajo por la equidad de género, emprendida desde el 68, que sigue avanzando lentamente y a contracorriente, pero con innegable eficacia. En mi experiencia, estoy convencida de que es gracias a lo que creamos en el 68 que he podido no sólo dar continuidad a una formación académica, sino también ocupar cargos directivos en la UNAM y en la Academia Mexicana de Ciencias.

Así, del 68, puedo decir que aprendimos tanto a triunfar como a perder. No olvidemos que el movimiento fue aplastado por las armas. Sin embargo, basta ver a las compañeras que participaron hace cuarenta años con su fuerza y con sus ideas, y que hoy están llenas de proyectos, realizándose día con día como ciudadanas y como mujeres. Yo soy una de ellas, y me precio de serlo.

© Guillermo Güémez Sarre

A FUERZA DE TRANCAZOS

Fernanda Familiar

Hay instantes en la vida que te quitan el aliento, te suspenden en el tiempo y te hacen echar la espalda hacia atrás mientras estás sentada en una cama matrimonial leyendo más de ochocientos ensayos sobre la violencia en contra de las mujeres, enviados por la Cámara de Diputados. Eso me pasó. Recuerdo y comparto: "Fernanda, podrías ser juez de los cientos de trabajos que envían ciudadanos para la convocatoria que hace la Cámara y seleccionar a los cinco mejores para premiarlos". El trabajo implicaba mucha lectura y comprensión de la terrible situación a la que miles de mujeres se ven expuestas en nuestro país al sufrir violencia física, emocional, psicológica y, ahí estaba yo leyendo la definición, la experiencia, la impunidad de cientos de casos para ganar un concurso nacional de ensayo sobre este terrible maltrato.

Los ensayos en general se centraban en la violencia física, psicológica o sexual de la que son víctimas miles de mujeres en México y ahí estaba yo, mujer en mis treinta, profesionalmente estable, llena de vida gozosa, enamorada, sabedora del pulso social y las emociones de muchos seres por trabajar tantos años en los medios de comunicación, adentrándome en realidades tan duras mediante ese desempeño que se me había asignado; mirando desde mi butaca esta situación cotidiana en los hogares mexicanos, cuando en un instante, en un tronar de dedos y por sorpresa de la vida, dejo de estar en esa butaca y me doy cuenta de que paso al escenario de la violencia como tantas otras mujeres. Uno de los cientos de trabajos que estaba leyendo hablaba del abuso verbal.

Cercana a la lectura del ensayo cuatrocientos y tantos, mi mirada centrada en las palabras de un tercero desconocido, me estrujan el cuerpo y me hacen darme cuenta de que ¡yo estoy viviendo eso que está escrito ahí! Leo y releo ese ensayo más de tres veces: la forma, la redacción, la explicación sencilla, lo concreto de las ideas, paso a paso y contundente me hace ver mi realidad. ¡Estoy sometida a una violencia verbal muy profunda sin haberme dado cuenta hasta ese momento! Detallo parte del ensayo:

La víctima suele ser el blanco de arranques de sarcasmo o de una fría indiferencia. La reacción del abusador ante estas acciones está encubierta de una actitud de: ¿Qué te pasa a ti? De todo haces un drama, estás loca. ¡Cómo molestas! Para todo lloras y gritas, no me entiendes, no sabes escuchar, "no sabes, no sabes, no sabes..." Con el tiempo, ella pierde su equilibrio, comienza a preguntarse si ella es la que está loca y si de verdad no sabe.

Es insidioso. La autoestima de la pareja va disminuyendo gradualmente sin que se dé cuenta. Ella podría tratar de cambiar su comportamiento para no perturbar al abusador.

La pareja queda atontada, desestabilizada por el sarcasmo, la frase hiriente, el desprecio, la crítica, el repudio o el comentario injurioso.

Hay un doble mensaje. Hay incongruencia entre la forma de hablar del abusador y sus verdaderos sentimientos. Por ejemplo, puede sonar muy sincero y honesto mientras está diciendo a su pareja lo que ella tiene de malo.

El abusador rebaja la realidad del otro y esto es destructivo, porque niega la percepción del otro.

Puede juzgar a su pareja, criticarla expresando juicios sobre ella. Si ella se defendiera u objetara, puede decirle que simplemente está señalando algo para ayudar, pero en realidad está expresando su falta de aceptación de ella.

Hace el intento por tomar algo que ella ha dicho y convertirlo en insignificante: ¡Eso no es para tanto! ¡No veo por qué te duele tanto! ¡Tú nunca me entiendes, no sabes escuchar! Generando culpa en ella, pero en realidad el que no se entiende es él.

Exigir y pedir antes de dar u ofrecer, es una forma clásica de abuso verbal. Niega la igualdad de la pareja.

Y así continuaban muchos puntos más, tan claros y concretos que los ojos se me abrían como plato cada renglón que leía. ¡Yo pensaba que el abuso verbal era en la pareja usar malas palabras! Pero empezaba a entender que era algo más profundo y mucho más sutil.

Así pues, una mujer como yo, preparada, estudiada, de buena familia, exitosa, llena de vida, se da cuenta del maltrato que vive, día a día, con aquel amor. ¡No podía creerlo! ¿En qué momento había permitido a ese sometimiento entrar en mi mente y presentarme como el ser más vulnerable, triste y deprimido? ¿Todo en el nombre del amor? ¿Todo por desear una caricia? ¿Por desear proyectar mis deseos e ilusiones en aquel que actuaba como abusador por sus propias huellas, sus inseguridades y sus miedos? ¡Y yo no lo había querido percibir! Me sentí víctima, lloré con profunda tristeza, guardé silencio muchos días, los "veintes" me caían uno tras otro, sin parar. Leía una vez más el ensayo y trataba de entender ¿cómo me había convertido en una de tantas mujeres que sufren y se someten a las palabras sutiles y dolorosas del otro? La vida me tomaba por sorpresa. Nada es casualidad. Fueron las palabras escritas para un ensayo lo que me tomó del cuello y me zarandeó. Este tipo de violencia era tan grave como cualquier otro.

Tiempo después me di cuenta de que no sólo era víctima de esa circunstancia sino cómplice absoluto por desear preservar, a costa de lo que fuera, incluso de perderme a mí misma, mi seguridad, mi amor propio, mi autoestima, una relación de pareja.

Me costó mucho recuperarme, poner límites, trabajar en mí y relacionarme desde otra trinchera y, sobre todo, darme cuenta de que yo era violenta también. Me defendía, explotaba, vivía llena de miedo de perderlo sin pensar que me estaba perdiendo a mí misma poco a poco.

Vivía acorralada por mis emociones porque no conocía, en realidad, otro lugar desde el cual relacionarme. Aprendí mucho, me solidaricé más con las mujeres que han vivido episodios en donde se pierden, en donde la inseguridad las inmoviliza y la falta de madurez emocional llega a nublarles la mirada frente a lo que realmente es. Pensé en mi hija, ¡jamás desearía algo así para ella pero yo le estaba dando el ejemplo indirectamente de que eso era lo correcto! Deja que te hagan sutilmente lo que sea, no se nota, hazte la que no ve, cuida a la pareja que tienes... porque es mejor estar con él que sola. ¡Qué fuerte! ¡Qué doloroso! Mandamos, frecuentemente, mensajes incongruentes a los seres que más amamos: nuestros hijos. Ellos perciben, saben, sienten, escuchan y se dan cuenta al fin y al cabo.

Somos muchas las que nos hemos dado cuenta pero yo me pregunto ¿cuántas más siguen en la butaca y no quieren pasar al escenario de su verdadera realidad? Soportando la violencia, sin hablar, calladas, con mirada triste, pero sonrientes frente a los demás, metiendo toda la mierda abajo del tapete para que no se note, imaginando, sólo imaginando que algún día será diferente.

La vida te toma por sorpresa de muchas maneras y, de algo estoy segura, en todos los sentidos posibles, cuando te agarra, te agarra y no te suelta hasta que aprendas esa lección necesaria para ser mejor persona y vivir en congruencia con tu mente, tus sentimientos y tus acciones. Hoy vivo con un hombre amoroso, respetuoso, comprensivo, amable... tuve que crecer internamente. A mí, en esta historia que les acabo de compartir, la vida me agarró en serio por sorpresa. ¡Soy testigo, me consta! Por cierto, ese ensayo que le dio luz a mi conciencia no fue ganador en la convocatoria de la Cámara de Diputados pero a quien lo escribió le agradezco por abrirme los ojos, sin saberlo.

Era abril del año 2001 y mi hijo acababa de nacer: sano y guapo. Me dolían las entrañas, el pelo, los dientes, la cabeza, las uñas ¡todo el cuerpo! Pero la plenitud, la paz, la felicidad y la sonrisa de oreja a oreja era imposible borrármela. Enchufada a cualquier tipo de aparatos y dopada, me acompañaba en el cuarto mi querido Javier Alatorre, amigo incondicional. Los dos platicábamos y nos reíamos de la vida, gozábamos el momento, el aquí y el ahora.

Rodeados de flores como si estuviéramos en el mercado de Jamaica, de pronto, entró una señorita con una cuna ambulante. ¡Mi hijo entraba triunfante con un berrido a todo pulmón listo para ser alimentado! Javier y yo nos quedamos pasmados, se nos fue el aliento, brincamos de la emoción, era la primera vez que fuera de un quirófano sentía a mi pequeño lleno de vida y hambriento a mi lado. En el momento en que me lo pusieron en mis brazos, mi hijo maravilloso dejó de llorar y pensé inocentemente ¡ya la hice porque me siente y deja de llorar! Ya ERA mamá, con sólo esa sensación me sentí lista para cualquier cosa que viniera ¡sí, como no!

El instante duró poco, quizá unos minutos, cuando la señorita, aquella chaparrita de pelo negro con una amplia sonrisa nos indicó que pasaría por él más tarde y que nos dejaba el pañal para cambiarlo: "¡Le deseo suerte señora, está precioso!" Con una mirada maternal deseé en el fondo que se quedara a partir de ese momento y para siempre, conmigo.

Coincidentemente todas las visitas y mi familia, menos Javier habían salido. Ahí estábamos los tres disfrutando, viendo, tocando, sonriendo cuando de repente se me ocurre decirle a Javier: "¿Me ayudas a cambiarle el pañal?, lo siento mojado". No sé como lo desenvolvimos, ¡parecía un tamal, textualmente! Le quitamos el pañal y ¡estaba seco! Pero ya no había vuelta de hoja, había que colocar el otro, el que la chaparrita de pelo negro había traído junto con el niño. Nos tardamos, no miento, más de cinco minutos para entender ¡los dos! la mecánica de aquel pedazo de nylon o plástico. ¡Qué horror!, dos personas tan conocedoras de otros temas, éramos francamente unos inútiles a la hora de manipular al niño, al pañal y a tanto trapo que traía en la cuna de acrílico. ¡Ah pero eso sí!, el llanto no cesaba y nosotros nos veíamos con cara de ¿y ahora qué? Además los genitales masculinos tienen una dinámica contra la gravedad a la hora de hacer pipí, ¡obvio!, cuestión que Alatorre y yo olvidamos en ese instante. Simplemente no nos pasó por la mente que aquello podría convertirse en una fuente de pipí en dos segundos.

¡Válgame la cara de los dos cuando aquello se detonó! No sabíamos si reír o llorar, nos alejábamos y nos acercábamos, le poníamos el pañal encima y no paraba, se lo quitábamos y era peor. ¡Qué inútiles por Dios! De los dos no hacíamos uno. El chamaco todo batido, Javier mojado, yo enchufada, ¡qué circunstancia! Quedaba claro que ninguno de los dos sabíamos cambiar un pañal. Entendí entonces que ser mamá era un largo camino de aprendizaje para ser recorrido poco a poco en la vida. Pienso que uno no es mamá al momento de parir, ¡todos los días se es mamá al aprender poco a poco cómo serlo!

El botón blanco con el que pides auxilio nos salvó de la situación. Minutos después entraba una enfermera preguntando: "¿Se les ofrece algo?" ¡Sí, piedad, sí, sí, sí, urge! "¿Nos ayuda?" La sonrisa de la enfermera alta, pelo castaño y regordeta por poco y me hace preguntarle: ¿De qué se ríe?, ¿de la situación en la que nos encontró al señor Alatorre (¡esta noche en *Hechos*!) y a mí?

Pasado ese evento del pañal del cual estoy segura de que a Javier y a mí no se nos olvidará jamás, llegué a mi casa con mi hijo y empezó la cotidianidad. Cada día que pasaba me sentía menos preparada para el asunto de la maternidad. No sé si por la depresión posparto o qué demonios pero en lugar de sentir seguridad, cada día empeoraba. Sentía miedo, todo mundo me daba consejos, todos opinaban, ¡yo sólo quería estar con mi hijo, sola y abrazarlo, llorar mi incapacidad! Me sentía ignorante, angustiada de tener en mis brazos el presente y el futuro de mi bebé, temblaba y lo contemplaba... Días después, visité al pediatra de mi hijo, al doctor Amador Pereira y lloré y lloré en su consultorio explicándole todo lo que me pasaba, él con la paciencia y el buen humor que lo caracterizan, me dijo: "Sabes, Fernanda, que la mejor mamá es sorda", ¿sorda?, "sí, cuando eres mamá sientes tanta inseguridad que escuchas a todos los que te rodean y sólo te hacen más bolas, lo importante de ser mamá es ser sorda para aprender a escucharte a ti misma únicamente". Este hombre sin saberlo me devolvió la vida con ese simple consejo. Salí de su consultorio pensando y recordando la situación con Javier y otras tantas muy divertidas, chistosas o angustiantes que había vivido hasta entonces y ¡dejé de escuchar a los demás! Empecé a escucharme y mágicamente mi maternidad se empezó a desarrollar, poco a poco en plenitud, en conciencia, con mi criterio (bueno o malo), con mis ideas, mis principios, mis valores y no con los de nadie más.

Empecé a aprender a cambiar pañales, a tener más paciencia, a conocer su temperatura, a identificar su llanto, a hacerlo reír con mi voz y mi mirada, a alimentarlo adecuadamente, a identificar su mirada, sus olores... Fueron momentos mágicos, sin duda, lo mejor que me ha pasado como ser humano.

Años después en el mismo consultorio del pediatra le comenté lo importante que había sido para mí ese momento y recuerdo que el doctor se soltó a contarme una cantidad de anécdotas que él había vivido con muchas mamás primerizas... el ataque de risa, por las historias, era incontrolable. Recuerdo que me contó que un día una mamá le habló a las tres de la mañana para decirle que su hijo tenía 42 grados de temperatura. ¡Qué!, ¡¿cómo?! Él por supuesto la mandó inmediatamente a urgencias del Hospital Ángeles del Pedregal y se levantó de la cama angustiadísimo. Llegando se encontró al niño con su mamá. El niño no se veía nada mal, tenía temperatura pero no 42 grados. "Señora –le preguntó– ¿cómo le tomó la temperatura a su hijo?" "Fíjese doctor que se fue la luz en mi casa y Rodriguito estaba muy inquieto y lo toqué y lo sentí muy calientito, saqué el termómetro y como no había luz lo acerqué a la vela que tenía prendida en su cuarto para poder ver." ¡No jodas! Por supuesto que el termómetro tenía que marcar tanto ¡a la luz de la vela, válgame!

Otra de sus anécdotas fue que le habló una mamá para preguntarle qué hacía con su hijo porque iba a ir el plomero a arreglar la cocina. Y él le contestó: "Pues dígale al plomero que le arregle bien la cocina y que no le cobre caro, que no sea abusivo y en cuanto al niño pues no sé que decirle señora, ¡no sé si le interesa que vea al plomero cómo arregla la cocina!". Con todo esto que me contaba Amador, me di cuenta de que a todas nos pasa lo mismo y que muchas sufrimos inseguridad frente a tanta responsabilidad, por más que leas, escuches y vayas a cursos, en algún momento te sentirás poco preparada.

Creo que todas las mamás enfrentamos retos distintos y muy profundos de acuerdo con la edad de nuestros hijos. Nunca, hasta morir, dejaremos de aprender y de enfrentarnos a situaciones que nos hagan sentir desinformadas, poco conocedoras o muy inútiles, pero lo importante creo es el amor, el empeño y el interés con que resolvamos nuestras carencias. Siempre se puede ser mejor, aprender es un regalo invaluable de la vida.

Hoy a la distancia y sin cantar victoria, agradezco cuando me he sentido poco preparada porque me da la grandiosa oportunidad de conocerme más, de medirme, de conocer mejor mis convicciones y ampliar mi criterio... creo que los baches de ignorancia en la vida siempre nos darán la magnifica posibilidad de ser mejores personas.

Trabajar en los medios de comunicación te obliga, diariamente, a "mantener el control de tus emociones", cuando participas ante un micrófono o frente a una cámara parece simple pero no lo es. Recuerdo hace mucho tiempo que tuve una fuerte discusión con una gran amiga en el teléfono, había roto la confianza entre nosotras de una manera muy agresiva y ahí estábamos las dos, poniendo un alto definitivo a nuestra amistad. Faltaban diez minutos para que entrara a mi programa de radio y el pleito parecía que no tenía fin. Yo me sentía muy lastimada, ella había dicho cosas en una reunión frente a otras amigas que no debía haber dicho en relación con mi vida personal... tuve que cortar la llamada y posponer eso que resultaba tan importante para las dos. Colgamos y me solté llorando en el estacionamiento de Grupo Imagen, el llanto era incontrolable, subí el elevador, llegué a mi oficina y no podía parar ¡parecía que me habían abierto la llave de las lágrimas! Para entonces faltaban tres minutos para entrar al programa que hacía todos los días en vivo. ¡Contrólate Fernanda!, me decía a mí misma. No podía, caminando lentamente hacía la cabina de radio, trataba de tomar aire, de respirar profundo, ¡no lo lograba! No controlaba mis emociones y no era posible empezar así una transmisión en donde los que me escuchan no tienen ni vela en el entierro respecto a lo que a mí me pase en mi vida personal. Sentada frente al micrófono a unos minutos de arrancar, me sequé las lágrimas como pude, me eché gotas en los ojos, me pinté la boca, me retoqué el maquillaje, me puse rimel, cerré los ojos, ¡sabía que esa amistad se había roto para siempre y era muy doloroso! Estaba enojada, desconcertada por lo que había pasado, no digería nada de lo dicho en el teléfono, estaba decepcionada, ¿cómo era posible que me hubiera hecho eso? ¡Qué poca madre!, pensaba, ¿qué clase de amiga hace eso?, en fin. Los audífonos estaban ya colocados en mis oídos cuando escuche a mi productora decirme "¿estás lista?, ¡ya para de llorar! Entramos en diez segundos. 5, 4, 3, 2, 1. ¡Estás al aire!" Me sentía perdida mentalmente, lejos de ahí, sin voz, sin ganas, sólo quería seguir llorando, la llave se había abierto y era difícil cerrarla, sin embargo, algo dentro de mí empezó a hablar y a decir: "Qué tal, cómo están, bienvenidos a Imagen, mi nombre es... empezamos como siempre con el pie derecho".

El programa estaba iniciando y ya no había marcha atrás. A partir de ese instante algo cambió para siempre. Me di cuenta de que nada es más importante que controlarte cuando lo tienes que hacer, que por más que quieres darle rienda suelta a tus emociones hay momentos en la vida que eso no puede ser porque hay algo que resulta primordial y te impide seguir. Uno aprende a priorizar a fuerza de trancazos y ése era el día en que la vida me daba esa lección para darme cuenta de que el aquí y el ahora era lo importante. ¿Qué culpa tienen los que me hacen el favor de escucharme de recibir mi mal humor, mi enojo o mi tristeza o mi falta de profesionalismo?, pensé. Transcurrían los minutos y las lágrimas se secaron, me distraje, me involucré en lo que tenía que hacer en ese instante; la mente cambió de rumbo, las emociones también, sólo me escuchaba ¡y no lo podía creer! Estaba aprendiendo a controlarme y eso era inusual para mí. Normalmente explotaba, daba rienda suelta a mis emociones, mi péndulo emocional podía ir de izquierda a derecha sin parar porque era demasiado impulsiva.

Ese momento representó una especie de conversación interna en un segundo plano, mientras estaba en el programa, pensaba ¿cómo es posible lograr esto? ¿Será la adrenalina de estar en un programa en vivo? ¿Qué me hizo controlarme? ¿La pena quizá con el público, con mi equipo de trabajo? No lo sé pero lo que sí entendí es que estaba causando efecto. Después de una hora de transmisión me estaba riendo, tranquila y en otros temas, pendiente de las más de cinco conversaciones que tienes que aprender a tener cuando estás en un programa: las llamadas, las preguntas al entrevistado, sus respuestas (escucharlo), el tiempo, ¿cuánto falta?, la productora dando instrucciones, los audífonos para escuchar si todo está bien. No puedes, sin duda, estar en otro lado, más que ahí.

De ese día en adelante empecé a desarrollar la posibilidad de controlar mis emociones y darles cabida en el momento en el que se puede y se debe. Esa tarde, después del programa regresé a mi casa y le hablé a mi amiga. Las dos sabíamos que ya no podría ser igual entre nosotras. Después de muchos años de amistad, acabamos por separarnos y se preguntarán ¿qué fue tan grave para romper esa amistad? Y lo único que puedo contarles es que yo compartí uno de los secretos más valiosos de mi vida con ella y sin pena ni gloria lo fue a divulgar en público sabiendo el daño que me podía hacer. Todo, al final, representó una buena lección, no cuentes tus más íntimos secretos porque no sabes, en realidad, si para la otra persona van a tener el valor tan especial y tan importante que tienen para ti. Hay que controlar nuestras emociones y para eso el programa de radio y de televisión que conduzco me han ayudado a recordarlo ¡imagínense que prenden la tele y ven a Pedro Ferriz de Con enojado, de malas o chillando en el noticiario! O que escuchan a Jorge Fernández Menéndez aterrado o asustado por la información que presenta o qué tal que ven a Adela llorando sus penas, entre nota y nota... ¡estaría muy raro!

Tiempo después llegó a mis manos un estudio que hicieron en Estados Unidos de cómo percibía el público a un comunicador mostrando sus emociones (llanto, sobre todo) en un programa y recuerdo que 87% de los encuestados lo rechazaba contundentemente porque aseguraban que ellos no tenían por qué ver la debilidad o vulnerabilidad de las figuras públicas mientras estuvieran trabajando, que les parecía poco profesional y fuera de lugar. Este estudio se hizo a raíz de que una conductora de televisión llorara en su programa porque había muerto su perro. ¡El público cambió de inmediato de canal buscando a alguien un poco más centrado!

Lo inusual para mí era mantenerme al margen de mi vida personal y mi vida pública porque no entendía que yo era dos en una, pero a partir de aquel incidente, previo a entrar al programa, me quedó claro que en la vida de todos nosotros tiene que existir un momento en el que no demostremos en realidad lo que nos está pasando y que podamos fortalecernos por ello y no debilitarnos. No es un asunto fácil pero encaminarnos hacía allá nos puede permitir pensar más, desglosar las emociones, ¡no calentarnos!, reaccionar menos impulsivamente, sentir de verdad lo que sentimos y no ponerle moñitos ni zapatitos a las emociones para después plantearnos con calma ¿qué vamos a decir? o ¿cómo lo vamos a decir? Esto, sin duda, nos puede evitar muchos más malos ratos.

Esta reflexión me ha servido. Hoy sé que por lo menos, y me lo digo de broma, no puedo llorar de nueve de la mañana a una de la tarde ¡porque estoy al aire en los programas que me recuerdan que no es el momento de hacerlo! Y después llego a casa con mis hijos y veo a mi marido y le voy encontrando a la vida otro sabor tal que para cuando quiero tirarme al suelo a berrear me doy cuenta de que ya no siento tantas ganas.

El mejor consejo que me ha dado mi papá, Carlitos, es: "Mi'jita, en realidad no todo es tan importante". ¡Qué razón tiene! Hoy entiendo que fue decisión de aquella amiga abrir la bocota y que yo no podría haber hecho nada para evitarlo porque no estaba en mí impedírselo, ¡no tengo la capacidad, ni la tendré, de controlar a los demás! Si para ella no era tan importante, no tendría por qué haberlo sido, punto... Al final y con eso me quedo: ¡es cierto papá, mucho de lo que duele y te desgarra en el momento, luego resulta no ser tan importante!

© Guillermo Güémez Sarre

Sorpresa: soy la muerte

Ruth Zavaleta

Mi madre no nos leía cuentos pero nos contaba historias y leyendas que a ella le habían enseñado su madre y su padre. Así un día nos contó que a este último le gustaba tomar mezcal o alcohol y jugar cartas hasta muy entrada la noche. Aún no había electricidad y jugaban bajo la luz de una vela de cera que fabricaba el dueño de la casa. Una noche estaba desesperado porque no ganaba ningún juego, y en algún momento le dieron ganas de ir a orinar. Lo hacían atrás de la troja en donde guardaban los granos de maíz y el cacahuate de la cosecha; la luna estaba grande y se podía, aun en la oscuridad, perfilar los objetos a cierta distancia. En eso estaba cuando alguien le puso la mano en el hombro derecho y le dijo: "Refugio vengo por ti". Él sólo alcanzó a mirar de reojo y vio el gran sombrero de catrina; quiso mirar al piso para no ver lo que creía que era, pero, al bajar los ojos no le miró los pies en la tierra a la mujer... estaba volando. Entonces, él, que nada tomaba en serio y su vida era sencilla, volteó hacia ella y le dijo: "Oye catrinita no seas desconsiderada, ¿no ves que voy perdiendo? Sí me iré contigo, pero, hasta que gane un juego, ¿te parece el trato? Así no te regresarás sola y yo me iré contento". Ella aceptó y el abuelo sin pensarlo mucho no volvió a jugar en su vida.

Tenía doce años y no había dormido muy bien. Tuve sueños y pesadillas que me aterraban; soñé que un individuo entraba por sorpresa a nuestra casa e iba directo al patio trasero en donde mi padre amarraba el maíz en los costales. Discutieron sobre algo que no alcancé a escuchar y de repente el desconocido sacó un machete y le partió el corazón a mi padre. Yo veía toda la escena desde otra dimensión, es decir aunque lloraba de angustia no podía acercarme. Ese día él, mi padre, llegó temprano de su trabajo; era un poco antes de las siete de la noche y se mecía lentamente en su hamaca de colores que colgaba de las alcayatas del corredor ocasionando un monótono chirrido de la reata. Yo platicaba con él mis aventuras de los primeros días en la secundaria cuando entró una de mis tías. Ella me miró y le dijo: "Quiero un refresco, que vaya Ruth a traerlo". Él la observó, me miró y sacó cinco pesos de su pantalón, y yo me fui a la tiendita a unos cien metros de la casa. Había caminado sólo veinte metros cuando un vecino se paró frente a mí y me dijo: "Lo lamento mucho, dígale a su padre que compartimos su dolor". Yo no comprendí de qué me hablaba y sólo lo observaba. De repente me sorprendí ¡Ay! algo terrible quería decirle mi tía a mi padre por eso me había mandado a la tienda. Regresé corriendo al lugar donde los había dejado y llegué justo cuando mi padre se doblaba de dolor y comenzaba a llorar.

Yo había ido a muchos velorios y entierros; en mi pueblo se acostumbra acompañar a las familias que pierden a un ser querido. Casi siempre los muertos están acompañados hasta que los entierran y después se hacen rezos por nueve días. Ese día se "levanta la cruz", esa cruz es de flores, y el noveno día se lleva una cruz de madera o del material que la familia quiera con el nombre de la persona que murió y su fecha de nacimiento y de muerte. Se lleva al panteón y se pone en la cabecera de la tumba para que todos sepan quién está enterrado ahí y no se pierdan las familias que llevan flores cada Día de Muertos o cada mes, según el afecto, el recuerdo o los recursos con los que cuente la familia. En mi familia nunca se había muerto alguien que me doliera.

Pero ahora él, mi tío predilecto, el que me enseñara la historia de Vicente Guerrero y Valerio Trujano, el tío generoso, amable, el que más me quería. Acababa de pasar a dejarme una sandía de su huerto: "Para mi consentida" había dicho, y se fue a Iguala. No le dio tiempo de sacar su identificación; un policía de tránsito lo esperaba en la calle por la que él circulaba en sentido contrario, así lo hacía todas las tardes ahorrándose las tres cuadras de tianguis que tendría que haber pasado si circulara en sentido normal. Lo hacía todas las tardes que iba por las compras para el restaurante; era tiempo de campaña política. Yo nunca supe a quién apoyaba entre los precandidatos del Partido Revolucionario Institucional; estaba el proceso de selección interna para gobernadores y él era un activista importante dentro de alguno de los equipos. Nunca supimos qué fue lo que motivó a aquel policía de tránsito a dispararle un solo balazo, justo en el corazón. Él intentó decirle algo a alguien que dice que lo vio mover los labios, incrédulo de que su cuerpo no respondiera, seguramente sorprendido de ver su sangre manchar su impecable guayabera blanca y sentir el frío tan fuerte en un lugar tan caliente. La sorpresa de saber que ya no estaba aquí.

Los trámites fueron tan lentos como rápidos los rumores. El decir popular señalaba a varios responsables del asesinato, pero sólo era un rumor que nunca se pudo verificar porque el policía declaró que pensó que mi tío quería sacar su arma, pero en la guantera nunca se encontró ninguna, sólo su licencia y su tarjeta de circulación entre varias notas de compras. A los pocos años el sujeto quedó libre y yo nunca me aprendí ni siquiera su nombre a pesar de que juré al cadáver de mi tío que yo lo vengaría, más como una promesa de alivio que como una convicción porque ahí todos sabíamos que andar en la política era cosa grave. Sabíamos por los rumores de la gota de muerte en el "pozo Meléndez" y de los tambos de cemento en el mar, así que para todos era normal que andando en tan peligrosa actividad la vida no estaba segura.

Pasaron los años y leí muchas historias como la de *Arráncame la vida* que me recordaban a aquel tío que quizás sin querer había marcado mi fascinación por la actividad política como algo apasionante pero peligroso; como un privilegio sólo para audaces que sabiendo que encontrarían quizás la muerte también encontrarían quizás la gloria. Entonces yo no sabía nada de la derecha y la izquierda, sólo sabía que existía el gobierno, la Iglesia, el ejército y los "comunistas" que estaban en contra de todos ellos. Sabía que estos últimos estaban en la montaña o en la Costa Chica; que estaban armados y que luchaban por la gente pobre pero sólo podíamos hablar de ellos en voz baja, muy baja, tan sólo un susurro que el viento no se llevara. Así supe que algunos vecinos tenían hijos que estudiando en la Normal Superior habían desaparecido.

Murió mi tío y mi niñez empezó a desvanecerse y empezaron las ausencias verdaderas, esas que lo sorprenden a uno asomando la cabeza por la ventana de la adolescencia. Todo empezó a transformarse de manera vertiginosa. A los seis meses murió el siguiente hermano menor de mi padre; no resistió su corazón la pena que embargaba a la familia. Seis meses después, los vecinos corrieron a llamar a mi padre; algo extraño pasaba en la casa de esa mujer poderosa de cabello largo y rojo como el atardecer con hilos de plata que empezaban a sucumbir por doquier, esa mujer de un rostro hermoso con pecas café, nariz chata y labios generosos, esa que se derrumbó en una sola tarde y sólo vivía los días para contar los luceros que iban apareciendo en el cielo todas las noches. Esa mujer que me enseñó a ser valiente y a hablar con los árboles, a creer en el curandero que llegaba volando con sus propias alas cuando ella estaba enferma, la que me enseñó a soñar en los viajes a España y a la India sin haberlos realizado. Ella la que me hizo soñar en el ruido de las olas con un caracol y me compartía una copita de jerez o rompope todas las tardes bajo su árbol de dátil, la que me contó la leyenda de Iztaccíhuatl, la princesa y Popocatépetl, el gran guerrero enamorado, tal y como se los contó su abuelo cuando vivían en el corazón de la montaña, ahí donde bailan, cantan y beben aguardiente por tres días y tres noches cuando hay boda como si copiaran las fiestas romanas sin haberlas leído. Incluso la novia es llevada a la casa el novio con una dote importante que todos aportan como garantía.

Esa mujer, mi abuela la que peinaba mi larga cabellera mientras me contaba la leyenda de la "poetisa" que un día gobernó mi pueblo. Ella decía: "Cuenta la leyenda que esta mujer sólo vestía con oro y plata, que tenía un pasadizo secreto de la iglesia a la montaña, ésa era la ruta de los independentistas como Morelos y Valerio Trujano, dicen también que ella oficiaba la misa de los domingos y que tenía de mascota una boa en un canasto grande de palma, dicen que ella enseñaba a leer y a escribir a los indios..."

Después de la muerte de sus dos primeros hijos, ella enfermó durante muchos días. Un día ella estaba durmiendo en su recámara, entre las almohadas estaba su rostro que se iluminaba por la luna que se filtraba caprichosa entre las cortinas del balcón principal. Ella no escuchó la alarma; todos estábamos reunidos frente al patio central bajo el frondoso dátil; todos observábamos cómo el árbol más grande del huerto de tamarindos y mangos se "cayó" y se "levantó" escandalizando a gallinas y guajolotes que dormían en sus ramas. Todos los vecinos de alrededor llegaron armados con viejas escopetas pensando que había un zorro o una culebra que espantaba a los moradores del corral, pero no, no había nada. Todos miraron al árbol predilecto de mi abuela hacer una reverencia, yo miré entendiendo el secreto lenguaje de los árboles y ella. Entonces supe con tristeza que ella ya no caminaría todas las tardes en el huerto conmigo, que ya no le hablaríamos a los tamarindos y a los mangos.

Y que el hechicero ya no vendría a traerle sus remedios mágicos porque para la tristeza no los había; supe con certeza y con angustia que era hora de volar con mis propias alas.

Mi abuela murió y yo seguí creyendo en los hechiceros que volaban y le sigo hablando a los árboles y a las flores. También las noches de luna llena me gusta mirar por mucho tiempo el cielo y cuando voy al pueblo me fascina mirar los luceros y estrellas que mi abuela me señalaba.

En mi vida he tenido muchas sorpresas, unas agradables y otras no tanto, pero recuerdo perfecto aquellas que han causado mi primera, mi segunda y mi tercera pasión: la rebeldía, el amor y la política.

Yo nací y crecí hasta los quince años en un estado pobre económicamente hablando, violento y peligroso: el estado de Guerrero. Lamentablemente, sigue siendo pobre y violento; las mujeres mueren por falta de atención en el parto y los niños mueren de piquete de alacrán en la montaña y en la sierra. Nosotros vivíamos a la orilla del río Balsas y mi padre trabajaba de electricista, pero le gustaba sembrar maíz, ordeñar las vacas y montar a caballo por el campo. Iba con él al campo a ver las milpas crecer y ahí mi padre me señalaba a los campesinos que no tenían más comida que tortillas untadas con chile. Él me decía: tienes que ir a estudiar a la UNAM para que vengas a ayudar a la gente de aquí; mira cómo los tiene el gobierno, se mueren de que no tienen doctores. Él quería que yo estudiara medicina, y yo creí que estaba destinada a estudiar medicina para atender a la gente pobre de las comunidades. Hoy sigue muriendo la gente porque no tienen atención médica suficiente y yo no estudié medicina.

Yo iba creciendo y mis ganas de hacer "algo" –no sabía qué– crecían dentro de mí. Pasaron los años y regresamos a vivir a nuestro pueblo de origen: Tepecoacuilco de Valerio Trujano y ahí entre los salones de la escuelita que llevaba el nombre de este héroe local aprendí a declamar. Me sentía emocionada cada vez que recitaba un poema pero más me emocionaba cuando era de protesta. Para ser sincera, creo que aprendí a recitar con énfasis porque era malísima para cantar hasta el Himno Nacional. Compensaba mi falta de entonación con el énfasis mandón que ya no me pude quitar. Siguieron pasando los años y llegué a la secundaria y ahí formé la escuelita después de clases. Todas las tardes se reunían mis compañeros en la casa y repasábamos todas las lecciones que alguien no hubiera entendido. Era todo un reto aprenderme la clase para repetirla muy puntual y precisa todas las tardes; no podía fallar, las tareas debían ser perfectas para seguir encabezando ese "equipo" que premiaba mi buena memoria con un buen juego de "escondidas", "alcanzadas" o "bateados".

Llegó la hora del examen en la UNAM. Qué sorpresa ver esa canchota de futbol, "El Azteca" le decían. Miles de jóvenes dedicados, por horas sentados en una fría mañana sobre el concreto, para intentar ingresar a esta casa de estudio que para mi padre era como la catedral de sus sueños: "Tener un hijo en la UNAM".

Gran sorpresa me llevé cuando me avisaron que tenía que presentarme a tomarme la foto para ingresar al CCH Oriente. Qué tristeza dejar a mis amigos y a mi familia. Qué sorpresa el frío que congelaba mis pies al cruzar las grandes avenidas de Río Churubusco. Qué sorpresa la soledad de la ciudad pero nunca comparada con la fascinante soledad de mi más grande pasión: la actividad política.

© Felipe Mendoza

UNA ROSA ES UNA ROSA ES UNA ROSA

Rosa Beltrán

Supongo que lo primero que me tomó por sorpresa fue un olor. Un olor y un tacto. Tuvo que haberme sorprendido, porque mi recuerdo más antiguo es un olor: el olor a mamá. Ésa fue mi primera narración sobre el mundo. Durante mucho tiempo, me acompañó ese olor. Literalmente me contenía. Era mi universo inflable, un mundo en miniatura hecho de pura sensación, olor-tacto donde yo podía refugiarme. Luego, ese espacio se abrió y algo comenzó a explicarme desde afuera. Fue una voz. La voz de mi madre. Mi madre hablaba y hablaba, nada la podía parar. Me explicaba quiénes eran esas personas que mis ojos iban juntando por la calle. Inventaba. Se especializaba en hacer de los otros personas fascinantes: individuos distintos y a la vez idénticos a sí mismos, porque era una excelente imitadora. Tenía sentido del humor. También una visión del mundo terrorífica. Todo en las vidas de los otros era potencialmente una desgracia. Nadie tenía un final feliz. Cualquier problema era susceptible de empeorar. Y no había quien no los tuviera. Problemas irresolubles, espantosos. Ésa fue mi primera lección sobre literatura.

Pero yo no lo sabía, como es obvio, no podía saberlo. Desde mi perspectiva de niña lo que aprendí era que el mundo era fascinante y aterrador.

Todavía lo pienso. Las experiencias de la infancia tienen un poder tan grande que es difícil años después resistirse a su influjo. No sé cuánto me haya ayudado o estorbado este hecho para llevar la vida que he vivido. En cambio, estoy segura de que no habría

155

sido escritora si no hubiera crecido entre padres catastrofistas. Al fatalismo verbal de mi madre se unían las desgracias reales que mi padre iba anunciándonos con la voz segura de quien sabe –por experiencia– que estamos en el mejor de los mundos posibles. "No falta mucho para que lleguemos al Cañón del Zopilote" –nos decía cuando íbamos de vacaciones a Acapulco en coche– "ya verán cómo se nos ponchan las llantas". Y se ponchaban. Si es cierto que la literatura está hecha de sucesos desafortunados, mi padre tenía razón: yo estaba en el mejor de los mundos.

Según recuerdo, la vida era dificilísima: todo nos salía mal. Madrugábamos pero llegábamos tarde a la escuela porque el periférico iba lleno; nos detenían en la frontera para revisar la cajuela del coche y descubrían que el pasaporte de alguno tenía un problema; mi hermana salía de borracho en una obra de teatro y la suspendían tres días porque la prefecta no creía que las botellas de cerveza y los cigarros que traía en la mochila fueran parte del vestuario. "Somos la familia de Sim Saladín", decía mi padre con resignación. Porque, según él, estábamos salados.

Crecí pensando que vivir era prepararse para esperar lo peor y que en la olimpiada contra el destino lo peor tiene siempre la última palabra. Desde esta perspectiva ¿qué podía importar el esfuerzo, trabajar, mostrar una voluntad de hierro? Siempre estaría poco preparada. Busqué un método para contrarrestar mi desventaja: –que entonces no era de género sino debida a un destino fatal– me inspiré en la vida de los santos. Me levantaba al alba, estudiaba como nadie, me forzaba a hacer todo a la perfección, hacía sacrificios. Salvo ayunar. Con eso nunca pude. Tengo asociada la comida a momentos límite. El temprano divorcio de mis padres me llevó a trabajar desde los quince años. No lamenté ese hecho –el divorcio–, pero hubo días difíciles en que la comida fue un tema. Éramos cinco, tres hermanos menores, mi madre y yo, y sólo ella y yo trabajábamos. Mi padre enviaba dinero que servía para paliar los gastos, pero faltaban muchas cosas. El hecho de trabajar desde tan chica me dio uno de los regalos más grandes: tener una habitación propia sin tenerla. Valerme por mí misma y ayudar me hizo darme cuenta de que podía ser algo más que "la niña que se vuelve mujer", me hizo ser útil. Y supe que "estábamos salados" sólo cuando éramos familia; como individuos podíamos pasarla bastante bien. Yo, al menos.

Leía a Antonio Machado y pensaba en mí: "Con mi dinero pago el traje que me cubre y la mansión que habito, el pan que me alimenta y el lecho donde yago" y pensaba que ese señor con un único traje era yo. Leer en general y sobre todo leer poesía y ficción era identificarme de inmediato con la voz del autor. La mayor parte de las veces, en un acto travestista. Y es que no sabía que se podía leer de otro modo. Leía libros y les robaba a otros sus vidas, vivía múltiples vidas. Eso y el hecho de trabajar me hicieron independiente. Porque con el dinero vino más tarde el deseo y el derecho a vivir sola. Renté un departamento y a los diecinueve años vivía en un espacio que eufemísticamente llamaré estudio, un cuarto de azotea adaptado para que cupiéramos mis libros y yo.

Fue una de las etapas felices de mi vida: los maestros dándome bibliografía que consideraban básica y yo devorando otras obras. Había leído casi todo lo que ellos asignaban y mucho más. Lo que no es algo extraordinario: más tarde dando clases en distintas universidades, me he dado cuenta de que quien tiene inoculado el virus de la literatura ha leído casi todo antes de estudiar la carrera de letras, que a veces es más y es menos que una formalidad. No siempre. Leer con otros, hablar de literatura con otros –que es otra forma de pensar en voz alta– compartir lo escrito, fundar revistas literarias que duran un solo número es el combustible del escritor. Uno tiene que saber que lo que hace es materia inflamable. Eso y el activismo son herencias universitarias.

Me toma por sorpresa descubrir que sólo ahora pienso en la licenciatura, la maestría y el doctorado como un reto. Hacer una contracarrera con un programa de estudios diseñado por mí además del que se exigía y obtener un título fue, debió ser, un propósito inconsciente. Tenía que compensar las horas de estudios teóricos con algo. Sobre todo en Estados Unidos. La maestría y el doctorado en literatura comparada implicaban leer y argumentar en otras lenguas, escribir, traducir, analizar desde la filosofía del lenguaje y en esto Derrida fue excepcional como maestro de escritura creativa. Conozco la teoría, una parte de mí la disfruta, me ayuda a pensar que las obras son mecanismos desmontables de relojería, aunque otra parte de mí sabe que no es cierto. Y ése es el lugar donde está la fractura. Aunque uno haya escrito muchas obras, en literatura siempre se está empezando. Uno es un diletante siempre. Y es ahí donde está el desconcierto. Y no hay manera de entender qué produce el pasmo. Por qué hay novelas y poemas que nos producen una alegría infinita aunque hablen de temas tan desdichados. Yo he tenido etapas de profunda tristeza de las que me ha rescatado una línea feliz (Quevedo) sobre la muerte; un cuento infantil (Roald Dahl) con un final atroz; un personaje de novela (Emma Bovary, Gregor Samsa); un título (*El corazón es un cazador solitario, Los recuerdos del porvenir*); una voz narrativa (*El sobrino de Wittgenstein, Pedro Páramo, Es más de lo que puedo decir de cierta gente*); una situación absurda (*El club de los negocios raros, Almas muertas, El alienista*); una forma de comer y beber (otra vez Emma Bovary), de enamorarse (Hans Castorp viendo la radiografía de Mme. Chauchat); una sentencia falsa ("En el principio era el verbo") o una verdadera ("*and yet...*"). No me detengo en la depresión porque la pregunta inicial fue "qué te ha tomado por sorpresa" y ese visitante asiduo no me sorprende. El silencio sobre otras enfermedades en mi familia sólo puede explicarse a través del empeño de Thomas Mann por que nada lo interrumpiera en su búsqueda de lo único esencial: ese misterio que somos para nosotros mismos. Me siento poco preparada, absolutamente inerme ante el dolor de los demás, sobre todo de aquellos a quienes amo. Para eso y para estar a la altura de lo que uno es cuando escribe aún no he encontrado método.

Me sorprende haber tomado la decisión de dedicarme a escribir, porque eso es lo que quería. No deberíamos asombrarnos tanto de las decisiones que nos desvían de lo que naturalmente somos porque los deseos nos hacen unos desconocidos con mucha más frecuencia de la que nos llevan a dar en el centro de la diana. Me extraña, en cambio, haber optado por vivir de la literatura en las condiciones en que lo hice. Rodeada de esas circunstancias. Que yo procuré, por lo demás. O una parte mía. Pero, ¿cuál? ¿Qué me hizo saber que sólo podría dedicar mi vida a la literatura si me lanzaba al vacío sin red? ¿Que no era una vocación, que no es una profesión sino una manera de ver el mundo? Tal vez fue una frase que le oí a Juan José Arreola en una conferencia en la Facultad de Filosofía y Letras de la UNAM: "La literatura no está en los libros; la literatura es la capacidad de ver los vitrales de Chartres en una rebanada de jitomate y en la sopa de mariscos, los misterios del fondo marino". ¿Pero fue realmente una decisión? Digo que el hecho de estudiar la carrera de letras fue producto de la voluntad pero ¿cómo saberlo? A veces pienso que nunca he tomado una decisión nacida de mí misma, que nunca he mostrado una voluntad consciente. Por eso me cuesta hablar de "retos". Los construyo sólo al verme forzada a mirar el pasado y decir que una experiencia con un desenlace afortunado fue en su origen un reto. Hay un esquema en la pregunta misma que está pesando sobre mí. Como ir al psicoanalista y hablar de "traumas". Y de sueños, que después de todo están en la etimología de *trauma* en alemán. ¿No son las palabras las que están empujándose unas a otras para producir esos significados? ¿Dónde estoy yo sino en la posición de mero instrumento? Porque para hablar de retos tendría que ser capaz de ver una experiencia como un acto acabado. Decir: fue un reto y lo conseguí. Y yo ni siquiera sé si lo que he hecho es, puede ser, un acto acabado. Ni siquiera mis libros lo son. A veces pienso que algo continuo y desconcertante todavía hoy para mí adquirió la forma de libro sólo para poder ser dicho, publicado, para deshacerme de eso. Así fuera de modo parcial. Reunir nuestros pensamientos en una forma o una idea central (llamémosle novela) es también frenar, poner un límite a esas asociaciones que podemos extender hasta el infinito, hasta el día en que dejemos de pensar, que es lo único que no podemos dejar de hacer mientras vivimos. ¿Cuántas novelas dejamos de escribir al escribir una novela? Desde esta perspectiva, escribir una novela es una forma de claudicación.

Tal vez algo menos claro, más enigmático, fue confiar en que no importa qué decisiones tome. Hay algo que *sabe* más que yo. Algo que me escribe. Estoy hablando de la escritura del cuerpo y sus acciones y lo hago con un sentido laico. A los veinte años decidí tener una hija, vivir con el padre de esa hija y que nunca viviría fuera de la literatura. Eso me obligaría a anotar cada experiencia que llamara mi atención y a verla sólo a la luz del acto creativo.

Y descubrí que mi vida y mi escritura eran un todo fluido, que en modo alguno podía disociar vida de escritura. Fue una revelación precoz. Ahora sé que ya lo sabía, sólo que hasta ese momento tomé conciencia. A algunos les toma una vida darse cuenta de que no podemos escribir más de lo que somos. Otros no lo descubren nunca. Creen que se puede ser la persona convencional que hace lo que la mayoría sin que esto afecte su escritura. Siempre la afecta. No digo que la haga peor o mejor, digo que el arte se alimenta de lo que somos el resto de las horas en que no estamos escribiendo o pintando o componiendo música. Que el arte es fagocitósico y devora cada experiencia que tenemos, aun las que ocurren en las horas en que parecen no ocurrir o en que parecemos no estar conscientes de ellas. Quizá más aún en esos momentos. Las novelas y los cuentos que escribimos ya habitaban dentro de nosotros antes de escribirlos. ¿De qué depende que adopten esta u otra forma? Del azar, claro. El azar es un escritor insobornable.

¿Es también el azar el que hace que esa obra, si no nos sentamos a escribirla, no salga jamás? Si así fuera, sería entonces inútil ponerle otros nombres: pereza, falta de talento, bloqueo. Sin embargo lo hacemos. Y se han escrito grandes libros sobre estas razones.

Por muchos años pareció que lo único que escribiría serían cuentos, que fue lo primero que escribí. Tenía algunos guardados en un cajón. Un día, en una clase en la Facultad de Filosofía y Letras, Huberto Batis nos pidió que hiciéramos una entrevista imaginaria a algún escritor. Lo imaginario consistía en elaborar preguntas inéditas y después, tomando frases de la obra poética o ensayística del autor elegido, armar las respuestas. Yo "entrevisté" a Octavio Paz. Lo obligué a sostener una posición política distinta utilizando sólo frases suyas tomadas de sus libros. A Batis le gustó. Me preguntó si tenía escrito algo más. Le mostré un cuento y lo publicó en *Sábado*, el suplemento cultural de *unomásuno* que él dirigía. A partir de entonces, me invitó a colaborar con frecuencia. Él fue mi primer editor. Escribía reseñas de libros y esto me ayudó a leer con una atención distinta y a mantenerme actualizada en la literatura que se escribía en el país y fuera de él. También entrevisté a muchos escritores. No tenía coche y vivía en el sur, pero si había que ir a Satélite a entrevistar a Juan Bañuelos, lo hacía. Me acuerdo de esa entrevista porque me tomó muchas más horas llegar y volver de la casa del autor que lo que duró la entrevista. Bañuelos fue muy amable y estuvo horas contándome su vida y obra en el grupo La Espiga Amotinada y cuando le dije que tenía que irme dijo que por qué tan pronto. Cuando se enteró de mi periplo con los transportes y mi necesidad de llegar a recoger a mi hija se me quedó mirando fijamente con sorpresa. Comenzó a hablarme de usted. "Es usted muy profesional", me dijo y yo sonreí: "No, para mí esto no es una profesión". "Tiene razón", respondió, "por una profesión no se hacen estas cosas. Lo malo es que yo tampoco tengo coche". Nos reímos los dos y volvimos a hablarnos de tú.

No fue un autor al que viera otra vez, pero igual que ocurre con otros a quienes leí o he conocido, hay una suerte de complicidad de secta que me une a esos seres que viven una vida paralela en la que las palabras son más reales que las criaturas de carne y hueso, al margen de nuestras diferencias en gustos y estilos literarios. Entrevistar escritores no es lo que más me gusta, sin embargo. Prefiero leer sus obras. Prefiero tener al autor sin el autor, por decirlo así. Mil veces. Aunque no por las razones que normalmente se aducen. Que es mejor no conocer a un escritor porque la decepción de su persona es enorme. A mí eso no me importa tanto; es más, a veces encuentro que escritores malísimos harían personajes extraordinarios. Los buenos con más razón, por inverosímiles. Un escritor trabaja con su ego, es un ego inmenso puesto sobre la mesa. Los escritores son el mejor espejo de la fragilidad. La razón por la que prefiero no estar con ellos como quisiera es que soy tímida, con una timidez que me atormenta. La tengo muy bien medida: puedo estar con un autor y compartir dos frases como máximo. Lo demás que he hecho ha sido a costa de un arduo trabajo emocional, que no se nota. La gente que cree que soy muy buena hablando en público no sabe que es porque cuando lo hago me invento otra persona. A ella le echo la culpa de lo que salga mal. Así puedo seguir sin tener que romper relaciones conmigo misma después de tantas conferencias y comidas con escritores. Porque hay un personaje extravagante que vive detrás de mí y que en cada acto público se asoma por encima del hombro para decirme "tonta". Ni siquiera se fija bien en lo que digo. Que a veces es toda una aportación. Invariablemente se acerca, murmura cosas, interrumpe. "¿Ya viste a ese señor de la fila de atrás?", me dice. "Acaba de bostezar". "¿Y a la señora de la izquierda? No; no está viendo su reloj. Está *oyendo* su reloj." Es una proeza dar conferencias y entrevistas cuando además de la tuya, tienes varias voces hablando dentro de ti.

Pero antes, en los años en que empecé a escribir, esto no sucedía. Estudiaba la carrera en la universidad, tenía un esposo, una hija, trabajaba editando, corrigiendo estilo, haciendo traducciones, entrevistas, reseñas, dando clases. He dado clases desde que tengo memoria. Junto con la venta de comida chatarra en una escuela primaria, dar clases fue mi primer trabajo. Y sigo haciéndolo, en el posgrado de la carrera de literatura comparada en la UNAM. Es un trabajo que adoro. He impartido conferencias y he dado clases en varias universidades dentro y fuera del país, en la UCLA, en la Universidad Ramon Llull en Barcelona, en la Universidad de Colorado, en Israel tuve la Cátedra Rosario Castellanos, en Jerusalén. Ahora que soy titular de la Dirección de Literatura de la UNAM he tenido que reducirlas. Y lo extraño. Y mis alumnos dicen que lo extrañan también. Porque es una de las raras oportunidades de pensar con otros en lo que realmente importa.

Pero "entonces", en ese entonces que está congelado como una imagen de fotografía para mí, en los años universitarios cuando mi hija era pequeñita, la multiplicidad de trabajos me agobiaba. No podía no aceptarlos, aparecían como los peces y los panes de la santa multiplicación. Ya no vivía sola, éramos una familia y estábamos empezando. Mi esposo y yo no nos casamos de forma convencional (lo que en cambio a muchos, creyentes o no, les da la oblicua oportunidad de proveerse de enseres domésticos); no teníamos padres que nos pagaran un departamento o nos dieran un coche. De hecho, al principio vivimos en lugares extrañísimos. Desde aquel cuarto de azotea que tenía un baño dentro, construido sólo con muros de plástico opaco, hasta un cuarto de hotel de mala muerte y peor escándalo porque era el que estaba justo al lado de la "discoteque" del hotel y por ello el único cuarto que un amigo de mi esposo podía prestarnos sin cobrarnos renta. ¿Era feliz? Era felicísima. La tristísima que a veces también soy vino años más tarde.

Del tiempo que vivimos en EU como estudiantes, rescato el asombro de poder estar tantas horas dentro de esas magníficas bibliotecas. La nula necesidad de comprar libros: ¿para qué, si todos son tuyos con sólo llenar una ficha electrónica?; las videotecas de cine de autor, la facilidad de asistir a magníficos conciertos; el cosmopolitismo; la cercanía del mar y esa lasitud de vivir en la playa, así sea sólo una experiencia de fin de semana y sólo en Venice Beach. La impresión de habitar una ciudad que es al mismo tiempo la imagen de una ciudad hecha a la medida del sueño americano, clima incluido, en contraste con esa otra que apenas oculta los nombres de sus calles: La Brea, Sepúlveda, Los Feliz, es la más acabada idea del mundo posmoderno. También conocí la "competencia" en su sentido más darwiniano. Sobrevivencia del más apto, descarnada, atroz. Éramos siete alumnos en el programa, todos becarios, cinco extranjeros y dos norteamericanos. Yo era la única latinoamericana que había logrado entrar. El primer día de clases, antes de que dieran el programa de estudios teóricos, míster Hong Chu Fou, compañero coreano y un japonés que venía de Yale ya habían sacado todos los libros del curso de la biblioteca. Y no los devolvieron hasta que terminó el semestre. La biblioteca fue entonces otra versión de ese suplicio de Tántalo que es el sueño americano.

En Estados Unidos se gestó mi primera novela. Vivir fuera del país es estar sometida a una pregunta continua y retórica: *Where are you from?* Por supuesto, lo que esto supone es una serie de prejuicios de parte de quien pregunta. Y lo que provoca es un mecanismo defensivo de quien responde. Responder es defenderse de esos prejuicios, supuestos o reales. Es comenzar a "justificarse". "Sí, soy de México pero no soy..." (la suma de adjetivos despectivos es infinita). Con estas respuestas me di cuenta de que ser mexicano es básicamente un ejercicio de legitimación. Narrarnos como país es hacer la suma de nuestras pretensiones. De ahí surgió la idea de escribir *La corte de los ilusos*, que dos años más tarde ganó el premio Planeta. Sí; eso me tomó por sorpresa. Sí; en esa circunstancia me sentí poco preparada. Y también: fue desconcertante. Dejé de ser la casi anacoreta, pasé de escribir en silencio a ser una escritora post años noventa. Ya ha dicho Roberto Bolaño lo que esto significa. Estar condenada a ser una escritora pública. Asistir a innumerables conferencias, recibir llamadas para opinar sobre casi todo, estar obligada a escribir un libro tras otro. Mientras disfruto el hecho de ser publicada sin mayor preámbulo, también me resisto todo lo que puedo a que las influencias externas afecten mi obra. Decidí no repetirme: mi segunda novela, *El paraíso que fuimos*, surgió como la primera, de un descubrimiento y de una necesidad interior, lo mismo que mi libro de cuentos *Amores que matan*, que ha sido reeditado varias veces y publicado en otras lenguas (la traducción más reciente... ¡al esloveno!) y mi siguiente novela, *Alta infidelidad*.

¿Qué es lo que más me sorprende? Que gracias a que el mundo literario actual te exige decir de tus libros lo que ya escribiste en ellos y que, bien visto, no podrías decir más que como lo dijiste ahí, me he encontrado en la necesidad de saber qué fue lo que escribí. Y he descubierto que junto con los libros de ensayos mi obra parece cubrir muchos temas cuando en realidad es uno solo. El poder, en sus distintas versiones. El poder del hombre público, del héroe o el villano histórico, que en nuestro país acaban por confundirse en uno mismo, el poder en las relaciones de pareja; el poder de la razón o lo que llamamos cordura contra las múltiples y más frecuentes sinrazones. Tanto el protagonista de *La corte de los ilusos*, Iturbide, como el de *El paraíso que fuimos*, Tobías, son una no-persona. ¿Qué significa vivir desdibujado por la historia o la familia? *Alta infidelidad* explora los celos desde un ángulo que me es familiar. El de lo improbable y el revés: las pasiones llamadas "negativas" como herramientas de supervivencia de la especie, no como asuntos morales. La envidia, vista así, es un mecanismo democratizador: ¿o habría alguien que cediera su posición de forma desinteresada si otro no se lo exigiera?

Sobre la asombrosa decisión de que haya aceptado estar al frente de la Dirección de Literatura de la UNAM cuando en el pasado decliné el ofrecimiento dos veces, la respuesta es breve y simple. Ser escritora es vivir "para" pero también "por" la literatura. Si el infierno existe, lo imagino como un lugar donde nadie lee. La pérdida de espacios literarios, el cierre de suplementos, las imposiciones del mercado, el desdén de los gobiernos por lo que consideran superfluo amenazan con matar de asfixia el mundo de la cultura y la imaginación, el único en el que vale la pena vivir. La literatura de los otros es también mi tanque de oxígeno.

Me sorprende que las horas robadas a la lectura en este trabajo extenuante no produzcan sino la necesidad de leer más, de escribir más a pesar del cansancio y la confusión mental que produce lo administrativo. Al menos a mí, que nunca he sabido administrarme. Me sorprende que vivir en este país, tan violento, con gobiernos tan frustrantes, con infinitas injusticias y sí, lo diré sólo en las últimas líneas, tan machista, me resulte también fascinante. Como todos —y sólo ahora me quito el disfraz— y todas, desearía irme a vivir a otro país. Cada quien tiene su razón, aunque yo he descubierto que sea cual sea, un signo de nuestro tiempo es que siempre nos estamos yendo.

A donde fuera, querría llevarme mis afectos. Entre los que se cuentan, además de los que me son imprescindibles, varios amigos pero, sobre todo, escritoras. Pertenezco a una generación de mujeres que entendió que el logro de una sola no cambia el esquema; para mí, atisbar sus mundos es verme a mí misma pero con otros nombres.

Por lo demás, he dejado de creer que vivimos en el mejor de los mundos posibles. ¿O no es perfeccionarlo y llenar sus huecos la razón de ser de la literatura?

© Uriel Santana

Un corazón imprevisible

María Asunción Aramburuzabala

Me encantaría que mi respuesta a qué me ha sorprendido fuera algo verdaderamente extraordinario, que fuera notable, realmente pasmoso y admirable. Me gustaría mucho poder platicarles que la mayor sorpresa de mi vida proviene de haber presenciado un evento único, espectacular, irrepetible, que muy poca gente ha podido presenciar. No estaría mal poder describir cómo quedé extasiada ante la abrumadora belleza de algún remoto y misterioso lugar del mundo, o bueno, por lo menos, poder decir que una noche mientras leía una novela en un oscuro rincón de mi casa, me quedé boquiabierta al ver cruzar frente a mí a un fantasma que me pedía que rezara por el eterno descanso de su alma. Y digo que me encantaría, simplemente porque cualquiera de estas cosas haría que esta historia fuera mucho más compleja e interesante, algo único, casi increíble, verdaderamente excepcional. Sin embargo, no es así, porque la mayor sorpresa que he recibido en mi vida, viene de algo sencillo y común que todos en algún momento de la vida hemos experimentado. Fue el corazón el que me tomó totalmente por sorpresa. Un corazón imprevisible que, un buen día insospechadamente cambió mi vida por completo, sin siquiera tomarse la molestia de avisar. Y así fue como sucedió.

Habiendo pasado algún tiempo después de mi divorcio, comencé a sentirme muy a gusto en mi nueva vida. Tomando en cuenta que me casé a los diecinueve años, por primera vez experimentaba una libertad que hasta entonces no había conocido. No había a quién pedirle permiso, ni quién se quejara de absolutamente nada. Mi vida estaba en calma y llena de felicidad, porque tenía conmigo lo que siempre más he amado, mis hijos. Gozaba al máximo el tiempo que pasábamos juntos y siempre que podía hacía lo que más me gustaba, viajar. Los llevaba a conocer lugares lejanos. Quería que vieran gente con formas de vida diferentes, que fueran ciudadanos del mundo. Quería que sus mentes se abrieran, que se dieran cuenta de que en el mundo existe una gran diversidad de razas, credos y costumbres. Que entendieran que aquello que no conocemos o es diferente a nosotros, no necesariamente es malo, sino es tan sólo eso... diferente. Que en cualquier lugar puedes encontrar cosas que merecen nuestra admiración y respeto. Y aprendimos mucho porque al viajar no sólo te mueves en el espacio, sino también en el tiempo, ya que encuentras gente que en este siglo vive con usos y costumbres que parecerían de otra era. Nuestros viajes nos hacían amigos, aprendíamos cosas nuevas y además tomábamos fotos, muchas fotos, que serán el gran tesoro de nuestra vejez y el recuerdo que ellos tendrán de lo que hemos vivido juntos.

Volviendo a la vida más normal, a la de todos los días, la verdad es que me considero increíblemente privilegiada porque tenía un trabajo que me llenaba de oportunidades para aprender y para crecer. A decir verdad, tenía una vida muy plena y, aunque desde el punto de vista emocional nunca me ha agradado la soledad y el viejo cliché de "amar y ser amado" me viene como anillo al dedo, la parte pragmática y racional que impera en mí, me hizo evaluar siempre muy bien las cosas y logré mantenerme lejos y a salvo del matrimonio. Pero toda historia tiene un comienzo y un fin. Mi vida cambió imprevisiblemente cuando conocí a Tony Garza. Algún tiempo después de conocernos comenzamos a salir y hubo una química instantánea. Era un hombre tranquilo, amable, inteligente y muy interesante. Hablábamos por horas con una facilidad increíble. Todo era tan espontáneo, tan natural, tan maravilloso, tan fácil, tan a gusto, sin complicaciones y así, casi sin darme cuenta, y a gran velocidad, me enamoré de él. Un mes después de conocerlo le di el sí a una relación que apenas nacía. Al mes de esto, le di el sí a una propuesta de matrimonio frente a las milenarias ruinas de Machu Picchu y al mes de esto, sin titubear un solo momento, completa y locamente enamorada, le juré amarlo toda mi vida.

Y me casé con aquel hombre maravilloso sin importarme que fuera extranjero, que no sabía nada de él ni de su vida, ni de su familia y amigos. No sabía nada de él y no importaba simplemente porque lo amaba. ¿Qué? ¿Pero cómo pudo suceder algo así? Yo que soy una mujer de educación germana, tan racional, tan práctica, que mide tanto el riesgo, que sopesa tanto las cosas, que no hace nada sin haberlo pensado y estudiado perfectamente. Haber tomado una decisión así, dejándome llevar completamente por el corazón, sin siquiera un leve chequeo de la razón, no parece ser algo que yo haría. Viéndolo así, ¡ésa sí es una gran sorpresa! ¡Maravilloso es el poder del corazón!

Si me prguntan cuándo me he sentido poco preparada debo decir que ¡definitivamente en el nacimiento de mis hijos! Tener un hijo es el anhelo natural de cualquier mujer, es ahí en donde nos encontramos mejor, más felices y plenas, sintiendo en el más amplio sentido de la palabra lo que es ser mujer. El instante en que das vida a ese pequeño ser se convierte en el momento más importante y profundo de tu vida y es entonces cuando entiendes la razón de tu propia existencia y aprecias con mayor profundidad el amor de tus padres. Una vez pasada la emoción del parto, cuando ya a solas lo estrechas entre tus brazos y lo ves tan pequeño, tan frágil, tan indefenso, te sobrecoge un amor como nunca antes habías sentido y a la vez sientes el temor de saber que no estás preparada para una tarea tan importante como la de formar a un ser humano. En seguida empiezan las preguntas. Las más simples primero, ¿cómo lo voy a bañar?, ¿y si lo ahogo?, ¿qué hago con el ombligo?, ¿será buena mi leche o se morirá de hambre?, ¿cómo sé que está comiendo?, y si se enferma ¿cómo sabré qué hacer? Pero tenemos el enorme consuelo de saber que disponemos de un experto probado en la materia, en quien podemos confiar plenamente y que además no tiene horarios ni cobra consulta: nuestra madre. Y aquel pequeño que llevamos a casa, prueba ser mucho menos delicado de lo que pensábamos y supera con bien todas las torpezas naturales de nuestra condición de nuevos padres. Cada día se vuelve un descubrimiento, lo queremos con toda el alma y estamos seguras de que sobre la faz de la tierra no existe un bebé tan bello e inteligente como el nuestro. Lo llenamos de besos y de mimos esperando con ansia el día en que pronuncie la palabra mamá. Es una época ideal llena de amor y de buenos recuerdos.

Pero las preguntas más difíciles comienzan cuando dejan de ser bebés y debemos darles una verdadera formación para la vida. ¡Tenemos tanto que enseñarles! Desde las cosas más sencillas como vestirse o tomar una cuchara hasta inculcarles la fe en Dios, nuestros valores, el respeto por los demás, la dignidad y tantas cosas que son importantes para la vida. ¡Pero no estamos preparados para ello! ¿Cómo puede ser que en tantos años de educación nadie nos haya instruido acerca de la más importante y esencial tarea de la vida, la de ser padres, la de formar hombres de bien? Y aunque todos hemos sobrevivido a nuestros padres, no podemos decir que hemos salido completamente ilesos de ese proceso. Como padres hacemos lo mejor que podemos, pero la verdad es que no es fácil. Inculcarles las tareas más sencillas resulta ser lo más difícil. Les repites "lávate los dientes" o "come con la boca cerrada" un millón de veces ¡por años!, pero la idea parece no penetrar. Un día, cuando estás a punto de darte por vencida y contemplas seriamente la posibilidad de llevarlos a hacer una resonancia magnética que determine si es que les falta la parte del cerebro que rige estas funciones, algo como por arte de magia hace clic y comienzan a hacerlo por sí mismos. Y hasta aquí las cosas van bien, vives tu vida con ellos tratando de enseñarles las pequeñas y las grandes cosas. Los quieres y los proteges y ellos te lo devuelven todo con sus sonrisas y su cariño.

Pero inevitablemente llega la adolescencia y para eso sí, ¡nadie puede estar preparado! De un día para otro, aquel adorable pequeño que era la niña de tus ojos, se convierte en algo muy parecido al mítico y legendario Godzilla. Repentina e inesperadamente pasa de la alegría al enojo y ¡cuidado!, cuando Godzilla está enojado saca rayos por los ojos y fuego por la boca. Además, como está dotado de alas, quiere volar. Su agenda social es mucho más activa que la de Paris Hilton, no hay evento, fiesta o reunión en la que su presencia no sea imprescindible. Cualquier hora que se les ponga de regreso a casa es demasiado restrictiva. Te odian porque "¡hasta a las niñas las dejan salir mucho más tarde que a mí!" Sin entender por qué, pasas de ser la mujer más lista del mundo a estar fuera de onda. Y de pronto tu casa se convierte en un centro de convenciones. Ahí convienen con sus amigos para estudiar, ver la tele, jugar *guitar hero*, hacer una reunioncita improvisada, un partidito de fut, ver a dónde van a salir, etcétera. Mientras tanto tú le das gracias a Dios de que estén en tu casa y no en la calle o en un antro. Y de alguna manera, a veces más, a veces menos sutil, te dejan saber que no quieren que los beses, los abraces y ni los veas por más de dos segundos y ¡mucho menos frente a sus amigos!, pero luego te reclaman que no los apapachas lo suficiente. Sus amigos pasan a primera fila, mientras tú esperas pacientemente tu turno para verlos, en gayola. Todos tienen la razón menos tú. Discuten sobre todo y te culpan hasta de sus propias decisiones. Pero al final del día, te quieren tanto como tú a ellos y siempre regresan a ti, por un beso, por un abrazo, por un cariño, para contarte algo, para pedirte un consejo o para pedir perdón e inmediatamente después un permiso. Porque la madre de un adolescente es como un barco en un puerto seguro, esperando a que pase la tormenta, así siempre que te necesiten tengan tu apoyo y tu cariño y sepan que estás esperándolos con los brazos abiertos.

¿Un reto desconcertante? Creo que a través de los años y hasta el día de hoy lo que más me ha costado lograr es mantener el famoso "equilibrio" que toda mujer que trabaja, está casada y tiene hijos busca guardar. Y al parecer éste es un tema que nos preocupa a todas. Recurrentemente mujeres profesionistas me han hecho esta pregunta y la verdad es que, cada vez que les doy una respuesta me quedo un tanto incómoda, pensando que quizás la respuesta que les di no es la más adecuada y que yo menos que nadie puede hablar de un equilibrio perfecto en la vida. Cuando trabajas la realidad manda. Cuando estás en medio de una negociación, de un proyecto que urge sacar adelante o el trabajo de otra gente depende de que tú hagas el tuyo, no puedes espontáneamente mirar el reloj y decir: siento mucho tener que retirarme de esta junta, porque en este momento ha terminado el tiempo que le destino a mi trabajo. En mi proyecto personal llamado "Vida en equilibrio", debo destinar tiempo a mí misma y a mi familia todos los días, por lo que me marcho a casa a darme un baño de tina y a ver la tele con mi marido y mis hijos. ¡Buenas noches!

Muchas veces los días son largos y regresas a casa cansada y sin haber podido ver a tus hijos, los encuentras dormidos y no te perdonas no haber estado ahí, saber que ese día está perdido, que el tiempo pasa y no se puede volver atrás. Y como dividir el tiempo de una manera ordenada y perfecta es imposible, buscas el equilibrio de otra manera. Piensas que si tienes una agenda muy cargada entre semana, compensarás dedicándole a tu familia todo el fin de semana. Te imaginas y planeas lo que vas a hacer, pero cuando el momento llega, te das cuenta que cada uno de ellos tiene sus propios planes. Nunca faltan los trabajos y exámenes para los que hay que ir a estudiar en casa de un compañero, ni los compromisos y planes que hicieron para el fin de semana con los amigos. ¡Te sientes frustrada porque tu plan no funcionó! La vida es demasiado complicada. Y fallas porque no pudiste dedicarles el tiempo, y el problema es que la conciencia de inmediato prende una luz roja y comienza a mandarte señales: eres una mala madre, te estás perdiendo de lo mejor de su vida, ¿cuáles son tus prioridades?, y te torturas, te sientes fatal y haces un nuevo plan que ahora sí vas a seguir a rajatabla. Muy pronto te das cuenta que tampoco funciona como a ti te hubiese gustado. Y otra vez la maldita conciencia prende la luz roja y te dice: ¿qué estás haciendo?, estás perdiendo de vista lo verdaderamente importante, ¡haz un mayor esfuerzo!

¿Un mayor esfuerzo? Pero si el día sólo tiene veinticuatro horas y la mayor parte de los días estoy agotada. Te sientes mal, te sientes triste, te sientes tan cansada. De pronto los Cetes parecen una inversión tremendamente atractiva, mejor que ninguna otra y empiezas a contemplar una vida diferente, en donde tú eres Caroline Ingalls en *La casita de la pradera*, viviendo una vida simple y perfecta. ¡Si Demi Moore pudo dejarlo todo para criar a sus hijos en Idaho, por qué no yo! Y cuando llena de júbilo le propones a tu familia tu genial idea, todos sin excepción, piensan que ahora sí, ¡has perdido la razón!

A decir verdad creo que el concepto de equilibrio es erróneo porque pone a la mujer en una situación en la que ni aun siendo perfecta todos y cada uno de los días de su vida puede alcanzarlo. Cada una de nosotras tenemos demasiadas cosas importantes en la vida y tan poco tiempo para cumplir con ellas. Están nuestros padres, a quienes tanto les debemos, nuestros hermanos y sus familias, nuestros amigos de la escuela, de la universidad y de la vida, está el ejercicio para mantenerse sano y eliminar el estrés, está el tiempo con tu pareja y tus hijos y por último, siempre por último el que puedes dedicarte a ti.

Pero lo realmente valioso e importante de todo esto, es que con cada plan fracasado te conoces mejor a ti misma y a cada uno de los miembros de tu familia, entiendes un poco más sobre qué necesitan de ti y lo que realmente es importante para ellos. Así, poco a poco vas construyendo nuevas estrategias que sí funcionan y que ayudan a mantener unida a tu familia.

Cuando negociamos la compra del paquete accionario de Grupo Televicentro aprendí algo que me ha sido de gran utilidad con mi familia. Hacía poco me había divorciado y me preocupaba el poco tiempo que podría dedicarle a mis hijos mientras se realizaba la transacción. Al comenzar la negociación, los llamé, cerré la puerta y les dije que les iba a contar un secreto que no podían decirle a nadie. Siendo aún bastante pequeños su reacción fue de complicidad y nerviosismo. Guardaron el secreto a la perfección y siempre que podían se acercaban a mí para que les platicara cómo iban las cosas. Yo compartía con ellos mis emociones y mis angustias. Así pasaron meses en que el trabajo fue mucho y me veían poco pero sin embargo la comunicación que establecimos fue tan estrecha que en vez de separarnos nos unió. De esta experiencia salí enriquecida porque aprendí que a falta de tiempo, la comunicación estrecha, franca y cariñosa hace maravillas.

Otra cosa importante que he aprendido es que no hay nada como un momento a solas con ellos. En nuestro caso el lugar preferido es el sillón de la tele, en donde todos nos acomodamos en forma desordenada e informal y sin tener un tema en particular hablamos de nuestros días, de nuestras alegrías, de nuestras frustraciones, de nuestros sentimientos o de cualquier cosa que se quiera decir. Estas reuniones vienen en varias modalidades, familiar o personal y no podría decir que una es mejor que otra. Sin duda la calidad del tiempo que pasamos con ellos cuenta. ¡Muchísimo! He visto también las bondades de matar dos pájaros de un solo tiro. Por ejemplo, trato de asistir a la comida familiar en casa de mi mamá todas las semanas y ahí convivo con toda mi familia con regularidad en un solo evento.

Una de las cosas más claras para mí, es que si quieres estar con ellos, tienes que adaptarte a hacer lo que a ellos les gusta. Recuerdo que cuando eran pequeños al llegar del trabajo los invitaba a mi cama a ver la tele. Lógicamente López-Dóriga nunca estaba en el menú. Recuerdo con cariño *Vaca y Pollito*, *Johnny Bravo*, *Dexter* y a tantos otros que solíamos ver todas las noches. Ahora que ya no son niños, sus amigos forman parte de nuestra familia, nuestros fines de semana y nuestras vacaciones.

¡Son tantas cosas!, tantas mañas que uno usa y al final después de tanto tiempo aprendes que el equilibrio no existe como tal y que luchar por él es una guerra perdida. Cambias tu estrategia, te ajustas, haces guerra de guerrillas, y sabes que lo importante es reconocer y aprovechar al máximo cada oportunidad que tienes para estar con ellos. Así de fácil, sin tanto planear. Pero sobre todo aprendes a perdonarte y a entender las circunstancias de ser una mamá y una profesional.

© Guillermo Güémez Sarre

Mi vida en la política

Gabriela Cuevas

Desde muy pequeña recuerdo que mi abuela, a quien quiero mucho y con quien mantengo una relación muy cercana, dedicaba gran parte de su tiempo a ayudar a los demás. Como madre, abuela y esposa siempre ha estado cerca de sus seres queridos, especialmente en los momentos más difíciles. Pero su generosidad no se quedaba ahí: siempre ha tendido la mano a quien pide su apoyo, familiares o extraños. Su generosidad ha sido un ejemplo para mí.

La escuela también fue un espacio de aprendizaje, ejemplo y crecimiento. Asistí desde primaria hasta preparatoria a una escuela religiosa en la que no sólo aprendí de letras, números y exámenes, también tuve una formación importante como persona. Desde muy pequeñas, nos llevaban a asilos, orfanatorios y comedores populares. Conforme crecíamos, se nos exigía más tiempo y mayor generosidad para ayudar a quienes más lo necesitaban.

Al llegar a preparatoria, recién cumplidos los quince años, entré a un programa de misiones, que más allá de tener un peso religioso, tenía importancia social. Era un programa en donde algunas alumnas de la escuela íbamos voluntariamente a comunidades rurales fuera del Distrito Federal, a ayudar en lo que podíamos a la gente más necesitada; comida, ropa, abrigo, actividades recreativas y tiempo para escuchar eran algunas de las cosas que llevábamos a la gente.

Éstos fueron viajes muy significativos para mí. Por un lado, existía cierta emoción en salir de la ciudad y conocer otros estados de la República. A los quince años, viajar y divertirte con un grupo de amigas parecía ser lo más importante. Pero una vez ahí, me di cuenta que trabajar para ayudar a la gente era mucho más relevante que cualquier otro proyecto en mi vida. Después de varias visitas a distintas comunidades, me llenó de tristeza descubrir que a las autoridades del pueblo parecía no importarles la realidad de la gente y por más que pasaba el tiempo, no llegaban mejoras.

Me di cuenta que ver una situación tal y no hacer nada, sería una irresponsabilidad con la que no podría vivir. Sentí impotencia en el momento, pero esta impotencia me impulsó a hacer algo por tratar de ayudar. Como joven no sabía muy bien qué mecanismos había para hacer algo en beneficio de esta gente, me interesaba participar y saber que, como aprendí de niña, ayudaba a quienes más lo necesitaban. Pero no sabía bien por dónde…

Volviendo a la ciudad de México, con ese pensamiento en mente, recuerdo que culpaba a los políticos por no hacer nada ante situaciones tan apremiantes. Platiqué con mi familia y les dije que quería entrar a la política, que sólo ahí encontraría cómo solucionar los problemas con los que me había topado. No sabía a qué partido ingresar o a quién creerle. Era 1994, año de elecciones, de debates, de calles llenas de propaganda. Y entre este fervor político, yo no imaginaba aún que en unas semanas ingresaría al PAN –y a la política.

Un amigo de mi familia me invitó un lunes de octubre a una reunión de panistas. Al llegar a las oficinas en Constituyentes, me encontré con un grupo de gente que estaba organizando una colecta de ropa y cobijas para los indígenas en la Sierra Tarahumara. Sentí que ese grupo de jóvenes buscaba lo mismo que yo y me identifiqué no sólo porque todos pertenecíamos a la misma generación, sino porque además compartíamos la misma preocupación por las miles de familias mexicanas que se encontraban en la pobreza. Así empezó mi acercamiento y mi compromiso con la lucha política. Apoyé en la colecta y me afilié a Acción Nacional, convencida de que no había otro camino para buscar soluciones a largo plazo.

Había algo más que me animaba a participar activamente en la política: la confianza en transformar la realidad que vi. Sabía que era muy fácil criticar, pero que no era tan fácil actuar. Poco a poco me fui animando a entender la política y a trabajar para cambiarla. Desde ese entonces estuve –y aún sigo– convencida que la única forma de mejorar la clase política mexicana es participando en la competencia política por los cargos de elección pública. La gente quiere nuevas caras, quiere personas preparadas, profesionales y llenas de energía, que cumplan sus promesas. Los mexicanos están cansados de los viejos políticos de siempre, que durante décadas se dedicaron a perder la confianza de los ciudadanos.

Esta motivación me llevó a ser un miembro activo del partido. Tuve varios cargos al interior del PAN, pero mi mejor escuela fue Acción Juvenil, el espacio para los jóvenes menores de veintiséis años. Ahí conocí más a fondo al partido, su gente y su doctrina. Trabajé ahí más de tres años.

Llegó el año 2000 y con él la elección presidencial. Ésta fue una de las etapas más intensas de mi vida, donde se gestaron cambios que transformarían mi vida política. Además de trabajar en la campaña de Vicente Fox, fui electa suplente para el cargo de diputada federal. Un año después, el titular de la diputación dejó el cargo y a los veintidós años me convertí en diputada federal.

Era la más joven integrante del Congreso. Como debía aprender pronto sobre la tarea de legislar para hacer una buena labor, pasé muchas noches en vela, leyendo sobre procedimiento legislativo y estudiando leyes. Fue una experiencia que me acercó a los ciudadanos y me permitió ver que las decisiones de algunos –buenas y malas– afectan a toda la población y por ello dichas decisiones no podían ser tomadas a la ligera ni de forma irresponsable. Tenía una oficina de atención ciudadana ubicada en la Colonia Anáhuac, en la Delegación Miguel Hidalgo. Hacía recorridos por las calles y gestionaba ante otras autoridades las solicitudes vecinales.

Un par de años más tarde, fui candidata a diputada local. Tenía veinticuatro años e hice campaña tocando puerta por puerta en mi distrito. Muchas personas no creían que fuera una candidata cuando aparecía en sus hogares, para muchas personas los diputados –y los candidatos– son personas totalmente ajenas y a quienes rara vez pueden ver. Tras un triunfo electoral, me convertí una vez más en la diputada más joven de aquella III Legislatura en la Asamblea Legislativa del Distrito Federal.

Tener veinticuatro años y ser diputada en una de las ciudades más grandes del mundo fue un reto para el cual me tuve que preparar cada minuto. La agenda local era muy distinta a la federal. Tengo que aceptar que muchas veces ser joven y ser mujer me hacía sentir en desventaja; creía que la experiencia y conocimiento de los demás podrían afectar mi participación y relevancia en la asamblea. Inmediatamente tomé esto como un reto: día con día, tema con tema, me preparé para ser una diputada responsable, consciente de lo que votaba y discutía, y para cumplir con ayudar a la gente desde el Legislativo. Muy pronto me di cuenta que el esfuerzo valía la pena y que muchas veces estaba más preparada e informada sobre los temas a debatir que otros compañeros.

La política sigue siendo un lugar en donde los hombres se sienten más cómodos, el lenguaje verbal y no verbal sigue siendo un lenguaje masculino; la carga histórica e ideológica hace que en este espacio las mujeres continuemos siendo minoría. Aunque nunca sentí discriminación, ser mujer en política fue un reto más que tuve que enfrentar. En cada iniciativa, en cada proyecto, como mujer hay que demostrar mucha más capacidad de la que tradicionalmente se exige a los hombres y esperar muy poco reconocimiento.

Así fui enfrentando muchos retos que me llevaron a ser quien soy hoy. Uno de los retos más difíciles en mi vida, que ahora veo tan distante y al contarlo hoy, poca gente lo cree cierto es que de niña era muy tímida y pararme frente a un auditorio a actuar o dar una plática, parecía totalmente ajeno a mí. Jamás me hubiera imaginado entonces que hablaría desde una tribuna, que realizaría entrevistas en medios masivos o que daría discursos de campaña en la calle, frente a cientos o miles de personas. Admiraba mucho a quien podía hacerlo de manera natural pero a mí me daba un miedo terrible el solo hecho de pensarlo. Pero el deseo de hacer una carrera exitosa en el servicio público (y ante todo de lograr mi objetivo de ayudar) convirtieron este miedo en un reto más a superar. Para ayudarme a vencer el miedo, tomé clases de oratoria y actuación.

Recuerdo que mi profesor, a quien agradezco las herramientas que me dio, un día llevó al grupo afuera del Museo de Antropología y en medio de la explanada que da acceso al museo, nos pidió que cada uno, por separado, nos subiéramos a una piedra y habláramos de por qué las personas debían visitar el museo. ¡Recuerdo como nunca esa primera vez, aunque había sólo unas diez personas escuchándome! Lo que no recuerdo bien es si me temblaban más las piernas o la voz… Pero como muchas de las metas que me he propuesto, logré hablar en público y hoy lo disfruto mucho. Con esfuerzo, dedicación y metas claras, logré dejar atrás a la niña tímida y me di cuenta que si podía vencer ese reto, podría hacer muchas cosas más.

Pero sin duda, el reto más grande al que me he enfrentado, es encabezar una delegación como Miguel Hidalgo. De 2006 a la fecha, son incontables las frustraciones, enojos, risas y hasta lágrimas que me ha provocado mi trabajo. Los deseos, las sonrisas y las voces de la gente son lo que día a día me levantan de la cama para salir a trabajar. No solamente para realizar el sueño que tuve desde chica, sino para estar cerca de la gente, escuchar sus sueños y ayudar a cumplirlos.

Sin duda alguna, los gobiernos locales son el espacio donde más se puede mejorar la vida de las personas, donde colocar drenaje o piso firme cambia la salud de los vecinos, donde se mejora la calidad de la educación en las guarderías, donde remodelar un deportivo aleja a los jóvenes de las drogas. Ya entrado mi tercer año al frente de Miguel Hidalgo, me he dado cuenta que todas las experiencias de mi vida me han preparado para situaciones inesperadas que jamás pensé que tendría que vivir. Es la vida misma la que nos prepara para seguir creciendo y poder enfrentar nuevos retos. Vivo estas situaciones día con día, desde perder a un gran amigo en un accidente o recibir la sonrisa inesperada y sincera de un grupo de niños al inaugurar un parque cerca de sus casas.

Retomando este último recuerdo, hace unos meses fui a inaugurar unos juegos infantiles en la Colonia Pensil, que es una de las colonias con mayor rezago en la delegación. Como todo evento gubernamental, se siguió un protocolo y el evento duró justo una hora. De ahí, mi agenda me llevaba a una entrevista en radio y a otros eventos por las colonias. Quince días después volví a Pensil sin avisarle a nadie. Hago este tipo de recorridos, porque siento que es la única manera de observar y conocer realmente lo que pasa en las colonias. Ese día debía revisar el avance en la construcción de un centro comunitario y de una nueva guardería. Cuando salí de la obra y me sacudía el polvo de la cara llegaron dos niños: una niña como de cinco años y de su mano un niño como de tres, que supuse era su hermanito.

Ella, con la sinceridad que caracteriza a los niños, me abrazó y me dijo: "Muchas gracias por los juegos que me regalaste". El hermanito, simplemente le jalaba de la mano, ya que seguro se le hacía tarde para seguir jugando. A lo lejos, apareció una señora que resultó ser su madre, que les decía que no me molestaran. Llegó pidiendo disculpas por el acercamiento de sus hijos, sin saber que esos son los momentos que me hacen más fuerte; esos momentos son por los que trabajo.

Al igual que momentos de fuerza como éste he tenido momentos de gran tristeza e impotencia. En México hay momentos en que aplicar la ley parece molestar a muchos. A esto nos enfrentamos con el pleito de la Torre Bicentenario, construcción que planea destruir patrimonio nacional y romper el reglamento vigente, para el levantamiento de un edificio corporativo. Nuestro gran objetivo ha sido aplicar la ley y no permitir que los intereses particulares perjudiquen a los vecinos de Miguel Hidalgo.

En papel, sonaría como un pleito ganado ya que simplemente buscábamos respetar el reglamento vigente. Obtuvimos el apoyo de los vecinos a quienes consultamos, ya que como delegación lograr darles una mejor calidad de vida es nuestro principal objetivo. Ellos también buscaban aplicar la ley y evitar que esta construcción masiva se llevara a cabo.

Pero querer aplicar la ley se convirtió en una guerra de David contra Goliat. Parecía que hacer respetar el marco normativo y escuchar las voces de los vecinos no era prioritario. Se convirtió para mí en un reto personal y en una cuestión de principios. No podía permitir que abiertamente se dejaran de lado las reglas y los reglamentos, ni que la calidad de vida de los vecinos fuera algo que se negociara en "lo oscurito". Finalmente, logramos aplicar la ley.

La ley se debe respetar en todos los sentidos. Mucha gente me reconoce porque "soy la delegada que cierra antros", sí, antros que no cumplen con las leyes, reglamentos o siquiera con las normas de protección civil; otros critican que en la delegación no damos permisos de construcción o clausuramos obras: lo hacemos cuando las construcciones no cumplen con los programas de desarrollo urbano de la delegación; otros más critican que retiramos vallas publicitarias, sí, vallas que fueron colocadas de manera ilegal. Ésta es la delegación que queremos: una en donde se cumplan las leyes. De hecho, así es el México que todos queremos.

Entre más jóvenes y mujeres participemos en la política, traeremos a la mesa nuevas discusiones, un nuevo lenguaje y nuevos temas que nos preocupan. Entre más mujeres estemos en posiciones de tomar decisiones que impacten positivamente al país, habrá más hospitales, mejores escuelas y servicios de salud de calidad. Los jóvenes tenemos la obligación de buscar un espacio en donde expresarnos, pero más aún, buscar un lugar en donde nuestras ideas se plasmen en proyectos y beneficios para futuras generaciones. Es nuestra responsabilidad ir más allá de solamente criticar. Tenemos que actuar. Tenemos que encontrar esa fuerza interior y sacarla de manera positiva y construir el México que queremos. Yo la encontré a través de un partido político, pero todos tenemos la obligación de construir un mejor futuro para nuestros hijos. Cada quien debe encontrar su propio camino, siempre y cuando el objetivo sea aportar y sumar esfuerzos.

He tenido una vida intensa, incontables momentos que me han hecho crecer y ver las cosas cada día con mayor serenidad. Más allá de encontrar momentos decisivos en mi pasado, soy una mujer de sueños y metas, soy una persona que pone la mirada siempre en construir un mejor futuro, soy una optimista. Creo que México puede ser mejor.

© Guillermo Güémez Sarre

Unos cuantos piquetitos

María Teresa Priego

La puerta está cerrada. Septiembre 2008. Hay una sensación de paz. De estar a salvo. ¿Vale la pena volver tan atrás Denise? Propones un acto de escritura intimista. Tomar el riesgo de la memoria y las palabras. Sumergirse. Un acto de puente y de abismo. Consideré por unos días, escribir otra historia. En la que arriesgara la piel de la memoria, sólo a medias. En la que pudiera matizar el grito y el susurro. Pero no sería la respuesta más honesta. Ni ante la empatía de tus preguntas. Ni ante mí. Quizá valga la pena volver atrás. Puesto que tiemblo de pensarlo. Nombrar la violencia. Colocar mi dolor antiguo y extraviado en el silencio. En este cofrecito que me ofreces.

Me da miedo que en esta expedición para intentar aprehender a aquella mujer que fui, termine ella atrapándome a mí. Que su miedo me muerda. Que su desamparo me venza. Que su dolor me arranque mi cotidianidad. Me da miedo quedarme sola con ella. Mirarla. Odiarla. Compadecerla. Cuestionarla. Quererla. Recordarla comprometida, amorosa y sana, destrozada y atónita, sumergida por una ola, muy parecida al espanto. Nunca he sabido si la perdoné. ¿Cómo decirlo? Nunca he sabido qué hacer con ella.

Primeros meses en México. ¿Estará sucediendo? ¿Acaso sí se despertó con él azotándola enfurecido por una camisa? Lo miró incrédula. Él agitó la camisa frente a ella: "Le falta un botón". ¿Acaso una mañana sí la tomó de los hombros y la sacudió contra la pared, gritándole que lo odiaba y quería arruinar su carrera porque no organizaba un bautizo? No había relación posible entre él y azotarla. Entre un bautizo, el odio y la "carrera". ¿Acaso sí la insultó en aquel bar? La ciudad de México abría sus fauces inmensas. El bautizo sucedió. Con su mesa evidente de acto político. Ella percibió esa lógica nueva, en la que se entrecruzaban una ceremonia y una "carrera". Los actos "íntimos" y su súbita utilidad. Los gritos los editó de inmediato. Las aporreadas contra la pared también.

Él decía lo que decía. Actuaba como actuaba. Ella enterraba esas memorias. Fue tan súbita la irrupción de la violencia. Nadie puede convertirse en "otro" de la noche a la mañana. Ella se aferraba a ese dato duro ¿Porque cambió de país? ¿Porque tiene más presiones? Negar de inmediato. Como si la violencia sucediera en un sótano imposible. Inhabitable para ellos. Está acurrucada en algún fondo de ella misma. No quiere saber que tiene miedo de él. Pero sí sabe que tiene miedo. Que le cuesta dormirse a su lado. No lo reconoce.

"¿Por qué no te defendiste de mí?", le dijo él, ya separados. Es de las frases más dolorosas que ha escuchado en su vida. ¿Cuál hubiera sido la manera? ¿La escalada? No sé. No se me ocurría. Me espanta que no se me ocurriera algo. Lo que fuera. Salir corriendo. Por meses ni siquiera pude asimilar esos actos suyos. Paralizada. Quizá porque tendría yo que haber aceptado que existían.

Me encantaría contar una historia en voz aguerrida y activa. No es ésta. La niña de pueblo educada con las monjas, que pagó cara su libertad; que cuando se enamoró de este hombre, vivía con su hijo en París, y llevaba años fuera de México. Se encontró —a su regreso— viviendo y aceptando exactamente aquello contra lo que había luchado toda su vida. ¿Cómo sucedió? ¿Cuáles fueron esos mecanismos míos que respondieron —tan exactamente— a su omnipotencia? Cuando alguien acepta un proceso de violencia, se calla y la niega. Me pregunto si no la trae escrita. Como un destino inconsciente merecido. Quizá sí, por sorpresiva que haya sido.

Me sostenía la memoria del amor. El de esa cita en el Rostand, el de la Bourdonnais. Las cartas. La promesa. El deseo. Esa manera en la que me descubrí, dejándome ir en su abrazo. Fue el lugar más bello del mundo. Su abrazo. Esa tarde que lo vi caminando de la mano de mi hijo, que tenía cinco años. El niño zapateaba orgullosísimo junto al "novio" de su mamá, con unos inolvidables tenis rojos que él le había regalado. Mi amor. Por aquel hombre dulce, con el que sellé en el *Pont des Arts* nuestro pacto. Nos casamos. En el cementerio judío de Praga, escribes un deseo en un papelito. Lo doblas. Lo colocas en una tumba y se te concede. Creo que no lo redacté bien. Mi deseo. Quizá lo coloqué en la tumba de un *goy* como yo, que "descansaba" en el lugar equivocado. "Yo no podría vivir en esta ciudad", dijo en París. "Pero esta es mi ciudad. La necesito. Aquí vive el papá de mi hijo. Aquí están los puentes". No me pude traer los puentes. Quizá algún día tenga la fuerza de recrearlos. Pero en alguna noche de la *rue du Dragon*, se quedó en mí. Nuestro hijo.

El bebé nació en California. Nos quedamos dos años. Regresamos a México. Él a su ciudad. Yo a una ciudad ajena. Pero me gustaban nuestros sueños. Nuestra pareja. Mi panza inmensa. Después de doce años fuera de México, me costó llegar. Habituarme, como habitar, como hábitat. Adopté una perrita. La llamé "Nostalgia". La nombraba a diestra y siniestra. Es útil desmitificar las palabras. "Acurrúcate Nostalgia." "Te acaricio, Nostalgia." "Nostalgia, déjame en paz." El "nosotros" era ya mi pertenencia.

Mi tercer hijo nació llegando. Nos salvamos rayandito. Tuvieron cuatro minutos para que mi bebé respirara afuera. Su llanto. Vivo. Con todas sus posibilidades en él. Como el doctor fue muy pesimista con respecto a mi única vida y comenzó a extrañarme en voz alta, le pedí que me durmiera. Esa cercanía de la muerte. Si no quedaba otra, me pareció dulce, pasar de un sueño al otro. No era el momento. Mi mortalidad me golpeó. No como una elucubración filosófica, sino como un hecho de humildad. Ineludible. Éramos increíblemente afortunados de estar vivos. Increíblemente afortunados de estar juntos. No es un hecho estar vivo. No es un hecho estar juntos. Teníamos tanto que agradecer.

Inmediatamente surgió un proyecto que le era importante, y que tomó un carácter de impostergable. Comenzó a suceder. El ruido. Aparatoso. Innecesario. Su ausencia. La vida social. Bastante más social que vida. La distancia. Una necesidad creciente de público. "Lo que no entiendes, es que soy un hombre de poder". Las causas, al principio, sí estaban. No eran un pretexto. Admiré ese compromiso suyo. Lo acompañé. Cuando fue un compromiso. No el laberinto de espejos que llegó después.

Apenas su proyecto comenzaba a despegar, personas a su alrededor ya acomodaban macetas en los Pinos. "Cuando seas presidente". Tenía que suceder vertiginosamente. Cada año de ascenso calculado. En el discurso, era como un conde de Montecristo que regresaba a vengar una vieja afrenta. Sólo que no había afrenta. Al contrario. Pero reconocer ese "al contrario" hubiera implicado una humildad y una gratitud. Que nada más no podían estar.

Dejamos de caber en su vida, a menos que estuviéramos rodeados de personas, "la familia en funciones". Cada vez me reconocía menos. Yo, a mí. Anegada en esa tristeza honda. No hay manera de saber —me pareció observar— cuál es ese exacto segundo que definiría el logro del ideal, "la imagen" rotunda de un liderazgo que "mueve masas". El segundo histórico. No hay manera pues, de detenerse nunca sin correr el riesgo de dejarlo pasar. "Tú no entiendes cómo se manejan los hilos del poder." ¿Tendrían que ver con ser muchos, en la menor intimidad, y tomarse muchas fotos? Imágenes selectas enmarcadas. Sugieren contenidos. Nosotros. Yo. Él mismo. Nos convertimos en sus únicas citas prescindibles. Cuando atravesaba el umbral, nuestra existencia desaparecía de su existencia.

Su proyecto no pudo lograrse al primer intento. Se instaló en él la palabra "fracaso". Devastadora. Irreal, por excesiva. Se la repetía —se la repetían— con letras de neón. Paralelo a ese "nos fallaste", estaba el extremo: el recordatorio de su deber de cumplir en el futuro de las macetas. No lo miraban a él. Atónito, resquebrajado ante la constatación de los límites que impone la realidad. Los que nos tocan a todos. Los que quizá siempre supuso que no le correspondían. ¿A quién veían en su lugar? Al "ilimitado", justamente. A ese "ideal" ante el cual él mismo se estaba estrellando. El proveedor de "grandezas". El que anula la angustia del futuro. "Cuando seas presidente". Entre la realidad compleja y el decreto omnipotente, los "fracasos" a procesar fueron tomando dimensión de abismo.

"Alguien" lo había engañado con respecto a sí mismo en su condición de infalible. "Alguien" tenía que pagar si la vida no le cumplía sus promesas. Si yo no podía evitarle "la caída" (¿quién sí hubiera podido?), si no podía impedir que sufriera, yo era culpable de desamor y alta traición. Su rabia y su desdén contra mí crecían proporcionales a lo que le exigían y se exigía. Él no estaba en crisis, decía. Su catástrofe era yo. Le fui muy útil esos últimos meses, como depositaria. Como contenedor. Para que de esa crueldad, egoísta y ciega. La que le infligían y negaba. La que se infligía. De ese narcisismo avasallante. Nadie. Ni él mismo, tuviera que darse cuenta.

Decía "tenemos que hablar". Nos sentábamos. Él junto al ventanal, yo en el sofá, al lado del arbolito. El plural era trámite. Extraía frases de entre bolitas de naftalina, me las atribuía con una firmeza que me ponía a temblar. Me hubiera gustado hablar de lo que sí nos pasaba. De lo que sí era nuestro. La realidad. Nos desertaba. Llegué a tenerle muchísimo miedo. Su disociación. Ese síntoma cada vez más agudo: bastaba que él enunciara lo que fuera, para que la enunciación se convirtiera en la más rotunda verdad. Sin importar cuán injusta, insostenible, incoherente o absurda fuera la afirmación. Cuantas pruebas existieran de lo contrario.

Como si la realidad pasada y presente fuera una inmensa bola de plastilina. Amorfa. Que él moldeaba según sus deseos. La "realidad" que le acomodara. La que le permitiera exigir lo más posible a cambio de casi nada. Proyectar sus conflictos interiores en mí. Sostenerse, superior e ilimitado ante "la culpable", agobiada de insuficiencias y fallas. Su mirada y sus gestos se concentraban en dirección al arbolito. Yo no tenía "los verdaderos valores". En cambio, él –desfilaba la pastorela– traía el *kit* completo. ¿De qué arcaico ropero emergían "las pruebas" contra mí? Desglosadas las acusaciones, la conversación terminaba. Las superficies de los espejos no tienen voz. Los contenedores no tienen voz. ¿Sabía yo que esas eran mis funciones? Lo intuía. Desconocía la dimensión. Lo intuía. Me era insoportable aceptarlo.

Concluí que el arbolito ocupaba el lugar de un juez. "Alguien" me atacaba adentro suyo. "Alguien" intentaba defenderme. El monólogo terminaba con una frase ritual: "Profecía cumplida". ¿A qué hora se enunció la profecía? ¿Dónde estaba el oráculo? "Ya está, mi fragilucho defensor acababa de perder otra batalla". ¿Qué habría dictaminado el arbolito? Mucho después me demandó. El juez arbolito se convirtió en un juez de carne y hueso. Una tendría que confiar más en sus intuiciones.

Me quedé guardando nuestras promesas. Imaginando que se había abierto un paréntesis pantanoso y horrible. Me quedé guardadora de un pacto que no sabía que sostenía a solas. Un hogar. "Tú no sabes negociar, por eso pierdes, yo negocio todos los días, negocio para ganar." Nunca entendí qué "ganaba".En esa imposición beligerante en la que perdíamos todos. Quise pensar que pronto se cerraría el paréntesis. El laberinto de espejos. Se le había convertido en una trituradora.

Fui su cómplice. Contra mí. Él gritaba y yo lo justificaba. Él me ofendía, yo me quitaba rapidito. Entre su todo él contra mí y las tres cuartas partes de mí alineadas junto a él. Creo que quedaba un minúsculo yo adentro mío. En desproporcionada minoría. No pude aceptar que allí donde estaba mi vulnerabilidad, transparente, expuesta, otro se alimentaba de ella. Dormía cada noche. Al lado mío. ¿Con qué gozos oscuros acariciaba su odio? ¿Cómo pudo? Las puertas son tan anchas. Quizá no quería correr el riesgo de odiarme a distancia. Podía estropeársele su odio. Buscar su verdadera dirección y encontrarla. ¿Acaso su posibilidad de reconstruirse tenía que suceder a costa mía? Pero el maltrato comenzó antes, mucho antes de "la caída".

A la casa desde hace tiempo, le había dado por temblar. Mi esposo salió de viaje. Hay ruidos. Amenazantes y raros. Los niños duermen. Tienen catorce años, seis y cuatro. Ruidos como si las paredes se cuartearan. Coloco cinta adhesiva en las fisuras. Amarro el techo con hilitos, para que no se vuele. Pego chicle motita en las goteras, para que no se inunde. Hasta que el terremoto pase. Hasta que se detenga el viento. Me sentía tan impotente. Tan sola. Con una soledad que me arrancaba de mí misma. ¿Qué hago allí?, protegiendo aquello que aún supongo que nos queda. Es mi compromiso. Mi deseo. Mi responsabilidad. Con todos los que somos.

Eran las once de la noche. Leía. Me levanté y fui a su estudio. "Voy a escuchar los mensajes". Vaya que los escuché. Cuando entré, me tropecé y se cayó un portafolio. Mi mamá se lo regaló para su cumpleaños. Aclaro, porque tengo pasión por las minucias del "crimen". Saltó la foto de una mujer. Me encantaría despeñarme en la descripción de la ignominia de una esposa que se sumerge en un armario con doble fondo, dispuesta a encontrar "la verdad" que su discretísimo marido oculta bajo varias llaves. No sé si se me hubiera ocurrido. Nunca lo hice. En todo caso –tristísimo aceptarlo– no fue necesario.

Estaba abierto el portafolio. Ávido. Sórdido. ¿Desde cuándo me esperaba? Fotos. Cartas. Él y ella. "Él jamás mentiría así". "Y si mintiera, sería inimaginable que 'olvidara' estas fotos en nuestra casa". Como mero principio: ¿por qué las traería? Pasmo. Segismundo Freud; nada más faltó que las enmarcara. Me arrollaron dos explicaciones ante su exhibición a domicilio: el acto calculado o el acto fallido. A fin de cuentas. Igual de voluntario y calculado. En esa primera hora atónita, yo le sostenía la relativa dignidad del singular. La "otra" siempre es una sola "otra". Hasta en las telenovelas más bellacas de Televisa.

"No hay nada que esté tan mal, que no pueda estar peor", Bryce Echenique *dixit*. Volví a las fotos. Sí, era él. Dejé de reconocer a su compañera. Las letras de las cartas eran distintas. "Sucede en casos de personalidad múltiple". Pasados unos segundos de negro desconcierto, y dado que a mis horas soy de una agudeza espectacular, deduje que no se trataba de una mujer esquizoide. Sino de dos. ¿Por qué necesitó mostrarse ante mí así? Quizá porque "la forma es fondo". Me inicié en los arduos pininos del descubrimiento de la "infidelidad" como pasaje al acto documentado. No como vivencia a dos, sino como mascarada. La primera posibilidad es el dolor. La segunda es un abismo. ¿Qué oculta quien se exhibe?

¿Mentiroso? Y de gustos ramplones. Además. "Pero si se ha pasado el año enfermo". Pólipos. Taquicardias. Presión alta/baja. Úlceras. Gastritis. Los remedios y los ungüentos. La furia que me produjo esta circunstancia delirante de Florencia Nightingale "engañada". "Ellos, sí tienen los 'verdaderos valores'", acepté, los de la pastorela, ahora insertos en un guión de Brian de Palma. Si ellos eran dos en cada escena, ¿quién era yo? La tercera. ¿Invitada a la escena? Sin duda. ¿Y excluida?, también. En la escena de la perversión, el gozo se da en la exhibición ante un tercero involuntario. Que constata. ¿Por qué la escena –puesto que sucede en la realidad– precisaría ser constatada?

Esos minutos en los que el mundo se derrumbó supe, con una aniquiladora claridad, que para mí ya no había vuelta atrás. La última noche que pude imaginar un "nosotros". Ahora me pregunto, ¿por qué la dimensión aterradora de mi sorpresa? Mostrarse en el acto mismo de la traición correspondía a la exacta lógica subterránea, rotunda: un colmo más en la escalada del abuso. Ni la más elemental empatía de él hacia mí. Esa constatación fue dolorosísima y muy ingenua. Me corregí: qué odio tan feroz, de él hacia mí. Devastador. Duele como una puñalada la traición, pero duelen mucho más sus indecibles.

"Engaños" publicitados –supe después– como circo de tres pistas. Como si el ruido de hacer público lo que era privado, pudiera cambiar los imaginarios titulares de algún imaginario periódico, cuyos reporteros estaban a punto de exhibirlo en no sé qué ruidoso "fracaso". Pero ¿cómo lograrían los paparazzi fotografiar el dolor? El miedo al derrumbe. Ante un hombre que habitaba en el Olimpo. Reflectores, aunque fueran de bajísimos voltajes. Descubrí de golpe, que ni siquiera era la esposa de mi marido, sino la involuntaria actriz de reparto en una telenovela bobalicona y sórdida. Me sentí profundamente usada. Encubridora, contra mi voluntad. Sirviendo mi dolor como coartada. El ruido del "desastre matrimonial" como coartada. Para ocultar el horror de lo que hubiera que ocultar de sí mismo, que le produjera tanto horror. Usada para los fines de un indecible. Que no me pertenecía. En el que no había lugar para mí. Ninguno.

Aceptar. Las arenas movedizas de los años acumulados se me cayeron encima. El desamor que se traduce en violencia. No es desamor. Es violencia. ¿Cómo aceptarlo? Con los ojos desmesurados. Sin justificaciones y sin matices. Me sumergió un dolor intenso, que llegaba a horas y deshoras, me ahogaba. El dolor ante su larguísima impostura. Su omnipotencia hacia quien lo amaba, ¿justamente, porque lo amaba? No importa la calidad de la mirada de amor que le ofrezcan. No importa. Nunca será suficiente. El odio en la intimidad es un asunto de tiempo. Para un coleccionista de miradas.

¿Y yo? ¿Por qué fui aceptando ceder milímetros de mí cada vez que él me negaba? Mi imaginario desamparo. Su imaginaria omnipotencia. A ese Otro del maltrato —en mi guión de entonces— una no se le opone. Una no huye. Se tiene que quedar. Es un deber. A resarcirlo de su daño interior. A "responder" a la demanda imposible. Las mujeres tendemos a analizar nuestras relaciones con los hombres mirando hacia el padre. Quizá no habría que limitarse. La madre también está. Una hija "deudora" de una madre narcisista y "sufriente" tiene posibilidades de repetir su historia. Cuántas horas de dolor y análisis caben hoy en un solo párrafo.

Entre tantas mentiras por tanto tiempo. ¿Cómo salvar el pasado, sus contenidos, para mí, para mis hijos? ¿Cuál era esa parte de su herencia —fundamental— en la historia de sus padres que sí podía yo elegirles? Proteger la memoria del amor y al *Pont des Arts*. Ante la escalada, esconderlos adentro de mí. Para no dejárselos a él a mano. Para que no los desrealizara. Hasta arrancármelos.

Al día siguiente de esa noche de mayo, le pedí que se fuera. Me miraba displicente. "Hay aves que cruzan el pantano sin mancharse", "su plumaje" era de esos. "Soy tu marido, ésta es mi casa, mis muebles, aquí está lo que he acumulado toda mi vida". Yo llevaba varios días sin marido. De todas maneras me sentí ascendida. Figuraba yo en la lista de sus "activos acumulados", junto al refri.

"Podría estar con cualquiera de ellas, pero te elegí, ¿no? Eso es lo que importa". Alá existe. Alá es grande. Fui "la elegida". "Pero yo nunca participé en ningún casting" ¿Se las gané? "Ganársela" a mujeres que una no eligió, con las cuales no se inscribió en ningún concurso, quizá forma parte de algunos imaginarios femeninos. Pero ese imaginario no era el mío.

"Tú no me defendiste de la tentación", dijo él. "¿Y a mí quién me defendió de las mías?" Respondí en ese loco afán de existir tantito. "Para ti la fidelidad era algo natural". Con el tiempo —en su discurso— me fui volviendo engañadora, vil, ninfómana. Y ¿de qué parte de la isla de Lesbos es usted?, pero en ese espasmódico momento inmediato a la ruptura, de veras me sentí como una estampita de Santa Teresita de Lisieux. Un personaje estático. Ha estado y estará. No porque elige amar y ser leal. Sino porque no se le ocurre otra cosa. Y nadie se lo sugiere para ayudarla a pensar tantito. A todos se nos ocurre "otra cosa". Una elige. Sus pactos.

"Vas a perder a tu marido por arrogante", me encantó. ¿Y él? Mi reciente ex marido ¿perdía algo? ¿O nada más perdía yo? Yo necesitaba entender. De una manera compulsiva. Acomodar nuestra historia adentro mío. "Cuando un marido regresa a los brazos de su esposa". "¿Y si ya no hay esposa hacia la cual regresar?" Me parecía pasmoso que no hubiera "previsto" semejante posibilidad. Había una voluntad única. La suya. Constaté. Mi inexistencia. No sólo la mía. También tenía yo esa certeza. Por años, todos alrededor suyo nos convertimos, como dijera Schreber, en "seres fugazmente esbozados". Cumpliendo funciones.

¿Por qué no había invitado a una amiga suya a pasarle los remedios? Yo, sin valores que soy, hubiera preferido los bares. Él y yo solos. Conversar. La noche. Pero ¿con quién hablaba él? "Lo que no supe explicarte, es que tú no eres una más de las piezas del tablero, tú eres el tablero". O "tú eres mi columna vertebral. Cualquier mujer se sentiría muy halagada con lo que te estoy diciendo". Una columna vertebral. No tiene nombre. No tiene rostro. No tiene cuerpo. No tiene deseos, necesidades. No disiente. Es útil. Si los otros eran piecitas y yo era el tablero, ¿de quién era la mano que movía las piecitas? Pasaron catorce días. Le repetí mi ruego: "Por favor vete".

A las diez de la noche bajé a la recámara que ya no podía ser sino mía, me lo encontré en la cama, tapadito. Leía. En el contexto me pareció una versión sádica de San Francisco de Asís. "Por favor vete". No me miró. Subí a la sala. Abundaban los cristales. Pensé: "Ante tu noche de cristales rotos, ahí te va la mía. Literal. Bien explícita". No estaba furiosa. Ni siquiera enojada. Me urgía una metáfora. Palpable y rotunda. Que recreara la realidad. La cantidad de objetos que rompí ante esa insoportable frialdad suya con la que me imponía sin palabras: "No importa lo que yo actúe en tu contra. Es mi derecho. Aquí no ha pasado nada. Ya lo decreté. No se te olvide el queso panela. Para mañana". Fue claro. "El poderoso" no tiene por qué aceptar límites. Cuidarlos. ¿En qué sustentaría su "poder"?

Me urgía una metáfora. Provoqué una verdadera lluvia de cristales rotos. Aventé mi caracol de ónix contra la enorme mesa de cristal de la sala. Se hizo pedazos. Nunca me cayó bien esa mesa. Hice pedazos una vidriera que rodó por la escalera. No sé cómo lo logré, pero rompe que te rompe, rota por dentro. Se bordó un tapiz de cristales pequeñitos. Ardientes. Miles de cristales minúsculos como lágrimas. Respeté el tablero de ajedrez y las piecitas. Dijo que se iba al día siguiente. Así fue. Mi pie sangraba. "La realidad sí existe y estalló. Y yo sangro. Existo y sangro". Me pareció justo. El mínimo homenaje al "nosotros". A nuestros hijos. A mí misma. Al dolor que se nos vino encima. Fue el "hasta nunca mi amor" más rotundo y salvaje de mi vida. Más allá de lo penoso que pudiera ser el duelo. Más allá de las lealtades que aún se inclinaban hacia él, adentro mío. Más allá de las interminables horas que pasé escuchándolo después. Tratando de entender. Esa noche. Mi amor por él. Mi pacto con él asumió su estallido irrecuperable. En miles de cristales rotos.

Dos años más tarde. Abrí la puerta, y me encontré a unos señores facinerosos con lentes oscuros. "La señora fulanita". Sonrieron. Sonreí. "Seguro no son mormones. Los mormones son un alto y un chaparrito, éstos son del mismo tamaño". Facineroso 1 me extendió un altero de papeles: "Está usted demandada". "¿Perdón?" "La demandó su marido por un divorcio necesario". Suspiro de alivio. "Es un error, estoy en proceso de divorcio voluntario". "Estaba señora, estaba", dice facineroso 2. Me negué a recibir ese legajo del gordo del "Ulises". "Si no los quiere da igual", dijo facineroso 2, "se los dejamos en el piso y se dan por recibidos, el señor es un actuario". "Uno más que algo actúa", pensé yo. Tomé los papeles. Quise entender. No pude.

Vi las copias de un artículo mío en *Nexos*: "Rozando el orgasmo femenino". Me entró un ataque de risa, seguro nerviosa. Era grotesco. ¿En una demanda de divorcio? Imaginé el alegato: "Mujer demandada por orgasmos. Ex marido se considera abusado. 'Fueron demasiados'", declaró en entrevista con *Le Monde* y *New York Times*. "Los orgasmos de la esposa han sido calculados, no tenía derecho a tanto. El demandante exige resarcimiento."

"El demandante", "la demandada". El diván diría: "¿Qué le demanda el demandante a la demandada? ¿Por qué insiste?". "Porque la demandada no pudo satisfacer la demanda imposible del demandante". "¿En qué consistía la demanda?" "Amor absoluto, no recíproco, la reciprocidad acota, no sería absoluto. Una mirada capaz de sostenerlo, 24 hrs/24, en la imagen que se exigía de él mismo. Y de convencerlo, además, de que esa creación en estado de completud no era una imagen imposible. Sino él mismo. Sin descalabros. Sin frustraciones. Sin fisuras." En el lenguaje jurídico él era "el actor" y "la parte actora". Yo era "la emplazada". La voz activa era para él. A mí me tocaba lo que terminara en "ada".

¿Un divorcio "necesario"? al que se recurre cuando una de "las partes" se opone a darle el divorcio al otro. "Yo le pedí el divorcio. Llevamos dos meses de abogados." Doktor Brownie frente a mí. Le platiqué de qué fui acusada: "La demandada mezcla alcohol con barbitúricos". "¿Barbitúricos?", se rió. "Su ex marido además de ojete, es *demodé*". No me reí, como suele decirse, tenía los labios partidos, y el corazón partido. "¡Barbitúricos, como la Monroe! ¡Pero qué glamour!", insistía el habitualmente mudo. "¡Como Barbie!". "Tómelo como un halago". "Eso pensé, lo tomo como un halago".

"No se me vaya de exótica al juzgado", dijo mi abogado. "Ni que fuera Carmen Miranda. Me hubiera gustado". "Nada de escotes. Nada pegado. Cuello alto. Traje sastre. Esos collares no, que sean perlitas". Una amiga me mandó las perlitas. No pude perseverar en ese estilo que –al parecer– los jueces mexicanos consideran el de una "mujer decente". Me dolía muchísimo constatar hasta qué punto el juicio a la "moral" femenina continuaba atravesado por la sexualidad. Desde los estereotipos más rudimentarios. ¿Y por qué mi "moral" estaría en cuestión? Qué frágiles seguimos siendo. La Secretaria de Actas hojeaba una antología de cuento erótico: "Usted escribió aquí". "Ajá". Me lee: "Un hombre, dos mujeres y un espejo". La "parte actora" sumó antologías eróticas al "expediente". "Acá también". "Ajá". Estoy fundida. Una es la que es. Ni para qué las perlitas.

Abrió *Nexos*. "El orgasmo femenino, ¿le interesa?". "A mí sí Secretaria, ¿y a usted?". Auch. Mal yo. Me confié, como todas traemos la propensión. Aunque los "verdaderos valores" nos retengan. Su gesto me volvió prudente. Estaba a punto de afirmar que un juzgado era el mejor lugar para repartir fotocopias de las "fojas" del orgasmo, son tan largas las esperas. ¿Quizá podrían ofrecérselas a las novias?, como de eso no comenta Don Melchor. Todo es tan doloroso. Tan miserable. Tan vulgar y falso. Se dice que los "éxtasis místicos" de Santa Teresa de Jesús eran orgásmicos. Y ella es santa. "Arrebatada" posa hasta en las iglesias y a una la señalan por meras palabras. Guardé silencio para no empeorar mi caso.

Frida Kahlo pintó la escena de un asesinato. El señor asesino, molesto por el comportamiento de su pareja, la dejó, como coladorcito. Cuando le preguntaron ¿por qué así? Él respondió muy en su derecho: "Nomás unos cuantos piquetitos". Espera como de purgatorio. La "prueba" se llama "la confesional". La secretaria de actas, "la parte actora" (mueve las piecitas del tablero), "la demandada" (degradada de tablero a piecita). Actriz involuntaria de reparto. *Again. Ancora.* Apachurrada entre un escritorio y las rodillas del "demandante". Hacía un calor espantoso. Me miré en el reflejo de una ventana. Me pregunté tristona: "Querida mía, ¿quedará para ti algo reconocible de ti misma después de esta puesta en escena infecta?".

La "prueba" se llama "la confesional". Vi el gordo del sobre con las hojas de preguntas. Pre-infarto. Noventa y cinco preguntas. Mi abogada llevaba cinco para él. En el pasillo juntamos diez, para no desmerecer. La única pregunta que me hubiera importado hacerle, no cabía: "A ver Don Asesino Metafórico ¿por qué consideró necesario darle cien puñaladas a la medio muertita metafórica? ¿Por qué no sólo dos y media? ¿Diez? Si la primera que le asestó fue en el corazón. Y la segunda en la yugular. ¿Por qué tantas puñaladas de más? Y sin querer ser indiscreta. Para saciar lo insaciable. ¿Cómo cuántas le faltan?" "Diga si es cierto, como lo es, que usted es feminista". Hay que responder sí o no. Nadie me definió qué significaba la palabra "feminista". A través de la concatenación de "preguntas" de "la parte actora", deduje que "el feminismo" era una actividad muy fea. Practicada por mujeres elementales en sus emociones y analfabetas en sus propuestas. Como que odian a los hombres. ¿Qué hacía mi feminismo como acusación en la mesa? Y transformado en "ese" feminismo de esencia trailera.

Confieso con gozo retrospectivo que ese día decidí contarles mi vida. Se tomaron la molestia de prepararme un cuestionario meticuloso, seguro traían ganas desmesuradas de escucharme. Qué cariñosos. Fue interminable. Sarah Bernhardt era una neófita a mi lado. Lamenté no poder tenderme en el sofacito, para explayarme en posición divanera. Conté la mar de detalles. La "parte actora" ¡por fin obligada a escucharme! Desesperaba a ojos vista. Cuando me levanté dijo enfurecido: "Lo mío va a ser rápido, sólo voy a responder sí o no". Claro, a diez preguntas.

Pensé que tenía que escribir un cuento: esa personaja, tristona y catatónica que de repente, a través de las fojas del juzgado, se va descubriendo una personalidad y una intensidad de vida que ya quisiera. La mujer de la realidad cada vez se acompleja más ante esa Otra de sí misma. La envidia. Disruptiva. Barbitúrica. "Relación ilícita con persona del mismo sexo". Lo de "mismo sexo" no se refería al sexo del marido, sino al suyo propio mismo de su sexo. Es que me tardé en entender. ¡Quién como esa Otra! Intrépida y ardiente. Con mis amigas corrieron apuestas: "¿Quién será 'la mismo sexo'?'" Tuve candidatas solidarias. Me sentí muy honrada.

"Le sugiero una contra demanda por adulterio". No expliqué mis razones al "no". Con los abogados, el diván no es taquillero. Me hubiera subido al síntoma de "la parte actora" como en una patineta. "La tercera perseguidora", "la trasgresión". Ya había vivido esa escena a fuerzas. No era cosa de elegirla yo. De novios cantaba: "Si nos dejan...". ¿Si nos dejaba quién? Luego me tocó ser la "represora", "la que no deja". Conocía el guión. Si lo contra demandaba por "adulterio", se lanzaba a cantar *Si nos dejan* con mariachi en *Siempre en domingo*. Triunfo del fantasma edípico completito. Freud *dixit*. Lacan *dixit*. Primero cadáver que ofrecerle semejante gozo. No fui capaz ni de su odio, ni de su falta de límites. Creo que estuvo bien. A mitad del juicio lo operaron de seis úlceras. Entre costos de abogados, hospital, ansiolítico, merthiolate, curitas y *Vick Vaporub*, se podría haber ido de luna de miel a un cinco estrellas sin "tercera" en imaginaria discordia. Me hubiera ahorrado toneladas de dolor. No se trataba de ahorrarme nada. Aun a costa de él mismo. "¿Por qué me demandó si se podía haber resuelto en un despacho de abogados?" Doktor Brownie: "¿Por qué los estadounidenses mantienen Guantánamo?"

"It takes two to tango". Pero la correspondencia no necesariamente se da en la especularidad. Ni en la escalada. Cuando las alcantarillas de la ciudad inundaron la casa, sentí que había palabras, significados, emociones. Que perdía para siempre. Que nunca más podría vivir, ni escribir las palabras "amor", "lealtad", "honestidad", "empatía". ¿Cómo podía hablar de honestidad, yo? la cómplice involuntaria de una larga impostura. Me tomó tiempo reubicarme en esas verdades que son mías. A cada quien lo suyo. Arrancar las suturas. La mascarada. No fue mía.

¿Y si la más encantadora Naomi llegara? El guión está escrito: la ausencia. La mordaza. *Fade out* de la intimidad. Naomi pensaría que ella inventa, que es una ingrata. ¿Se volvió loca? Nadie puede cambiar de manera tan violenta. El más dulce. Se castigaría a sí misma. Naomi. Por su indignidad. Por sus imperdonables fallas. Vería esfumarse los contenidos de su relación. ¿No están? Se quedaron en una casa de empeño. Los contenidos. Desde el principio de los tiempos. Naomi lloraría atónita. Desquiciada. Se estrellaría impotente, ante un hombre que mira el paisaje a través de ella, como ante un cristal transparente.

Mi caracol de ónix no se rompió. Está en la mesa. La vida llama. Una mirada al abismo desde el puente. No pude ir hasta allá. Quizá todavía no tengo las palabras, la fuerza, la dignidad, para decirlas. La memoria. Cuando no podía yo hablar. Cuando su rabia y sus desplantes me parecían una amenaza casi cósmica. ¿Por qué me quedaba paralizada? ¿Por qué su mirada de despotismo me devastaba? ¿Por qué me era tan insoportable aceptar ese deseo suyo de destrucción, que me estaba dirigido? Y salvarme. ¿Por qué su odio era para mí el mismísimo fin del mundo?

Este texto se llamaba "¿Cuántas puñaladas de más?", un amigo lo leyó y escribió: "Tú también traes un puñal. No, lo tuyo es una daga". Pensé en una daga bereber, de plata labrada con incrustaciones de piedras de colores. Me gusta esa daga metafórica. La quiero. Si la hubiera tenido a mi lado, no me sucedía la mitad de lo que me sucedió. Sentirme desarmada ante un tanque blindado. La coloco en mi colección de collares étnicos. Es un recordatorio: no tengo miedo. Una mujer sorprendida porque le duele el cráneo y olvida cada vez que permitió que le jalaran los cabellos hasta casi arrancárselos. La "feminista" que hablaba de "esas compañeras que padecen violencia psicológica, sin saber reconocerla", esas "otras". Negar. Permitir el despojo. Favorecerlo. Esa fue mi verdad. Ya no quiero avergonzarme de ella.

La escritura es un acto. La cómplice, encubridora, regresa el objeto oculto. El que él sabe. El que yo sé. El que él sabe que yo sé: "Aquí está tu puñal. Del que he sido por años la guardadora más leal. Te lo regreso. Vive con él. Tu puñal es tuyo".

© Guillermo Güémez Sarre

UNA HABITACIÓN PROPIA

Maricarmen de Lara

Muchas situaciones en la vida me han tomado por sorpresa, la capacidad de sorprenderme es algo que no quiero perder, pero me ha tocado vivir momentos en que mis propias decisiones me han tomado por sorpresa. Mi adolescencia fue uno de ellos, cuando me descubrí rebelándome a todo, leyendo a Virginia Woolf y viviendo *Una habitación propia* como algo que, de alguna manera, me sostuvo.

Mi relación con mi madre, durante mi infancia, fue de profunda observación, desde que nos llevaba a la escuela y nos contaba películas en el camino, mostrando una inclinación por los temas sociales casi natural. Digamos que era una ama de casa "atípica" y en ella vi rasgos que marcaron mucho mi futuro. Por ejemplo, mi mamá tuvo la sensibilidad, en una sociedad tajantemente clasista, durante los sesenta, que ignoraba los más mínimos derechos para las trabajadoras domésticas, de enseñarnos que toda persona que entraba a hacer un trabajo a la casa tenía una serie de derechos laborales, un horario; es decir, trabajaba seis horas por la mañana y, por la tarde teníamos prohibido por mi mamá llamarle: era su tiempo de descanso.

También se ocupó de su formación, si eran analfabetas, ella les enseñaba a leer y escribir por las tardes, o les buscaba la secundaria para que siguieran con sus estudios. Recuerdo a Oliva, que padecía mala circulación y un problema en una pierna por una infección tremenda que le supuraba. Varias veces me tocó acompañar a mi madre al Hospital General, adonde la llevaba a curaciones, y ya desde entonces era complicado el acceso a la salud, deuda enorme de este país con las clases que no pueden pagar un servicio médico privado. Vi imágenes en esa sala de espera que se quedaron para siempre en mi memoria, hacíamos antesalas donde la mayor parte de los pacientes se ganaban definitivamente el apodo. Pasábamos dos o tres horas para acompañar a Oliva a su curación y que no la trataran mal, a pesar de que mi papá era médico, pero ahí tenían un tratamiento especial para curar su terrible y espantosa infección en la pierna. En ese tiempo, yo tendría ocho o nueve años. También en esa época, cuando mi madre nos llevaba a la escuela, si veía a alguna mujer en la parada, nos decía: "Niños júntense porque vamos a subir a esa mujer y sus niños".

Era una época donde las escuelas públicas eran maravillosas y las personas se tenían confianza, se saludaban en la calle. Como mi papá era médico, le tocaba curar a cuanta persona que vivía por ahí y, por lo tanto, nos conocían y saludaban todo el tiempo, pero esa actitud y observación de revisión minuciosa y análisis de mi madre, durante una época, al entrar a la adolescencia se borró.

Decidí que tenía que ser distinta y no lo hice de manera consciente, pero sí abrupta. Entré a la preparatoria que yo quería, me negué a ir a la misma que el resto de mis hermanos y elegí el Centro Activo Freire, que recién había nacido como un proyecto de varios activos ex sesentayocheros, decididos a modificar la educación y la manera de relacionarse con el conocimiento. Eso me marcó, de ahí conservo a varias de mis mejores y más queridas amistades y ahí me empecé a rebelar. Descubrí a Laing y Cooper y, por supuesto, a Marx y la política se volvió algo disfrutable. Discutíamos horas, queríamos cambiar todo y a la vez estábamos ávidos de ver mundo. Ya contaba con antecedentes de libertades mayores porque mis padres, felizmente, no nos inculcaron religión alguna y mi ateísmo me permitió ver otras cosas y también verme distinta.

Mis amistades, sobre todo mis amigas, me consideraban demasiado moderada y me incitaban a "no dejarme", diciéndome que no necesitaba esperar el permiso de mi madre, porque no solía retar a tal grado a mi mamá, como ellas lo hacían, y si no tenía permiso no salía. Mis pleitos se empezaron a traducir en distintas acciones provocadoras. A los quince años, empecé por mi vestimenta, utilizando prendas artesanales, hechas por manos indígenas. Usaba huaraches de llanta y me vestía así para todos los eventos habidos y por haber. Cuando cumplí quince años, mi mamá me compró un vestido azul que provocó una discusión, la cual terminó en que no me quise vestir para "su" fiesta y ni participar de tan "burgués" concepto. Para mí, en ese momento, todo era blanco y negro y decidí que mi mamá era la representante misma de la burguesía.

Sentía la necesidad de negar para ser y la situación se fue agravando hasta que un día, sin planearlo y después de una discusión muy fuerte, decidí salirme de la casa de mis papás con lo que traía puesto. En ese entonces, tenía dieciocho años.

Una pareja de amigos recién casados que vivían en un departamento tan pequeñito que no cabíamos tres, me dieron refugio y me cantaban la canción de Serrat: "Qué va a ser de ti lejos de casa, nena que va a ser de ti". Tuve la claridad de no irme a vivir con mi novio y la meta muy clara de estudiar y trabajar; acababa de ingresar a la Facultad de Filosofía y Letras de la UNAM, a estudiar pedagogía, además tenía dos trabajos: era profesora de inglés en una primaria y acababa de entrar a la Cineteca Nacional a trabajar en el archivo fílmico, gracias a que me la pasaba pegada a mi cuñada, Anamari Gomís, con quien iba a ver una película diaria, junto con un grupo de cinéfilos maravillosos: Polo Duarte, librero que tenía en el Centro una librería de viejo y un ser divertido, agudo y crítico; Lupita Dueñas, una mujer mayor, autora del libro de cuentos *Tiene la noche un árbol*, con unas historias fascinantes; Conchita Collera, mujer que vestía de pieles y era muy divertida. También formaba parte de ese heterogéneo grupo Humberto, un actor. Ellos eran, en ese entonces, uno de los grupos encargados de la clasificación de películas, por parte de la Dirección de Radio, Televisión y Cinematografía, de la Secretaría de Gobernación.

En esas sesiones me tocó ver películas de Bertolucci, Fellini, Bergman, De Sica, Lina Wertmüller, Wajda, Ibáñez, Fons, Hermosillo, puras maravillas y varios churros también. Las proyecciones eran a las ocho de la mañana, de ahí entraba a trabajar en la misma Cineteca y veía otra película. Analizaba, rollo por rollo, todo el ciclo de rumberas donde muchas veces mi compañía en la sala era Carlos Monsiváis, que se regocijaba y saltaba de gusto; después daba mis clases y por la tarde iba a la Facultad. Para ayudarme, además, los fines de semana era la *baby sitter* de la nieta de Margo Su. Gracias a su hijo que estudiaba cine en el recién abierto Centro de Capacitación Cinematográfica, empecé a acudir a las filmaciones de los estudiantes como "corre ve y dile" y decidí que me quería cambiar de facultad para estudiar cine. En esa época, en el CCC, sólo admitían a personas de veintiséis años y la otra opción era el CUEC, la escuela de cine de la UNAM, donde hice el examen. Lo más difícil de ese concurso era el ambiente machín imperante, éramos muy pocas mujeres aspirantes, creo que de diez entramos cinco, entre los trescientos o cuatrocientos aspirantes, con veinte admitidos por año. En el primer año desertaron dos y en los siguientes una más de manera tal, que terminamos dos. Yo me quería comer el mundo, estaba entretenidísima con todos mis quehaceres y cambiándome de casa buscando "una habitación propia".

Durante esos años, viví en la zona sur de la ciudad, compartí casas, cuando alguien salía de viaje me dejaba su casa, yo la cuidaba y a la vez ahorraba. Recuerdo a unos amigos que se fueron tres meses y me dejaron un apartamento en El Mesón del Pesebre, en la colonia Florida. Cada vez que me cambiaba de casa iba aumentando mi ajuar, hasta que conseguí un cuarto de azotea que fue, por primera vez "una habitación propia".

Me compré un sofá-cama y el vínculo que mantenía con mi familia era con uno de mis hermanos, Pepe, que también vivía su independencia, y con mis abuelos maternos. Siempre mantuve una relación muy fuerte con ellos sobre todo con mi abuela que fue una mujer encantadora y divertida "La Mami" había quedado huérfana desde muy chica y había vivido historias fuertes. Se casó como a los diecisiete o dieciocho y sabía cocinar todo; mis abuelos tuvieron un rancho y ella se supo relacionar con todo ese trabajo, con los peones y sus familias, viniendo de una familia de un padre médico y otra formación. Se dedicó a la administración y era impresionante la rapidez con que hacía cuentas, y también contaba anécdotas, pero su capacidad de no ser solemne y divertirse era lo que más me encantaba de ella.

Cuando mis padres salían de viaje, ella se quedaba al cuidado de la casa. Al poco tiempo que salí de mi casa me mandó un recado para que le hablara, mi abuelo había tenido tres años antes un infarto y había decidido recluirse, cuidar su salud, llevar una estricta dieta que ella preparaba al pie de la letra y pasar sus días leyendo libros de historia. Había sido un hombre muy estricto con sus hijas, le tenían pavor. La imagen de mi abuelo, al que yo por inercia también le tenía miedo, cambió para mi durante ese tiempo. Puse mis condiciones y quedamos que los visitaría una vez a la semana, siempre y cuando no se tocara el tema de la salida de mi casa, no quería presiones y ellos aceptaron. El día de visita era especial, el abuelo se arreglaba, se ponía traje, su boina, y me esperaba en la ventana. Lo más importante era ser puntual, educada y buena escucha. Me hablaba de su época con el general Villa, de su tierra, de cuando era charro, de lo que vio y vivió, mientras la Mami se preocupaba por alimentarme, prepararme viandas para llevar, entrevistarme de mis últimos aconteceres, pedirme encarecidamente que me cuidara de los "sinvergüenzas" y contarme chistes, con su sentido del humor único.

Así pasó un año casi sin darme cuenta, mientras tanto, yo seguía en mi obsesión de formarme y descubrir lo que sucedía en el mundo. En esa época, también conocí, por Margo Su, al director de teatro Julio Castillo y a la Güera, Margo me invitaba al Blanquita, donde vi a Tongolele, Resortes, La Santanera, las Hermanas Landín y, mis preferidas, las Hermanitas Núñez y Celia Cruz.

Trabajé como secretaria, asistente de audio en filmaciones dirigidas por Arturo Ripstein y Felipe Cazals, en esa época se hacía la serie *Historia de la Educación*. Yo seguía con la meta de combinar mi trabajo con la escuela (el horario del CUEC era de cinco de la tarde a diez de la noche). Seguía con el mismo novio de la prepa-ratoria y me dediqué a mirar todo acontecer afuera, prefería no analizar ni ver mucho qué me pasaba a mí por dentro. Me emo-cionaba todo lo que veía, iba a conciertos en Bellas Artes, lo mis-mo que a las exposiciones; al King Kong, salón de baile recién nacido, donde tenía el privilegio de que me tocara asiento prefe-rencial, y a ver la preparación de "la nueva obra", con Irma Loza-no y Pepe Alonso, en el Teatro Vizcaínas.

Era un tiempo que había arrancado y estaba conquistando. Mi tiempo era todo mío, nadie cuestionaba mis decisiones, ni a qué hora llegaba, a dónde iba, qué hacía, hasta que un día me enfer-mé por algo que comí y me hizo un daño horroroso, ahí descubrí que era vulnerable, que estaba sola en el cuartito de azotea, aunque mantenía firme mi bandera de independencia y no hablaba con mis papás. Pero esa noche creí que me moría, me dio fiebre y vómito a medianoche. Mi relación con mi novio iba en picada, él todavía vivía con su familia. No se me ocurría hablarle a alguien para pedirle auxilio, ni siquiera me pasaba por la cabeza, además él vivía en el Pedregal y yo frente al Parque de los Venados, en la colo-nia Del Valle.

Toda la vida, mi doctor había sido mi papá y cuando me enfer-maba mi mamá se encargaba. Ahí descubrí lo que era sentirme sola, se me cayó la imagen de fortaleza imbatible que me había hecho de mí misma; en medio de mi delirio, me regañaba por "sacona", me acusaba de "fresita y burguesita" que no aguanta nada, me decía: "Aguántate, total mañana te vas a hacer cola al Hospital General, como todo México, eso te toca de ahora en ade-lante".

Después de esa experiencia, cuando casi iba a cumplir dos años sin ver a mis papás (nunca nos buscamos), empecé a vivir cosas difíciles, fue como un hoyo negro. Terminé la relación con mi novio, con el que llevaba cinco años, él se la pasaba estudiando filosofía, todavía vivía en casa de sus papás, y cada vez nos distan-ciábamos más por las vivencias que cada quien tenía. Murió mi abuelo, llegué al funeral, con el dolor de la pérdida y ni siquiera me había pasado por la cabeza mi reencuentro con mis papás. Mi padre se acercó y me insistió que los acompañara a la casa a comer, pero le dije que nos viéramos una semana después para tener un encuentro en algún lugar neutral con ellos a solas. Él aceptó y creo que yo acudí aturdida y sin saber cómo volver a relacionarme.

Una cosa tenía clara: no quería perder mi libertad, ni iba a regresar a casa de mis papás. Tenía como veinte años y ya estaba instalada, compartiendo una casa en Coyoacán con una amiga. Ahora sí, tenía mi habitación propia y mi vida económica resuelta. Estaba en la escuela que me gustaba, viajaba, etcétera y no estaba dispuesta a regresar a ser hija de familia, así que me la pasé pensando esa semana cómo relacionarme de nuevo con mis papás. Nos reunimos a comer en un restaurante por el sur, ellos también habían cambiado; la distancia les permitía ver aquello que yo sólo reconocí en ese instante y les agradecí. Me acuerdo haberles dicho que les agradecía que me habían enseñado a ser independiente y perseguir mis sueños, pero que no regresaría a vivir a la casa. Entendí que, por supuesto, ellos tampoco lo esperaban y, de ahí en adelante, se construyó una relación distinta.

Me costó mucho tiempo analizar mis emociones, estaba bastante ocupada construyendo un futuro profesional. Decidí entre otras cosas acercar ese mundo e intereses a la riqueza cultural del mundo indígena mexicano. De ahí me queda la fascinación por la vasta cultura, el desespero por la inequidad, la admiración por los textiles y la fortaleza de las mujeres que se atreven a romper atavismos más fuertes y pesados que los míos.

Con el inicio de una relación distinta con mis padres, con mi madre sobre todo, saldé cuentas, lo que me permitió tener una mejor historia en los años que siguieron, sin culpas ni rencores. A salvo, esta experiencia cambió el destino de mi vida, me modificó la parte impulsiva y me ayudó a ser quien he logrado ser hoy.

También miles de veces me he sentido poco preparada en algo, pero en el trabajo, cuando decidí que iba a ser fotógrafa, me tocó vivir y tener que tratar con la parte más difícil del machismo: tenía un maestro generoso y que nos echaba porras, Mario Luna. Me tocó entonces irme con un grupo de hombres a la sierra mazateca, cuya cabeza era un director mexicano reconocido actualmente y el encargado de la fotografía es hoy un reconocido fotógrafo, pero en esa época todos estábamos empezando.

Con mi feminismo a cuestas, me sugirieron que hiciera asistencia de cámara, o sea, el trabajo de cargador especializado más delicado del cine, y mi compañero, que además era pareja de una amiga cercana, me llevó más porque no le quedaba otra, que por convencimiento, pues mi aspecto y mi complexión es de "grandota", parecía apta para el trabajo. Llegamos a la zona donde había que bajarse, caminar y pasar en lancha cargando el equipo, para entrar cerca de la presa Miguel Alemán, donde había un intenso movimiento magisterial y la única otra mujer del grupo era una investigadora. Estamos hablando de 1979 más o menos. De repente, la exigencia del compañero se duplicó e incluyó, además de lo que tenía que cargar normalmente, todos los aditamentos; en esa época el puro tripié de madera, con cabeza O'Connor (pesaba como cuatro o cinco kilos), más los magazines, estuches de limpieza y la herramienta, y tenía que regresar de la locación hasta el lugar donde acampábamos a cambiar el magazín, volver a cargar la cámara en un tiempo récord para que no se ensuciara, con un calor de 40°, húmedo y pegajoso. Tenía que meter las manos en la bolsa negra para cambiarlo y que no se mojara ni con mi propio sudor; además llovía por las tarde y esto significaba caminar en el monte con lluvia, sumergirme en el lodo por el peso. Me sentía entre súper niña y la mejor de la clase, por lo que no me iba a rajar o confesar, frente a un equipo masculino, que ya no podía cargar.

Hice el mayor esfuerzo físico de mi vida y me discipliné, pero, cuando casi al final de ese enorme esfuerzo, íbamos subiendo un pequeño cerro lodoso, yo con la carga, una bolsa con magazín de cuatro kilos, otra bolsa con equipo de limpieza y herramienta (dos kilos), la cámara con el lente y otro magazín con otros cuatro kilos, el tripié en el hombro y de subida, con calor; de repente, mis pies en el lodo se sumergían cada vez más; el director ofrece ayudarme con el tripié, por supuesto se lo di, entonces el fotógrafo me hizo sentir que no daba el ancho y no podía con el paquete. Tuvimos una discusión sobre las jerarquías, que pueden llegar a ser insoportables en cine. Hablamos sobre si éramos un equipo, el director se portó amable, pero estuve a punto de "tirar la toalla". El fotógrafo me gritoneó y yo no me defendí.

Recuerdo que en las noches, cuando me sentaba a limpiar la cámara y marcar los rollos, el director se sentaba a comentar conmigo los detalles del día, que no eran pocos y yo me sentía mal, como si no hubiera hecho todo lo que se me pidió, además no era lo que a un hombre se le hubiera exigido. El fotógrafo me pidió un esfuerzo extra y, por ignorancia, pensé que era lo normal, cuando el problema era que se trataba de un machín a quien le costaba un enorme trabajo ver a una mujer de tú a tú, pero presumía de intelectual hasta que sacó el cobre, mientras yo me aguanté, estoicamente, como si eso fuera la cuestión.

Regresé convencida de no repetir esa experiencia. Dos años después, me fui con un equipo de seis mujeres, en 1981, a la sierra de Juárez, para realizar un documental. Íbamos en una combi, y nuevamente mi trabajo sería de asistente, pero esta vez de Maripi, una amiga y compañera de profesión; por supuesto, la experiencia fue otra. Nos dábamos ánimos mutuamente y el trabajo estaba entendido así. Nos pasó de todo, nos enfermamos, pasamos la brechas en la combi, eran ocho horas para llegar a Yalalag, pero éramos pares y nos divertimos y nos reímos, descubriéndonos en el trabajo. Hoy, los equipos han cambiado mucho; simplemente, las cámaras son más ligeras y los roles se establecen de manera más incluyente.

Considero que esos inicios en el feminismo dejaron en mi generación un sabor de combate que se ha ido afinando con el tiempo, pero en esa época era muy complicado. Después me tocó encabezar equipos de hasta cuarenta técnicos, en Canal Once y dirigir a los veinte años, aunque ahora hay muchísimas mujeres que lo hacen, fue más terso que el anterior. Algunos de mis maestros se portaron mejor, comprendieron que estaba trabajando y fueron más adelante que muchos intelectuales que todavía ejercían el "machismo-leninismo".

Ahora, cuando veo a algunas de las jóvenes alumnas o a mi hija, que ya no cargan con eso, que la cuestión de los roles no les preocupa, que lo viven como si las cosas hubieran sido así siempre, me pregunto si no hay momentos en los que retrocedemos y ciertos coqueteos femeninos siguen siendo un arma de dominación.

Aunque no se puede generalizar, observo mujeres jóvenes, hoy en día, plantando sus banderas de independencia, sin el cobijo de una habitación propia, en un México más violento, con una generación de papás algunas veces más sobreprotectores, y sin las anclas de sostén que había en nuestra generación. Pienso si, en mi caso, le estaré dando a mi hija los elementos para plantar su bandera de independencia. Reconozco que, a veces, el miedo hace presa de mí cuando sale por la noche y me acuerdo de mi mamá; ahora yo, con una rienda llamada teléfono celular, ante una adolescente aventada, que quiere negarme y ser ella. Hoy, paradójicamente, es mi madre la que me dice: "Déjala, nadie experimenta en cabeza ajena". ¿Será que esta psicosis del miedo, con sustentos bastante reales y otros más mediáticos, nos hace mamás menos valientes que las nuestras, para dejar crecer y enfrentar el mundo a nuestros hijos? En ese sentido, el ahondamiento de las diferencias sociales y la desigualdad de oportunidades que esto provoca, la impunidad y el empeño de nuestra "nueva realidad" en tirar los sueños y las utopías, me hace sentir, más que nunca, poco preparada para acompañar el proyecto de independencia y dejar a mi hija ser diferente para que se construya, para acompañar su proyecto de independencia y libertad, para que pueda disfrutar la soledad, mirarse y mirar a los otros, en particular de su generación, seguramente sensible al dolor que estamos viviendo todos, los que creemos que puede haber un México más justo en general.

© Guillermo Güémez Sarre

¿POR DÓNDE?,
ALGUIEN HAGA LUCES SI SABE ALGO

Cecilia Suárez

He sido encomendada a escribir con honestidad sobre algo que me haya sorprendido, algo para lo que no me haya sentido preparada y que me ha resultado un reto inusual, las ideas corren por mi cabeza, puedo hablar de cuando me fui a estudiar muy joven fuera de México; de cuando me quedé sin un peso saliendo de la universidad; de cuando he vivido el amor y acto seguido el desamor; de cuando tuve que recoger mi corazón de debajo de la llanta de un tren; de cuando regresé a vivir a México; de ver a los padres entrar a la edad madura; de pasar con mis hermanas episodios que nos han hecho más fuertes y unidas; de querer ser madre; de acompañarse con los colegas por tanto y tantas cosas; de ya no sentirme chavita para empezar a entenderme como mujer; de intentar construir una pareja; de entender mi camino laboral como algo que una misma construye; de verme reflejada en otras mujeres; de mucho ir y venir.

Pero mi pregunta entonces sería qué es lo que EN ESTE PRECISO MOMENTO me tiene tomada por sorpresa y ante lo cual me siento poco preparada y me resulta un reto inusual.

Sin duda, mientras crecía tranquilamente en el bello puerto de Tampico, libre y de manera sencilla, jamás pensé que a mis treinta y seis años me iba a topar con el país que hoy me toca vivir.

Pienso en quienes construían el país mientras yo crecía, recorro los nombres de los presidentes que estuvieron en el poder mientras yo pasaba los sábados y los domingos en la Playa de Miramar: Luis Echeverría, José López Portillo, Miguel de la Madrid, Carlos Salinas de Gortari, Ernesto Zedillo, algunas de las figuras emblemáticas dignas de lo peor del priísmo. Y siendo yo ya no tan niña, un remate fenomenal, Vicente Fox, a quien hoy le sigue nuestro actual "preciso".

Cierta y tristemente todo esto que hoy tenemos enfrente no hubiera sido posible si la sociedad civil mexicana hubiera sido un tanto más activa y demandante, en vez de mirar hacia otro lado mientras se fundaba el desastre que hoy tenemos que resolver.

¿Qué pasó mientras yo crecía? ¿Qué fue lo que faltó decir? ¿Cómo entiendo hoy lo que me toca hacer? ¿Por dónde empiezo?

Y sí, es una sorpresa ante la cual me siento absolutamente sin preparación alguna. Pero al mismo tiempo, es la única oportunidad que tenemos —que tengo—, debo decir. Es lo que me toca. Y si lo que tengo no es lo mejor que tengo, entonces sí estoy jodida, como dice la madre de un amigo querido. Miro por todos lados, veo de dónde vengo, qué hago, qué posibilidades tengo dentro de lo que hago, veo lo que me conmueve, lo que provoca la necesidad de movimiento, es casi todo.

Ciertamente, una de las clases que nunca tuve en la escuela es la de "participación ciudadana". ¿Cómo lo aprendo? A partir de dónde y hasta dónde (ésta es una discusión perenne con una de mis hermanas —las dos estamos aprendiendo).

Este momento define si nos quedamos en ello o si creemos que tiene salida. Yo creo que tiene salida. Tiene que cambiar. Quiero creer que puede cambiar.

Es una lata, sí. Es una pena, también. ¿Servirá de algo?, sí. No sé cómo, ya sé. Siento que no entiendo todo, es obvio. A veces me caigo, pues va de nuevo. Otras me canso, pues agarro fuerza. A veces me dicen que no tiene caso, pues hago oídos sordos.

No entiendo bien, pero algo me mueve, hace que brinque, que discuta, que quiera aprender.

Pienso entonces en todo lo que este país me ha dado, en como me siento cada vez que tengo la pausa necesaria para mirarlo bien, en la gente y en su dulzura, donde una misma se ve y se refleja, en su belleza, en su dualidad histórica, en su magnetismo, su autenticidad, su fuerza. Sí. Este país lleno de contradicciones aún alcanza a decirme que me mueva. Dentro de la "mengambrea" nacional todavía se puede encontrar algo que valga la pena. Y sospecho que es mucho.

Y eso también me sorprende. Aun así, esto que hoy tenemos enfrente hace que la determinación de moverme no se quede ni en lamentos, ni en partidos políticos, ni en palabras tontas de sobremesa. Mi sorpresa es por partida doble, provoca que las ideas se enciendan, que la imaginación camine, que el corazón se crezca. Hace que quiera moverme.

Y estoy caminando junto con tantos otros. Nos toca atravesar este momento clave que nos definirá como país, como grupo, como generación, como individuos.

Estoy pensando... tengo mucho que hacer.

PD: Por cierto, otra de las cosas que me tiene tomada por sorpresa es la Terminal 2 del Aeropuerto Internacional Benito Juárez de la ciudad de México (no me hagan entrar en el tema, ¡por favor! puedo perder los estribos, y en este momento los necesito).
Gracias.

© Guillermo Güémez Sarre

COCINANDO LA VIDA

Josefina Vázquez Mota

—Papi, yo no podría vivir contigo ni tres meses.

—Pues mira hija, yo no podría vivir contigo ni tres minutos.

Nos reímos ambos, como tantas otras veces, y terminamos juntos de tender su cama; quedaba claro que yo jamás tendería una cama a la perfección y que él no podría sobrevivir con mi intensidad y forma de vida, aunque en realidad yo respondía a muchas de sus enseñanzas y convicciones.

A la distancia, y cada día más, estoy convencida de que —aunque en ocasiones nos cueste reconocerlo o pretendamos creer que todo es consecuencia de nuestras elecciones— conviven con nosotros a diario pedazos de vida, de enseñanzas, de apuestas, de miedos, de alegrías y audacias de nuestros padres e incluso de nuestros abuelos, que van en nuestro paquete de vida.

Los lugares que conocimos en la infancia o los sucesos de los que somos testigos marcan nuestras vidas (incluso si no tuvimos prácticamente nada que ver con ellos); nos acompañan de una manera más constante de lo que solemos pensar o alcanzamos a distinguir. Nos sorprende, por ejemplo, constatar que ahora ejercemos conductas que antes, durante la infancia o adolescencia, rechazamos, o por lo menos así me ha pasado a mí. Por eso quiero recordar en estas páginas las historias que me han hecho lo que soy y que me han permitido vivir una vida de la que estoy orgullosa.

Después de tres hijas, casi veinticinco años de matrimonio y una carrera profesional intensa, a ratos casi temeraria, caigo en la cuenta de esa mezcla en la que me he convertido. Probablemente por el escaso tiempo que puedo robar a mi agenda cotidiana, siento a ratos la nostalgia de no ver o no estar más seguido con mis padres y mis hermanos. Extraño las tardes de los sábados frente al televisor viendo hasta tres películas mexicanas al hilo. De tanto verlas, el saldo para mí y mi hermana Lupita, a quien hoy considero la persona más buena del mundo, era que llegábamos a memorizar frases y argumentos completos de Domingo Soler y Marga López, de Joaquín Pardavé y Pedro Infante. En un sinfín de ocasiones, antes de que los actores hablaran, nosotras recitábamos orgullosas los textos que se escucharían en los siguientes segundos; lo de menos era la tele en blanco y negro o la disputa con el resto de la familia por evitar que cambiaran el canal porque, como sucedía en muchas familias mexicanas, teníamos un solo aparato.

Nací en la ciudad de México en un barrio popular y, según cuenta mi mamá una y otra vez, justo a las doce de la noche y, por si fuera poco, en una noche en que un apagón había dejado a oscuras nuestra sencilla vivienda, lo que provocó que la partera llegara entre velas y lámpara portátil; la verdad es que nunca pregunté si la luz había regresado, aunque supongo que sí.

Me tocó ser el "sándwich" de mis hermanos: tres mayores y otros tres más pequeños que completaron una familia tan tradicional y común como en ese entonces: siete hermanos, cinco mujeres y dos hombres.

La primera casa que recuerdo es una que se ubicaba en la colonia Petrolera, justo al lado de una lechería de la Conasupo en la que entonces vendían unos bolillos que me parecían gigantes y que hacían deliciosa la hora del recreo. No sé muy bien cómo llegamos a vivir a la Delegación Azcapotzalco y, en particular, a esta colonia que para entonces daba albergue a familias de trabajadores de Pemex; nosotros no pertenecíamos a este grupo, mi papá jamás ha trabajado para el gobierno. De ese entonces sólo recuerdo que era absolutamente feliz y recuerdo también que mi hermana Lupita, mi mayor, con gran astucia me ponía a vender licuados de chocolate a los amigos de la cuadra, hacíamos los licuados con una pequeña licuadora que los Reyes Magos me habían traído. En ese entonces yo le creía a mi hermana mayor que la aventura tenía que dividirse en dos: yo trabajaba y vendía licuados y ella cobraba cada uno a veinte centavos y se gastaba el dinero a su antojo.

Teziutlán me parecía en ese entonces el mejor lugar del mundo, con su chipi-chipi, una humedad que obligaba en las navidades a secar las sábanas en la chimenea, las subidas y bajadas de sus calles, los mejores antojos poblanos para comer en la noche y una madrina –tía abuela– que sólo se encargaba de darnos amor. Nada se comparaba a esas vacaciones y, por si fuera poco, la casa de mi madrina tenía una huerta que entonces yo veía enorme; si ahora volviese a caminar en ella creo que la vería de su tamaño real aunque estoy segura de que lo disfrutaría tanto o más que en ese entonces. Cada Navidad cierro los ojos y puedo ver con absoluta claridad los buñuelos, los rehiletes azucarados, las galletas de mantequilla y los polvorones de naranja con que mi madrina nos aguardaba. Cada año en esas fechas mis hermanos y yo caminábamos por la huerta para encontrar unas piedras especiales que se esponjaban al exponerlas al fuego y con ellas adornábamos el Nacimiento. No es casual que las hortensias sean hoy unas de mis flores favoritas: eran justo las flores que adornaban la entrada de la Quinta Francia.

Todavía me pregunto de donde rescató mi mamá tanta alegría por la vida. Huérfana antes de la adolescencia y, en consecuencia separada de sus cuatro hermanos, fue tal vez el amor de su madrina (que decidió adoptarla, no a la muerte de su hermana sino prácticamente desde que nació) lo que la hizo la mujer alegre que siempre es.

La madrina Carmelita y mi abuela Magdalena fueron dos hermanas casi opuestas, desde su apariencia física hasta su manera de vivir la vida. La abuela era de tez morena y la madrina era tan blanca que se le veían hasta las venas; la abuela era alegre, tenía ojos color miel y amaba tanto la vida que casi se convencía a sí misma de que las restricciones económicas y las malas rachas no eran tan graves, mientras que la madrina era de ojos azul intenso y, aunque amorosa, era más exigente con la vida; la abuela estaba casada con un hombre que se autodefinía como comunista y al que don Maximino Ávila Camacho había condenado a desaparecer y le había ordenado a los suyos que cumplieran su orden en cuanto lo encontraran. Un abuelo que, para mantener a su familia, asumía roles que iban desde panadero hasta carnicero y –si se ofrecía– contaba orgulloso su encuentro con los llamados "Siete Lobitos", entre ellos don Vicente Lombardo Toledano a quien, según relataba ya casi al final de su vida, de vez en vez y en sus juventudes, le había redactado buen número de sus discursos.

De este líder social también decía que vestía a diario con el mismo traje, sólo que, según el abuelo, Lombardo Toledano tenía colgados por lo menos varias docenas de trajes exactamente iguales y, así, estrenaba frecuentemente aunque sus seguidores creyeran lo contrario.

El abuelo hasta su muerte (por cierto en condiciones de grandes restricciones económicas y prácticamente sin nada en lo material) creyó en la CNC, en las promesas del PRI y ya grande se embarcó en la aventura de Luis Echeverría que decidió entonces acabar con las selvas de Campeche para sembrar arroz: hasta Champotón fue a dar el abuelo dejando atrás lo único que le quedaba en Poza Rica, Veracruz, para tomar un tren y seguir los sueños y locuras de conseguir al fin la autosuficiencia alimentaria. El abuelo siempre creyó en la política como vocación de servir, siempre fue honrado hasta el tuétano, siempre creyó que el mundo era injusto y debía cambiarse y siempre fue un soñador irremediable; de vez en vez, fue también un temerario de la vida. En ocasiones, cuando en mi vida he tomado decisiones que rebasan la sensatez y la prudencia tradicional me remonto a mi abuelo don Eleno Mota para tratar de justificar un poco estas acciones.

Por su parte, la madrina Carmelita estuvo casada con don Emilio Audirac y vivió en la Quinta Francia, en el barrio de Francia en Teziutlán, una pequeña finca que los Audirac, a su llegada de Francia, habían construido en ese sitio y que reproduce tal cual las casas de la campiña francesa. Incluso ese nombre tan extraño que leí un sinfín de ocasiones en el establo, Bagnères de Bigorre, hoy sé que se conoce como la ciudad de agua, de árboles y de flores, y que es justo el lugar de origen de la familia Audirac.

En esa finca es en donde recuerdo a esta mujer tan bondadosa que fue salvaguarda del amor de mi mamá; de niña varias veces la escuché decir en voz alta que le chocaban esos rojillos comunistas. En sus expresiones nunca había afecto alguno por el abuelo Eleno, seguro porque habría querido algo mejor y más estable para su hermana Magdalena. Mi abuela falleció antes de cumplir los cuarenta años y dejó cinco hijos huérfanos, entre ellos a mi mamá, Josefina, que a los once años había asistido a su mamá, en su lecho de muerte, justo en la Quinta Francia. La Quinta se había convertido, para entonces, en su refugio pues mi abuelo era incapaz de atenderla porque se encontraba en su etapa más comunista y reaccionaria de su vida. La madrina Carmelita nunca le perdonó a su cuñado no haber acompañado a mi abuela en sus últimos días de vida, el abuelo no pudo llegar porque sólo podía viajar de noche y a caballo dadas las advertencias de don Maximino de ajusticiarlo en donde lo encontraran. En ese entonces así se ajustaban las cuentas, por lo menos en Teziutlán, Puebla.

Lo anterior provocó que yo empezara a conocer y a querer a mi abuelo Eleno ya adolescente y ahí escuché los primeros relatos y supe de su gusto por la política. Ya para entonces el abuelo contaba las mismas historias –que a mí me resultaban fascinantes pues en mi familia nadie hablaba de política y menos de políticos, eso simple y sencillamente no se acostumbraba en casa. Al final, de todas mis hermanas yo fui la más cercana a mi abuelo y ahora espero rescatar su credencial de la CNC que tanto orgullo le daba como fundador del movimiento.

En esa tierra mi mamá terminaría viviendo en el Colegio Internado Doña Eufrosina Camacho viuda de Ávila, el de las niñas ricas, aunque su colegiatura se pagaba con el pan que a diario surtía don Pedro Solana, amigo de los Audirac y hombre respetado y de buena posición económica que, en consideración al gran afecto por mi madrina decidió financiar parte de su estancia, donando a diario el pan. Del resto del pago se encargaba mi propia mamá, ayudando en algunas tareas del internado.

Así, cobijada en el internado y por el santuario de la Virgen del Carmen, nunca nadie le arrebató la alegría; todavía ahora y cada vez que pienso en ella siempre la recuerdo cantando a Agustín Lara, a María Grever, a Álvaro Carrillo, ella y el canto son inseparables. Cuando alguien me pregunta por qué me aprendí el *Cancionero Picot*, sólo puedo pensar en mi mamá y sus canciones. Antes de cumplir los dieciocho ya me había llevado a la Cueva de Amparo Montes y ahí escuché por primera vez *Vereda tropical* con esa voz fuerte y única; ahí también conocí a la legendaria Teté Cuevas, que tocaba magistralmente el piano, con un ritmo que jamás quiero olvidar.

La intensidad de mi vida, si es que las herencias y los genes tiene algo que ver, no tengo duda que proviene de este lado de la familia, porque si acaso hay espacios de mayor prudencia y reflexión se los debo en todo caso a mi abuela Luisa, la más sabia de todas las abuelas, a la que jamás conocí pero a la que amo como a ninguna por las historias de mi mamá y las pocas palabras que mi papá dice de ella pero que la reflejan de cuerpo entero.

La casa de mis abuelos paternos estaba lejos del barrio de Francia, en un barrio más popular que ninguno, casi cruzando la calle que permite mirar de frente la escuela primaria pública que sólo podía llamarse Manuel Ávila Castillo, para no variar. Es una casa con poca luz y más bien grande y alargada: recuerdo la cocina al final de ese pasillo que entonces también me parecía inmenso, la pila de agua con que se lavaba, una pila preciosa de esas que ahora son novedad en las casas minimalistas y elegantes. En esa casa nació y vivió mi papá hasta casarse, en esa casa fue el tercero de cuatro hermanos, ahí vivió como el hijo más cercano y amoroso de mi abuela y creo que también el más callado y tímido de todos.

El abuelo era un poco de todo, un poco bohemio, un poco infiel, un poco trabajador, un poco conciliador, un poco responsable, un poco comunista y un poco sobrio, es decir un poco de todo. Era mensajero de telégrafos y ayudante en la proyección de las películas que entonces llegaban al cine de Teziutlán, lo que convirtió a mi papá en un aficionado y apasionado del cine. A su vez, el abuelo de mi papá era un tradicional nevero, de esos que cargaban su nevera de madera en la cabeza y por eso mi papá suele decir que su abuelo se dedicaba a la industria de los lácteos y sus derivados...

La abuela debió haber amado sin condiciones al abuelo y debió haber sufrido casi lo mismo viviendo con él. Hija consentida y cuidada terminó viviendo con carencias y como era la costumbre del abuelo con poco amor y consideración, pero ella decidió vivir la vida con grandeza. Cuando era niña, mi papá decía que yo me parecía a ella en algunos rasgos y mi mamá remataba diciendo siempre que por eso era su consentida, porque me parecía a mi abuela y lo de consentida pues ni como negarlo hasta ahora. Hoy como nunca, quiero que las palabras de mi mamá se hagan realidad y pueda parecerme en muchos aspectos a la abuela, con excepción de lo poco que recibía del hombre a quien amaba.

Generosa casi sin límites, la abuela amaba la cocina y cocinaba como la mejor poblana del mundo, alquilaba cuartos para los llamados pupilos que venían a estudiar a Teziutlán procedentes de Martínez de la Torre, de Papantla, de la llamada Tierra Caliente y, en esa cocina, según cuenta mi mamá, había banquetes cotidianos de plátanos fritos, frijoles negros, chiles rellenos, buñuelos, galletas, pipián verde, pollo almendrado, mole poblano, tortillas calientes como preámbulo a las enchiladas y a las disputadas enfrijoladas con la salsa de molcajete como guardiana cotidiana. Sin embargo sus platos más deliciosos y para día de fiesta eran el adobo y el chileatole.

De niña comí en esa cocina varias veces y, aunque la abuela ya no estaba, sus olores quedaron impregnados. Fiel a su dicho de que "ahora por él, mañana por mis hijos", la abuela no pensaba sólo en sus hijos y pupilos. Cada vez que hacía buñuelos eran veinte kilos o más porque siempre que cocinaba pensaba que había que repartir y compartir, así que de esa cocina salían buñuelos o antojos para los vecinos, para sus parientes, para sus comadres, para el cura del barrio y, según me cuentan, hasta para el borrachito de la esquina: a todos repartía con las quejas y reclamos del abuelo que, como era su costumbre, daba poco pero reclamaba mucho y solía insistir en que no había necesidad de repartir de esa manera, pero la abuela decidió ser absolutamente generosa con lo poco que tenía y por tanto su casa parecía más bien hacienda en donde la gente iba, venía, comía y se sentía bienvenida. Hasta hoy amo eso de mi abuela, sigo creyendo que la cocina es una expresión del amor, porque cuando cocinas siempre sueles pensar en alguien o en algunos y esperas que ese guiso les guste y les halague. Me hubiera encantado cocinar con mi abuela, y seguro que mi amor por la cocina se lo debo a ella. También aprendí de ella que quien cruza la puerta de la casa debe sentirse bienvenido y comer sin restricciones, y lo que es más, sin distinciones en los guisos. Sea un platillo especial o alguno muy sencillo, en casa todos comemos lo mismo. Por eso me cuesta creer las historias de algunas familias en las que se separa e incluso se limita la comida a quienes trabajan y ayudan en las tareas de ese hogar.

A ratos pienso que yo debo terminar mi vida cocinando, disfrutando de todos esos aromas y sabores. La cocina es mi espacio predilecto casi tanto como mis libros y los abrazos de mis hijas, la cocina es el espacio donde sucede lo mejor, lo más bueno y, a la vez, es ahí donde se cuentan las malas noticias, ahí se festeja la vida y también desde la cocina se llora la muerte. Estoy segura de ello y tal vez, en esta vida tan rápida y de locura, una de las mayores pérdidas es justo la de esa mesa en donde a diario se convivía, se conversaba, se servían los guisos para hacernos felices y más sanos, por lo menos del corazón. En nuestra vida contemporánea nada ha logrado sustituir a la mesa de la cocina.

Hay frases de la abuela que me acompañan y me ayudan a explicar pedazos importantes de mi vida. Una de las que más me marcó reza así: "El que temprano se moja, tiene tiempo de secarse". Sé que mi papá la quiso como nadie, que en las ferias del barrio regresaba del banco donde trabajaba y, callado como es hasta ahora, pasaba a recogerla para ayudarle con su carrito en el que había vendido tamales ese día, o para acompañarla en silencio de regreso a su casa, ya cansada por la cocina y las ventas del día. Así iba don Arnulfo, como yo llamo a mi papá, trajeado y del banco, pues el abuelo poco la atendía y los hijos mayores llamados "los búfalos" eran famosos por sus visitas a la cantina, su carácter provocador y su fuerza en las peleas. Aún recuerdo las manos de mi tío Gonzalo: eran gigantes y fuertes, presumía de partir leños con ellas; lástima que esa fuerza, siendo ambos tíos tan nobles y de buen corazón, terminara muy frecuentemente entre copas y peleas.

La abuela y mi papá se convirtieron, así, en la complicidad de la ternura y la comprensión. Ahora sé por qué mi papá respeta y quiere tanto a la milicia, por qué cada año me llevaba a la plancha del Zócalo (cuando sólo había un Grito) a caminarlo y a vivir y sentir orgullo por nuestra independencia y nunca nos perdimos el desfile del día siguiente. Entonces, de niña, me preguntaba quién o quiénes irían en esas camionetas a Palacio Nacional, a la fiesta del Grito. Nunca imaginé entonces que yo tendría ese privilegio. Mi papá me enseñó a querer al ejército, a respetar cada símbolo patrio, y mi amor por los libros es también de su autoría. Así fui con él a Normandía para caminar el territorio donde aconteció el desembarco y el famoso Día D; así me enseñó sobre gestas militares y muchas de sus lecturas empezaban y terminaban aquí, en la milicia.

Mi mamá me contó, nunca él, que en su momento había enviado una carta para ingresar al Colegio Militar y, no obstante su larga espera, la respuesta nunca llegó, lo que sin duda, en sus silencios, le hicieron pensar que él y la milicia no tenían destino común. A la muerte de mi abuela, entre sus papeles, en una caja (que por cierto mi mamá me regaló y que conservo como reliquia) estaba el telegrama en donde le respondían a mi papá que había sido aceptado en el Colegio Militar y que enviara sus documentos para su ingreso inmediato. Es claro que ese telegrama nunca fue leído por nadie más que por mi abuela y ahora pienso que probablemente en esta diligencia mi abuelo ayudó (en este caso no poco sino mucho), pues durante años trabajó repartiendo telegramas. La verdad no la conozco pero puedo atribuirle al abuelo, aunque sea por esta vez, una participación más relevante.

El resto se fue tejiendo sobre estas historias y herencias. De Teziutlán salieron mis padres a México sin nada, sólo con una hija recién nacida y un bebé a punto de nacer. La audacia y energía de mi mamá evitó el regreso con su carga de fracaso y sin éxito: su orgullo y su fuerza se impusieron desde entonces y hasta ahora; la disciplina de don Arnulfo, su prudencia, sus silencios y un afán de trabajo sin límites les permitieron quedarse en la ciudad de México y construir una historia exitosa de unidad y amor familiar, y también construir un patrimonio, por demás honrado y bien nacido, fruto de largas horas de trabajo y de visión empresarial, aunque también de ahorro y una vida sin necesidades pero jamás con excesos. Mi mamá me contó un par de veces el desafío de tener limpia y planchada con almidón una camisa blanca para que mi papá se presentara a trabajar, pero el desafío real no estaba en almidonar, sino en el hecho de que sólo contaba con dos camisas blancas y, en época de lluvias y en invierno, secarlas era una aventura.

La abuela se vino a morir con mi mamá. Entre ellas se había construido una relación de afecto y comprensión genuina. La abuela se ganaba su cariño cada vez que, viajando en camión de segunda, le traía a mi mamá todos sus antojos y gustos gastronómicos. Por eso nunca viajaba salvo en camión de segunda, pues sólo ahí la dejaban "cargar todo lo que quería". Vino de Teziutlán ya enferma y cansada de tanto trabajo y tan poco amor, así que al bajar del camión simple y sencillamente dijo "me vine a morir con usted" y así sucedió.

Para entonces, y con grandes sacrificios, mi papá pudo comprar apenas una parte de un comercio en sociedad, mismo que fue vendido para enterrar a la abuela Luisa en Teziutlán. Siempre he creído que ese acto de generosidad de mi papá se lo multiplicó mi abuela por muchos tantos y para siempre. De ahí en adelante, aunque los apuros económicos no desaparecieron, el trabajo y las oportunidades llegaron de manera definitiva. La abuela vino a morirse al hogar que sentía suyo y su muerte fue un nuevo principio de vida y prosperidad para la familia.

Hoy no quiero olvidar esos viernes por la noche en que siendo niños, mis hermanos y yo esperábamos la llegada de mi papá, porque en las tradicionales bolsas de papel de estraza traía jamón delicioso, dulces, galletas y ese día había cena especial. No quiero olvidar las primeras invitaciones en nuestros cumpleaños a un restaurante sencillo fuera de casa; no olvido mi casa con un solo baño para siete hermanos; mi casa con un solo televisor que compartir y mis vacaciones en Teziutlán con sus amores, sus sabores y con el cerro de Chignautla que anhelo volver a caminar.

Ahora caigo en la cuenta de que soy pedazos de todas estas historias, más aquello que, bueno y malo, he elegido ser y vivir hasta ahora.

Hoy comprendo de mejor manera la sencillez con que mi papá siempre ha vivido, jamás le he visto comprar un reloj o auto lujoso y, de paso, así se empeñó en educarnos: nada debía ser ni tan fácil ni tan rápido, no había coches nuevos esperando las graduaciones ni grandes comodidades. Había todo lo necesario para ser feliz y disfrutar la vida. Ahora que sus hijos y nietos vivimos de otra manera, él sigue optando (salvo su gusto por la comida) por lo sencillo y, si se puede austero, entonces mejor.

Viví con disciplina y, aunque don Arnulfo jamás alzaba la voz ni en las llamadas de atención, su nivel de exigencia siempre fue alto y, en muchas ocasiones, sin negociaciones posibles.

Recuerdo que jamás aceptó firmar mi boleta de segundo año de secundaria porque obtuve un ocho en español y, al enterarse que la baja nota se debía a la indisciplina de estar hablando con mis compañeros de clase, rehusó firmar diciendo que las reglas son las reglas y están para cumplirse. Así, cuando llegamos hasta la Subdirección de la secundaria en donde amablemente le pidieron firmar mi boleta, don Arnulfo, comedido y con voz pausada, respondió que no, agradeció al maestro en turno y se fue a trabajar.

Hoy me descubro viajando como mi papá me enseñó. Es claro que a él nadie le enseñó ni de esto ni de muchos otros asuntos, sin embargo es un viajero muy especial. Mi papá estudia las rutas, los hoteles deben ser limpios, cómodos pero sin necesidad de lujos o servicios extraordinarios. Pero eso sí, a la hora de elegir dónde comer, aparecen las guías más sofisticadas y probadas del mundo porque en la mesa para comer o cenar no hay límites para probar platillos y compartirlos. La debilidad mayor llega con los postres. Pide tantos platos a la vez que al tenerlos frente a sí, volteará a mirar al incauto que se lo permita para decirle con una sonrisa seductora: "Mira lo que te pedí..."

Estas premisas de viaje no sólo las he continuado sino que se han reforzado con mis hijas. En cada viaje y casi en cada episodio de la vida es común oírles decir: "Mi abuelito me recomendó tal o cual cosa", o "como dice mi abuelito" o, en mi caso, "aquí vine con mi papá, aquí comimos juntos esto o aquello". Así, sin pagar boleto, el abuelito siempre nos acompaña al viaje.

Abrir un libro, oler sus hojas, sentir sus letras, se lo debo también a don Arnulfo. Los domingos, la visita a la librería que entonces estaba en la Alameda de la ciudad de México, era obligada y deliciosa.

La selección corría por su cuenta; desde *Corazón. Diario de un niño* que leí y releí hasta casi aprenderme muchos párrafos, *Mujercitas*, *Las llaves del reino*, hasta *Las fábulas* de Esopo, *Canek*. Durante la niñez todo transitó muy bien, pero al llegar a la adolescencia me percaté enseguida que la disciplina estaba incluida en el paquete.

Así que tal vez éste sea el espacio por el que don Arnulfo se enterará de una colección de libros que por las noches y segura de que no me descubriría, me di el gusto de leer. Desde *El Padrino*, de Mario Puzo, hasta una larga lista de textos que mi papá consideraba que no estaba en edad de leer. Gozaba los clásicos, desde *El Quijote*, *Hamlet* y Platón; al tiempo descubrí la maravillosa literatura latinoamericana: Borges, Fuentes, Neruda, García Márquez, y mi gran debilidad entonces y hasta ahora sigue siendo la poesía de Jaime Sabines y esa luna que se bebe a cucharadas.

Durante algunos meses de mi adolescencia casi siempre traía entre manos un libro de Agatha Christie, mi lectura permanente. Creo haberme bebido, tal cual, toda su obra completa y en versión rústica, por supuesto. En ese entonces creo recordar una edición de Aguilar con hojas finas, casi transparentes, donde se publicó toda la obra de esta gran escritora inglesa. Esta edición, como algunas otras, se quedaron guardadas en el cajón de los anhelos.

Ahora, cuando comparto con don Arnulfo los desfiles militares o cuando la vida y mi trabajo me han dado la oportunidad de invitarlo a una ceremonia militar veo la emoción que le provoca y lo feliz que vive esos momentos: ignoro qué pase por su mente pero eso es lo de menos, es feliz como ninguno.

Por otro lado, cuando veo la intensidad con que vive mi mamá, lo incansable de su espíritu, su ambición que no se rinde, ese orgullo y dignidad de no vencerse y esa afortunada y constante alegría que la acompaña, pienso que su espíritu venció para siempre el desamor de don Emilio y la partida temprana de mi abuela. A ratos, cuando no puedo quedarme quieta ni por un segundo y mis hijas coludidas me sugieren que nunca se me ocurra regresar a la casa de tiempo completo —lo que por supuesto no está en mi plan de vida— porque las volvería locas, pienso un poco en mi mamá, a quien jamás he visto en la lasitud y menos en la tristeza: ella es sinónimo de movimiento e intensidad.

Hace poco una mujer me dijo que mucho de lo que somos, incluso de lo que debemos comer, está determinado por nuestra sangre, se explica por nuestras herencias, nuestros genes, y por nuestros antepasados. Para alguien como yo, que por años he defendido la tesis de que somos todo aquello que elegimos y nada más, este libro me da la oportunidad de reconocer mi equivocación y mal cálculo de pretender con arrogancia que uno es sólo uno y no los pedazos de los amores, los anhelos, las lecciones, los sinsabores, las vidas de los otros, de quienes nos han o a quienes hemos amado, de los que han tocado nuestras almas o inteligencias, de quienes (incluso rechazando tales o cuales comportamientos) se nos han pegado al alma para no irse jamás, más allá de lo que lo reconozcamos o pretendamos ignorar.

Hoy, cuando veo y escucho a presidentes de la República hablar tan intensa y amorosamente de sus padres, comprendo de mejor manera que hay pedazos de vida, ideas, anhelos y sueños que se heredaron de un corazón a otro, que se llevan en la sangre. Hoy, cuando escucho decir a los hombres más reconocidos y respetados que son así en gran medida porque su papá los formó en el deber ser, comprendo de mejor manera que, siendo libres, hay marcas y huellas para siempre; cuando escucho a alguna de mis amigas quejarse de su madre, pero cargándola todo el día y dedicándole casi todas sus conversaciones; hoy, cuando de pronto me sorprendo haciendo tal o cual cosa como mi mamá o mi papá –aun cuando dije que no lo haría– ya no me causa molestia o rechazo sino más bien una amorosa nostalgia y gratitud.

Mientras escribo este texto, miro mi altar de muertos: las flores, las veladoras prendidas, las típicas calaveras rodeadas por pan de muerto, algunos de Oaxaca y por supuesto no podían faltar los de "La Flor de Puebla"; miro el vaso de agua que según mi mamá jamás puede faltar en un altar y, cada vez en mayor número, las fotos de los muertos: mi suegro de joven y ya mayor, mi madrina Carmelita, las fotos de boda de mis respectivos abuelos y dos más de maestras muy jóvenes a quienes mis hijas han querido mucho y murieron a corta edad en dolorosos accidentes de tránsito.

Comprendí que yo pongo ese altar porque durante toda mi vida con mis padres, cada año sin falta, mi mamá pone el altar y ella misma prepara la ofrenda: el pan de muerto con levadura; los tamales de dulce, verdes y de frijoles porque así le gustaban a su suegra; la copita para don Gonzalo, su suegro; los dulces para su madrina y así para cada cual. Cada año llega la visita al centro de la ciudad a comprar las veladoras, las flores a Jamaica y la fruta para refrescar el viaje de los muertos. Ahora que una hija mía decidió ir de misiones al otro lado del mundo, me escribió que desde lejos imaginaba el altar y añoraba comerse los tradicionales huesos que adornan el pan de muerto. Estaba segura de que la tradición se repetía, tenía certeza de lo que habíamos ofrendado y, al estar lejos, añoraba estas fiestas... Es claro entonces que soy producto de las historias y vidas de mis padres y mis abuelos, que mis tesis defendidas a ultranza por años en el sentido de que uno es quien es por voluntad absolutamente personal, individual, por nuestro ejercicio de la libertad, de pronto se debilitaron, no en cuanto a la convicción de libertad sino en cuanto a la absoluta autonomía de que somos a partir sólo de nosotros y no a partir de los otros.

Esta historia marca un antes y un después en mi vida. Este relato demuestra que aun sin elegirlo –o incluso en algunos casos quererlo– las miradas y caricias, las ausencias, los errores, los sueños cumplidos y, en especial, los no realizados, las lecciones repetidas una y otra vez, las tradiciones y costumbres aun para aquellos que se presumen como imposibles de influir, marcan y acompañan nuestra vida, aunque es cierto que en diversos grados y de maneras distintas. Sin embargo, conforme más recorro mi propia vida y observo la de otros, mi tesis anterior se derrumba. En ocasiones incluso observo que para algunos, conforme más se avanza en edad parecería que más se regresa a los orígenes. Una mujer dedicada por años a cuidar a las ancianas y, por ende, cercana a muchas de ellas en el momento de su muerte, me hizo saber que casi sin excepción en sus últimos minutos de vida siempre llaman a sus madres, las nombran, las buscan, no obstante haberlas perdido muchos años atrás.

Lo anterior no se contrapone hoy a mi convicción de la fuerza de cada cual para cambiar y trastocar nuestra propia vida; en ocasiones en contra de casi todo y a pesar de situaciones verdaderamente adversas. Mis padres son para mí un ejemplo de ello: ninguno repitió fielmente los patrones de conducta ni las historias de sus progenitores; mi caso es el mismo. No obstante, mi vida no es hoy por hoy, afortunadamente, ni tan independiente de los otros ni tan lejana o distante a las historias de familia.

Hoy como nunca puedo reconocer que somos pedazos de la vida de otros, en especial somos pedazos de sus apuestas de generosidad y amor. Para otros las huellas resultan con frecuencia dolorosas e incluso insoportables: recuerdo ahora las palabras de un hombre dedicado por años al rescate y cuidado de niños cuyo único hogar es la calle; en esa ocasión expresaba que casi nunca logran superar el hecho de no haber contado con esa mirada amorosa de una madre, que no requiere palabras pero marca por siempre, que esa ausencia de mirada los marcaba de por vida, y ahora no hago sino confirmar las palabras del "abuelo" así llamado amorosamente por sus niños.

No he renunciado a creer que la libertad de elección es la divisa más valiosa e importante. En mi caso, la causa que explica mis aciertos y errores; he sido temeraria como el abuelo Eleno y sin jamás imaginarlo me he visto obligada a ejercitar la paciencia y los silencios de mi padre; amo la vida con la intensidad casi sin límites de mi madre, la cocina me da una felicidad única como a la abuela Luisa y a ratos también tengo los "pocos" y las mezquindades del abuelo Gonzalo y, según cuenta mi mamá, el gusto por el baile de la abuela Magdalena. Ahora, si quiero encontrarme otras explicaciones aún más remotas, mis platos favoritos tienen que ver con la industria de los lácteos y sus derivados, casi no resisto los dulces de leche y cuando quiero darme permiso, de veras, y sentir que me merezco mucho en la vida, entonces suelo rematar una muy saludable comida de verduras y pescado con un generoso helado de vainilla, y entonces esa culpa y responsabilidad deliciosa se la adjudico gustosamente al bisabuelo.

Algunas historias atrapan para siempre, para la fatalidad, con todas sus limitaciones. Otras son justo el aliento para continuarlas y preservarlas o bien para no repetirlas jamás y superarlas por siempre, y es aquí donde la libertad se ejerce a plenitud: de cada cual dependerá con qué pedazos de historias nos quedamos y cuáles otros los exorcizamos de nuestras vidas y de las vidas por venir. Ésta no es una decisión ni un desafío fácil de resolver, pero estar conscientes de que somos un rompecabezas con piezas de diverso origen y naturaleza es ya un paso definitivo para recomponer los pedazos, para darles el tono y la intensidad que así convenga y cada quien decida, para al final quedarnos con lo mejor de los otros y hacer en consecuencia la parte que nos corresponde y, tal vez, sea justo aquí donde reside la grandeza y la fuerza de cada quien.

Ahora me pregunto, ¿cuántos de mis miedos, de mis sueños y anhelos, de mis audacias, errores y aciertos han marcado o acompañarán la vida de mis hijas o si fuese el caso de mis nietos? Y de pronto no me atrevo a responder. Por un lado sólo deseo que se queden con lo mejor aunque sospecho que el paquete suele ir completo y ser más complejo de lo que uno desearía en principio.

Me alienta saber que han sido más valientes y fuertes de lo que yo era a su edad, que su mundo es ahora más amplio y sus referentes se han multiplicado. Que sus padres, a diferencia de los nuestros, no somos lo absoluto y menos aún lo correcto, que su ejercicio de libertad es no sólo más amplio sino cotidiano y parte de sus vidas. Debo confesar, sin embargo, que hay pedazos de mi vida y de las historias de familia que me gustaría que acompañaran sus vidas y las vidas de aquellos que, sin haber nacido todavía, puedan rescatar lo mejor del espíritu y afán de sus abuelos, de sus antepasados y en su sangre puedan identificar sus raíces y su historia... No puedo renunciar a este reconocimiento de uno mismo, a esta necesidad de recordar siempre de dónde venimos para probablemente así tener mayores y mejores certezas de hacia dónde debemos, podemos y queremos transitar, en especial para ser más completos y felices, porque ésa es, a final de cuentas, la razón más importante de vivir.

He aprendido que la vida no es un plato de un solo sabor y tampoco un guiso simple y ausente de color, intensidad, creatividad y del sazón de cada cual.

Hoy sé que cocinar la vida es como la mejor receta de la abuela Luisa: una mezcla de especias que darán sabor único al ingrediente principal, aunque el sabor predominante dependerá siempre, y en gran medida, de la dedicación, el tiempo, el espacio y la suma de cariños con que se prepare.

Es como dice mi mamá: "Hay que dejar que se sazone y que adquiera su consistencia propia y única".

Hoy sé que para un buen guiso se necesitan las mezclas y medidas de varios ingredientes incluyendo hasta las pizcas que marcan la diferencia. Y sé también que cocinando, incluso la misma receta, nunca a nadie le resulta igual. Como mi abuela Luisa decía, "nadie sabe del fondo de la olla más que la cuchara". Al final, cada cocinera cocina su propia vida. Sólo que en el caldero ya había ingredientes, sazones, historias impregnadas, amores y sinsabores, sueños cumplidos y otros aguardando mejores tiempos.

Por eso al cocinar nuestra vida en ese caldero, el guiso sabrá a nosotras mismas, responderá a nuestra selección de ingredientes y querencias y hoy sé que inevitablemente y, en mi caso, afortunadamente, estará aderezado por otras vidas que en ese caldero dejaron, en su tiempo y circunstancia, su sabor único para siempre.

Y así es como hasta ahora he ido cocinando mi vida.

© Guillermo Güémez Sarre

BAILAR A MI SON

Tanya Moss

Recibir una invitación como ésta para abrirse y tener unos momentos de reflexión e ir atrás en el tiempo no es fácil, en especial para una persona como yo que tiene facilidad con las imágenes y no tanta con las palabras; pienso en infinidad de cosas al mismo tiempo y quiero decir mucho, a la vez me da miedo decirlo y ver qué va saliendo de los huecos más profundos de mi corazón. Lo veo como una enorme oportunidad de entrar en los mares del recuerdo y los sentimientos para entender esos momentos en los que me siento vulnerable y en donde no tengo control de las cosas que pasan, de la profundidad de mi ser, a donde hago una visita para poder escribir estas palabras.

Al pensar en qué me ha tomado por sorpresa en la vida, es claro que me vienen a la cabeza varios momentos en los cuales tanto la vida como yo misma me han sorprendido, sin embargo creo que en mi caso la sorpresa mayor ha sido en el aspecto personal, más cerca del corazón que en el nivel profesional, aunque de alguna u otra forma lo personal y lo profesional están entrelazados. Nunca he podido dejar de ser la diseñadora que tengo adentro, aunque esté concentrada y ocupada siendo mamá, esposa, amiga, hija, hermana, nieta, colega, etcétera. Y al revés, nunca puedes dejar de ser lo más básico que eres porque estás ocupada en tu profesión, por maravillosa que sea. Tampoco puedes dejar de cuestionarte todo el tiempo si lo que haces está bien, o si es suficiente, y resulta una guerra de conciencia constante.

Tiendo a pensar que dentro de todo, en la vida profesional todo es más controlable, dar órdenes, recibirlas, trabajar en equipo, tener problemas y vivir resolviéndolos uno tras otro, tratando de ser líder y ejemplo para la gente que nos rodea, tener enfoque y aplicarlo, tener metas, perseguirlas y lograrlas; en fin, realmente siento que es mucho más fácil controlar eso, ya que existe un enfoque. Se sabe hacia dónde queremos ir y vamos inventando el cómo en el camino, lo cual da sabor a nuestras vidas.

En el lado personal, la vida me toma más por sorpresa cuando pienso que no tengo control sobre alguna situación, como cuando he llegado a decir sin querer cosas que han lastimado a mis amigos o cuando se me resbalan las palabras y he dicho cosas que no debí haber dicho y dejé una imagen mía muy lejana a la realidad, o cuando mis hijos no hacen lo que les pido y dentro de mí siento una desesperación terrible y no el amor que debo sentir todo el tiempo.

Los momentos en los que más vulnerable y débil me he sentido han sido cuando actúo de manera natural, aunque sin pensarlo, con una idea en la cabeza y sin saberlo de alguna manera esto afecta a otra persona que quiero, y la lastima o produce un sentimiento diferente al intencionado y siento que pierdo el control de la situación y de las cosas o acciones. Ha habido momentos en los que realmente me siento fuera de control porque tengo en mente sólo mi enfoque muy personal y me llevo de refilón a otra persona que espera algo diferente de mí; o no respondo cómo me gustaría, o cómo yo esperaría que alguien cercano respondiera hacia mí (no hagas lo que no te gustaría que te hicieran, es una de las frases que más repito a mis hijos). Sin embargo, no siempre sigues lo que predicas, y allí me decepciono de mí misma y siento que decepciono a la gente que me rodea, y me toma por sorpresa lo duro que me castigo. Me juzgo de una manera muy fuerte cuando siento que no cumplo expectativas tanto mías como de los que me importan, supongo que entonces me veo a través de otros ojos y no de los míos. Algo así me quita tanto la concentración y la energía, que dejo de tener el enfoque necesario para crear, que es lo que me provoca amor y respeto hacia mí misma. Me cuesta mucho trabajo entender los misterios de la mente humana y a veces cómo relacionarme con ellos, entender los ángulos infinitos que tiene el círculo de la personalidad de cada quien. A veces me encuentro con ratos en donde me siento muy poco preparada para afrontar los misterios de la personalidad de la gente que me rodea.

Soy una persona tremendamente impulsiva, cualidad y defecto al mismo tiempo, es cualidad cuando pienso en que mi impulsividad me ha llevado a lograr proyectos antes impensables, fuertes, nuevas cosas, logros, y es defecto cuando reacciono de una forma explosiva y a veces desproporcionada al tema que me hizo explotar, por lo que causo sentimientos negativos alrededor de mí y destruyo lo que me tomó tanto tiempo construir, y claro, luego viene la culpa.

Creo que desde pequeña decidí que iba a hacer algo importante con mi vida, siempre pensé que quería hacer algo en la vida para dejar huella, también pensé que iba a ser una muy famosa diseñadora de modas. Cuando era una escolar, la única manera en la cual podía estar sentada en clase era dibujando y lo que más me gustaba dibujar era modelos con ropa muy moderna y divertida; siempre me ha encantado el arte. Otro de mis sueños desde pequeña era ser una pintora famosa y estar rodeada de color y belleza. El olor del óleo, por ejemplo, es uno de los olores que más me llega al corazón. La joyería también llegó a mi vida como una sorpresa, ya que conforme fui creciendo y estudiando, llegó a mi vida a enseñarme que era algo que podía hacer bien y logró enamorarme. Siempre supe que lo que iba a ser, lo quería lograr en grande, los puntos medios no eran opción, de hecho recuerdo una frase que mi mejor amiga me decía en ocasiones: "Tanya, no se puede todo", y yo simplemente no entendía el concepto, ¿por qué no todo?, si eso es lo que quiero. Creo que hoy en día soy más moderada, no lo quiero "todo", pero sí casi todo.

Soy la primera de tres hermanas, de una familia totalmente funcional, todo funcionaba como debe ser, la figura de mi padre era ser el proveedor y el hombre de una casa con sólo hijas, por lo que como hombre no sabía tanto cómo comunicarse con nosotras, y la figura de mi madre era el rol de la mamá cariñosa, juguetona y presente, siempre acompañándonos.

Al ser yo la mayor, recaía en mí la responsabilidad de ser el ejemplo a seguir, las buenas calificaciones, portarme bien. La presión de ser la mayor y ser el ejemplo me formó en el sentido de que hoy en día me considero una persona sumamente responsable de mis cosas y de lo que pasa a mi alrededor. Con mis hermanas la relación era y es muy buena, aunque creciendo, como buenas mujeres y hermanas, existían conflictos de personalidad. Sin embargo, ante ellas siempre me sentía la responsable, tan responsable de ellas como de ponerles el ejemplo en todos los ámbitos, sobre todo en el escolar y en el de cómo portarse, y claro que lo cumplía. También me sentía responsable de demostrarle a mi papá que yo podía con ese paquete. Sentía la necesidad constante de probar a los demás de lo que era capaz, que podía lograr infinidad de cosas, pero también me sentía la menos bonita, tanto entre las tres hermanas como entre mis amigas, y la menos popular, o la menos hábil en saber defenderme a mí misma. Sabía cuánto valía, pero no encontraba las palabras para expresarlo socialmente.

En la escuela fui una persona más bien solitaria, que no sabía defenderse ni tener la lengua afilada para realmente decir lo que pensaba. Me cubría detrás de los maestros y me sentía tranquila logrando buenas calificaciones, pero socialmente era un poco retraída y mi falta de control me llevaba a enojarme rápidamente, así que era bastante vulnerable, pero no podía decir basta para expresar una defensa creativa e inteligente, así que mis mejores amigos en mi niñez fueron los libros, mi perro y la que actualmente sigue siendo mi mejor amiga.

Todo esto me provocaba una sensación de vacío y de nunca encajar al cien por ciento, por lo que me decía a mí misma que esto no me podía ocurrir más, y lo utilicé en mi vida como motivación para sentir que yo era lo suficientemente fuerte como para construirme la vida como yo la quería y tratar de nunca perder el control de ella; yo podía pintar la vida del color que yo quisiera.

Es muy interesante cómo los pequeños detalles hacen que cada persona reaccione de manera distinta y nos obligan a crecer y a crearnos una imagen de nosotros mismos, la cual nos lleva a construirnos metas en la vida, una meta hacia donde caminar y dirigirnos. Yo decidí no darme por vencida cuando mis ánimos se venían al suelo y cuando me sentía que no podía hablar de lo extraña que me sentía en la escuela, aunque también decidí no sentirme nunca tan vulnerable que lo externo me lastimara, y entonces cerré ciertas puertas en mi corazón creando una capa de protección de sentimientos durante mi etapa adolescente, y me encontré con una experiencia difícil en el plano romántico (yo quería lo que quiere toda chica de veintitantos años: casarse, tener familia). Esta capa de protección que construí frenaba mis sentimientos y no me dejaba sentir a la gente de manera profunda y por supuesto a mis parejas del momento. Realmente me sentía confundida con lo que debía esperar de la otra persona, realmente llegué a creer que nunca encontraría a alguien con quién sentir y con quién poder ser yo misma en mi totalidad, mi búsqueda por lograr esto fue bastante difícil y me dejó ciertas huellas.

Mientras que en mi etapa escolar y de secundaria tuve que luchar y protegerme, me ayudó a reinventarme, a saber qué quería de mí y de los demás, al llegar a la preparatoria me sentí florecer por dentro y encontré realmente lo que me motivaba y me movía. Encontré más a fondo mis gustos y desarrollé aún más el amor por el arte, y sobre todo aprendí a mirarme en el espejo y encontrar una imagen que me gustara y entendí cómo quererme, lo cual me llevó a sentir más alegría y reflejarla en lo que hacía y en lo que sentía. Comencé a sentir que pertenecía al grupo y a la vida que estaba viviendo.

Mi experiencia en la universidad fue maravillosa, mi vida se abrió a un grupo de gente mucho mayor y encontré más personas afines a mis gustos y mis valores, sin embargo existía una constante, buscar la aprobación de la gente que me rodeaba, aunque ahora más bien me retaba a mí misma y no buscaba tanto demostrarle a los demás.

Creo que fue una etapa muy intensa, en donde me desarrollé profesionalmente de forma increíble, me di cuenta de lo que era capaz, de que no había retos que me frenaran, sino que me motivaban a querer siempre ser la mejor. Florecí y crecí muchísimo, ya que me fui dando cuenta para qué había nacido, que las decisiones tomadas hacia mi futuro eran las correctas y empecé a ser más feliz que nunca, a confiar más en mi persona y en mis capacidades.

Sin embargo ésta fue la época en donde más a la deriva estuve en la búsqueda de pareja y en la lucha enorme de no encontrar cómo entregar mis sentimientos ni cómo recibirlos de alguien.

Realmente recuerdo que ése era uno de los pensamientos que más energía me quitaban, que más angustia me causaban. El caso es que cuando yo tenía veintitrés, veinticuatro años, ya vivía hecha a la idea de que sería imposible encontrar una persona que me dejara ser yo misma lo suficiente como para lograr mi proyecto de vida, que yo no tendría la oportunidad de encontrar esa paz, ya que las experiencias anteriores me habían probado que mejor yo solita, pues me gustaba bailar a mi son y no dar explicaciones a nadie sobre lo que decidía hacer. La experiencia que viví en este sentido fue muy intensa, porque aunque me protegía fuertemente de mis sentimientos, también podría decir que me engañaba. La intensidad con que sentía las cosas y las decepciones o las ilusiones era inmensa, si me ilusionaba con algo, me sentía la dueña del mundo, pero si no cumplía mis expectativas me juzgaba muy duramente y me sentía fracasada.

Cuando leo estas palabras realmente regreso a esa sensación y sentimiento que me embargaba, aunque hacía todo lo que me proponía en la vida, ése era un vacío tal que cuando podía, recuerdo que lo llenaba con comida. A veces tenía una desesperación por los dulces que, cuando lo veo en retrospectiva, me doy cuenta que trataba de llenar el hueco dentro de mi alma. Y lo chistoso es que mientras tanto profesionalmente seguía creciendo y desarrollándome, tuve la oportunidad de entrar a la universidad que yo quise, ser muy buena desde un principio, dando pasos seguros y trabajando fuerte, pero con facilidad; también tuve la oportunidad de salir de México y estudiar cosas nuevas, abrir horizontes, crear. Encontré mi vocación. Y realmente al tiempo que todo esto pasaba suavemente en mi vida, mi búsqueda romántica me quemaba y me causaba un cuestionamiento interno muy intenso: ¿por qué mis amigas pudieron encontrar pareja y están contentas y yo no? También mi compromiso con mi carrera y con lo que me gustaba hacer era tan grande que yo sola provocaba el vacío que sentía.

Creo que una de las sorpresas más grandes fue lograr la paz de encontrar una persona con quién entenderme y con quién hacer pareja y tener familia, con quién ser y crecer como iguales, ya que esto ha hecho que todo lo demás en la vida profesional caiga más fácil en su lugar, con eso he logrado tener la energía enfocada donde pertenece o donde yo la quería poner. Cuando realmente conocí a la persona que hoy es mi esposo, seguí mi intuición y encontré esa tranquilidad que buscaba, ya que esa búsqueda realmente me quitaba mucha más energía y concentración de lo que le daba crédito yo misma; ése fue realmente un sentimiento de sorpresa: madurar y saber que la vida puede ser más sencilla de lo que uno se la suele hacer, darme cuenta de que uno mismo es el que complica o facilita lo que sucede a su alrededor.

Ahora en la vida adulta puedo manejar mejor mis sentimientos y he aprendido que no todo lo puedo controlar. Ya no siento tanta necesidad de aprobación general, pues estoy rodeada de la vida que yo elegí para mí misma y hago en mi vida algo que amo. Sin embargo dar rienda suelta a los sentimientos me cae por sorpresa cada vez que abro la puerta y descubro tantos sentimientos dentro de mí, me descubro cada vez diferente e intensa. También me descubro con una tremenda cantidad de sentimientos encontrados hacia todo, por lo que vivo cuestionamientos internos diarios, pero con un sabor muy diferente al de mi juventud.

Mi pareja me respeta como soy, por lo que soy y me empuja a buscar más de mí misma constantemente, me reta a reinventarme, a buscar y construir la idea que yo he creado de mi vida, a perseguir mis metas; ha sido un complemento en donde el logro de mis sueños profesionales no ha sido nunca un impedimento, sino una meta mutua. Ha hecho que cuando yo tiendo a exagerar e inflar mis impulsos me detenga a evaluarlos dos veces y no caiga en el drama que una sola se va creando.

Después llegaron los hijos, y además de la sorpresa que es ser madre con todas las responsabilidades y alegrías que implica, llegó el momento de mi vida en el que menos preparada me he sentido, desde el día uno, en que yo creía que un bebé no iba a cambiar mi vida o mi trabajo, porque si yo sé todo sobre el control, lo tenía todo controlado, estudiado, planeado, nada iba a interferir en mi carrera, en mis planes de vida, tenía una carrera comenzada y armada que me encantaba.

Nada en la vida, ni el reto más grande profesionalmente, te prepara para entender cómo te vas a sentir a la hora de saberte responsable de esa personita, sobre todo al principio, cuando sólo llora y come (los momentos tranquilos duerme, pero son los menos); por ejemplo, no lograba meterme a bañar ¡hasta la tarde! ¿Dónde estaba la persona que iba y venía de un lado a otro? ¿La mujer independiente que sabía solucionar las cuestiones que tuviere delante? Ni hablar de poder ir a trabajar cuando ya me quería ir; y ¿cómo controlar el reflujo y toda la serie de cositas que vienen con el "bultito"? Nada me preparó en la vida para manejar la serie de sentimientos encontrados que sentí entonces y siento hasta hoy, sentimientos de una felicidad y lleno en el corazón casi indescriptibles, de no poder creer lo que estás viviendo, lo mismo que la sensación de que estás viendo una película, hasta una sensación de estar totalmente perdida en el mundo, de no saber qué hacer y cómo reaccionar a las cosas sencillas de la vida. También un profundo cuestionamiento sobre qué hacer con el cambio de vida que nos cayó de sopetón y cómo no regarla en cualquier momento, cómo poder poner en la misma línea lo que uno quiere para su propia vida y lo que quieres para los hijos; les quieres dar lo mejor y para eso sales a trabajar pero te gustaría pasar todo el tiempo con ellos para darles seguridad y tranquilidad, y al no estar ahí tienes un sentimiento de culpa con el cual lidiar para llegar a entender que estás al fin dando lo mejor de ti misma.

Al día de hoy, nueve años después de haberme inaugurado como madre de dos niños, no sé ni cómo lo he hecho, hay tantas cosas de mí que me gustaría enseñarles y otras tantas que no les quiero heredar y creo que es de los retos más inusuales y desconcertantes para mí: cómo lograr exactamente lo que quiero para ellos y para mí.

Ser una buena mamá, amiga, estricta pero divertida, poniendo límites pero sin exagerar. Bueno, en blanco y negro suena maravilloso, ahora lógralo en la realidad. ¿Cómo protegerlos para que no vivan la misma inseguridad personal que yo viví? También hay que entender en qué momento un niño se vuelve tan sensible y no sabe manejar sus sentimientos, o en qué momento es totalmente abierto y perceptivo a todo lo que quieras enseñarle. Cómo combinar el reto de ser una profesionista exitosa y con una sed tremenda de crecer, con el reto y dulzura de ser más allá de un ejemplo, amor y estabilidad. Sigo cuestionándomelo cada día, claro que pienso que el trabajo que he hecho es bueno, pero, ¿será suficiente?

Vivo rodeada de todas estas preguntas y cuestionamientos, vivo en un constante reto que aunque sea natural, es inusual y desconcertante; sólo nos queda seguir nuestro corazón y pensar que lo que hacemos y las decisiones que tomamos son las correctas.

Otra cosa que en la vida me tiene tomada por sorpresa es el éxito que he tenido en mi carrera, claro que ya platiqué que es algo que siempre quise, pero a veces veo hacia atrás y veo lo que he logrado y me sorprende, pero cuando veo hacia delante, siento que no he hecho gran cosa, falta tanto por hacer y por lograr. Una de las cosas que siempre dije es que vine a este mundo a dejar huella y eso pienso hacer. Pienso que quien hace bien las cosas y con amor, cariño y compromiso tiende a tener buenos resultados, y me gustaría que estas palabras llegaran a los corazones y mentes de quien las lea.

En mi vida profesional he tenido varios retos, el primero ha sido ser madre y trabajar, pero además, todos los días vivo el reto de haber tomado la decisión de ser creativa, y mantenerme fiel a ella es un reto enorme. Es más fácil comprar un artículo bello y venderlo que diseñar un artículo bello, significativo y propositivo y crearlo, y luego salir a venderlo, es muy duro mantenerse fiel a la promesa que como idealistas nos hicimos, sin embargo al final del día si lo que te llevas a la cama es el orgullo, es una buena compañía para dormir.

Todos los días me encuentro situaciones frente a las cuales me siento poco preparada, en especial ahora, casi quince años después de empezar con el sueño de ser joyera y diseñadora. Quince años después de haber decidido que mi nombre iba a ser mi marca, y que la quería convertir en una marca de verdad, que quería vivir de esto, que no fuera mi pasatiempo sino mi *modus vivendi*. Hoy me encuentro con retos mayores, en donde tengo que saber qué hacer cuando las cosas se ponen difíciles, saber qué decisiones tomar. Por ejemplo hemos abierto y hemos cerrado varias tiendas, cada una de ellas lleva mi nombre, y cuando las he cerrado adentro de mi alma se rompe algo, se muere algo, la decepción de no haber podido salvarlas es enorme, ¿qué no supe, por qué no tuve éxito? ¿Qué falto? ¿Preparación, suerte, trabajo?, etcétera; en la realidad y en el concepto de vida y de negocios, entiendo que no todos los proyectos que se emprenden pueden ser exitosos, pero en la práctica estoy muy lejos de entenderlo, y trabajar conmigo misma en manejar estos pequeños fracasos es cada vez un reto donde debo ser creativa y humana al enfrentarlo. Me apoyo en que hoy día las decisiones y las acciones de mi empresa son un trabajo de equipo, un equipo hermoso que se ha ido formando con el tiempo, primero con mi socio y esposo y luego con mi equipo de trabajo. Pero cuando siento decepción, el reto se vuelve personal y el enojo conmigo es personal.

Todos los días tengo que pensar en cómo reinventarme y en cómo no debo ser condescendiente y estar muy contenta con lo que hago. Estar en la mira y en el juego de vivir con lo que uno crea y diseña no es fácil, ya que tienes que proponer cosas nuevas todo el tiempo, y cuando a veces no se te prende el foco te encuentras con el reto de que si no te levantas y caminas, la vida te pasa por encima.

También me he sentido poco preparada en mi vida cuando mi impulsividad y mis explosiones afectan mi liderazgo y puedo parecer un poco chiflada; es un reto constante controlar esa parte de mi personalidad explosiva para que no me afecte en la vida profesional.

He tenido momentos realmente difíciles en mi trabajo y en mi negocio, momentos en donde hasta he llegado a preguntarme si todo esto vale la pena, momentos en los cuales se ha tambaleado económicamente mi mundo y la estabilidad de mi negocio y patrimonio. He tenido que tomar decisiones difíciles y tajantes, y cuando esto pasa, veo la vida por el lado de que podría haber decidido no haber tomado tan fuerte el papel de empresaria y estar menos estresada cuidando a mis hijos; pero por otro lado, creo que no tuve opción. He llegado en mi camino hasta donde me he propuesto, y hoy las metas son más y más grandes y demandantes y sólo me basta ver hacia atrás y ver lo que sí he logrado para tener la fuerza de seguir adelante pese a cualquier tope en el camino, y voy a llegar a donde quiero, a donde me visualizo.

Puedo decir al día de hoy que, pese a los retos y dificultades que me rodean, estoy sumamente feliz y orgullosa de lo que he logrado y de lo que me he demostrado y regalado a base de ser tenaz y de tener el enfoque necesario dirigido hacia mis metas. Después de haber tenido la oportunidad de pensar y evaluar mi vida en unas cuantas páginas, realicé un viaje dentro de mí misma y lo voy a usar para aprender más de mi vida, también puedo decir que hoy tengo cuarenta años y soy una mujer plena en muchos ámbitos y también soy una persona curiosa y deseosa de aprender y avanzar en la vida.

Podría decir que lo más importante en el camino de una mujer es encontrar el amor a una misma y utilizarlo como herramienta para crecer y ser mejor; tener un compromiso íntegro y congruente con nuestras vidas para hacer todo lo que hacemos lo mejor que podamos, y tratar de vivir nuestras vidas lo más felices posible.

© Guillermo Güémez Sarre

SON TUS PERJÚMENES…

Margo Glantz

Durante muchos años de mi ya larga vida, uno de mis máximos deseos era visitar la India. Una obsesión para mí. Por razones diversas tuve que posponer el viaje varias veces; en una ocasión ya había comprado los boletos tanto para mí como para mis hijas pero tuve que cancelarlos: murió el padre de mi hija menor, y mi querida Mary, quien desde hace quince años es el sostén de mi casa por su inteligencia y esfuerzo, tuvo un cáncer que parecía terminal (afortunadamente, ha sobrevivido los últimos diez años).

Cuando al fin, después de muchas peripecias, logré hacer el viaje, me di cuenta de que tenía envidia de mí misma, "vas a ir a la India, me decía, y reventaba de gozo", miraba a mi alrededor y me pavoneaba; la mayor parte de mis amigos ya había visitado ese país, no una sino varias veces. Y aunque a los demás no les producía ninguna, yo seguía teniendo envidia de mí misma.

Cuando en 2004 compré los boletos de avión y organizamos con varios amigos el viaje, recibí el Premio Nacional de Ciencias y Artes. Muy guadalupanos, por eso de la buena suerte, íbamos a salir el 12 de diciembre. El premio lo recibiría el día 8 en la mañana, día de la Inmaculada Concepción, en Los Pinos. Cinco días antes recibí una comunicación de la Presidencia donde se me avisaba que el premio se había pospuesto y que me lo darían el 15 de diciembre a las nueve de la mañana.

Mis amigos, entre ellos mi hija Renata y mi sobrino Ariel, decidieron viajar. Mi hija Alina y yo nos quedamos para la ceremonia. Los alcanzaríamos en Delhi.

El día 11 en la mañana me comunicaron que el famoso premio se posponía y se daría el 15 a las seis de la tarde. Mi avión salía a las nueve de la noche. "Bueno, pensé, si me lo dan, bien, si no, ni modo", y le pedí a mi hermana Susana que lo recibiera en mi nombre, en caso de que volvieran a posponerlo o de que la ceremonia se prolongara demasiado y se me hiciera tarde para tomar el vuelo. Ya hecha la maleta que no cerraba por la cantidad de cosas que llevaba —entre ellas tres kilos de nueces de la India, dos de ciruelas pasas, uno de piñones, otro de almendras, lociones antisépticas y kleenex— me dirigí con Alina, Mónica Mansour y Mary al recinto presidencial. Naturalmente, llegamos tarde. Los guardias presidenciales nos impidieron el paso, pero después de muchos ruegos cedieron. Entré al salón en el momento en que se pronunciaba mi nombre: en mi acta de nacimiento es Margarita, nombre en el que no me reconozco. Alcancé a sentarme en el lugar que me correspondía, sin darme cuenta de que la etiqueta de mi hermoso vestido azul eléctrico estaba fuera y que cuando me levantara a recibir el premio luciría esa marca infamante en mi anatomía.

Los miembros del presidio eran el señor Fox, entonces presidente —uno de los peores que hemos tenido—, Reyes Tamez, Josefina Vázquez Mota, Sari Bermúdez, Juan Ramón de la Fuente, otros miembros del gabinete y un industrial que recibió el premio por haber inventado un tipo de impermeabilizante "magnífico". La ceremonia se llevó a cabo sin incidentes; cada uno de los premiados —entre ellos la filósofa Juliana González, el director de teatro ya fallecido Juan José Gurrola, el físico Alejandro Frank, varios científicos más y algunos magníficos artesanos— fue recibiendo en turno su diploma, su medalla de oro (la mordí para cerciorarme de que fuera de ese metal) y un cheque cuantioso. El discurso que me correspondía haber dado a mí lo pronunció el industrial, que se limitó a decir algunos lugares comunes, a elogiar al gobierno y a desear que nuestro desarrollo se equiparara en el futuro al de la India, país emergente, como algunas veces también llaman al nuestro, aunque más bien sea un país que se hunde con entusiasmo y celeridad. Antes de finalizar la ceremonia, el señor Fox tuvo la imprudencia de preguntar si alguien quería agregar algo a lo que hasta entonces se había dicho; ni corta ni perezosa y empujada por mis compañeros, me levanté a leer el texto que entre la mayoría de los premiados habíamos redactado para darlo a la prensa en cuanto terminara la ceremonia, texto que, subrayo, no quiso firmar el industrial de marras.

Al acercarme al estrado, el señor Fox me dijo con cara avinagrada, "¿conque, hasta papelito?" Haciendo un gesto afirmativo, me puse a leer de inmediato. Cuando terminé, la gente se puso de pie y me prodigó una gran ovación. Uno de mis invitados, mi querido amigo Max Shein, pediatra de mis hijas, me dijo en yidish al abrazarme "du host vaitzn (tienes huevos), Marguito". Mi hermana Susana tenía lágrimas en los ojos; Cristina Barros me abrazaba entusiasta y mi hija Alina, feliz, pero con prisa de que nos fuéramos ya para no perder el avión. Varios periodistas me rodearon para entrevistarme, mc limité a entregar el texto completo del discurso y a decirles que me iba en ese momento a la India, en realidad, lo único que en verdad me importaba entonces. Me dio tiempo todavía de abrazar a algunas personas más, de dejarle a mi hermana Susana mi medalla, cheque y diploma y de lanzarme como bólido al aeropuerto.

Pero el tráfico fue espeluznante; mi querida Mónica, quien conducía, escogió el camino más largo, el único que se sabía, y llegamos al aeropuerto a las 8 y media de la noche. Pero la suerte me acompañó, el viaje se había atrasado y el avión salió dos horas y media más tarde. Nos dio tiempo aún de facturar las maletas que pesaban más de lo estipulado, de pagar una multa altísima por el sobrepeso que hubiera podido evitarse si hubiera tenido fuerzas para trasladar algunas cosas de la valija llena (por ejemplo, las nueces de la India) a la otra que iba vacía para albergar las futuras compras, cambiarme de ropa, darle mi vestido azul y mis zapatos de tacón alto a Mary y ponerme algo más adecuado para el viaje. Me di cuenta en ese momento de lo alterada que había estado.

Tomamos el avión: increíble pero cierto. Nuestra primera escala era París, pasaríamos una noche allí. Llegamos al caer la noche, dejamos las cosas en el hotel y paseamos durante horas por el Barrio Latino. Una bella exposición de fotografías sobre la China actual adornaba las rejas del parque de Luxemburgo. Regiones a punto de dejar de ser rurales, industrialización, artesanía, grandes carreteras y presas en construcción; en suma la modernidad que avanza, el primer mundo en el tercero.

A la mañana siguiente casi perdemos la conexión, no nos despertaron en el hotel y se me ocurrió –cosa que jamás hago– tomar el Metro porque las valijas ya habían sido facturadas hasta Delhi. ¿Deseo de no enfrentarme a la realidad de ese país que me obsesionaba? Sin aliento, llegamos a tiempo de agregarnos a una enorme cola para subir al avión de Air France: la mayor parte de los viajeros eran indios. Subimos por fin y a la noche siguiente desembarcamos en el aeropuerto repleto, pequeño, ineficaz, caótico y con olor a curry, olor que nos acompañaría sin cejar durante el resto del trayecto.

Un coche blanco semejante a los que circulaban por el mundo hacia los años cuarenta del siglo pasado, nos esperaba. Un chofer y un enviado de la agencia que habíamos contratado desde México nos llevaron al hotel donde nos esperaban los otros cinco miembros del grupo. Nos abrazamos con entusiasmo. Luz iba vestida a la moda india y los otros parecían distintos, como si ya estuviesen aclimatados, como si en lugar de haber pasado sólo tres días en la ciudad llevaran varios meses. Alina y yo éramos las novatas.

Nos cuentan su más terrible experiencia, acaban de mudarse de hotel, el anterior estaba situado en un barrio sucio e inhóspito. Ayer, nos dicen, iban rumbo a *Connaught Place*, en el centro de la ciudad, equidistante entre la nueva y la vieja Delhi; en el camino vieron a un hombre tirado en la calle, semidesnudo y con fuego en los genitales, ¿un suicidio?, ¿una incineración prematura? Entre contorsiones el hombre agonizaba. Avanzaron rápidamente para dejar atrás al moribundo, pero al regresar tuvieron inevitablemente que pasar por el mismo sitio: el hombre ya había muerto; pero entre sus piernas, aún, una pequeña llama ardía.

Al día siguiente, salimos del hotel, dirigidos por nuestro guía. En la calle, los intocables, hombres, mujeres, muchos niños andrajosos. Golpean en las ventanillas de la camioneta. En la India, la mayor parte de los niños camina por la calle pidiendo limosna, con voz lastimera, empezando con un alóóóó que traspasa los oídos; nos advierten que darle limosna a cualquiera atraería una multitud imposible de contener.

Produce dolor, miedo, irritación, violencia verlos con la mano extendida como estatuas parecidos a las diosas –por ejemplo Durga, la de los múltiples brazos–; levantan las manos en ademán de petición pero que en el fondo es exigencia. Un sentimiento de frustración y de odio me sobrecoge. Me violenta al grado de sentir náusea.

¿Cómo no sentir lástima por ellos sin dejar al mismo tiempo de sentir una inmensa irritación contra mí misma por odiarlos?

Viajar como turista tiene sus ventajas y sus problemas. Observación obvia, pero pertinente. Las cosas se ven desde arriba y con precaución, sobre todo en un país como la India. Visitar muchos lugares al hilo es otra de las plagas recurrentes que asaltan a los viajeros, con la consecuencia inmediata de que los lugares se vuelven borrosos. Nada como la fotografía para hacer que los recuerdos regresen con nitidez. Raúl González y Alina López Cámara, fotógrafos de profesión, miembros de nuestro pequeño grupo de excursionistas, tomaron fotos maravillosas. Desgraciadamente, nunca tomo fotos, tomo sólo apuntes. Viendo de nuevo las fotos, soy capaz de recordar con claridad mis impresiones.

Por ejemplo –la más perdurable para mí– la breve visita a Varanasi, ciudad construida para visitar el Ganges, o Ganga, el río sagrado. Varanasi es el nombre que la ciudad ya había recibido en el *Mahabharata* y en varios relatos del budismo, conocida también como Banaras o Benares. Llegamos después de pasar varias horas agotadoras en el aeropuerto de Delhi, sentados en el suelo, oyendo sin respiro la voz intolerable y aguda de una mujer que desde un altavoz a todo volumen anunciaba en hindi y en un inglés ininteligible los numerosos retrasos que debido a la niebla impedían la salida de los aviones. ¿Herencia de Inglaterra o problemas meteorológicos inherentes al invierno indio?

Leemos en la guía:

> En Varanasi, ciudad extendida a lo largo de la media luna formada por el sagrado Ganges, nacido en el cielo y descendido a la tierra, predominan unas escalinatas de piedra conocidas como *ghats* (literalmente, desembarcadero), donde miles de peregrinos y lugareños acuden para realizar sus abluciones rituales diarias… Conocida como… la Luminosa, es una de las ciudades vivas más antiguas del mundo. Su vida religiosa no se ha detenido desde el siglo VI a.c. en una tradición continuada, el núcleo de una geografía religiosa que se extiende desde la cueva de Amarnath, en el Himalaya, hasta Kanyakumari, en el extremo meridional de la India… En Varanasi, la vida y la muerte se dan la mano.

La vida y la muerte se dan la mano, también lo sublime y lo grotesco. En el aeropuerto nos esperaba un guía entrenado en acarrear turistas norteamericanos, quien, casi sin dejarnos descansar, nos transportó a un taller artesanal ficticio y nos impidió visitar la ciudad esa noche, mientras nos explicaba que llegar muerto a Benares equivalía a obtener una visa de inmigrante para Estados Unidos y, ser cremado, significaba conseguir la anhelada *green card*.

Sí, la India, país horrendo y maravilloso, epítetos que repetimos invariablemente los que viajamos, país que deja huellas inolvidables, lugar bien común que podría leerse en un *Reader's Digest* cualquiera. Lugar común evidente y a la vez verdad sagrada.

En Varanasi, como en Delhi, en Bangalore, en Agra, en Hyderabad, en Bombay el mismo polvo, el mismo caos, la misma contaminación, la misma mierda, el mismo olor a orines y a curry, las infaltables vacas sagradas y maltrechas, los perros sarnosos, los puercos color carbón que hozan en la basura también color carbón, los leprosos desdentados y brazos o piernas vendados, los *rickshós* de todo tipo, las familias enteras sobre una bici o una moto, las mujeres sostenidas en el asiento, sin atreverse a tocar a sus maridos, los monos, los pericos, algún camello, las intocables vestidas de andrajos y con su escoba de paja en la mano. En el río sagrado los muelles se coronan con altos palacios y templos de los siglos XVIII y XIX muy deteriorados, recuerdan la suntuosidad decadente de Palermo o de Cap Haitien. Cada uno de los *ghats* es diferente y ocupa un lugar especial en la geografía religiosa de la ciudad, explica nuestra guía impresa.

Al día siguiente, el guía de carne y hueso trata de desembarazarse de nosotros, no sin antes lograr que compremos mercancías en lugares inhóspitos con el pretexto malsano de que desde una tienda puede apreciarse la vista privilegiada de una mezquita dorada con acceso prohibido a los gentiles, después de habernos hecho recorrer callejuelas estrechas, malolientes, repletas de orines y cagaduras y transitadas por leprosos, vacas, perros sarnosos, comerciantes y creyentes dedicados a rezar fervorosamente frente a los altares de pequeños templos hinduistas. Por eso, durante la visita nocturna que hicimos a la ciudad, para asistir a un festival de claro perfil "holyvudesco" y al uso de los turistas extranjeros, despachamos a nuestro guía y recorrimos a solas varios de los *ghats* que durante la mañana habíamos admirado desde una barca.

De noche, la ciudad es espléndida, aún más cuando la luz eléctrica se apaga de repente, la luna llena ilumina las escalinatas de mármol y los templos y palacios adquieren una realidad fantasmagórica. Unos y unas caminamos con cuidado para no tropezar con las enormes bostas de vaca que decoran los escalones, admiramos los palacios, observamos los detalles y conversamos con algún vecino cuyo *hobby* —así lo llama— es platicar con los extranjeros que visitan la ciudad. Estamos a un paso del *ghat* donde se crema a los muertos. "Entiendo, dice, cuando el extraño y peculiar olor a carne humana quemada nos alcanza, que estas ceremonias puedan parecerles extrañas. Es hermoso sin embargo saber que nuestros parientes o amigos han logrado purificarse y sus cenizas descansan en el Ganges".

Regresamos (también) purificados, más conformes y adaptados a lo que estamos observando y cuando llegamos a la escalinata principal que conduce a la ciudad, un espectáculo maravilloso nos detiene. Dos pequeños templos ocupan estratégicamente las dos esquinas de la calle, un bello joven practica alucinado una ceremonia, ayudado por un santón ("esos hombres no follan", nos explica Pablito, un joven de quince años que ha estudiado español y catalán para atender a los turistas), sus movimientos son delicados y sensuales; en uno de los altares está Shiva, al lado Kali, la diosa negra y maligna.

En su libro *A las orillas del Ganges*, el novelista austriaco Josef Winkler relata:

> Los cabellos blancos y grises del viejo inválido viudo estaban todavía sobre la piedra redonda del altar de las incineraciones, entre los fragmentos de carbón de madera y residuos de huesos calcinados. Como de costumbre, yo estaba sentado cerca de esa losa con mi cuaderno de notas abierto sobre las rodillas y observando los preparativos de una cremación. Le quité la tapa a mi pluma, algunas gotas de tinta azul cayeron sobre el escuálido tórax de una cabra gris y negra, adormecida sobre mis rodillas, de respiración frenética, que movía la cola sin cesar, después de roer hasta saciarse un hueso humano a medias carbonizado.

A medida que avanzaba el viaje, me ponía cada vez más irritada, me peleaba con mis hijas, con mis amigos, me entraba la egolatría, el individualismo en un país de multitudes y, de pronto, descubrí con azoro que la envidia que me había perseguido desde el momento mismo en que había decidido hacer el viaje, empezaba a decrecer a pasos agigantados.

A las seis de la mañana, bordeamos la ribera del Ganges en una barca, admiramos la hermosa ciudad dilapidada. En el muelle los fieles oran, saludan al sol, lavan ropa, se lavan los dientes, orinan, nadan, cagan. Muchas barcas repletas, como la nuestra, de turistas: cerca, sólo, y en otra barca tomando fotos, Paul Leduc: visita

Varanasi, ha participado en un festival de cine en Kerala, antes del tsunami, porque también nos tocó el tsunami: a su vez, desde nuestra barca, Raúl González le toma fotos. Desembarcamos cerca del crematorio principal, el muelle es amplio y sucio y sus losas, desiguales. Piso una piedra inclinada, me tambaleo, me apoyo en Mario Bellatín y le digo, "no entiendo por qué estoy tan mareada". Al lado, el *ghat* conocido como Harishchandra, uno de los dos muelles de cremación, su nombre proviene de un rey legendario que abandonó su reino para vivir en Benares como santón.

Se percibe, extremo, el olor.

Y los ojos negros expresivos, cálidos, luminosos.

Los *saris* coloridos, la pintura roja en la frente de las mujeres, los turbantes de los hombres.

Vuelvo a abrir el libro, leo:

> Con los brazos al aire, un joven de piel muy oscura, vestido de blanco, ahuyentó a gritos a un búfalo que empezaba a caminar sobre la ropa recién lavada y extendida sobre las arenas ardientes. Cerca de la baldosa flotaban guirnaldas de flores naranja en descomposición y algunos sudarios arrugados de tela sintética de colores. Tres o cuatro mariposas volaban sobre la hoguera, atraídas por las flamas y, con sus alas enrojecidas y agujeradas, cayeron sobre el cadáver que ardía. Las bandas doradas del tejido sintético que amortajaba al muerto relucían al sol. Sobre la losa del hogar enteramente consumido y apagado saltaban varios pajarillos de un montón de cenizas tibias a otro.

Las piras arden, el humo se levanta, el olor se reconcentra. Empezamos a caminar por las callejuelas espléndidas e infectas de uno de los barrios aledaños; hay pequeños templos en casi todas las esquinas, con toscas estatuas de colores chillantes, adornadas con guirnaldas de flores color escarlata y cúrcuma. Impúdicamente, observamos a una mujer vestida con un sari color bermellón que reza, llora e increpa a Shiva; nos impiden el acceso a un conjunto de templos; seguimos caminando, las perras sarnosas dejan caer sus purulentas tetas; subimos a una tienda de sedas, desde allí se contempla la cúpula dorada de una mezquita. "Ha habido, nos explican, reyertas entre hindúes y musulmanes". Nos muestran las sedas y no compramos; me lavo las manos con un gel –*Wal-Mart*, Coyoacán–, le ofrezco un poco al dueño del almacén; indignado, me contesta: "¡No se imagina, señora, cuán limpias tengo las manos!".

Regresamos al hotel a desayunar. No comemos, devoramos: me avergüenzo.

Cerca de Benares, Sarnath, un lugar venerado por los budistas; aquí, Siddharta Gautama –Buda, "el despierto"– pronunció su primer sermón y puso en movimiento la rueda de la ley. En el santuario repleto, y reconstruido en el siglo XIX, una peregrinación de budistas norteamericanos cumple una ceremonia ritual, y ofrecen té verde en termos de plástico, tomo un poco, mis compañeros me ven horrorizados, leo en sus ojos la posible contaminación, la probable disentería, las incomodidades añadidas a nuestro viaje por el que vamos como encadenados; los monjes, vestidos con túnicas encarnadas y los brazos descubiertos, parecen luchadores de sumo.

Las ruinas principales están construidas dentro de un hermoso parque. Destaca el –¿la?– *stupa* llamada Dharma Chakra; se dice que el Buda pronunció en ese sitio su primer sermón: es una torre cilíndrica de treinta y cinco metros de altura, adornada con estatuas y bajorrelieves. Circundándola, varios peregrinos, la mayoría mujeres de edad avanzada; nos impresiona en particular una, casi anciana, reza en voz muy alta, totalmente ensimismada, se hinca y se prosterna, una y otra vez, dando interminables vueltas alrededor de la *stupa*. En tierra y con los brazos extendidos, me recuerda a las monjas que cumplían con sus flagelaciones rituales en los conventos novohispanos.

Casi todos los monumentos que en Sarnath alberga el parque fueron construidos entre los siglos III y XII. Nos toca ahora visitar un templo donde se profesa el jainismo, que es una variante del hinduismo que concentra apenas 1% de la población y practica de manera sistemática la no violencia. Los templos de esa secta están desparramados por todo el subcontinente; son pequeños y armoniosos; los jainitas visten de blanco o andan desnudos y se aferran a una severa disciplina para no causar daño a ningún ser ni elemento, "pero son avaros y usureros", nos dice, malicioso, nuestro guía, un musulmán.

En Delhi, un hospital de pájaros jainita. En el primer piso, los pájaros malheridos ocupan pequeñas jaulas donde se les otorgan cuidados especiales; en los pisos superiores se albergan las aves que empiezan su recuperación y, en el último piso, en jaulas semejantes a las de los zoológicos, dispuestas a emprender el vuelo, las que casi están curadas. Abundan los pájaros y en las grandes extensiones de las construcciones musulmanas que Delhi alberga, sobrevuelan en profusión o se posan sobre las cúpulas y se retan: son halcones, águilas y aves más pequeñas. Sobre un templo *parsi* en Bombay, apenas visible, revolotean los buitres sobre los cadáveres; después, sus huesos se blanquearán al sol.

Muchas flores y peregrinos de todos los rincones del país, familias enteras con muchos niños con brillantes ojos negros, atuendos diversos y coloridos, según la religión que se profese: los ojos se deslumbran. Los templos bellísimos, trabajados con primor, casi siempre de mármol y ladrillos.

A lo largo de nuestro periplo por la India fuimos encontrando peregrinos jainitas: en Ellora, en Ajanta, en Bombay, cerca de la casa de Gandhi; en el sur visitamos Belur y Halibid, variantes delicadas y ascéticas de los templos eróticos de Kajuraho. En Sravanabelagola, provincia de Karnataka, un Buda de dieciocho metros de altura, totalmente desnudo, preside un santuario en la cima de una montaña. Quinientos veinticinco escalones nos separan de ese esplendor.

Quth Minar en Delhi es una torre alargada de setenta y dos metros y medio, hecha con piedra arenisca, rojiza, situada en una enorme explanada; intrincadamente labrada, exhibe hondas inscripciones de suras del Corán y forma parte de las primeras construcciones de la India musulmana, iniciadas en el año de 1109.

La torre hacía oficio de minarete y simbolizaba la llegada de la fe islámica a los confines orientales; con sus arquerías minuciosas y complicadas, la mezquita sagrada –hoy casi en ruinas– fue construida con restos de veintisiete templos hindúes y jainitas; en sus celosías pueden admirarse, sobrepuestos o contiguos, signos caligráficos islámicos y la característica flor de loto hindú.

Cerca, los servicios. Se desciende por una escalera de piedra roja en forma de caracol: un olor parecido al del ácido sulfúrico provoca una náusea irreprimible, como si durante diez siglos se hubiesen reconcentrado en ese sitio los orines de generaciones y generaciones de descendientes del Profeta.

Por la calle, multitudes, un caos de bicicletas (en una sola va montada una familia), anuncios, peatones, bicimotos-taxis y camiones que transportan objetos inverosímiles. Los tendidos eléctricos caprichosamente entreverados compiten con las raíces de los árboles enredadas hasta conformar absurdas y dislocadas figuras; en las banquetas, artesanos practican los oficios más antiguos del mundo. Hay barberos, cerrajeros, dentistas. Deambulan vacas inconmensurablemente flacas, monos y perros.

De todas las manifestaciones de respeto a la suciedad, pero también a la higiene, la más asombrosa consiste en utilizar la bosta de las vacas como producto de limpieza. Para algunas sectas de la India, la vaca pertenece al reino de lo sagrado.

Los cerdos hacen honor a su nombre, comen periódicos y su piel es del color exacto de las letras que desaparecen a medida que las devoran. El ruido es incesante, la contaminación tremenda: frente a Delhi –o a cualquier ciudad hindú–, el valle de México y su ciudad conservan su antigua y exacta transparencia.

Sí, mi experiencia inolvidable: la envidia desapareció pero nunca mi obsesión por ese país extraordinario.

En octubre de este año, volví invitada por la Sahaty Akademi, Academia de Bellas Artes. Acepté de inmediato, feliz, sabía que esta nueva visita me reconciliaría con ese país que, como dice Naipaul, se ama y se odia al mismo tiempo.

Mi experiencia fue maravillosa.

Cuando regresé a México llevaba en mi bolsa de mano dos frasquitos de perfume comprados en el barrio musulmán de Delhi en una pequeña perfumería idéntica a las que se describen en *Las mil y una noches*. El propietario, un musulmán con turbante, reforzaba mi vivencia: no era posible que hubiesen transcurrido cientos de años entre mi visita a la perfumería y la visita de algún hermoso personaje barbado a otra perfumería idéntica situada ésa en la ciudad de Bagdad, los mismo olores intensos como la mierda y el curry que a cada paso me acompañaban, nos acompañaban en nuestro transcurso hindú, la misma sensación de nostalgia y alegría, la misma exasperación, el mismo odio reiterado, la violencia interior y el cambio repentino y perpetuo de ¿lo diré, como dice Tito Monterroso?, ¿el alma?

Ya en casa, coloqué todas mis pertenencias en su lugar, entre ellas los pañuelos, collares, sacos, bolsas, juguetes, esculturas que estuve comprando para curarme en salud y soportar mejor cualquier eventualidad desgraciada que en un viaje por la India suele ocurrir a menudo, y claro, también porque soy consumista inveterada. Me acuesto, derrengada por el largo viaje, con dificultades empiezo a conciliar el sueño, pero de repente despierto sobresaltada, con terror, ya no sé dónde estoy, si en mi cama o en la cama del vagón llamado Aiwar que ocupé durante siete noches en mi viaje por el Rajastán en un maravilloso tren, el *Palace on Wheels*, casi idéntico al tren que Agatha Christie describiera en su novela policiaca, *Asesinato en el Orient Express*.

Por la pesadilla transcurre un olor; me hostiga, me ataranta, me aterroriza, el olor saturante que exhalaba la perfumería del barrio musulmán de Delhi, donde tuve la mala ocurrencia de comprar dos frascos con perfume que el propietario preparó delante de mí, rellenando dos botellitas de los perfumes que elegí después de empalagarme con cuidado entre los cientos de distintos aromas que rellenaban bellísimos frascos de cristal cortado, colocados con orden primoroso en pequeñas alacenas de cristal.

El olor parecía salir de mi cabeza o quizá estaba dentro de ella, para siempre, por lo menos en mi sueño. Despavorida, me levan-to, ya no quiero estar de viaje, pienso estremeciéndome, y menos en la India: trato de sacudirme la pesadilla, el olor me ha persegui-do toda la noche y de repente vuelvo a sentirlo como si nunca hubiera acabado de despertar. Entre el dormitar, el duermevela y la pesadilla paso toda la olorosa noche. Ojerosa y pintada me levan-to al día siguiente. Cuando me trae el desayuno, le relato a Mary mi pesadilla.

¿No serán estos perfumes los que la están hostigando?, me dice, sacando de un zapato oriental de piel bordada que me había traí-do mi hija Alina de Yugoslavia cuando todavía era Yugoslavia los perfumes que a mi vez había yo traído de la India.

Los he guardado a piedra y lodo, sin atreverme a tirarlos, po-dría acarrearme mala suerte: recuerdo al musulmán que me los vendió, ocultando la mueca de desprecio porque allí estaba yo en su cajón, una mujer mal acuclillada en la alfombra acojinada que todas las tiendas del Oriente tienen para que los clientes ya descal-zos puedan contemplar a sus anchas los bienes que desean adqui-rir, clientes que en raras ocasiones son mujeres.

El olor o mejor los olores me asalta(n) a menudo; la autoenvi-dia, en cambio, ha desaparecido: nunca la obsesión que mantengo por la India; segura estoy de que en lo que me resta de vida jamás he de olvidarla, la India es como cualquier amor desgraciado, nos persigue con su ambiguo tufillo a desgracia y a felicidad extremas.

© Guillermo Güémez Sarre

Mirar hacia atrás

Dulce María Sauri

Tengo que poner en palabras mis sentimientos. Recordar qué sentí, pensar si me di cuenta del impacto profundo de las decisiones tomadas, de sus consecuencias. Sorpresa, reto, dudas. Intuición —¿o premonición?— de algunas cosas. ¿Visualicé el futuro o actué sólo por instinto? Pasan en mi memoria las imágenes, como fotografías de un viejo álbum. Algunas, con los imprecisos contornos del paso del tiempo, donde apenas puedo reconocer algunos rostros; otras, solamente conservan los colores de la angustia y el miedo.

Soy de la generación de la transición hacia el video, de las cámaras de 8 mm para conservar los recuerdos familiares y de las transparencias que se proyectaban en las paredes blancas de la casa de la abuela. Por eso mezclo movimiento e imagen, razones y sensaciones, hechos transformados a fuerza de intentar olvidarlos, o de recordarlos con los adornos que la imaginación nos regala para componer el pasado.

Soy mujer, educada para serlo en medio de una familia tradicional de la ciudad de Mérida, del México de los veinte millones de habitantes. Me vacunaron contra la viruela y contra muchas otras cosas en la escuela de monjas donde estudié hasta la preparatoria. Nunca aprendí a coser ni a dibujar —créanme que me esforzaba—, tampoco a cocinar. ¿Vocación o facilidades artísticas? Apenas alcancé a ser segunda voz en el coro escolar —al menos no fui "angelito silencioso"— y no aprendí a fumar porque mi abuela me tenía prohibido encender cerillas. Mi destino —no lo sabía, aunque lo sentía– estaba determinado: estudiar hasta casarme con "un buen muchacho", de preferencia el médico de los sueños de mi abuela.

¿Dónde torcí el camino? ¿En las tardes del catecismo en Chablekal o en la excursión de las teresianas a Zamora para el encuentro juvenil? ¿O fue cuando logré viajar a los dieciséis años en autobús hasta Guadalajara, con amigas y sin abuela, en el inolvidable verano del 68? ¿O cuando rompí la tradición de las mujeres Sauri y logré irme a estudiar a la ciudad de México?

Les voy a contar de las tres desviaciones que trazaron mi ruta hacia lo que soy y dentro de ellas, la sorpresa, la duda y los retos que viví y las decisiones que tomé. La primera, fue estudiar sociología en la Universidad Iberoamericana del Distrito Federal, en vez de inscribirme en la Facultad de Derecho de la Universidad de Yucatán; vivir sola, alejada de las normas familiares que me obligaban a salir al cine acompañada de mi abuela. La segunda, cuando me casé a los veinte años, en quinto semestre de carrera, sin casa ni ajuar, ni ingresos ciertos. La tercera, cuando la necesidad y las circunstancias me hicieron una joven madre profesional, que años después se encontró con la política.

Aquí estoy ahora, hija, madre y abuela, haciendo un repaso de mi vida. Paneo, dirían los jóvenes de hoy. Voy a pescar los momentos y a ponerlos en palabras por primera vez, con el mismo desorden en el que asaltan mi memoria.

La sorpresa

El debut

"El partido ha tomado la determinación de postularte como candidata a diputada federal por el IV Distrito...". Era marzo de 1982 y yo, delegada de Programación y Presupuesto en Yucatán, la única mujer en la secretaría del candidato a la Presidencia de la República, Miguel de la Madrid. Semanas atrás, había recibido la encomienda de hablar en nombre de todos los delegados de la SPP ante el candidato para felicitarlo por su nominación. Unos días más tarde, fui invitada al arranque de la campaña en Manzanillo, en el estado de origen del candidato, donde gobernaba la primera mujer, Griselda Álvarez. En consideración de esta "singularidad", el tema central del IEPES era la participación de las mujeres. Parecía que, finalmente, el PRI incrementaría la escasísima presencia femenina en el Congreso de la Unión. Así, de todos los rincones del país fueron convocadas mujeres de distintos estratos sociales, de los sectores y organizaciones del partido, algunas académicas, artistas y funcionarias públicas, para presentar propuestas y debatir las aportaciones al plan de gobierno.

Recuerdo las oleadas de rostros femeninos al subir al avión y la llegada casi caótica a Las Hadas, donde habríamos de alojarnos por esa noche. "Soy Dulce María Sauri. ¿Qué cuarto me toca?", pregunté a las organizadoras que, lista en mano, distribuían habitaciones. "Le corresponde tal, con la señora X" que reconocí como una acreditada pintora. Hasta ahí me dirigí, caminando tras los carritos de golf, todos ocupados. Toqué la puerta, me abrió la pintora que me recorrió de arriba abajo con su mirada cuando le dije mi nombre y me presenté como su ocasional compañera. "Lo siento. No sé quién es usted y no puedo permitirle que comparta mi cuarto. Busque otro lugar." De poco me sirvieron los débiles intentos de hacerle entender a la conocida pintora que a esa hora de la noche no podría encontrar un alojamiento distinto al que me habían asignado las organizadoras, que no conocía a nadie a quien acudir. Fue implacable: "Ése es su problema. Resuélvalo como pueda". Comencé a desandar el camino hacia la recepción, cuando una voz me alcanzó a decir: "...¿qué te pasa?, "...¿ya te echó la vieja? No te preocupes; tiene mal carácter y se cree la divina garza. Vente para acá. Ya somos cinco pero te podemos hacer un campito para que duermas...".

Tomé mi maleta y entré a una habitación donde se encontraban las mujeres del equipo responsable de la modernización de la administración pública federal, las más cercanas colaboradoras de

Alejandro Carrillo. Allí estaban Irma Cue, Angélica Luna Parra, y otras compañeras, amigas entre sí, destacadas en el gobierno y que tuvieron la sensibilidad de reconocer el apuro de una joven desconocida yucateca y la generosidad de abrirle las puertas para resolverlo.

¿La novatada?

Hacia mediados de 1983 una crisis política de gran proporción se cernía sobre el gobierno del general Graciliano Alpuche Pinzón. Como parte de la cuota de candidatos provenientes de las fuerzas armadas, el general Alpuche había sido electo gobernador de Yucatán en medio de las turbulencias de un proceso en que el candidato natural parecía ser el otro senador yucateco, Víctor Cervera. "Cualquiera menos Cervera" sentenciaron los factótums de la política yucateca. Y don Graciliano, de fácil trato y enorme desconocimiento de la política y de los yucatecos, fue ungido como candidato y gobernador, después de un proceso no exento de tironeo.

Muy pronto, el nuevo gobernador mostró su inexperiencia en las tensiones que surgieron entre el aparato estatal y el gobierno federal. Siete presidentes del Comité Directivo Estatal del PRI yucateco en menos de dos años mostraban la inestabilidad de su gobierno y los frecuentes cambios de opinión del gobernador. Desde los más avezados lobos de la política yucateca, hasta los "reimportados" yucahuaches, habían fracasado a lo largo de dieciocho meses en la misión de encabezar al aparato partidista. La Liga de Comunidades Agrarias, la organización social y política más importante de Yucatán estaba en abierta disputa entre los "alpuchistas" y los "cerveristas". Una vez más, el CDE del PRI se encontraba descabezado. Entonces, la dirigencia nacional decidió quitarle al gobernador la facultad de decidir sobre la dirigencia estatal, después de cambiar seis veces de opinión, y tratar de encontrar a una directiva.

Entonces, la decisión de la directiva nacional del PRI fue que una joven diputada federal, de reciente ingreso a la política nacional, fuera a encabezar el CDE del partido. Así, cubriendo mínimamente las formas políticas de entonces, el 4 de junio de 1983 me hice cargo de un comité directivo estatal desmantelado, que no tenía la simpatía del gobernador y sí la animadversión abierta de sus más destacados colaboradores.

"No aceptes. Te van a perseguir y a apedrear tu casa, como le pasó al doctor Tello (presidente de la Comisión Electoral del Estado) y luego te van a correr como a los otros siete" me aconsejaban los viejos lobos de mar, templados por las procelosas aguas de la política yucateca.

Sin embargo, asumí la presidencia y la ejercí durante cuatro años y tres meses, durante los cuales cayó un gobernador, entró un interino, murió una persona al caer del balcón de mi oficina del segundo piso de la Casa del Pueblo, encabecé un proceso de selección de candidatos inédito a las presidencias municipales de 104 de los 106 municipios; viví la aparición de una constitución yucateca apócrifa para permitir –¿o impedir?– la postulación del secretario particular del Presidente de la República; conocí el intento de ampliación del mandato del gobernador para modificar las fechas del calendario electoral; viví la auscultación –de acuerdo con las formas y normas políticas de entonces– para definir al candidato a la gubernatura yucateca y una vez postulado, concluí más con pena que con gloria este prolongado periodo en la escuela política más importante a la que pude haber asistido.

La nube negra

"Ya decidió el Presidente de la República: ha invitado a José Antonio (González Fernández) a hacerse cargo de la Secretaría de Salud...". De golpe y porrazo, las alternativas discutidas durante más de dos semanas, después del domingo 7 de noviembre, fecha en que el PRI eligió por primera vez a su candidato a la Presidencia de la República con voto directo y secreto, quedaban anuladas por la decisión presidencial. El "nuevo PRI", el de las manos abiertas y unidas, del logotipo moderno y del lenguaje de cambio, abruptamente se enfrentaba a la conducta tradicional después de postular al candidato a la Presidencia: el hasta entonces conductor único de la política partidista, el Presidente de la República, cedía el mando al candidato y, en consecuencia, retiraba de la esfera de las decisiones de la campaña y de las candidaturas para integrar la nueva legislatura, a quien había gozado de su confianza para realizar ese proceso inédito.

Recuerdo esa tarde y el color negro del sofá en que nos sentamos José Antonio y yo para hablar de su determinación de aceptar el ofrecimiento del presidente Zedillo para ser secretario de Salud. Mi incredulidad y zozobra. Yo sabía cuánto le había costado a José Antonio tomar la decisión de quedarse en la presidencia del CEN, ante la alternativa que habían abierto el Presidente de la República y el candidato presidencial. Y ahora, de pronto, todo cambiaba...

En ese mismo sofá negro, un rato después, el candidato Labastida me hacía saber que tenía su confianza para hacerme cargo de la presidencia del CEN. ¡El más importante cargo partidista! ¡Y en campaña presidencial! Sé que debía haberme sentido eufórica, el destino de los presidentes del CEN priísta en campaña mostraba futuro. ¿Por qué, entonces, sentí como una inmensa losa negra que se depositaba sobre mis hombros? El PRI y su candidato aquel 30 de noviembre tenían 50% de intención de voto; Vicente Fox se veía como un competidor lejano, más que Cuauhtémoc Cárdenas que repetiría por tercera vez. ¿Fue premonición o reconocimiento que se cometía un grave error, al tomar decisiones por el pasado y no por el futuro que se pretendía construir? ¿Percibí la posibilidad de la derrota, en los momentos en que nada indicaba que podría producirse? ¿O es que ahí debería estar, para ayudar en el difícil trance de meses después? No tengo respuesta.

Las dudas

El gobierno de Yucatán. Construir

Era senadora por Yucatán, electa en 1988 por seis años. Los últimos cuatro gobernadores habían surgido del Senado de la República, donde yo estaba. No lo pensaba más que como una tendencia y una posibilidad que avizoraba lejana, hasta 1994, cuando concluiría mi gestión.

Pero una vez más las turbulencias políticas se habían adueñado de mi estado. Por una parte, los vendavales que comenzaban a azotar todos los rincones de la geografía política después del 6 de julio de 1988 y, por otra, una decepcionante gestión de quien había aspirado muchos años al gobierno de Yucatán y que, una vez logrado su sueño, se había dejado llevar por la inercia que siempre intentaba envolver a los gobernantes yucatecos: el "cultivo", el halago fácil, el plácido ejercicio de gobierno en una sociedad en la que aparentemente "no pasaba nada".

Fui electa por el Congreso de mi estado como gobernadora interina para concluir el periodo 1988-1994. El 14 de febrero de 1991 tenía ante mí casi tres años de gobierno. Poco, en relación con los seis años constitucionales; pero suficiente, si me fijaba en los escasos dos años de gobierno de Felipe Carrillo Puerto que transformaron Yucatán. La disyuntiva estaba entre flotar sin causar problemas mayores o enfrentar con los riesgos que conllevaba, lo que sabía que era el mayor problema de la economía y la sociedad yucateca: la cultura henequenera.

Una y otra vez los gobernantes yucatecos se habían enfrentado a la cruda realidad de la dependencia del henequén. No sólo como la actividad más importante para el campo y la exportación del estado, sino como una manera de relación entre el Estado y los campesinos, entre el gobierno y amplios sectores de la sociedad que se beneficiaban de los recursos federales que llegaban vía subsidios o disfrazados de créditos impagables a la economía yucateca. La función más importante del gobernador era la de convencer a la Federación del envío de recursos suficientes para que los campesinos "la fueran pasando" y la maquinaria económica que gravitaba en torno al henequén siguiera funcionando.

Ya estábamos tocando límites. Cordemex –el otrora mayor complejo de fibras duras del mundo– había sido transferido al gobierno estatal en 1987, lo que significaba que el gobernador tenía que hacerse cargo de conseguir el dinero para cubrir su creciente déficit de operación. El Fideicomiso Henequenero también había pasado a la responsabilidad estatal, lo que implicaba que los salarios de sesenta mil campesinos y de seis mil mujeres de las Unidades Agrícolas e Industriales para la Mujer (UAIM), bajo las figuras de crédito, también tenían que ser solventados vía gobierno estatal.

Dudé. ¿Podría enfrentar lo que sabía que significaba poner fin al ciclo del henequén? ¿Tendría las fuerzas suficientes para imaginar la solución, proponerla, defenderla y aplicarla? Decidí hacerlo.

Una vez más, los experimentados políticos yucatecos me advirtieron. "Si pretendes cerrar Cordemex, cancelar el contrato-ley de fibras duras y vender las empresas viables a nuevos propietarios, el PRI va a perder las elecciones de 1991 y el apoyo de amplios sectores. Tú serás la sepulturera del partido...", sentenciaron.

El PRI ganó cuatro de las cinco posiciones en disputa en la elección federal de 1991. Solamente perdió, una vez más, el distrito de Mérida, como había sucedido por segunda vez en 1988. La sociedad yucateca puso fin al círculo vicioso de la relación gobierno-henequeneros y se fincaron las bases para el desarrollo distinto de Yucatán.

La Comisión Nacional de la Mujer. Construir desde cero

"Sólo hay que echar a andar el Programa Nacional de la Mujer, el que contiene los compromisos de México en la IV Conferencia Internacional de la Mujer". "Se tiene que separar del Conapo, donde ha estado desde 1974 y formar una nueva institución que refleje la pluralidad y la participación de las organizaciones de la sociedad", me decía su secretario general, José Gómez de León.

Había formado parte de la delegación oficial que asistió a Beijing en septiembre de 1995, donde me acerqué por vez primera a la complejidad de los temas relacionados con el adelanto de las mujeres en el mundo. Lejos estaba de imaginar que, meses más tarde, el secretario de Gobernación me invitaría a hacerme cargo del programa que surgió cuando se preparaba la participación de México en la IV Conferencia y de los compromisos establecidos en el segundo programa especial que presentó la administración federal.

Acepté. Pedí licencia como diputada federal y me hice cargo ¡de un viejo escritorio! arrinconado en un edificio que estaba a punto de abandonar el personal de Gobernación por inseguro. "Rascar" las plazas indispensables para iniciar la operación de un nuevo programa ¡a mitad de año! fue todo un reto. Me impuse como primera tarea hacer que la administración pública federal, los secretarios y subsecretarios conocieran y asumieran con seriedad y verdadero compromiso, las metas del programa.

Hablé su lenguaje. Aprendí a la velocidad de la necesidad. Conocí la solidaridad entre mujeres. Me tuvieron paciencia las que sabían mucho para enseñarme. Creo que les cumplí, a ellas y a millones de mujeres y niñas que hoy tienen el Instituto Nacional de las Mujeres para luchar por sus derechos.

EL PRI *post 2 de julio. Sobrevivir*

Lo impensable había sucedido la noche del 2 de julio: el PRI había perdido la elección presidencial, su candidato había reconocido su derrota y una nueva e inédita etapa se iniciaba en el país. En un sistema democrático, aun en el imperfecto y cuestionado sistema nuestro, la madurez política está en la aceptación de la derrota. Sí, el PRI, su dirigencia nacional y su candidato a la Presidencia de la República lo aceptamos, sin condicionamiento alguno. ¡Traición!

gritaron algunos; lágrimas de dolor y de frustración derramamos otros. Incredulidad y confusión fueron la tónica del día siguiente. ¿Qué será de nosotros sin la Presidencia? Ni siquiera consolaba saber que habíamos ganado la mayoría relativa en el Senado y en la Cámara de Diputados. Habíamos perdido la esencia, lo que nos daba sentido de pertenencia y cohesión: el ejercicio del poder desde la Presidencia de la República.

Abrumada por los propios sentimientos y los que percibía de otros, tomé la decisión de renunciar a la presidencia del CEN. Asumía la responsabilidad, por haber encabezado el equipo perdedor. No tenía otra cosa que ofrecer más que mi cargo, quizá con la intención de aplacar un poco la ira, para solidarizarme con el dolor, para manifestar mi vergüenza personal.

Cité al consejo político para la tarde del 4 de julio. Ignoraba el grave error de percepción que había cometido. En vez de un grupo resignado y abrumado, me encontré el reclamo y la exigencia. Me conmovieron, en particular, las expresiones de varios de mis cercanos colaboradores, siempre de modales suaves y de expresiones cuidadas, cuando me espetaron que un general no abandona a su ejército después de una derrota, sino que permanece al lado de quienes lucharon hasta el límite de sus fuerzas para ganar.

No me había visto a mí misma como general de un ejército derrotado, ni había considerado las responsabilidades que conllevaba el "día después". En los siguientes tres días entendí que tenía que permanecer hasta que el PRI pudiese asumir plenamente su nueva condición. Que tenía una nueva y fundamental responsabilidad: cuidar al partido, a sus militantes, lastimados y defraudados por la derrota. Comprendí que el PRI, como si fuera una persona que pierde un ser querido, tenía que vivir su duelo; desde la etapa de la negación y el rechazo, hasta la resignación y la aceptación de la pérdida. Y que yo tenía que acompañarlo; resistir y confortar; al mismo tiempo, caminar hacia un cambio que ya no era opción, sino necesidad de supervivencia.

Los retos

¿Irme o quedarme? El 30 de noviembre de 1993

El calendario marcaba que el 28 de noviembre habría un eclipse lunar. Ese mismo día, Yucatán tendría elecciones de gobernador y presidentes municipales para un periodo de dieciocho meses, en virtud del ajuste de fechas que había realizado el Congreso en mayo anterior. El calendario político nacional tenía sus propias fechas: estaba a punto de resolverse la candidatura a la Presidencia de la República.

La mañana del domingo electoral yucateco, Luis Donaldo Colosio fue postulado; de buenas a primeras, los legisladores federales y los funcionarios del partido que habían acudido a las competidas elecciones yucatecas, abandonaron precipitadamente Mérida en el primer vuelo que pudieron conseguir pues, una vez más, las "palabras mayores" habían sido pronunciadas.

Librado a sus propias fuerzas en cuanto a la atención de los medios y de los políticos priístas, el PRI ganó la elección de gobernador de Yucatán por un amplio margen de votos. En el municipio de Mérida, gobernado por Acción Nacional desde 1991, la elección aparecía muy apretada en sus resultados. Su alcaldesa con licencia era la candidata del PAN al gobierno del estado y, a la alcaldía, había postulado al hijo del panista más reconocido y prestigiado en Yucatán, don Víctor Manuel Correa Rachó. No obstante, el PRI y sus candidatos habían trabajado con intensidad; también un ex alcalde meridano, de buena memoria entre los ciudadanos, era candidato a gobernador; el PRI se había esforzado para corregir sus errores de organización y había mejorado su imagen ante la ciudadanía, como lo marcaban diversas encuestas de opinión pública.

En 1993 ya no eran los grupos internos del PRI la mayor preocupación de los priístas yucatecos, sino la cercanía del PAN y su nuevo presidente, yucateco también, Carlos Castillo Peraza, con los círculos de poder priísta, dando continuidad a la línea de colaboración establecida entre el PAN y el gobierno de Carlos Salinas de Gortari.

Muchos rumores se habían desatado en Yucatán: que si ya estaba "arreglado" con Carlos Castillo el gobierno del estado, una vez que hubiese transcurrido el llamado "mini periodo" de 18 meses; que se tenía que entregar al PAN la plaza de Mérida, para garantizar su colaboración y reconocimiento del triunfo del PRI en la Presidencia de la República, entre los más insistentes y perturbadores.

El PRI ganó la presidencia municipal de Mérida, por un escaso margen –que ahora consideramos normal– de 2%. Así lo indicaban las copias de actas en poder del partido. El PAN no pudo ocupar la Plaza Grande de Mérida, como había venido haciendo elección tras elección, para protestar primero y festejar después, porque grupos de priístas desde las primeras horas de la tarde se habían instalado bajo los laureles y enfrente de la Catedral.

Y la presión sobre la gobernadora comenzó. Primero, para que me hiciera cargo de desalojar la plaza. "¿Con qué argumentos se lo pido a los priístas si lo están haciendo en paz?" le dije al poderoso jefe de la oficina presidencial que me había llamado. Más tarde, fue la amenaza: "...pues será tu responsabilidad si se enfrentan y hay víctimas". En el críptico lenguaje de entonces, eso implicaba una posibilidad muy real, casi inducida, para crear problemas poselectorales y así tener terreno fértil para decidir a la conveniencia "del centro". Por eso, la tarde del martes 30 salí de mi oficina, sin avisar a mis colaboradores, y me dirigí a pie hacia La Mejorada, para hablar con las cabezas de la manifestación panista que se aprestaba a iniciar su marcha hacia la Plaza Grande. Argumenté. Obtuve una promesa: que ese día no se trasladarían, que permanecerían en Mejorada, sitio tradicional de los eventos panistas, para realizar su mitin.

Un poco más tranquila, regresé a mi oficina del Palacio de Gobierno, sólo para recibir una nueva llamada, ahora del secretario de Gobernación, conminándome a detener la sesión de cómputo municipal que habría de iniciarse la mañana del día siguiente.

Otra vez hice la pregunta: "¿Qué argumentos tiene, señor secretario, para hacer esa solicitud? ¿Y la autonomía del órgano electoral, dónde queda?". "Conozco que ha habido irregularidades que ameritan incluso la anulación de la elección de Mérida", me respondió. "Si esto prosperara, significaría no sólo anular la municipal de Mérida sino también la elección de gobernador, pues la capital del estado concentra 42% de las casillas..." le manifesté con gran preocupación. "Eso no va a suceder. Al PAN sólo le interesa Mérida", me aseguró. La plática se tornó aún más tensa, hasta el momento en que le exigí, a manera de punto final, que si eso quería, que lo hiciera él con su gente, que conmigo no contara para torcer la voluntad de los ciudadanos de la capital yucateca.

Colgué el teléfono. Me sudaban profusamente las manos y me palpitaba el corazón rabiosamente. Ya conocía las nefastas consecuencias de lo que con enorme ingenio calificó don Francisco Cárdenas como la "concerta-cesión". Allá estaba Guanajuato, San Luis Potosí y, particularmente, San Juan del Río, Querétaro donde, tras un extraordinario despliegue de perversidad jurídica, se logró anular la elección municipal que había ganado el PRI para entregarle el triunfo al PAN en 1991.

En mi ánimo y convicción estaba el respeto a los resultados electorales: le fueran adversos a mi partido, o le fueran favorables. Conocía el alto grado de dificultad que el PRI enfrentaba en Mérida, pero también sabía del trabajo de los priístas, conocía los números de las encuestas y que el resultado, como sucedió finalmente, habría de ser apretado.

Una disciplina mal entendida me habría llevado a tolerar e incluso a admitir que se entregara al PAN la alcaldía de Mérida. Si aceptaba, no podría volver a mirar de frente a mis conciudadanos, consciente de un engaño que, con mi silencio, me habría vuelto cómplice.

Me senté en la mesa de escritorio tallada por don Enrique Gotdiener, tomé una hoja y una pluma y escribí de mi puño y letra el texto de mi carta de renuncia dirigida al Congreso del estado. Ya era la madrugada del 1 de diciembre; la entregué en mano al presidente del Congreso, recogí los papeles de mi —hasta esa noche— mesa escritorio, bajé las escaleras, atravesé el patio central y crucé por última vez la puerta principal del Palacio de Gobierno, después de mil cuarenta y cinco días.

La noche del 14 de febrero

En una habitación del Hotel Hilton, que estuvo hasta el terremoto de 1985 en el cruce de Insurgentes y Reforma, mi padre y yo sosteníamos una tensa plática. Unas horas antes, me habían liberado después de tres días de permanecer en las celdas de la Dirección Federal de Seguridad, debajo de la Plaza de Tlaxcoaque. Allá se había quedado José Luis, mi esposo desde hacía mes y medio, a quien trasladarían al penal de Topo Chico, en Monterrey.

Nos conocimos el primer día de clases en sociología de la Universidad Iberoamericana. Él había sido expulsado del ITESM por encabezar, como presidente de la Federación Estudiantil, la única huelga que se ha registrado en la institución en sus más de 50 años de existencia, justo después de la matanza del 2 de octubre. Sin papeles que reconocieran sus casi concluidos estudios de ingeniería mecánica, sólo la Ibero lo había admitido. Ahí nos encontramos.

José Luis tomó una opción de vida. Se trasladó junto con otros dos compañeros, a vivir a ciudad Nezahualcóyotl, a la calle de Macorina. La educación popular y la organización social fueron sus prioridades, aunadas a un intenso ejercicio de reflexión política en un contexto dominado por la crispación y la cerrazón de un sistema que aún no comenzaba a reconocer los cambios que había detonado el movimiento estudiantil de 1968. La represión de la marcha estudiantil del Jueves de Corpus, el 10 de junio de 1971, primera manifestación pública después de Tlatelolco, aceleró las decisiones del grupo para ingresar a la clandestinidad y a la lucha frontal contra el sistema político. Mientras, yo continuaba mis estudios, trabajaba media jornada como auxiliar en la coordinación de asesores de la Secretaría del Trabajo y trataba de arrancarle tiempo a los compromisos de José Luis para estar con él.

Decidimos casarnos. Contra viento y marea familiar; a riesgo de decepcionar expectativas de los padres y fomentar la zozobra de la madre, frente a la precariedad de los ingresos, la falta de vivienda y la ausencia de todo lo convencional en una pareja que inicia una vida juntos. La concesión común a nuestros padres fue la boda, realizada con todos los usos y costumbres de las familias de Mérida y de Guadalajara el 20 de diciembre de 1971. El 2 de enero estábamos de regreso en la ciudad de México, después de una brevísima luna de miel.

Los sucesos imputados a José Luis ocurrieron a mediados de enero de 1972 en Monterrey. A principios de febrero, fuimos a visitar a su familia a Guadalajara. La noche del 11 de febrero caminábamos para reunirnos con sus hermanos y asistir al estadio a ver un partido de las Chivas. Íbamos platicando, cuando dos coches frenaron bruscamente y cuatro o cinco individuos se bajaron, nos tomaron de los brazos y nos empujaron al interior de los vehículos. De inmediato, fuimos trasladados a las que después supimos, eran las oficinas de la DFS y de ahí, esa misma noche, tomamos carretera rumbo al Distrito Federal.

No recuerdo mucho del traslado. El miedo, la incertidumbre del destino, el temor de que José Luis sufriera más por mí, todo eso se confundía en mi interior. Llegamos a Tlaxcoaque, cada uno a una celda, a esperar los interrogatorios, los ojos azules de Miguel Nazar, los cantos de celda a celda para comunicarnos y decirnos que ahí estábamos. El frío de la noche y el aprendizaje sobre el calor que proporciona al cuerpo el papel periódico; las insinuaciones para abandonar la prisión y "llevarme a pasear". La espera.

Mientras, nuestros padres nos buscaban frenéticamente. "Desaparecieron, don Alberto..." le comunicó don Pedro, el padre de José Luis a mi papá. Los dos empresarios, uno, don Pedro, de setenta y cinco años; otro, el mío, más joven pero igual de ajeno al mundo de las cárceles, de la represión y la violencia en que el amor por los hijos habría de introducirlos a partir de esa noche.

El 14 de febrero, Día del Amor y la Amistad, fui liberada y entregada a mi padre. José Luis permaneció detenido, en espera de su traslado al penal de Monterrey, donde lo reclamaban. De inmediato, mi padre me llevó al hotel para bañarme y hablar. Él me ha narrado mi enorme desasosiego y desesperación. Yo recuerdo su impotencia frente a mi dolor por José Luis. Esa noche me propuso volver a Mérida, a la casa familiar, "mientras las cosas se aclaraban" porque no podía estar sola "y mucho menos, vivir en Monterrey..." Le hice una sola pregunta: ¿Qué está más cerca de Monterrey: Mérida o Guadalajara? Lo que esté más cerca, allá voy a estar yo..."

Así, tomé la decisión más importante de mi vida, resolví la verdadera disyuntiva. No estaba consciente entonces de la trascendencia de ese momento; mucho menos que habíamos iniciado una etapa que duraría casi siete años y que marcaría el resto de nuestras vidas.

Me fui a vivir con los padres de José Luis. Durante más de cinco años, todos los viernes tomaba el autobús de Guadalajara a Monterrey, llegaba en la mañana del sábado, lo visitaba y regresaba el domingo por la noche para estar en mi trabajo el lunes. Después me trasladé a Saltillo, a la naciente delegación de la Secretaría de Programación y Presupuesto en Coahuila, como técnica en programación. Eso me facilitó los traslados en los últimos dos años de prisión de José Luis, hasta el 18 de noviembre de 1978 en que fue liberado, como consecuencia de la Ley de Amnistía.

Otro 14 de febrero, diecinueve años después, en 1991, rendía protesta como gobernadora ante el Congreso de Yucatán.

Mérida, Yucatán, septiembre de 2008

© Guillermo Güémez Sarre

SORPRESAS TE DA LA VIDA

Paloma Porraz

Para mis hijas

I

Vivir en una zona sísmica es siempre riesgoso y puede presentar fuertes sorpresas. Mucho más cuando te encuentras en la ciudad de México, en la colonia Condesa y específicamente en el Edificio Basurto, dañado estructuralmente por temblores y terremotos pasados. Y ahí estaba yo, la mañana del 14 de septiembre de 1995. Sola, en el departamento amueblado que provisionalmente ocupábamos, después de que mi madrugador marido, Damian, se había ido a la oficina. De pronto, una brutal sacudida me despertó. Salté de la cama, presa del pánico y corrí a la puerta con la intención de salir y, al menos, encontrar algún vecino con quien compartir el susto y buscar la calma.

Imposible abrir. Hacía apenas una semana que vivíamos allí y, con los nervios del momento, las llaves no aparecían, ni sabía cómo funcionaban los complicados cerrojos. Cuando finalmente conseguí abrir, los vecinos, regresaban a sus departamentos como los locos de un manicomio, todos en bata y pijama, subían por la espectacular escalera comentando entre risas y alaridos cómo habían salido de sus casas y lo que habían sentido. Yo seguía bajo el marco de mi puerta en estado catatónico. Nunca antes había sentido tanto miedo.

Dentro del departamento empezaron a sonar los teléfonos: Damian, mi familia, todos me llamaban, y decían que pasarían a bus-

293

carme para que olvidara el susto "sólo había sido un mal rato sin nada que lamentar", únicamente tendría que volver a colgar algunos cuadros caídos, recoger floreros, retirar la cama de la agrietada pared que amenazaba con desplomarse y calmar a Héctor, nuestro perro, que estaba aún más asustado que yo.

II

A la mañana siguiente, al despertar, descubrí que no veía con el ojo derecho. Quizás, pensé, necesitaba más descanso, más té de tila, un tranquilizante poderoso, un masaje, o simplemente huir del Basurto y todo se arreglaría. Mi madre, más realista, me llevó enseguida al oculista. Después de un minucioso reconocimiento, el doctor, con su habitual suavidad, nos dijo: no pierdan tiempo, inmediatamente al hospital. Yo arreglo el ingreso y localizo al neurólogo. ¿Un neurólogo?, ¿para qué?, me preguntaba confundida camino al hospital. Siguieron multitud de análisis, resonancias magnéticas, pruebas de equilibrio, de sensaciones. El diagnóstico del neurólogo no se hizo esperar, era una neuritis óptica, y casi seguro la primera manifestación de una esclerosis múltiple.

En pocas horas, otro movimiento telúrico, diferente al del día anterior, sacudía mi vida pero éste no acabaría en unos minutos, se instalaba en mí sin pedir permiso y para siempre, sin conceder, aparentemente, defensa alguna ante su acto de intruso invasor. Unas semanas después tenía cita en Nueva York con un reputado especialista en el hospital de Cornell University.

El doctor quedó pasmado de la velocidad con que había sido detectado mi problema en México, un país tan tropical donde esta enfermedad no es frecuente, así como de la respuesta de mi organismo al acertado tratamiento, pero confirmó el mismo diagnóstico. Guapísimo y simpático, me dijo: "Paloma, un terremoto debe ser horrible, lo bueno es que quizá precipitó el descubrimiento de lo que tienes. Ahora olvídalo, no pienses en ello, continúa con tu vida, tus planes y tus actividades con toda normalidad: sal a la calle y diviértete, disfruta la vida. Un consejo te doy, si piensas tener un hijo, hazlo cuanto antes, y eso sí, cámbiate de edificio".

Ahí estaba la clave a seguir: organizar estratégicamente la defensa contra la condición que me anunciaban. Y parecía simple: olvidarme del "mal", no hacerle caso, menos darle el derecho de réplica. Oponerle mi ánimo, espíritu y fortaleza. No cambiar un ápice mi vida de recién casada, nuestros planes y proyectos, nuestras formas de diversión y entretenimiento, nuestras actividades profesionales y sociales. Que todo siguiera igual.

Salí con Damian del consultorio bajo una fina lluvia, que a él, por ser inglés, nunca le afecta pero que a mí, ese día, no me ayudaba demasiado. Caminamos y en el recorrido observé que en la ciudad abundaban las sillas de ruedas con personas que invariablemente correspondían mi curiosa mirada con una sonrisa. ¡Nunca había visto tantos inválidos! ¿Habría alguna gran convención? Llegamos a la Quinta Avenida en el momento en que un cortejo de motos y camionetas negras anunciaban el paso del Papa de visita en la ciudad. Allí iba, saludando; todo de blanco, sentado en su sillón al centro de una caja de vidrio, sonriente, igual que los de la gran convención. Ese día la ciudad me parecía otra o quizá mi percepción de lo que me rodeaba había cambiado y mis pensamientos más íntimos tomaban otros derroteros. Repasaba a "flashazos" mi vida pasada y presente, también trataba de imaginar la futura.

III

Después de la sorpresa del diagnóstico médico y de la apresurada mudanza a nuestra casa definitiva, regresé a mi trabajo como curadora del Museo Universitario del Chopo con sus constantes y sorprendentes manifestaciones. Años atrás, cuando terminaba de cursar mi carrera de historia en la UNAM, me puse a trabajar en mi tesis cuyo tema sería la formación de los primeros museos en México, el coleccionismo de los siglos XVIII y XIX y los gabinetes de curiosidades en los que se mezclaba el arte y la ciencia. La experiencia en el museo me sirvió para entender cabalmente en qué consistiría mi futuro trabajo de curaduría, donde comprender al artista como creador, sus ideas, el acercamiento a su tiempo y al arte son igual de importantes que el contexto en el que se produce su exposición. Toda mi energía y postura crítica estaban puestas en lo que sería, por elección propia, mi vida profesional.

En este museo iniciamos una serie de intercambios de artistas jóvenes con Colombia, Argentina y Guatemala que funcionaron muy bien, tanto, que derivaron en muestras presentadas en México y en los países invitados, de excelente nivel y siempre acompañadas de auténtica amistad y experiencias gratificantes.

Cuando fui a Bogotá para inaugurar la exposición que los colombianos creyeron que se llamaría *Por mi raza hablará el espíritu*, confundiendo el lema universitario que estaba impreso en la carta de invitación y que, en respuesta, con humor, así acepté titular, me deslumbró la vitalidad y alegría de la gente. Damian, mi marido, me alcanzó para disfrutar, en la bellísima Cartagena, unos días de merecido descanso. Bueno, descanso es un decir. La música tropical, el baile, el júbilo hicieron de nuestra estancia una fiesta continua.

Poco después llegó la sorpresa de mi primer embarazo. Esta noticia cambió mi vida. Ahora sólo tenía ojos para los bebés y las panzas de las mujeres. ¿Cómo era posible que hubiera tantas embarazadas? Nunca me había dado cuenta, y por fin, yo era una de ellas. ¡Qué maravilla! Ocho meses después de la telúrica pachanga colombiana, nació nuestra primera hija, Ana Sofía, y nuestro mundo se colmó de felicidad.

Las exposiciones continuaban organizándose a partir de ideas interesantes y divertidas. Se nos ocurría experimentar con todo. *Algunos especímenes* recreó el antiguo museo científico con modernas obras escultóricas e instalaciones que recordaban la pasada vocación del edificio: la vieja estructura metálica de la época de Eiffel fue intervenida por José Manuel Romero, Yolanda Paulsen y Yolanda Gutiérrez con el esqueleto de un gigantesco dinosaurio Carnegie; Abraham Cruz Villegas llenó las viejas vitrinas que en otro tiempo albergaron monstruos de la naturaleza con preciosas conservas de voluptuosas frutas y verduras; Damián Ortega colgó del techo una enorme ballena de cola flexible, que pacientemente esperaba la mirada asombrada del público.

Tuve la suerte de coincidir y trabajar con un grupo de artistas que hoy día han alcanzado gran reconocimiento en el mercado global. Lo que los distinguió de otros artistas fue que se inspiraron en narrativas urbanas y sus propias consideraciones sobre lo que es el arte. Ahora, estos artistas, sobre todo los colegas contemporáneos de Gabriel Orozco, artista conceptual que se haría famoso en 1993 al enviar una caja de zapatos a la Bienal de Venecia, se han alejado de las galerías alternativas que ellos mismos fundaron tales como Temístocles y La Panadería y son invitados a exponer en importantes museos y bienales del mundo entero. Muchos han experimentado la movilidad y ampliado sus territorios. Hoy sería difícil encontrarlos en nuestro país y reunirlos para invitarlos a participar en una exposición colectiva.

Al enamorarme de las obras que los artistas presentaban bajo los efectos de mis convocatorias en el Chopo, poco a poco nuestra casa iba cambiando de estilo. Mi ojo rechazaba lo demasiado convencional y exigía fracturas, extrañas combinaciones y un sofisticado desorden. Mi entusiasmo por el arte contemporáneo empezaba a ser peligrosamente adictivo.

Y la vida, que seguía con sus sorpresas, me anunció mi segundo embarazo. Otra niña, Oriana, llegó a nuestras vidas. La ternura de mis dos hijas, su dependencia y fragilidad me hicieron preguntarme seriamente si mi lugar era quedarme en casa y "sólo" dedicarme a ellas.

El posparto no me ayudaba a aclarar mis ideas. Empecé a cuestionar si debía renunciar al Chopo y ocuparme también un poco más de la casa y mi persona. Pero qué haría con mi cabeza y sus musarañas, estaba segura que mi enloquecida y febril dedicación al mundo del arte me ayudaba a no tener pensamientos oscuros. Tuve mis dudas pero decidí seguir adelante y dejar que las cosas se reacomodaran solas.

IV

Poco tiempo después, me ofrecieron un nuevo trabajo. Era un reto apasionante: crear un nuevo museo en un edificio que había sido el convento de San Diego durante la Colonia, y luego había albergado la Pinacoteca Virreinal. El espacio bellísimo y desnudo, donde únicamente había quedado olvidada una pintura religiosa de Simón Pereyns semidestruida por un incendio en la Catedral, pedía a gritos una transformación y la invención de una vocación diferente. Se llamaría Laboratorio de Arte Alameda y así arranqué el nuevo experimento de la mano de un talentoso curador, Príamo Lozada, con quien compartí la pasión por el espacio y me facilitó resolver la dicotomía que existe entre lo que pide la institucionalidad a un director de museo y lo que exige y ofrece el arte. También, y no lo olvido, me mostró su entereza ante las adversidades de la vida y me hizo sentir, con su ejemplo, que el arte podía ser también un medio de salvación.

La primera exposición *Actos de fe, imágenes transfiguradas* incorporaba obras de artistas contemporáneos inspiradas o que sostenían un diálogo con las antiguas piezas de la Pinacoteca Virreinal. Convivía el arte contemporáneo con el arte colonial. Desde luego abría la muestra la pieza quemada de Pereyns transfigurada por su recontextualización en obra conceptual. Esta exposición tuvo una reseña en *Art News* y el autor de la crítica dedicó varias líneas elogiosas al misterioso artista contemporáneo que quemaba sus obras después de terminarlas.

Las imágenes que guardo de todas las exposiciones que organizamos en el Laboratorio Arte Alameda son deslumbrantes: los *Asters* de Thomas Glassford instalados como si fueran una constelación en el espacio; *Las nadadoras* de Silvia Gruner que flotaban en el aire creando una percepción hipnótica y reflexiva; Mona Hatoum, artista de origen palestino nacionalizada británica, produjo, para su exposición, una gran cantidad de obras en México, el contacto con nuestro país reveló en ella una nueva vena artística en relación con las fibras, los telares, los papeles artesanales y lo que veía en la calle, documentado en formidables videos. Inolvidable fue la exposición de Daniel Buren, quien creó una serie de cabañas en distintos materiales cuyas trasparencias y dimensiones permitían percibir el espacio de formas diferentes.

Después de estas experiencias nos quedó claro que la vocación del Laboratorio era encargar obras que permitieran detonar procesos transdisciplinarios en la producción del artista. La exposición de Rafael Lozano Hemmer era una instalación que permitía a los visitantes sintonizar radio-frecuencias utilizando su propio cuerpo. La última muestra que me tocó organizar fue la de Antoní Muntadas; *La Alameda: On translation.*

Ourrió lo inesperado, lo casi temerario según los médicos: nació Miranda, nuestra tercera maravilla. Ahora sí sería la última.

V

Ver a nuestras tres hijas, tres preciosas criaturas divertidas, alegres, inteligentes, festejar sus primeras palabras, sus primeros pasos, admirar sus increíbles sonrisas, acompañarlas al doctor y al dentista por partida triple, a recoger los huevos de Pascua en el jardín de los abuelos, a instalar el altar de muertos y el árbol de Navidad, fotografiar las caritas de sorpresa ante los regalos de *Santa*, ser confidente de los primeros conflictos con las amigas en la escuela, todo ello me confirma lo afortunada que soy.

Me entusiasma y me da seguridad ayudar a construir un círculo de amorosas compañeras. No en balde procedo de una familia de mujeres fuertes, como mi maravillosa madre, siempre generosa, dispuesta a ayudar a todos los miembros de la familia, particularmente a mí y a mis hijas. Su fortaleza, su humor, su dulzura autoritaria han sido siempre un referente inalcanzable para mí. Y mi tía Luz, cercana amiga incondicional; ellas dos representan una presencia segura, constante y liberadora, en momentos de crisis.

Mi marido, quien conoce por su familia la fuerza de las mujeres también se fascina con las niñas, las tres diferentes, únicas. A medida que crecen, le interesan más y se entrega a ellas con amorosa paciencia y cariño.

Pero un día, este mundo ideal, cristalino, casi se despedaza: íbamos en coche a Puerto Vallarta para pasar el año nuevo de 2002, cuando sufrimos un aparatoso accidente en la carretera. El susto fue terrible aunque, por fortuna y, aparentemente, no tuvo consecuencias graves, según nos dijeron los médicos del hospital en Zamora, después de revisar los golpes recibidos, antes de continuar el viaje por avión a la playa. Pero, dos días después, Miranda cayó gravemente enferma por el contagio de un rotavirus zamorano. Internada en un sanatorio del puerto, la bebita no reaccionaba a los medicamentos, ni respondía a ningún estímulo. La desesperación y la impotencia se fueron apoderando de mí y cuando mi madre llegó de México, le pedí que la cuidara. Yo, agotada, no podía hacerlo y Damian mantenía aisladas a las dos niñas mayores. No sabía qué hacer y me sentí, por primera vez en mi vida, totalmente inútil.

Me fui a la iglesia y recé todo el día. Ahí me di cuenta que nunca lo había hecho por nadie, ni por mí. Después de todo, lo hacían mis fieles amigas —Mina, Beatriz, Mariló, la Beba, entre otras muchas— y siempre Alfredo, mi adorado hermano. Mi condición no me preocupaba, yo era quien debía superarla y no tenía duda alguna de que lo conseguiría. Pero ahora era diferente: era mi Miranda sin reaccionar en la cama, inanimada.

Por la noche volví al hospital y ante la puerta del cuarto encontré arrodilladas a las dos empleadas domésticas de la playa y una mujer de pueblo anciana que, me dijeron, habían ido a traer de su casa. La mujer hacía curaciones y limpias y, para que todo saliera bien, tenía que decir un salmo tocando la mollera de la niña. Me conmovió y, por supuesto, la hice pasar al cuarto ante la mirada horrorizada de mi madre que decía que a los bebés no se les debía tocar la mollera. Al día siguiente Miranda abrió sus enormes ojos azules y empezó a mover su muñequito favorito como señal de que quería jugar. En un par de días, las tres niñas habían olvidado todo y jugaban felices en la playa. Ese fin de año fue para cada uno de nosotros, inolvidable, quizá por razones diferentes. Para mí, fue como un anuncio de la fragilidad de la vida y el milagro de la superación de una crisis por cualquier vía.

VI

El proyecto del Laboratorio de Arte Alameda se había consolidado cuando la UNAM me ofreció la dirección del Museo del Mandato del Antiguo Colegio de San Ildefonso. El nuevo reto que ese ofrecimiento de trabajo significaba para mí era atractivo, aunque tenía que sacrificar muchas cosas: primero, dejar el Laboratorio, experimento con el que me había engolosinado profesionalmente e involucrado afectivamente con todo un equipo de trabajo; segundo, ir todos los días al corazón del centro de la ciudad y lo que eso significaría en mi vida: tiempo, mi tiempo. No me veía abriéndome paso entre ambulantes y manifestaciones y, sobre todo me imponía la enorme responsabilidad que representaba el puesto. Era un cambio radical en la organización de mi vida, pero era, nuevamente, trabajar en un lugar maravilloso, emblemático que guarda una buena parte de la historia intelectual, artística y social del país. Sin duda, el ofrecimiento me atraía.

¿Por qué sería que siempre las proposiciones de trabajo se ubicaban en espacios cuyos muros me embrujaban y me hipnotizaban con su misterioso llamado? No podía negarme. Tendría que reinventarme, volver a entregar, de otra manera, lo mejor de mí misma pero sin traicionar mi trayectoria y experiencia estética: amalgamar lo clásico e histórico con lo actual en las artes. La moneda estaba en el aire. La suerte echada. Acepté dirigir San Ildefonso.

Inicié esta nueva experiencia con un formidable equipo de trabajo y otra vez invité a un magnífico curador, Ery Cámara, quien con su colorida ropa senegalesa y su especial sensibilidad enciende la adusta arquitectura del Colegio que enmarca los espectaculares murales de José Clemente Orozco. Un esteta estudioso y cómplice entusiasta en los proyectos que habrían de seguir.

Mi marido, mi padre como siempre, y mis hijas, ahora me animaban. Las tres pequeñas me repetían que decir que su mamá trabajaba de directora de un museo era de lo más *cool*.

La agotadora ciudad y el trabajo devoran salvajemente los días, por ello, por fortuna pasamos los fines de semana en el campo. Mi marido encontró el paisaje bucólico que extrañaba de su natal Inglaterra en un valle de Malinalco rodeado de sembradíos y colinas, más bien montañas, que nos permite hacer caminatas interminables, salpicar el paisaje con preciosos borregos blancos y, por supuesto, tener un *vegetable garden* que el inglés encuentra el marco ideal y paradisíaco, donde dice que su mujer se ve más atractiva que nunca, entre zanahorias, lechugas, rábanos, alcachofas, salvia, romero, perejil.

En mis casi cinco años de San Ildefonso, hemos realizado exposiciones que han cambiado necesariamente mi forma de trabajo. Primero, entendí las características de la vocación del museo: temas de interés general para un público heterogéneo. De pronto tuve que dedicarme a Gaudí, Leonardo da Vinci, Don Quijote y otras exposiciones que atraían mucho público, aunque no todas correspondían a mis planes y proyectos como directora, sin embargo logramos imprimirles ciertos cambios. Nos esforzamos en revisar las curadurías para lograr nuevas conexiones visuales y complementos curatoriales, novedosos discursos museográficos, actividades complementarias y educativas.

Un ejemplo de esto fue la espectacular exposición *Revelaciones. Las artes en América Latina 1492-1820* llegada del Museo de Filadelfia, que reunió verdaderos tesoros de los virreinatos españoles en América enriquecida en San Ildefonso con nuevas aportaciones de todo el país.

VII

Los días pasan y los problemas, las sorpresas y las satisfacciones también se acumulan. Mi vida, por supuesto, no está exenta de frustraciones y sobresaltos. San Ildefonso exige una complicada y laboriosa ingeniería que limita mi tiempo de dedicación a los aspectos artísticos de cada nuevo proyecto, pues todos requieren de celebración de acuerdos, convenios y alianzas, revisiones de presupuestos, juntas y reuniones administrativas o de financiamiento. Sólo al finalizar todas estas tareas al ver el producto final y un público que celebra su visita, la satisfacción es enorme y, entonces, surge el proyecto siguiente que me obliga a repetir el proceso. Cada exposición es una nueva y larga aventura.

Ahora la familia y mis actividades se han convertido en una maravillosa multitud que se mueve y enreda en diferentes ámbitos: tres niñas, sus amigas, los parientes, nuestros queridos amigos, los visitantes ingleses, los autobuses de coleccionistas que llegan a mi casa para ver "la colección", el campo con los perros y los borregos, la hortaliza que frecuentemente descuido. San Ildefonso y las horas de trabajo que se dilatan y devoran el tiempo, la dureza de la ciudad, mi querido Centro Histórico, por fortuna ahora con menos ambulantes, las reuniones obligadas de las asociaciones a las que pertenezco.

Y para colmo, pero también, para regocijo de todos, los breves veranos en la campiña y las heladas playas inglesas durante los que convivimos con la numerosa y deliciosa familia de mi marido: padres-suegros-abuelos, hermanas-cuñadas y hermanos-cuñados, sobrinos-primos y amigos de infancia y de estudios de Damian.

VIII

Hay acontecimientos en la vida de cada uno de nosotros que nos sorprenden y nos hacen fijar nuestro rumbo, nos determinan comportamientos y nuestra manera particular de estar en el mundo y aceptarlo. El desorden, las fracturas y los territorios compartidos ya no son para mí una sofisticación estética, más bien son las coordenadas que me rigen y el compás de un incontrolable y constante movimiento telúrico que ya no me asusta.

De vez en cuando recibo algún severo recordatorio de mi esclerosis múltiple, ahora muy controlada por un grupo de jóvenes neurólogos mexicanos que me aseguran pronto se encontrán nuevos tratamientos. Entonces, muy quedito hablo con ella y le digo: "Cálmate, ahora no puedo hacerte caso, hay cosas más importantes, todos los días tienen su historia y pasa algo interesante o extraordinario. Hoy no puedes interrumpir mi vida". Y sonriendo, reflexiva, me canto el estribillo de Pedro Navaja: "La vida te da sorpresas, sorpresas te da la vida".

© Guillermo Güémez Sarre

MOMENTOS DE SORPRESA

María Teresa Franco

Por sorpresa me tomó la llegada de mi amiga Lili, moviéndose por el aire sin esfuerzo, volando hasta la higuera. Traía unos barquillos enormes, copeteados de nube –¿o algodón?– fresa. Volar con ella fue el premio a la risa y el sabor de ese fresa me da fuerza.

Un trancazo sin causa, seco, intempestivo, de puño de niño regordete en lo que se llama un jardín de niños. Del estómago un ardor desconocido, hiriente, se estrenó ese día para saber de la violencia injusta. Sobre eso, así, ni palabras. Recuerdo anonadada la sombra pegando en la escalera... la sorpresa.

La caja de madera entrando por la sala, el gusto, el tema, las notas en papel que me aterraban, la alegría de las teclas y las fiestas. El piano negro, lustroso, nuevecito, regalo de mi padre por la tarde. El brinco, el placer, ahora sí va en serio y hay que hacerlo. Las clases con Ángel y mi hermano, las horas y las horas en el piano, las formas de escapar a lo ya dado, la música quebrando las paredes, los valses y las cumbias por la vida, los cuates que en el piano, por el piano se quedaron, las manos que han corrido por el piano, el mundo que ha entrado con la caja.

El primero que vimos era Saturno. Estaba clarísimo. Se veía infalible entre lo negro. El azoro, ¿por qué se ve?, por el telescopio, mensa. Otra vez, ahí estaba. Pero, ¿por qué se ve? Vino una explicación sobe el poder del telescopio. Quítate ya. Había muchas, muchas estrellas, volvimos a las constelaciones, al big bang, a los hoyos negros. A veces pregunto por Saturno y se aparece, celebro azorada y no sé nada.

La descompensación de los latidos. Íbamos a ganar o a perder. Ya no había tiempo. Tiradas en el piso del pasillo. Jugábamos a reiterar los principios, los ideales, el rumbo, un futuro, lo tomábamos a fondo y compartíamos la energía de tener quince años. Al día siguiente había elecciones, nuestro emblema era un trébol y calculábamos resultados. Alegábamos cuando me cimbré con taquicardia, estaba ahí, como Saturno. Una bomba justo al centro. Respira y se pasa. Pues sí, por más que uno tire rollos, en cierto tipo de asuntos se está arriesgando la vida, cuál objetividad. Pero ganamos.

La muerte de mi abuelo sabida a mediodía en que el camión de escuela nos devolvió a tiempo a la esquina donde confluyen Ayuntamiento y Benito Juárez, en Coyoacán. Después de la frase, la calle fue polvo mudo, café interminablemente triste. Tenía la garganta aterrada y, como no era útil llorar, la sangre empezó a escurrir, a escurrirme por la nariz en nueva ruta.

La primera vez que me habló. Ya habíamos subido al tren y para el viaje su compañía era la base. Mucho más alta y obviamente mayor que yo, tenía la cabeza erguida llena de chinos negros apoyada en el respaldo del sillón. Yo estaba exaltada, trataba de averiguar si le agradaba lo dicho. Algo iba a pasar, ya nos habíamos marchado y el paisaje se llenaba de agua, de árboles frondosos y delgados, de pájaros chiquitos, de bruma y no paraba el ritmo del tren y la ventana. El oso amarillo de los juegos nocturnos se había quedado sobre la cama. Ya íbamos lejos cuando me habló y lo dijo. Los viajes los haríamos juntas porque nos caíamos bien. La verdad es que los hicimos mil veces, aunque ya no he encontrado muñecas de trapo negras con delantal de bolitas, tan grandes, que saben tanto.

Llegamos al salón para el concierto. En dedos la obra. Había pasado dos semanas estudiando y estaba segura de que corría bella por el teclado. Es cierto que de pronto el papel se enjabonaba, que en blanco se bloqueaba la mano y me dolía. Entré y vi las sillas frente al piano, el salón de siempre para actos, vacío de público y artistas. Sentí frío y medí el riesgo. Ahí estuve para percibir lentamente la entrada de cada uno. Simplemente no pude ante la incertidumbre, ante un fraude por ausencia. Toqué una pieza corta para que no le diera tiempo al horror de hacerme nada. Cambié el programa que yo misma había impreso y dije que quería hacer honor a mi maestro, quien traía preparada una rapsodia de Franz Liszt. Mágicamente aceptó, me sustituyó el buen hombre. No toqué Debussy y nunca he dado un concierto.

"Imágenes de la ciudad" se llamó el programa. Con megáfonos se recorrían las calles del centro histórico de esta capital. Acudían muchos cientos, a veces miles, para escuchar al maestro Eduardo Blanquel y a Gloria Villegas. Yo había pedido participar; saqué cuanto libro viniera al tema, devoré uno tras otro. Me tocaba hablar sobre el sistema educativo a lo largo del Virreinato de la Nueva España. Gloria con inaudita generosidad había ido los sábados a sostenerme y cerciorarse; le puse el ánimo completo y me expresaba libremente. Llegó el domingo, partimos del Museo de la Ciudad de México; su patio estaba repleto y caminamos a San Ildefonso. La bella portada a mi espalda y una escalera improvisada que hizo las veces de púlpito ya estaba puesta. Suba para que la vean. Ahí voy, maestro, y volteo. El blanco otra vez, el blanco puro. El silencio, la gente confiando en la palabra. Gloria se acercó y tocó pierna. Comienza, por favor, está muy feo. El maestro enojado y yo callada; me gritó si quiere puede y le dije ¿qué es? San Ildefonso, ya fúrico. Escalofrío, murmullos, temblorina. De pronto me aligeró una voz potente, entusiasmada, y me dicen que hablé bien hasta que irrumpió un aplauso largo. No estaba preparada.

¿Qué era eso?, bastante feo el espacio y yo acostada bajo una colcha color rata. Rosa, que entonces no sabía que se llamaba Rosa, me sonrió en portugués. Tenía una taza de té, me la acercó con cautela y me dijo que ya sabía. Entró su marido y luego Graciela. Me di cuenta que ya tenía dos días ahí, con fiebre y sola. Terminé la carrera de historia y vine a investigar, a seguir el seminario sobre concientización social. Así es, se los juro, ¿por qué no le hablan a Luz María? De veras, pues aquí no es. Llegó aquella, atingente y malhumorada. Qué pendeja eres tuve que oír, pero me apoyó. Bueno, entonces qué, me voy a dónde, y dijeron que se resolvía mañana. Ya reponte, güey, qué pinche infección te dio; regreso. Vino dos días después, yo andaba recorriendo el centro de París, desconcertada y alegre. Pues te quedas, pero sólo para los cursos abiertos; aquí muchos hemos tirado bala, burguesita, te quedas por arriesgada y te pones discreta. Desde entonces no he abierto la boca ni mencionado sus nombres. Fue en un curso abierto, desde luego en otro lado, pero organizado por ellos, que conocí a Michel de Certeau. Impreparada, sintiéndome flor de adorno, no me salí con la mía, me quedé con el misterio cotidiano, con su divertida invención.

Un reto desconcertante en mi vida fue la primera tardeada. Había estrenado vestido, bailaba bien y el retorno de Estados Unidos al término de la primaria de la que salí repleta de dieces, me confirmaban que todo es cuestión de tener ganas. Era el festejo del hermano menor, mucho menor de mi tía Tere, de Mario el guapo gentil. Había bocadillos, muchos orange crush y cocas, una ensalada de coditos, y la música en alto. Había que escoger y los revisaba acuciosamente porque mi abuela me decía que todo, todo contaba, inteligencia, modales, que fuera estudioso, mejor simpático y si además de buen ver, pues todavía mejor. Total: me lancé y fui por el mío. Se escapó y mi tía me dio la mano y me llevó aparte; explicó que las mujeres no "sacan" a los hombres; me dio a entender otras cosas, lo hizo con muchos apapachos. Recuerdo el sentimiento parecido a la humillación, el nudo acuoso en el cogote. Me solté y me fui, canté que yo era hija del aire, que los iba a "sacar" otra vez. Creo que alguno sí bailó conmigo. Mario me sonreía. En el desconcierto ya no era espontánea, lo rebelde tenía que estar a fuerzas.

Quedarme callada. Lo aprendí dormida boca abajo. Me había parado a decir la verdad, a hacer el recuento de lo sucedido. Carlos sostuvo el porte, controlado, buscando en la facilidad de palabra un ambiente que permitiera seguir. Insistí y el desconcierto fue evidente. Cobran por decirle lo que pasa, se gastan el dinero de la capacitación en sabe qué, mandaron a unos taxistas en vez de enfermeras, no es real que hayan distribuido los animales a las granjas familiares. Ni siquiera puedo reconstruir cómo me obligaron a salir, fue rápido, vi la avenida larga sin puertas y caminé hasta Reforma, tomé un taxi y llegué como sombi. Lo conté y, hasta eso, con benevolencia me fue explicado que actuaba como bruta, que para que la verdad tuviera efecto debía callar. A partir de entonces a veces tomo el reto y de manera inusual uso la prudencia. Sin embargo casi siempre digo lo que pienso.

Escribir estas líneas, estimada Denise, por múltiples razones. Porque entre lo público y lo privado se mete el sol y porque escribir es un oficio que ante todo me angustia y marca el paso de los años en que sigo pensativa.

Gracias por la espera.

© Guillermo Güémez Sarre

Muxhe mexicana

Amaranta Gómez Regalado

Para mi amiga, hermana y cómplice
de vida: Patricia Ponce Jiménez

Soy Amaranta Gómez Regalado, una *muxhe* zapoteca del Istmo de Tehuantepec, en Oaxaca. Soy la cuarta de seis hermanos y hermanas, nací un 7 de noviembre de 1977 y me procrearon dos personas enormemente valiosas, mi padre Homero Gómez Peralta y mi madre Rosa Regalado Martínez. Mi niñez la pasé intentando reconocerme nacida como varón, pero con una gran conciencia de mi identidad femenina.

Cursé la primaria sin mayores sobresaltos ni percepciones de lo que es el estigma y la discriminación por la identidad de género; una niñez fluida entre juegos, estudios, familia, comunidad, y justo cuando cumplí nueve años me enamoré de quien se podría decir fue mi primer novio, su nombre es Erasmo, tenía trece años y cursaba aún su sexto año de primaria, mientras que yo cursaba el cuarto año. Era vecino de mi cuadra, no había tenido ningún acercamiento con él, hasta que un día Erasmo y yo nos topamos al ir a la escuela; se nos había hecho tarde y juntos brincamos la barda que daba a un huerto de la propia escuela. Era un traspatio enorme con sillas viejas y mesabancos rotos, unas palmeras, mucho monte y en el centro un estanque que por estar abandonado nunca tenía agua.

Después de tanta expedición nos cansamos y decidimos sentarnos, buscamos un lugar para hacerlo y fue entonces que descubrimos la escalinata y decidimos darnos un descanso y ahí, sin más ni más, Erasmo me brindó un beso en el cuello a lo que yo accedí, decidí abrazarlo por un buen rato sin decir una palabra, sólo hasta que escuchamos la campana sonar para regresar a clases nos dimos cuenta de lo que había pasado y del tiempo, decidimos regresar a los salones no sin antes comprar dos Bolis de sabor naranja que era lo único que le quedaba a la señora Esperanza, la vendedora de la carretilla de frituras y golosinas.

Erasmo-Era-Amor fue inocente pero racionalmente pasional y los sentimientos que hacían que yo reconociera el placer puberto eran algo extraordinario. Pero la Era de Erasmo se veía acabar, ya que el ciclo escolar estaba por concluir y se iba a la secundaria y yo me quedaba para terminar la primaria; sin embargo, la experiencia de ir de vez en vez al huerto y a una chocita construida por Erasmo y compartir nuestras tortas y refrescos Rey Paga, nos permitió cumplir con el solo objetivo para el que fue hecha la chocita. Ahí entendí que la vida tenía muchos placeres que me merecía conocer y probar. Erasmo se fue y yo lo recuerdo como parte de esa historia que da comienzo a mis grandes pasiones.

Binni Xquidxe, el patio de mi abuela y la hamaca soñadora

Juchitán de Zaragoza, Oaxaca es un pueblo de más de ciento veinte mil habitantes, originario de la cultura zapoteca; en mi comunidad más de 80% somos bilingües teniendo como primera lengua el zapoteco y como segunda el español. Éste es un rasgo muy importante de mi cultura dado que le da una profunda identidad propia, así como el arraigo de nuestras costumbres y tradiciones que han pasado de generación en generación.

La forma de vida en Juchitán es comunitaria y trata de mantener (a pesar de los embates de la modernidad) su solidaridad social mediante la vida festiva que tiene; las secciones más tradicionales de Juchitán conservan aún espacios comunitarios compartidos como son los patios de casa, los cuales comparten vecinos y familiares a pesar de existir límites de propiedad; es un rasgo de comunidad, y aludo a este aspecto del patio ya que fue en el de mi abuela paterna en donde tuve a mis doce años la posibilidad de soñar despierta. Un deseo que al cumplir los veinticinco vi llegar de manera tangible; en este sueño me imaginaba rodeada de mucha, mucha gente, de todos los colores y de todo tipo, gente que me tenía como el centro de su atención, era un acto masivo, eso sí era claro. La sensación que me dejó este sueño deseado era que mi "muxheidad" no había nacido para cumplir el rol tradicional de muxhe que consiste, en general, en dedicarse al bordado de trajes regionales, ser arreglistas y decoradores de elementos tradicionales de la propia cultura zapoteca. También este sueño frustró los deseos de mi madre, ya que su ilusión era que yo le bordara sus huipiles, y la decepcioné. Lo lamento, pero con el tiempo ella entendió que la complacería de otras maneras.

Entre los quince y los veinticuatro años de edad di varios pasos relacionados con esos sueños; en este lapso me convertí en directora de un grupo de travestis de varios estados de la República, nuestra primera sede fue Acapulco, y eso implicó que a los quince años yo ya estuviera fuera de casa buscando esos espacios que pudieran ser los primeros cimientos de mi sueño.

Conciliar a la comunidad travesti era todo un reto tanto en la vida cotidiana como en el escenario, en donde quien tenía la pestaña más larga y de marca Pixie era la más chingona, o la que tenía el tacón más alto tenía las ínfulas hasta arriba. En este proceso aprendí que el ego, la vanidad y el glamour no podían estar juntos en tantas y por tanto tiempo; todas eran reinas y ninguna plebeya, sentía que era una comunidad vacía y que no vivían el día completo, que nos negábamos a ver un amanecer sin que mediara el "desmadrugué" continuo después de una presentación del show y de unos alcoholes encima o que pudiéramos leer y conversar sobre *Cien años de soledad*, el libro del gran literato y Premio Nobel Gabriel García Márquez. Éste fue el primer libro de literatura universal que leí, con el apoyo de un diccionario escolar para poder comprender los significados de sus palabras complejas y sinuosas narradas en él. Ahí mismo he de confesar que encontré mi nombre, Amaranta (antes me llamaba Naxhieli, que en zapoteco significa "te quiero").

De eso quería hablar con las travestis: de literatura y tradición, de lo valioso de hablar una lengua indígena y pertenecer a una cultura como la mía, pero las respuestas eran hablar de lentejuelas, de pelucas y del próximo numerito que había que preparar; en fin, era otro mundo un poco alejado de lo que había sido mi sueño, sin embargo lo lindo era al mismo tiempo conocer gente y lugares. Justo estando en el Soconusco, Chiapas por dos semanas de presentaciones me sentí agotada (siempre es un síntoma en mi vida de que las cosas tienen que cambiar de rumbo). Decidí regresar a casa por una buena temporada y con un dinero ahorrado de mi trabajo en el show como directora y, por qué no decirlo, como trabajadora sexual toda vez que cada noche, al término de cada presentación nunca faltaba un cliente que estaba dispuesto a pagar por una relación sexual.

El SIDA en mi vida y su impacto en mi familia

Ya de regreso del Soconusco en casa, me junté con un gran amigo, Armando López Ortiz (también tenía un bar), a quien llamaban Mandis, maestro de danza folclórica y contador de profesión, muxhe igual que yo y Yoxho, por ello con mayor experiencia, la cual agradezco que comparta conmigo en todo momento. Al igual que mi madre, que tenía un bar, Mandis recibió un citatorio de parte de la Regiduría de Salud, del COESIDA y del grupo Las Intrépidas de Juchitán, en donde convocaban a dueños de bares del municipio a acudir a una conferencia sobre el tema del SIDA.

Yo ya había escuchado del tema del SIDA, lo más elemental: desde el prejuicio de que era una enfermedad mortal, que le "daba" a los homosexuales, que se contagiaba, que acababa rápido con la gente, que no había cura para ello y que el costo de los medicamentos era elevado, que muy pocos podían pagarlo y que sólo usando condón se podía prevenir.

Llegamos Mandis y yo (en representación del bar de mi madre), nos reportamos con los organizadores y hubo pase de lista de las y los convocados. Ahí conocí a una mujer de nombre Magdalena Pazos Ortiz, quien era la experta en el tema del VIH, con un discurso culpabilizador, victimizador y de muerte respecto a la epidemia y su impacto en la vida de las personas que lo contraían; casi anunciaba una hecatombe, esto lo pensaba en mis adentros al mismo tiempo que observaba a mi alrededor las reacciones de las y los demás asistentes. Ese discurso estaba causando pánico y miedo en las caras de las personas; muchos años después nos tocó –con mucho trabajo– desmitificar aquella terrible e iniciadora forma de hacer prevención del VIH.

Enseguida de la magistral y tenebrosa conferencia se suavizó la situación gracias a un grupo de mujeres encabezadas por Elvia Lucía Ávila, a quien de cariño le decían Lili. Lili urgía a los presentes a reaccionar ante una situación que cada vez más se venía "ruralizando" e instalándose en comunidades indígenas como las nuestras y que no sólo era problema de otros países y de las grandes ciudades. Su discurso fue más convincente y conmovedor pero las ausencias se hacían patentes. En mi cabeza pasaba que la comunidad muxhe no estaba siendo incluida en este llamado. Sentí que era el momento de dar un siguiente paso, un paso para poder hacer algo por mi pueblo y mi comunidad local, sentí que era necesario la corresponsabilidad de parte de la comunidad muxhe en una emergencia como la que se planteaba y levanté la mano ante el público y los organizadores para pedir la palabra, sin pensar que esa decisión tendría más tarde un efecto importante. Armada de valor pregunté por qué cuando se decía que había que hacer algo para que las mujeres, los jóvenes y los hombres se previnieran del VIH no estábamos incluidas las personas muxhes, por lo que pedía a ese organismo que se conformaba incluirlo en su agenda y plan de trabajo. Tanto Lili y compañía como las autoridades escucharon mi propuesta y celebraron este llamado que quedó incluido en las acciones posteriores. ¡Qué bueno que lo hice! ya que inmiscuida en el ajo del SIDA, éste tocó a la puerta de mi familia… y entró.

Un tío muxhe, hermano de mi madre, de treinta y tres años resultó positivo a una prueba del SIDA, esto me movió en lo más profundo del alma. Estaba yo apenas preparando las armas del conocimiento para compartirlo en mi comunidad cuando el SIDA ya estaba dando sus primeros pasos. Éstos nos sacudían por el desconocimiento, el miedo, la ignorancia, las falsas religiones, la desesperación, el amor de padre y de madre, los reproches de "te lo dije, por ser muxhe y por tu forma de vida, por eso te pasó eso", por los mitos, el estigma y la discriminación. Pude percibir la desesperación de mi abuelo diciéndome que vendiéramos la casa para comprar el AZT que era el único medicamento que existía y había al alcance de Juchitán, una comunidad a doce horas en camión de la ciudad de México, aunque se decía que llevarlo a esa ciudad implicaba más esperanzas; sin embargo, el desgaste era severo, su estado era muy grave y sólo había paliativos que sacaban por momentos a mi tío Ricardo (Richard o Seembarca) de tal situación. Esa petición de venta de la casa por parte de mi abuelo me dejó una huella profunda del amor de padre que le tenía y que no le demostró por mucho tiempo, el amor que muchas veces se dice que los hombres no tienen hacia sus hijos. Tal vez vender implicaba para mi abuelo recuperar, pero creo que la venta era simbólica creo que en el fondo mi abuelo quería recuperar el tiempo, el tiempo que veía que se le estaba yendo con la muerte de su primer hijo, un tiempo que trató de sanar con su alma ayudándome a cambiar, en los últimos días de mi tío, los pañales que usaba cuando la diarrea no cesaba y cuando la doctora Chávez nos decía que era casi inminente la muerte. Ésta ocurrió en julio de 1997.

Después de este duro desenlace de mi tío y el mío propio en términos de sentir el desconcierto y con la sensación de que si hubiese estado un poco más preparada, mi respuesta hubiera sido otra. Acudí a seminarios, conferencias, diplomados, talleres y todo lo que se me atravesara para aumentar mi conocimiento y mi desarrollo profesional del tema; sólo así entendía la lógica para poder ayudar a mi comunidad, compromiso que aún permanece en mi corazón.

Un México Posible: nada le debo nada me debe

Tenía alrededor de diecinueve años cuando mi vocación por la vida política apareció: conocí en Juchitán a una mujer de pelo cano, pero con facciones de mujer madura e inteligente; interesante por esa composición, rodeada de mucha gente, era Margarita Dalton Palomo, una mujer entrañable y de profundas convicciones por los derechos de la mujer. Margarita era, cuando la conocí, secretaria de Cultura del Estado, del gobierno priísta del licenciado Diódoro Carrasco Altamirano. Con ella establecimos desde entonces una rica, crítica y entrañable amistad y es ella quien estuvo conmigo en un momento crucial de mi vida, en el cual creí sentirme preparada. Fue Margarita Dalton quien me invitó, junto con otros líderes comunitarios de Juchitán a formar un nuevo partido político. El objetivo de Margarita era que yo encabezara la realización de las asambleas distritales que se sumarían a ciento cuarenta asambleas federales que se tenían que lograr para conseguir el registro de ese nuevo partido. Esto lo realicé en el marco de mis actividades, pues supuse que era parte del ejercicio de la construcción de una nueva ciudadanía y que estaba ligado al tema de la salud en el que estaba inmersa; creí que era una actividad que fortalecería mi trabajo.

Sin embargo, durante esta experiencia comencé a notar en nuestros aliados, críticas que exhortaban a no mezclar mi trabajo de prevención con la política, que eso no estaba bien, que se politizaba el activismo, pero yo veía que eran aspectos que se complementaban puesto que un partido político necesitaba retomar e incluir en su agenda temas como el SIDA. A pesar de estas críticas seguí en mi activismo –que nunca he dejado– y así acudí a la asamblea nacional en donde el IFE entregaba el registro al nuevo partido: México Posible, un partido de izquierda moderna.

Todo esto sucedía, cuando un nuevo habitante llegó a mi vida y me tomó por sorpresa y a continuación mostraré el diálogo franco que he tenido con este nuevo habitante en mi vida, a quien hoy amo, y lucho porque se le respete, porque se me respete.

Diálogo con el muñón

"Buen día, muñón, ¿cómo estás, cómo amaneciste?", le he preguntado al muñón que cada mañana despierta conmigo, a mi izquierda. "¡Un poco acalambrado! —me dice—, porque tu cuerpazo se me fue encima anoche y ya no aguantaba", me sigue comentando, y yo le digo: "Disculpa, por favor, me quedé cuajada de sueño y dormí como vaca insulsa como diría la Ponce, mi amigocha, la Pato Lucas". Le he preguntado al muñón cómo llegó a mi vida, cómo es que apareció de la noche a la mañana, cómo es que al verle me asusté por lo feo que era, pero después me gustó y me cayó bien. Cómo es que aprendí su idioma y aprendí a escucharle cuando se sentía cansado, lastimado y cómo es que soporto cuando suceden sus berrinches y tengo que aguantar sus pataleadas y punzadas.

Eres parte de mi ser, parte de mi familia, parte de mis fiestas, parte de mi soledad, de mi activismo, de mis viajes, de mis amores, de mi candidatura, de mis novios ocasionales. ¿Recuerdas muñón, aquella ocasión, recuerdas? Fue genial, genial verdaderamente lo que nos pasó al lado de un tipo buen mozo y joven, de veintinueve años, con una madurez juvenil tal que podrías conversar de "mecatrónica" (que yo sabía exactamente un comino del tema), que de religión, política, ecología —que era su fuerte sin duda—, sólo hasta llegar a la necesidad de usar el condón ¡ja ja!; ahí perdía, en fin, un joven con quien en varias ocasiones había sostenido relaciones sexuales, antes de que tú, tú muñón, tú aparecieras.

Pues este joven ubica mi nueva existencia por teléfono preguntando mi estado de ánimo y mi disponibilidad para tener un buen rato de sexo placentero, para lo cual me sentí desnuda, sorprendida, desconcertada, me sentí poco preparada para una faena en compañía de otro ser, con el que no nací, sino que a mis veinticinco años llegó sin avisar: EL MUÑÓN, que ya era parte de mí, pero no en el tamaño y la forma que tenía. No comprendí si era broma o era en serio el que este joven, sabiendo que vivía una nueva realidad de personalidad, podía fijarse en mí; me sentía poco valiosa, entonces pregunté, valiente, que si era conmigo, con mi nueva compañía que quería coger. A mi pregunta expresa el joven brincó de alegría diciendo que sí, que era a esa Amaranta a la que quería hacerle el sexo y que quería apapacharla después de lo ocurrido. El muñón (¿recuerdas, muñón?) tenía jaqueca. Después de una nueva realidad, estaba vendada aún y con contracciones como si tuviera algo atorado, más bien eran sus venas que se acomodaban para su nueva vida. Así, juntos, fuimos al encuentro de este guapo hombre, la ceremonia de saludos y de conocer al nuevo amigo y acompañante se dio en forma cordial, respetuosa y tranquila. Sólo solté mi rebozo que traía por el frío (era diciembre por cierto), cuando sentí que este hombre, ya no tan joven, con su fuerza me quitaba mi falda, la blusa, el brasier y los calzones; pedí un tiempo fuera para yo quitármelos al mismo tiempo de crear habilidad para poder sacar los condones masculinos que traía para colocarlos con la boca en el momento preciso, para lo cual ya tenía mucha experiencia; claro, de nuevo sola para hacer las cosas, ya que el muñón hasta el momento se resiste a aprender a colocarlo.

El joven buen mozo se quitó todo lo que traía puesto, y entonces comenzó el ritual más profundo del cachondeo y de la pasión mía, desenfrenada por no haber estado por más de tres meses con un hombre. En ese justo momento, él decía que había deseado estar conmigo y yo al mismo tiempo diciendo que deseaba sentirme deseada, cuando de repente hubo una petición en mi nueva realidad: la solicitud del buen mozo era ponerme a cuatro patas para poder penetrarme. La posición no parecía insólita hasta que me vi acompañada del muñón que no cubría el perfil para tal petición y caí en la cuenta de que mi nuevo acompañante sólo media quince centímetros, por lo que pensar en una posición tan placentera pero tan complicada parecía descabellada. Fue entonces que con mi buen humor y mis ganas de hacer el sexo, le propuse que la posición fuera de a tres y cuarto y que de por medio lidiaran las almohadas para entonces poder concluir nuestro acto sexual, casi circense. Juntos decidimos reírnos de esta respuesta de una sobreviviente de la vida en un accidente automovilístico como el que yo sufrí un 31 de octubre de 2002 a las 3:15 de la madrugada, en la carretera Panamericana entre Jalapa del Marqués y Santo Domingo Tehuantepec, Oaxaca, cuando viajaba a un acto protocolario de entrega de las primeras remesas de pruebas rápidas de VIH que llegaban y aplicarían en mi estado oaxaqueño.

Creo que perder mi brazo izquierdo en este accidente ha sido de las cosas más sorprendentes de mi vida y de la que cada día aprendo más para crear nuevas habilidades para la vida cotidiana y frente al mundo de sueños y deseos que por momentos se veían venir abajo.

"El consejo general del Instituto Federal Electoral, en su sesión especial celebrada el dieciocho de abril de 2003, resolvió registrar la fórmula de candidatos a diputados electos por el principio de mayoría relativa de México Posible en el estado de Oaxaca integrada por: Distrito 7
C. Gómez Regalado, Amaranta: Propietaria.
C. López Vásquez, Griselda: Suplente".

Así rezaba el dictamen del IFE cuando me reconocieron con mi nombre femenino como la primera candidata transgénero que se postulaba en México para una diputación federal por el partido México Posible. Fue un momento histórico para mi vida, ser muxhe, indígena, joven y discapacitada en un México Posible: la candidatura perfecta y el sueño parcialmente cumplido.

Cinco meses después del accidente llegó a mi vida Luis Alegro, del periódico *Reforma*. Él llegó para entrevistar a "alguien" del Comité Ejecutivo Nacional del que yo era parte, para preguntar cómo iban los criterios de selección de las candidaturas que estarían en el proceso electoral federal del 2003. Fue entonces cuando este periodista, sinuoso pero lindo, propuso hacerme una entrevista sobre lo que yo pensaba de las grandes necesidades de México, de lo que mi partido ofrecía y de las estrategias que yo, como muxhe, proponía para lograr que México fuese Posible.

Bajo esta premisa procedimos a la entrevista que duró más o menos cuarenta minutos; la entrevista concluyó y me quedé en mi oficina hasta las once de la noche; enseguida me dispuse a pedir un taxi para que me llevara a mi departamento. Llegué, puse un poco de música, me sentía cansada y procedí a acostarme sin tener la más mínima idea de lo que esa bendita entrevista provocaría en mi vida.

Al día siguiente y en punto de las 6 de la mañana, en la primera plana del periódico *Reforma*, aparecía lo siguiente: AMARANTA, PRIMERA MUXHE A LA DIPUTACIÓN FEDERAL POR MÉXICO POSIBLE. Con esta noticia amanecimos, recibí la llamada de Patricia Mercado dándome la noticia de que el partido estaba por primera vez en primera plana. Recuerdo a Jorge Nieto, politólogo, asesor del partido pidiéndole a Patricia Mercado que me citaran urgentemente para conversar sobre el impacto mediático que aquella entrevista representaba; recuerdo a Rubén Carvajal, del programa *Ciudad con Sexo* y miembro del partido pidiendo la exclusiva conmigo para su programa de televisión esa noche. Hasta ese momento yo no tenía idea de lo que se había provocado; recuerdo que mi madre me habló por teléfono preguntando por qué no le había consultado sobre mi candidatura y yo le decía que aún no era candidata, que era un asunto mediático. Recibí más llamadas de mis colegas del partido, de mis amigos y del presidente del comité nacional de partido, mi entrañable amigo Sergio Aguayo; en fin había una euforia a mi alrededor que no comprendía.

Finalmente asumí la candidatura uninominal y plurinominal como la primera muxhe y transgénero que en México aceptaban para su postulación, frente a un IFE moderno que encabezaba José Woldenberg. Lo tomé como una parte del sueño que se cumplía, porque ahí estaba la gente, esa muchedumbre que soñé que me rodeaba, pero también lo asumí con la plena conciencia de que México Posible estaba haciendo historia al romper tabúes y confrontar pensamientos que hasta entonces habían negado nuestros derechos a ser reconocidas con nuestras propias identidades.

Hoy, a la vuelta de mis treinta años me doy cuenta que han sido estos momentos cuando la vida, la muerte y la naturaleza me han sorprendido, me han hecho sentir poco preparada, pero al mismo tiempo me han dado fortaleza, inteligencia y otros sueños que se complementan con lo deseado en la hamaca de mi abuela, y que hoy he puesto en marcha.

© Luis Ordóñez

SER, FINALMENTE, SÓLO YO

Magali Lara

Sorpresas

La adolescencia me tomó por sorpresa. Nunca pensé que me podía volver algo así, tan distinta a mis ambiciones de niña. Yo quería tranquilidad y evitar el exterior a toda costa. Y resulta que, de pronto, quiero estar afuera, ver otras cosas, sentirme en medio del mundo aunque no sepa para qué o por qué. Lo más inesperado fue el deseo enorme de pintar, aun cuando en mi examen de orientación vocacional me habían dicho que lo manual no era lo mío. Ya hasta había ido con mi mejor amiga de entonces a la Facultad de Filosofía y Letras en la UNAM. Soñábamos con nuestra vida de estudiantes, leyendo y aprendiendo a escribir sobre autores intensos pero a salvo, en casa. No me lo esperaba.

Tengo que admitir que no me conozco muy bien. Siempre he tenido una imagen de lo que me gustaría ser o cómo querría verme que no logra encajar con lo que soy. Ahora, en las fotos, aparezco con un rostro de una mujer mayor y tiene algo que me es familiar: se parece al de mi mamá. Yo con el rostro de mi madre.

Como lectora me había topado con esas historias donde en el peor de los momentos, en la más terrible de las circunstancias viene una revelación. Digamos que, en mi imaginación, estaba preparada para un encuentro de esta naturaleza. O eso pensé hasta que me tocó.

A los treinta años me casé con un extranjero. Me sentí lo suficientemente enamorada como para comprometerme y casarme pues le tenía y le tengo miedo al matrimonio. Me convenció aunque las posibilidades de un final feliz eran remotas, ya que en su país era mal visto casarse con alguien de afuera y él tenía un hijo de un matrimonio anterior. Tampoco era una romántica para pensar que un matrimonio era una solución al problema de la soledad pero sí significaba el inicio de una familia propia. Tuvimos una boda lindísima y mi familia estaba contenta de que al fin hubiera dado un paso hacia una vida menos solitaria. Nos mudamos a una casa que me regalaron mis padres mientras él preparaba una exposición individual para el Museo Carrillo Gil. Todo iba bien.

Una noche despertó sumamente alterado y me contó que tuvo un sueño que le decía que se iba a morir en seis meses. Yo no le creí, pensé que era una exageración producida por las dificultades que implica adaptarse a un país diferente. No pensé que hubiera sueños así, por mi educación marxista, psicoanalizada, pero a los pocos días empezó a sentirse muy mal y, después de muchas vueltas con distintos doctores, le diagnosticaron una leucemia blástica aguda nivel cuatro. Efectivamente, se iba a morir. Aun después de escucharlo no cabía en mi cabeza. Mi cuerpo temblaba, horrible. Quiso regresar a su casa, con su madre y su hijo. Lo acompañé pensando que podíamos vencer la enfermedad, que se podía con voluntad. En el hospital, en la sala de los pacientes terminales, donde los parientes también nos veíamos enfermos, entendí que no, que la enfermedad tiene su camino. Es verdad que no hay manera de saber con certeza su desenvolvimiento, pero hay un momento en que no hay vuelta atrás. Ahí, así, descubrí lo que es el amor. El amor como un bálsamo. Encontré algo en mí que no esperaba. Murió, como le había sido dicho en su sueño, seis meses después.

Regresé a nuestra casa. Fue difícil porque ya no era la misma. Me volví extranjera.

Me sorprende ver en mi hijo tristezas que son parecidas a las de su padre con quien nunca ha vivido. Me sorprende cuando alguien me dice lo que sintió al ver una obra mía y lo que describe es algo que, efectivamente, me pertenece.

Es mucho lo que he aprendido de mi mamá, de mis hermanas y de mí misma en estos últimos años.

El Alzheimer de mi madre nos llevó a recorrer nuestra infancia. Una infancia hecha con muchos silencios y malentendidos, con una dura competencia entre nosotras y mi madre. Regresamos a la historia de mi mamá mientras perdía la memoria y quedaban pequeñas anécdotas que habían tallado su personalidad, sus miedos y, sobre todo, sus secretos. Aprender a quedarse cuando gritaba, cuando no te reconocía y reaccionabas con ira porque una parte de ti, la más infantil, reconocía la voz de tu mamá enloquecida y no podías soportarlo. Acompañarla en la pérdida de las palabras, abrazarla y protegerla, volverse madre de tu madre. Volverse adulta. Muy difícil.

No estaba preparada

No estaba preparada para la muerte de mi hermano Rolando junto con su mujer, Elena, en un accidente automovilístico en 1985. Nunca vimos los cuerpos. Mi papá pensó que era mejor así. Mi mamá la pasó muy mal y quizá ahí empezó su enfermedad.

Nosotros, los hermanos, hablamos poco sobre eso. Después de su muerte fuimos todos los hermanos a comer y estar juntos sin esposos y sin mi madre. Hablamos todos como nunca más lo volvimos a hacer, contamos de uno en uno el sueño que nunca compartimos, en el que Rolando regresaba a casa. La sorpresa y la alegría de verlo de nuevo mezclada con la pregunta ¿por qué te moriste?

Tampoco estaba preparada para la enfermedad de mi primer marido. Ver su deterioro, entender su dolor porque no iba a ver crecer a su hijo, mi impotencia al regresar y ver sus piezas sin terminar. Ahora puedo agregar que no estoy preparada para que alguien tan joven enferme.

Fue tan fuerte el descalabro que veía todos los programas de televisión que contaran la historia de una pareja donde a uno de ellos le diagnosticaban cáncer. Como despertando de un trance, después de un proceso de compensación, dos años después pude parar y cambiar el canal. Tardé mucho tiempo en recuperarme y, por no pedir ayuda, me metí en muchos problemas. Pero aprendí cosas importantes en esos programas porque es muy raro poder hablar de la enfermedad y la muerte con amigos o gente cercana, nos da tanto miedo. Es una experiencia tremenda que nos deja sin rumbo, nos vuelve frágiles y ya nada damos por hecho. Te conviertes en otra persona.

Recuerdo muy bien mi llegada al hospital y mi entrada a la sala de enfermos terminales. No quería mirar a nadie a los ojos porque no quería ser parte de esa comunidad ya sentenciada, hasta que me di cuenta que los otros, los de los otros pisos, sólo evitaban mirarme cuando acompañaba a mi marido. La muerte estaba cerca y era obvio que le faltaba poco, tan delgado y con tan mal color. No nos querían ver, no querían ser de nuestro grupo.

Tampoco estaba preparada para enfrentar la enfermedad de mis padres: el cáncer de huesos de mi padre y el Alzheimer de mi madre. Con mi padre pude tener un acercamiento físico muy intenso porque ya no tenía ese miedo que da la primera vez que te enfrentas a la enfermedad. Ese miedo a sentir tanto dolor que te paraliza y quieres huir. Y me hacía falta esa cercanía. Pude escucharlo y entender que le costaba trabajo aceptar ese cuerpo que sentía le había fallado, que le había ganado. Sin embargo murió en casa, en su cama, tranquilo. No es poco.

La experiencia anterior me hizo estar más atenta para entender que pasan cosas durante las esperas en los hospitales o mientras cuidas a tu enfermo, que de pronto dan frutos exóticos, de sabores desconocidos pero dulces. No todo es pérdida.

Y con mi madre sigo sin estar preparada. Siempre tengo la duda de si no estará atrapada en ese cuerpo, como me decía mi padre en sus últimos días. Si por momentos vuelve completa, como a veces me lo parece o si, en ese decir en el que pone tanto esfuerzo, hay palabras que no alcanzo a comprender. Su enfermedad me da miedo. Me da miedo ser un cuerpo a la deriva, al que hay que cuidar y proteger, pero más miedo me da no poder comunicarme, que mi cuerpo ya no me obedezca, estar rota adentro.

Tampoco estaba preparada para la muerte de Juan José, mi hermano mayor que hizo de padre para algunas de nosotras. Era a quien siempre llamaba por teléfono cuando tenía algún problema y quien siempre me recibió en su casa con los brazos abiertos no importando el lío en el que estaba metida. Gracias a él pude lograr cierta independencia de mi padre y hacer una vida más a mi manera lejos de la mirada severa que mi papá me imponía o que ya tenía integrada en mi cabeza. Fue una muerte rápida, un ataque al corazón, que creo es la muerte que mejor iba con él. Intenso, fuerte, amoroso y contradictorio. Mi gemelo nueve años mayor.

Murió un poco antes del primer aniversario de la muerte de mi padre, llevándose una época, una manera de hacer y construir una familia. Nos dividimos, rompimos con una infancia dominada por patriarcas. Quedamos cuatro mujeres.

Siempre creo no estar preparada. Cuando iba a entrar a la preprimaria, aunque ya sabía leer y escribir, le pedí a mi mamá que me mandara a clases porque no me sentía lista.

Cada exposición, cada conferencia me hace sentir que no estoy preparada. Dudo de lo que hago, me dejo influir por lo que se supone debería ser o no escucho los consejos que me habrían ayudado. Hay obras en las que me faltó preparación o decisión, fracasos que se volvieron momentos decisivos de cambios.

No estaba preparada para entender que la paciencia es un don y que las cosas tienen su tiempo. O que es muy difícil saber qué tipo de artista eres y cuál el destino de tu carrera.

Retos, desconcierto

Tengo fatiga crónica. Esto es, una mala relación con mi cuerpo pues nunca me doy cuenta que estoy agotada hasta que empiezo a decir tonterías y se me caen las cosas de las manos. En casa decían que era torpe. Me llevó mucho tiempo entender mis tiempos. Ha sido un reto aceptarme como soy y tenerme un poco más de confianza.

Tengo una doble personalidad muy acentuada y puedo discutir conmigo misma de manera obsesiva por horas. De ahí viene que ponga textos en mis dibujos.

Ser maestra ha sido un reto. ¿Se puede enseñar a ser artista? Creo que no. Yo misma no pude con la escuela, tenía tanta prisa por hacer mis propias cosas. Y luego esto de la profesionalización me da desconfianza ¿Cómo sabemos cuál es la manera de cultivar el talento? Sin embargo, veo que mis alumnos se entusiasman y que dar clases me ha permitido ordenar mis conocimientos. He sido mi propia maestra y estoy agradecida pues pude tirar a la basura montones de ideas y prejuicios que tenía guardados hace años. No sé si se pueda enseñar a alguien a convertirse en artista, lo que sí se puede es subrayar que ser creativo es un lugar necesario para vivir.

El mayor reto es ser madre sin dejar de ser persona, mujer, artista. Soy madre soltera así que esto fue un poco más difícil y solitario, con sus beneficios. Tener un hijo ha sido la mayor felicidad posible. Siempre quise tener una familia aunque no estaba segura de ser muy buena pareja y capaz de conservar una relación sin sentirme ahogada. Con mi hijo descubrí o confirmé el regalo de tener amigos. Han sido ellos los que me han protegido y acompañado en mi maternidad tan solitaria. Mis amigos, mujeres y hombres, me han dado apoyo incondicional para que mi hijo conozca muchos tipos de amor. Pero como mujer tienes que pelear con la sociedad para tener derecho a no ser la madre agobiante que nos encanta en México. La escuela es dura con las madres que trabajan y ni decir de las "señoras con camioneta" que se creen con derecho a juzgarnos con cierta superioridad. Lo que más me impresiona es cómo hay una imagen de la madre soltera que busca "deshacerse de sus hijos" porque pide favores. ¡Qué cuidadosa había que ser con las mamás de los amiguitos para que no sintieran que quería "encajarme"! Afortunadamente encontré en las madres que sí trabajaban apoyo y solidaridad.

Lo que se espera de las madres es muy peligroso pues involucra una negación de la propia persona y que los hijos se vuelvan muy dependientes e incapaces de tener una opinión propia. Hay una venganza por haber cedido tus derechos como persona que lo cobras con la sumisión de los hijos. La dificultad mayor es saber estar presente y dar amor y cuidado al hijo y a ti misma.

Ser una mujer artista también es un reto. Veo que las artistas jóvenes no conocen el trabajo de las otras generaciones ni las dificultades que suponía ser una mujer artista. No quiero que nos reconozcan sino que puedan ver y entender algunas de sus inquietudes y de donde provienen nuestras soluciones "estéticas". He visto como maestra la necesidad de comenzar las clases por medio de un reconocimiento del cuerpo y la distinción entre sexo y género. Para los hombres consiste en definir su campo de atracción sexual: pintan penes y vaginas. Conocer su deseo erótico los hace reconocerse en su cuerpo y separarlo de lo que llamo su cuerpo católico, lleno de culpa. Las mujeres, en cambio, van mucho más por el autorretrato, rostro o cuerpo, más visceral o indefinido, como sugiriendo más que definiendo. Hay una frase de Camille Paglia que me parece ilustra bien esta diferencia, dice que, para los hombres, el descubrimiento erótico es una continuación de una exploración de los sentidos mientras que para la mujer es romper un lugar secreto, cerrado, que no puede ver.

Quizá porque crecí cerca de mujeres de una generación anterior que nos compartieron muchas de sus experiencias y dudas, que nos facilitaron el terreno para construir obra, no como excepción sino como una generación de artistas con un lenguaje propio y diferente de los hombres, puedo ver la necesidad de que este diálogo entre generaciones tenga su importancia, que creo es el motivo mismo de este libro.

Y por último, el reto más usual y más complicado es la pareja.

Ahora la tengo, después de muchos años de estar sola, y veo por qué me costaba tanto trabajo pensarme en una relación. Hay una parte de mí que quiere seguir siendo salvada, como en los cuentos de hadas. Salvada de mí misma, de los sueños no cumplidos o de los proyectos que sí hice y que me volvieron una persona autosuficiente. Compartir con alguien implica conocerse bien sin ningún tipo de mistificación y distinguir qué es lo que realmente necesitas y qué te gustaría tener. No creer que los límites importan o que la pasión tiene muchas formas de presentarse es todo un reto y es más desmitificador de lo que uno cree debe ser el amor eróti-co. Quiero decir que en la pareja es donde me encuentro menos educada, menos enterada de quién soy y quién es el otro.

Anthony Giddens decía que la ventaja de las parejas homose-xuales *versus* las heterosexuales es que en las primeras es claro que tiene que haber una negociación de roles y deberes y en la segun-da damos por hecho muchas cosas, ocultando problemas de de-pendencia y miedo de maneras hipócritas. Y muchos tan bien escondidos, durante tanto tiempo, que resulta muy vergonzoso darles nombre. Una pareja implica ser generosa y saber decir que no lo puedes todo. Para mí fue quitarme, de una buena vez, el tra-je de supermujer y ser, finalmente, sólo yo.

© Guillermo Güémez Sarre

Un papalote con estrella

Marinela Servitje

Allá por los años sesenta, mis hermanas y yo trabajábamos como voluntarias en el Hospital de la Mujer, que está cerca del antiguo Colegio Militar y la Calzada México Tacuba. A mí me tocaba bañar a los recién nacidos, lavarlos, arroparlos, cuidarlos y protegerlos inmediatamente después de que sus madres daban a luz. Algunas de ellas eran madres solteras, todas muy jóvenes, mujeres trabajadoras, obreras, empleadas o amas de casa. Al ver a estos niños y empezar a bañarlos, les hacía esta pregunta: "¿Qué va a ser de ti ahora que comienzas tu vida?" Y luego les decía: "Ojalá que seas muy feliz, que te vaya muy bien, que te cuiden, que estudies y que te realices". Fue entonces cuando descubrí y empecé a orientar mi vida hacia el mundo de los niños.

Hoy puedo decir que las respuestas a mis preguntas de aquellos años las encuentro todos los días en Papalote, cuando veo llegar a muchísimos niños con sus caritas llenas de asombro y alegría. Al verlos me siento muy contenta de que Papalote abra sus puertas y reciba a todos los niños sin importar su origen.

Todavía recuerdo que la creación de Papalote provocó preguntas como éstas: "¿Qué es eso del Museo del Niño?, ¿qué, van a exponer niños en vitrinas, o qué?" Estas interrogantes surgían hace más de quince años entre algunos comunicadores cuando se dio a conocer la creación de un museo dedicado a los niños y, sobre todo, un museo interactivo.

Y no era para menos, el concepto de museos interactivos, en especial los dedicados a los niños era poco conocido en México. La idea de que se crearía un museo interactivo no era nada fácil de vender.

Después de que esta noticia causó algunas sorpresas, vino la inauguración de Papalote Museo del Niño. Ahora, la sorpresa viene de los niños. Son ellos los que no dejan de sorprenderse y de preguntar todos los días, y tocar, jugar y aprender cada vez que vienen al museo.

Para mí, éste ha sido uno de los retos más apasionantes de mi vida... todo esto me motivó y me sigue motivando a seguir impulsando otros proyectos que signifiquen espacios públicos para niños y familias.

Yo creo que me fueron preparando para la tarea que hoy desempeño. En ese entonces fue la señora Cecilia Occelli, primera dama de México, quien me invitó a participar. No nada más me invitó a recaudar fondos, desde el principio fui a conocer diversas propuestas, ver otros museos de niños en el mundo, e ir de la mano con ella y con otras personas como Juan Enríquez, o Jorge Pulido. Este museo nació de un proceso participativo. Fuimos muchas personas las que lo inventamos. Creo que todos los que participamos desde esos primeros momentos estábamos aprendiendo. Todos estábamos descubriendo lo que era un museo del niño.

Lo bueno fue que para lograr la meta financiera contaba con el apoyo de la señora Occelli, quien era presidenta honoraria del museo. En esto quiero subrayar algo que creo que es muy importante: si bien ella no solicitaba los fondos directamente, siempre estuvo dispuesta a recibir a los donantes, a platicar con ellos. Yo creo que el museo no se hubiera logrado sin su apoyo, su tiempo, su dedicación, su calidez y calidad humana.

También quiero destacar que siempre fue nuestra preocupación dar transparencia a los fondos que recibíamos de los donantes. Para tranquilidad y confianza de todos, estos recursos se manejaron en la asociación civil Museo Interactivo Infantil, constituida especialmente. Ni un peso se manejó desde la Presidencia de la República. Éste fue el acierto. Si bien el museo fue un proyecto impulsado y motivado por la primera dama, era claro que no se iba a manejar desde el gobierno.

Estoy convencida de que Papalote nació con estrella, porque desde los primeros momentos se hicieron las cosas bien, se hicieron sobre todo con absoluta transparencia, dando a los donantes una gran confianza. También hubo mucho apoyo del Gobierno de la ciudad de México, en ese entonces a cargo de Manuel Camacho Solís, y por supuesto de Juan Enríquez.

Puedo decir que el éxito de Papalote empieza cuando todos nos sumamos, gobierno federal, gobierno de la ciudad y la sociedad civil. Creo que esa etapa fue extraordinaria. Luego vino el proceso de ir haciendo el museo, en donde los donantes fueron conociendo los prototipos de las exhibiciones que iban a patrocinar. Veían que este proyecto no era algo etéreo... no era un "a ver qué pasa con mi donativo". Les quedó muy claro que los recursos eran para algo muy concreto, y todos querían donar para algo que se pudiera palpar, que se pudiera ver.

Luego comenzamos a seleccionar las exhibiciones. Todo fluyó muy bien en un momento en que la economía crecía. El *timing* en el cual se hizo el museo fue buenísimo, creo que fue un momento extraordinario.

Papalote se inauguró en noviembre de 1993, lo que nos dice que estamos actualmente celebrando quince años, con un museo en plena juventud. En ese entonces se presentó para mí un reto; un reto que considero un regalo, fue cuando me invitaron a dirigir el museo. Fue un regalo porque nos había costado mucho trabajo conseguir los fondos; le dedicamos años, meses, días, cientos de visitas a empresarios, muchos días para convocarlos... y convencerlos de las bondades del proyecto y, sobre todo, fue difícil: teníamos que vender sueños porque no había un museo con estas características. También creo que cuando vendes algo, te encariñas. En pocas palabras, nos tocó vender Papalote, nos encariñamos con el proyecto y dijimos: "Ahora vamos a cuidar ese dinero".

Siempre he tenido presente la responsabilidad social de cuidar que el dinero de los demás se use bien y que perdure muchos años como hasta hoy lo podemos ver en Papalote. Este principio está siempre conmigo cuando por ejemplo voy a solicitar recursos para el museo, para el Bosque de Chapultepec, o para los niños de Pediatría. Esto es algo que tengo muy claro, pues lo que pido lo tengo que cuidar y proteger, que no se malgaste y no se desperdicie. Es decir, siempre que me involucro en una campaña financiera, mi deber es que los recursos se apliquen en lo que se tienen que aplicar y rendir cuentas. Es un gran un reto. Igualmente me preocupé por que así fuera cuando de 2004 a 2007 participé en la Campaña Financiera del Bosque de Chapultepec, como presidenta del Fideicomiso Pro Bosque.

Una vez que empecé a dirigir el museo de inmediato me cuestioné: "Soy socióloga, tengo maestría en educación, pero ahora voy a ser administradora". Mejoré mis habilidades administrativas y para ello leí muchos libros de administración sobre instituciones no lucrativas, y me fui a capacitar. Tuve la ayuda de muchas personas que me enseñaron cómo hacer un plan, un presupuesto de ingresos y egresos, leer un balance, un estado de resultados. Y finalmente, durante dos o tres meses hicimos la planeación estratégica, elaboramos un organigrama ideal para los inicios del museo; empezamos la selección de los puestos, a escoger a los colaboradores, a evaluarlos. Tuvimos la gran suerte de que todas las personas que entraron a trabajar en 1993 estaban sumamente motivadas por el proyecto. Puedo decir que fue el primer gran equipo con una pasión nunca vista. Y así todos trabajamos durante el primer año, el segundo, el tercero... y ahora hemos llegado a los primeros quince años.

Cuando tienes un reto enfrente de ti debes prepararte, no puedes quedarte de brazos cruzados. Por eso me dispuse a aprender y a ver cómo le hacían los directores de otros museos. Tengo que admitir que al mes de haberse inaugurado Papalote me fui a Disneylandia, a tomar un curso de administración que me sirvió muchísimo. Claro, tomando en cuenta que Disneylandia es diferente a Papalote, pero yo extraje lo que podíamos aplicar aquí, por ejemplo, la atención a los visitantes, el mantenimiento del edificio.

Así entré a un mundo nuevo, a un mundo fascinante, al mundo de los niños. Ese primer año de la operación de Papalote es algo que nunca se me va a olvidar. Fue un año extraordinario: más de un millón y medio de personas entraron al museo en 1994; todo fue fascinante, desde seleccionar las películas IMAX, escoger las exposiciones temporales, ver qué exhibiciones faltaban, las que se tuvieron que hacer en ese año para mejorar la oferta, los precios. Fue un año de prueba y error donde estaba todo por hacerse. Aprendimos a manejar el éxito. Las empresas querían participar en el patrocinio de miles de niños, todos con muy buena disposición. Papalote arrancó muy bien y afortunadamente se mantuvo. Trabajamos mucho en fortalecer a nuestro equipo y también buscando cosas nuevas para los siguientes años.

Después vinieron años críticos, la economía empezó a tener problemas. Tuvimos que manejarnos con una economía adversa; aprendimos a tener competencia que durante algunos años no existía. Fue necesario ser más creativos en la administración para no debilitarnos y así fueron varios años de ir aprendiendo y aprendiendo.

En 1996 se nos presentó el reto de crear y operar el Papalote Móvil, que definitivamente ha sido una de las experiencias más extraordinarias que hemos tenido. El hecho de llevar Papalote fuera del Distrito Federal y recorrer casi todo el país nos parecía una locura. Este museo itinerante lo manejamos sin afectar la operación de Papalote de la ciudad de México ya que tuvo su propio equipo de trabajo. A los diez años de operar ya habían entrado seis millones de personas, en su mayoría niños indígenas, de escuelas rurales, de la sierra, de la costa y de poblaciones realmente alejadas.

Esto es impresionante: yo creo que Papalote Móvil es un proyecto que deberíamos difundir muchísimo más; creo que es un ejemplo de que podemos hacer las cosas bien y de calidad para llevar la educación extraescolar a lugares muy remotos. Papalote Móvil podría replicarse en México para seguir llevando la ciencia, el arte, la tecnología y, por qué no, también la historia. Sería una buena propuesta para la celebración del Bicentenario.

Papalote Móvil ha sido un detonador de museos interactivos fijos en todo el país. Viendo el éxito que tenía, varios gobernadores y empresarios nos pidieron que hiciéramos museos fijos en sus estados o ciudades, tal fue el caso de Veracruz, Tabasco, Tijuana, Zacatecas y San Luis Potosí. En otros estados, sin haber tenido Papalote Móvil también nos han solicitado museos fijos, como en Puebla y Morelos.

No hay que temer a los retos

Cuando reflexiono sobre la importancia de abrir más espacios públicos de esparcimiento para los habitantes de esta ciudad, tan enorme, tan grande, tan difícil, pero tan querida, me doy cuenta que todos los esfuerzos valen la pena. Nunca he tenido miedo de enfrentar los retos. Tuve que aprender, eso sí. Tuve que desarrollar habilidades, pero miedo no. A mí nada me ha dado miedo en la vida. Hubiera sido un gran error decir que no cuando tenía enfrente una oportunidad maravillosa para hacer felices a millones de niños.

Creo que algo muy importante es saber escoger a las personas adecuadas que te acompañen para hacer lo que tienes que hacer. El gran secreto es que todos los retos no los tomamos solos, estos retos los tomamos en equipo. Yo promuevo los proyectos, los tomo, los abrazo y me comprometo, pero nunca me comprometo sola. Siempre lo hago con un equipo de personas, igual de prendidas, igual de emocionadas, igual de comprometidas que yo. Así hemos logrado lo que hoy es Papalote a quince años de haber nacido. Por ejemplo, cuando en el año 2000 tomamos el reto de renovar el museo en un ochenta por ciento, yo no tomé el compromiso sola, lo hizo todo el equipo. Lo mismo fue cuando creamos el museo itinerante, o la participación en la Expo de Hannover 2000, o recientemente cuando decidimos participar en la licitación pública del proyecto del Parque Bicentenario de la ex Refinería de Azcapotzalco.

Entonces la lección no es que tú te *"avientas"* y dices que sí, sino que cuando aceptas es porque todos están de acuerdo, pues estas tareas han sido muy grandes. Los proyectos requieren muchos talentos, muchas horas, mucho esfuerzo y muchos sacrificios de parte de mucha gente; entonces mis logros no son mis logros, son los logros de todos, yo digo el sí final, pero luego no lo hago sola, lo hago con muchísimos colaboradores. Quienes colaboran en el museo saben que para cumplir la misión de Papalote tienen que trabajar mucho. ¿Para quién? Para los niños y las familias de México, ya que todo lo que hacemos tiene un fin social muy importante. Al menos yo tengo esa motivación de seguir creando estos espacios y estos ambientes para todos, y dejar estos espacios de calidad, que sean autosuficientes, que sean maravillosos, donde las personas se sientan bien.

Creo que la gente merece una oferta de espacios públicos mejores, necesita espacios bonitos y funcionales, atractivos, llamativos, espacios inteligentes, amables, donde se pueda convivir, pasar un buen rato y aprender. Por eso cuando creamos un museo todos le ponemos el alma: los arquitectos, los diseñadores, los pedagogos, los comunicadores, los sociólogos. Todos los que colaboramos en Papalote lo hacemos pensando siempre en ofrecer un espacio digno de calidad para la gente de México. Tenemos una motivación muy alta. Y hablo en plural porque somos todos y porque nos sentimos con la capacidad de seguir creando nuevos espacios.

Aprendimos y evolucionamos, lo que hicimos en San Luis, es fascinante: el Museo Laberinto de las Ciencias y las Artes, es una evolución de nosotros, pudimos despegar, y hacer algo diferente porque estamos en una búsqueda constante. Yo creo que ahí está el secreto: vamos a congresos, a coloquios, a museos, estamos viendo lo nuevo y eso nos permite innovar y mejorar lo que hacemos. Cada vez que nos dicen que hay un nuevo museo ya sea en San Francisco, ya sea en Japón, ya sea en Holanda, inmediatamente vamos a visitarlo. Ni como personas ni como institución "nos hemos dormido en nuestros laureles", estamos todo el tiempo conociendo y subiendo a bordo a la mejor gente.

Las instituciones son grandes porque su gente es grande, esto a mí me queda muy claro. Trabajamos muchísimo y también nos cansamos, por supuesto. Pero nos llenamos de energía con cada inauguración y volvemos otra vez a la carga, por eso yo creo que va a haber Papalote para rato.

© Guillermo Güémez Sarre

MUJER Y ECOLOGISTA

Martha Delgado

Convertirme en ecologista no fue un dilema, fue una vocación que se fue fraguando, hecha de las primeras memorias, de las huellas que dejan los olores, los sabores, las texturas, las miradas y las músicas entre las que una crece. Mi comienzo fue vivir literalmente rodeada de naturaleza, como si el medio ambiente fuera algo constitutivo, una parte de mí misma, no un otro con lo que me relacionara.

Por el espíritu aventurero de mis padres, ellos emigraron de la ciudad de México cuando yo tenía seis años, hacia Sonora, a Guaymas, a la playa de San Carlos. San Carlos era un pueblo con calles de tierra, formado principalmente de casas de fin de semana para gente de Hermosillo y de viejos extranjeros que dejaban sus moradas la mitad del año para internarse en el desierto manejando sus trailers, con el objeto de vivir a la orilla del mar por unos meses huyendo del frío y de la nieve. San Carlos es un lugar que condensa historia.

Cuando yo era niña caminaba mucho por las orillas del mar y había una gran dificultad para rodear por la playa el Tetakawi. Muchas veces hacía paseos con otras niñas y niños. Pero me gustaba más explorar sola. Rodeaba entre las piedras y cuando ya no podía pasar porque la escalada no me funcionaba, me echaba al mar y rodeaba nadando cuando el oleaje no era muy fuerte. Así llegué un día a una playita que yo supuse virgen. Ignoraba si alguna vez alguien había pisado ese suelo (hoy creo que por supuesto que sí) pero en esos momentos en mi fantasía infantil estaba segura de ser el primer ser humano que penetraba en esas recónditas playas… ¡y tenía mis evidencias!

El lugar estaba alfombrado con enormes caracoles. Aunque la playita era pequeña, toda su orilla estaba repleta de conchas gigantes. Mi primer impulso fue llevarme una en cada mano, ¡y luego regresaría por más! Estoy segura de que de haber ido acompañada de mi clan habríamos saqueado el lugar. Pero estaba ahí sola, con dos caracoles gigantes en mis manos, y de pronto sentí un profundo malestar. No hice ninguna reflexión en forma, es decir, no pensé objetivamente qué hacer. Sin embargo, en lo más profundo de mi ser sentí que no era justo que yo me llevara esos caracoles. Habían estado allí por siempre hasta que yo llegué a irrumpir su condición espontánea. Muy probablemente se volverían arena, se romperían, lo que fuera, pero ¿por qué yo habría de cambiarles el destino?, ¿por qué habría de modificar la situación de virginidad de esa playa?

Sin pensarlo, me senté en una piedra grande, dejé los caracoles en la arena. Respiré muy profundamente, cerré los ojos, y escuché cómo las olas rompían en esa orilla y con el movimiento del agua los caracoles suavemente se tocaban unos a otros produciendo un sonido musical cuya composición se habría alterado si extraía yo dos instrumentos de esa orquesta. Sin duda alguna fue mejor hacerme parte de esa playa y ser testigo de su existencia aunque fuera por un momento, que llevarme parte de ella. Así entonces adquirí ese respeto que debe tener todo ser humano a la naturaleza que nos rodea, y me convertí, sin saberlo, en una ecologista.

El paraíso perdido

La mayor parte de los veranos salíamos de vacaciones con mis padres. Mi padre acostumbraba llevarnos por carretera desde Sonora hasta donde fuera necesario. Pasábamos por Obregón, Mazatlán, Guadalajara y llegábamos al D.F. Muchas veces en verano visitábamos a mis abuelos paternos que vivían en una preciosa ex hacienda, la de Atlamaxac, construida en 1729 en Chignahua-pan, estado de Puebla. Y como es de esperarse, esas semanas en la hacienda no hacíamos más que estar en el río y en los prados, en los manzanares, en las nopaleras. Cocinábamos todo lo que se cosechaba en la hacienda con mi abuela y mi mamá. Pero entre la vida en el mar y la hacienda surgió lo inesperado y no provino de la naturaleza.

En uno de esos viajes veraniegos, cuando contaba con quince años, y yo pensaba que regresaríamos rumbo a San Carlos, mis padres nos comunicaron una noticia: habían decidido mudarse a Cuernavaca, pues se abrían nuevas oportunidades de negocios para mi papá y también mejores oportunidades de estudios para nos-otros, pero como las clases pronto empezarían, no podíamos re-gresar a San Carlos ni a empacar. Debíamos quedarnos de facto en Cuernavaca para inscribirnos, buscar casa, mientras mi padre arreglaba la mudanza. No fue solamente el hecho de abandonar tu tierra, tu mar. Era también no poder despedirte. Abandonar, sin trámite de por medio, lo que eres.

Dentro de los males, el menor. En Cuernavaca, como se sabe, familias como la nuestra de clase media holgada pueden tener acceso a vivir en casas de muy buen tamaño, con alberca, con jar-dines, con vasta vegetación. Para nosotros, haber ido a vivir al D.F. hubiera sido catastrófico, por eso mis padres pensaron en algo intermedio. Cuernavaca fue una buena opción. Sin embargo, el hecho de que las casas estén bardeadas nos da una sensación de pri-sión a la gente que venimos del mar. Una está acostumbrada a poder ver en todo momento el horizonte. Poder ver hacia el infi-nito es privilegio de la gente que vive en las playas y la que vive en las provincias adonde el cielo te ofrece la oportunidad de mirar las estrellas. Porque eso de voltear para arriba como en la ciudad de México y no ver absolutamente nada, es como un techo pinta-do de negro en la noche, de gris en días nublados, o de azul en un día con las mejores circunstancias. Pero, sobre todo, una está acos-tumbrada a escuchar, todos los días de su vida, la voz arrulladora del mar, y sin ella, es muy difícil conciliar el sueño.

Sin el mar, me vino insomnio, un insomnio que duró meses. Pero ni mis padres ni yo sabíamos de dónde provenía mi incapacidad para conciliar el sueño, pensamos que sólo era el cambio de condición. Sólo después lo descubrimos: necesitaba el arrullo del mar, conseguimos una grabación del sonido de las olas y con ello terminaron mis desvelos.

Lo negro de lo verde

En Cuernavaca mi padre tenía un muy buen amigo, casado con una mujer muy joven y muy interesante. Yo lo acompañaba siempre a visitarlos porque me encantaba platicar con ella, y siempre la ayudaba a hacer lo que estuviera haciendo. Shanti Lesur participaba en varias organizaciones locales ambientalistas. Hacía trabajo comunitario con un grupo de mujeres de Tejalpa que tenían un programa de reciclaje de basura, participaba en organizaciones no gubernamentales que limpiaban las barrancas de la ciudad, estaba metida en movimientos que exigían la introducción de lo que ahora sé que son políticas ambientales. Una vez me invitaron a limpiar una barranca de basura, y entonces encontré el puente entre mi vida anterior y la presente, entre aquella sensación en la playa que yo supuse virgen y la acción de los grupos ambientalistas, encontré una causa que se convirtió en mi causa de vida: el ecologismo.

De la intuición pasé al mundo de la información, al mundo de la conciencia. Desde esos grupos ambientalistas empecé a escuchar las preguntas que hice mías: ¿cómo íbamos a poder salvar el planeta?, ¿qué necesitaríamos hacer los ecologistas para popularizar nuestra causa?, ¿de qué manera podrían cambiarse los hábitos y la cultura de las personas para revertir este fenómeno depredador?

En esa línea, mi selección de carrera fue con premeditación, alevosía y ventaja. Tenía que estudiar educación ambiental, y a falta en México de una licenciatura explícita sobre el tema, estudié la licenciatura en pedagogía en la Universidad Intercontinental, cuyo currículo incluía la educación ambiental como materia. Siendo estudiante algunas de mis compañeras (puras mujeres menos uno en el grupo) me veían un poco extrañadas: la cuestión del medio ambiente no era una cosa popular o conocida, mucho menos ser activista de esa causa.

Shanti, mi querida mentora, se hizo presidenta del Partido Ecologista Mexicano (PEM) en el estado de Morelos, y me invitó cuando yo tenía veinte años. Entré al comité de Morelos pero terminé en el D.F. porque me pasaba una mayor cantidad de tiempo en la ciudad. Literalmente, no sabíamos, como muchos otros, a qué lugar nos metíamos. Pensábamos que el PEM era realmente un partido ecologista. Nadie se imaginaba que la motivación real de su fundador era convertir el partido en un negocio familiar, en el cual estorbábamos las personas que lo creíamos una opción política y ecológica, como fue posteriormente denunciado por la comunidad ecologista, no sólo en México, sino en muchas partes del mundo. Los ecologistas fueron expulsados y el partido perdió su registro en 1991. Con otro nombre, y ya sin los molestos ecologistas, en 1994 consigue su registro como partido político nacional. Descubrí que lo verde podía ser negro y desilusionada, por supuesto, me retiré de la política partidista.

Gala

Una musa no se aparece todos los días. Viviendo en el mundo de las ONG decidí, con mi marido, después de ocho años de casados, que era el momento de fundar una familia. En realidad, ambos deseábamos tener una niña. Pensamos que tardaría en llegar, pero no. Casi inmediatamente después de nuestra decisión de tener hijos quedé embarazada.

Me inscribí a un curso express para tener un parto natural. Como pueden comprender soy partidaria del parto natural. Me costó mucho sostener esa convicción, porque la bebé ya tenía prisa por la vida y se adelantó tres semanas. No hubo curso psicoprofiláctico, se me rompió la fuente y me vi arrojada a la sala del parto. Menuda sorpresa: del susurro placentero del embarazo a los gritos interminables del parto en seco. Me pusieron cantidades y cantidades de anestesia local para bloquearme, pero no surtían efecto. Mi mente se resistía a los efectos que podría provocarle la anestesia al bebé. Por lo tanto, cuando nace nuestra hija, a una gran alegría se le aunó una enorme frustración. De tanta anestesia no pude ni levantar los brazos para abrazarla, sólo se quedó reposando sobre mi vientre unos momentos. Mi marido la tomó entre sus brazos y la entregó a los médicos.

Por los laberintos de la maternidad y la política

Ser madre y estar en la política es, quizás, el mayor desafío de mi vida. En los dos campos he tenido buena estrella, pero se necesita algo más para no naufragar o mantenerse a flote en un nivel aceptable. Muchas cosas me han ayudado a combinar estas dos profesiones, pero existen muchos intereses a los que he tenido que bajarles los decibeles.

Durante los tres primeros años de mi pequeña Gala, el trabajo en la sociedad civil fue compatible con la maternidad. En el año 2003 el naciente Partido México Posible incorporó a su plataforma causas ciudadanas, e invitó a miembros del movimiento ambientalista a unirse a sus filas. Después de doce años sacándole la vuelta a los partidos después de la experiencia del partido "ecologista", por primera vez se configuraba para nosotros una opción interesante para la incorporación de la causa ambiental a la política. Junto con la causa de género que traía su fundadora Patricia Mercado, la de derechos humanos que incluyó Sergio Aguayo y la ideología socialdemócrata que aportaba una fracción del extinto Partido Democracia Social; este nuevo partido podía ser no sólo un partido ciudadano, sino además un verdadero partido verde. El trabajo en la sociedad civil es generoso, pero también tiene resonancias limitadas. Había que estar en un partido, formar su ala ecologista, acceder al Poder Legislativo. El nuevo partido tenía la virtud de ser una agrupación fresca, abierta, de gente con trayectoria confiable. Pero surgió la gran pregunta para mí, que no era precisamente la política: ¿era compatible ser diputada (en caso de llegar) y ser mamá? Quizás para algunas mujeres la decisión no es muy complicada o llega de una manera natural y es completamente legítimo que así sea. Para mí no fue fácil. También surgió una segunda duda: ¿cómo involucrarme? Yo aspiraba a ser diputada federal y participar en la fracción parlamentaria del nuevo partido en el Congreso.

Una puede tener buena estrella, pero se necesita una asesoría muy fina para tomar sendas decisiones. Afortunadamente Gabriel, mi marido y principal asesor, que es sociólogo, politólogo y psicoanalista, descifró mis subjetividades y ubicó mis oportunidades, y me dio el mejor de los consejos: que fuera por una diputación en la ciudad de México.

El día de la elección ha sido uno de los más difíciles de mi vida. Después de ver todo el esfuerzo con que fue construyéndose México Posible, y el desgaste que representó para cientos de personas involucradas en su construcción y en las campañas, en unas horas las cifras desvanecían cualquier sueño que pudiéramos tener sus candidatos y sus afiliados. La votación no llegó a 1% en el país, y se requería 2% para mantener el registro como fuerza política nacional. Sin embargo, había una entidad en donde se concentraba la mayor parte de la votación, y en la cual sin lugar a dudas el primer lugar de la lista plurinominal accedería a una curul: el Distrito Federal. Yo he sentido enormes alegrías y he tenido también grandes tristezas, pero nunca había experimentado los dos sentimientos al mismo tiempo y tan intensamente. Era prácticamente un hecho que el partido perdería el registro, dejaría de existir como proyecto, y también era una realidad que yo sería diputada en la Asamblea Legislativa del D.F. Antes de la conferencia de prensa en donde Patricia Mercado anunciara los resultados obtenidos en la elección, la gente me felicitaba, pero al mismo tiempo todos nos dábamos el pésame. Fue así como tuve la oportunidad de convertirme en diputada independiente.

La ley del Karma

Siendo diputada conocí a Marcelo Ebrard en campaña para la Jefatura de Gobierno del Distrito Federal, quien no solamente era un candidato espléndido, pero sobre todo ¡comprometido con mi causa! Durante la diputación trabajé una iniciativa de modificaciones a distintas leyes para garantizar los derechos de los peatones, ciclistas y usuarios del transporte público, donde también se proponía el cierre de algunas vialidades para la circulación de bicicletas los domingos. La iniciativa no tuvo eco entre los partidos políticos, pero fue recuperada de inmediato por Marcelo Ebrard durante una reunión que sostuvimos con grupos ciudadanos durante su campaña. Y no solamente esa propuesta, recuperó en su totalidad la agenda ambiental que distintas organizaciones civiles prepararon para la ciudad. Después hizo su aparición mi buena estrella y fui invitada a colaborar en el gobierno de Ebrard. Vaya reto hacerse cargo de la política ambiental de una de las ciudades más complejas del mundo, sobre todo tomando en consideración que mi estilo de maternidad ¡es muy aplicado! No me dio miedo la enorme responsabilidad, el desafío profesional, ni mi condición de *outsider*, lo que me apanicó fue en qué circunstancias podría realizar ese trabajo y continuar la crianza de una pequeña de seis años, sumamente demandante y sensible a la ausencia de su mamá.

La propuesta que hacía Marcelo para que encabezara la Secretaría era difícilmente renunciable. Karma implica la acción de decisiones conscientes. Toda decisión importante en la vida tiene su complejidad. Apareció mi marido de nueva cuenta. Su trabajo le ofrece un manejo flexible de su tiempo y, sobre todo, de sus espacios, lo que le permitiría estar al pendiente de nuestra hija. Pero para mi hija nada suple a la mamá: ni los abuelos, ni los primos, ni las tías, ni la nana, que nos echan la mano cada vez que lo pedimos. Y es ahí donde una tiene que sacar el ingenio para balancear un trabajo que demanda tiempo más que completo. La dinámica de la política exige la presencia y las decisiones permanentemente. Al lado de ello, las preguntas y demandas de mi Gala:

"¿A qué hora vas a llegar mamá? Porfis mami no viajes porque te voy a extrañar". En ocasiones ha llegado a ocurrir que las entrevistas en vivo que doy a la radio coinciden en tiempo y espacio con los berrinches y gritos de mi hija al lado. Es difícil decir que una está preparada para eso, o que existe una fórmula para balancear ser madre y trabajar.

Todos los ratos libres se convierten en ocupados. El equilibrio lo proporcionan las horas sin sueño, invertir algunas horas del día en convivir con la niña requiere desplazar ese tiempo al trabajo nocturno, hasta terminar de desahogar la bandeja de entrada del día actual, y esperar lo que se acumula al día siguiente. Todo está bien, mientras no se acumule la ausencia de la madre, porque a las mujeres puede perdonársenos todo, menos desatender a los hijos. Cuando recién ingresé al gobierno los amigos y amigas que me felicitaban me decían: "¡Muchas felicidades Martha! ¡Bien merecido! ¿y qué vas a hacer con la niña?" Estoy segura de que el otro 50% del gabinete (que son hombres) recibieron las felicitaciones y alguna pregunta más parecida a "¿qué presupuesto vas a tener?, ¿qué vas a hacer para resolver tal o cual problema del sector?, ¿cómo piensas lidiar con X limitación?"

La ley del Dharma

Todos tenemos un propósito en la vida. Un don único, o talento especial para dar a otros. No siempre es muy evidente cuál es ese destino. Una vez entré al Templo de Sensoji ubicado en el barrio de Asakusa en Tokio. Cuando una viaja sola puede darse todo tipo de libertades. Entrando al templo comencé a seguir a los fieles budistas, y con la idea de recorrer el sitio conforme al ritual, me di a la tarea de seguir y copiar a los feligreses. La gente entraba en masa pero con una gran solemnidad. Primero tomaban agua de unas fuentes colectivas, y yo tomé agua de la fuente. Posteriormente se dirigían a una pagoda de la cual sale mucho humo. Con los brazos los participantes atraen hacia sí mismos el humo, como para purificarse y por supuesto yo también participé en el ahumado. De ahí, nos dirigimos hacia la estructura principal del templo. En fila entramos a un pequeño vestíbulo en cuya pared se encuentra un mueble con cientos de pequeños cajones. De una mesa cada persona toma un cilindro cerrado que contiene muchos palitos de madera. Por un orificio en uno de los extremos del cilindro, uno saca un palito. Mi palito tenía un signo japonés, seguramente un número, cuya forma busqué y ubiqué, como los demás, en la portada de uno de los cajoncitos. Copiando al de al lado, abrí el cajón que correspondía a mi palito y obtuve una pequeña hoja de papel de arroz que tenía un largo texto en japonés. Luego entré al salón principal del templo, y como todos los demás, me hinqué y medité por largo rato, con mi papel en las manos. Al salir del templo había una especie de "tendedero" adonde los budistas amarraron su papelito y se retiraron poniendo fin al ritual. Yo amarré mi papelito, y luego, instintivamente, lo doblé, lo guardé y me fui.

Ese día comí con un viejo japonés, y durante la comida le platiqué mi experiencia en el templo. La conversación transcurrió normalmente hasta que lo enteré de que traía en mi bolsillo el papelito. Con nerviosismo me pidió que lo dejara verlo. Resulta que esos papelitos traen escrito el destino de las personas. Y la mayoría de los destinos tienen cosas buenas y malas. Las cosas malas pueden excluirse del destino siempre y cuando uno ore, y posteriormente deje sus maldiciones afuera del templo, en aquel tendedero. Pero yo no había dejado mi papelito en el tendedero. La emoción de mi acompañante, que era un fiel creyente de estas cosas, era que si mi papel traía malos presagios ellos me acompañarían toda la vida. Y todo, por no haber dejado mi papelito en el tendedero. Contagiada por el ambiente y su nerviosismo inmediatamente le pedí que por favor me dijera cuál era mi destino. Con lágrimas en los ojos el viejo me dijo que nunca le había tocado un papelito así, que mis presagios no traían cosas malas, sólo bendiciones, y que ése era el tipo de papeles que uno guarda para siempre. Yo lo había guardado, sin saberlo.

© Guillermo Güémez Sarre

BONICA

Purificación Carpinteyro

Me meces, me meces... y mientras me arropas con tu abrazo cantas nanas para apaciguar mi miedo. Tus besos ahuyentan la soledad y tu calor entibia mi tristeza, y aunque seas una recreación que cada noche provoco para sedarme, eres más real que mi ayer y más verdad que mi mañana. Eres mi ahora Bonica, aunque sean cinco los años desde que te fuiste.

No pude tomarte de la mano mientras exhalabas tu último aliento. No pude abrazarte antes que tu cuerpo se enfriara ni devolverte el amor con el que siempre me cubriste. No pude balancearte en mis brazos ni acurrucarte para ayudar a que durmieras tranquila ese tu sueño eterno, envuelta en canciones de cuna. Quedó en mí este vacío, este anhelo imposible de transmitirte con la piel que tu recuerdo nunca se borraría. Hacerte sentir sin palabras que serás eterna en tanto yo viva. Porque me marcaste para siempre, porque esa inmensidad de tu amor fue mi único soporte en tiempos en los que todos me perdieron la fe. Porque fuiste mi refugio antiaéreo, y porque preferiste fingir ignorancia con tal de tener justificación para defenderme de la crítica.

Nunca me sentí tan amada, nunca más me sentiré tan protegida. Cuánto daría por haber sostenido tu mano mientras pasabas por ese trance al que tanto temías. Me arrasa la distancia que me lo impidió, ¿cómo regresar el tiempo para estar contigo como cuando estabas desvalida en esa cama de hospital ya sin respirador exhalando inconsciente tu último aliento? ¡Ah Bonica!, ¿también en ese momento les tomaste el pelo, y nos miraste con tu bondad infinita desde un universo colectivo? Pretendiste ser ciega y sorda, pero más que nada pretendiste ser tonta. No obstante tu silencio y máscara fueron sólo herramientas de supervivencia propios de los tiempos que te tocó vivir: pasaste por débil y todos se lo creyeron. Tu magistral actuación nunca fue cuestionada; mi admiración por la brillante interpretación del papel que todos te asignaron y que te permitió vivir rebelde. Pícara escondida, te abriste de capa y me cantaste canciones con las que las cupletistas de tus épocas escandalizaban. ¿Que cómo las sabías? Callabas y sonreías. Compartiste conmigo secretos: una vida militar de rutinas inmutables; comer a las 2:30 sentados a la mesa con cubiertos y servilleteros de plata grabados con tus iniciales y las de mi abuelo; una copita de vino tinto y al terminar la siesta –que todo mundo asocia con el sueño–, pero que me juraste que eran para encuentros amorosos diarios que como pena inconmutable tuvo que servir mi abuelo los más de cincuenta años que duró tu matrimonio. Claro, cincuenta menos cuatro que estuvieron separados, cuando al caer Cartagena en manos de la Falange, mi abuelo tuvo que fugarse a Orán donde los franceses lo encerraron en un campo de concentración del que fue liberado antes de la llegada de los alemanes, y a quienes para recaudar fondos vendió sorbetes, cuyos ingredientes secretos –entre otros orina– los hicieron un éxito.

Mi Bonica, todos te consideraron débil pero nunca vieron la contradicción en la fortaleza de carácter que ostentaste al oponerte a tu familia cuando decidiste dejar tu España para reunirte con mi abuelo en un país lejano y del que vagamente debías de haber oído hablar en alguna clase de historia. De una existencia protegida y bien avenida, enfrentaste a tu madre y a tus hermanos y decidiste acudir al llamado de tu esposo dejándolo todo excepto a tus cuatro hijos menores, para aventurarte a tus cuarenta años a reiniciar una existencia de la nada, en tierras extrañas sin más que la fe de que tu marido los sacaría adelante. Dejaste atrás esa España que era parte inherente de ti pero te la llevaste grabada en el corazón. Cuando muchas decidieron quedarse tú seguiste a tu hombre llevando contigo sólo tu cargamento más valioso: tus hijos.

Pocos meses antes de morir me contaste que mi abuelo venía a visitarte por las noches, incluso te molestaste con él porque pensabas que seguramente estaría de correrías. Me contaste que se sentaba en tu cama y te tranquilizaba al decir que ahí estaba él para protegerte y con él estaba tu hijo Carlos, muerto a los 36 años víctima de la mala comida catalana que su suegra insistía en cocinarle y provocaba que prefiriera comer en la calle y con ello abrirse más la úlcera, de cuya operación nunca se recuperó.

Tengo en la mente imágenes de antiguas fotografías tuyas, vestida a la última moda de Coco Chanel, con tu falda mostrando los tobillos, tus zapatos de trabilla y un gracioso sombrerito como de película de principios del siglo pasado. Te miro y veo tu eterna sonrisa pícara, y tu orgullosa pechera de generosas proporciones (que no fue heredada por ninguna de tus descendientes). ¿Cómo te gustaría ser recordada Bonica? Yo te recuerdo como la más entregada de las esposas, asumiendo tu papel sin quejas, disfrutando la cocina que manejabas tan bien. Te recuerdo siempre sonriendo, te recuerdo de una inteligencia suspicaz que casi nadie supo captar. Te recuerdo como la personificación del amor de una abuela por su nieta, te recuerdo incondicional; el amor que por mí sentías no dejaba espacio para nadie más. Te recuerdo Bonica en nuestra última comida juntas. Ya era difícil salir contigo, tu silla de ruedas y tu peso dificultaban tu movimiento, pero siempre fuiste estoica. Y pese a no encontrarte bien saliste ilusionada a comer conmigo en uno de mis viajes de visita desde mi exilio ahora voluntario. Recuerdo que se sirvió una botella de vinico tinto del que tanto disfrutabas. Recuerdo que bebiste dos o tres copas, recuerdo que estabas feliz. Recuerdo que te subimos al coche para llevarte de regreso y que en el trayecto cantamos Murcia, tres, cuatro, cinco veces antes de llegar a dejarte a tu casa. Recuerdo que ya ibas mal, mi tía dijo que era gripa; sin que lo supiéramos se trataba de neumonía. Eran tus últimos días, días en los que a las cinco o seis de la mañana te despertaban coros entonando bellas melodías que sólo tú oías. Las visitas de mi abuelo se volvieron más frecuentes y te fuiste debilitando hasta que un día, cargando, te llevaron al hospital, nunca nadie pensó que no saldrías, nunca nadie lo pensó, ni siquiera tú.

Fue tu última tarde Bonica mía. Tus pulmones infectados apenas conseguían pasar oxígeno a tu sangre, te estabas asfixiando. Y mientras tanto yo estaba lejos, ignorando lo que te estaba pasando. Me cuentan que perdiste la conciencia, que no te diste cuenta: son pocas cosas las que podrían aligerar mi pena, ésa es una de ellas. Le temías tanto a la muerte, le temías tanto a que te olvidaran. Aún tengo en mi mesilla de noche, algunas de las más valiosas prendas que con tanto cariño guardabas en un estuche y que todas las noches abrías y besabas: la carta que mi abuelo te escribió desde Casablanca el 20 de mayo de 1942 y, junto, los retratos de tus seres queridos que partieron antes que tú: la foto de tu madre y tus hermanos, la de mi tío Carlos y la de mi abuelo, y una estampilla de la Virgen de Guadalupe.

Aún recuerdo el teléfono llamando con un timbre que sonó funesto: mi madre me dijo que te estabas muriendo. No recuerdo bien cómo fue pero terminé pidiendo que te pusieran el teléfono al oído, quería que me escucharas antes de partir. Traté de decirte con palabras estúpidas lo que hubiese querido transmitirte con el más estrujante de los abrazos, con el más vasto de los besos e impedir con ello tu última exhalación. No sé que dije, no lo recuerdo, pero mi memoria revive la desesperación de no estar contigo. Traté en vano de encontrar un vuelo que me trajera de regreso a México para asistir a tu velorio y por si fuera poca la desgracia no conseguí solución posible. No pude estar en tu velorio como tampoco estuve en el de mi abuelo.

Querida Bonica, nadie te olvida ni podría olvidarte, porque tocaste como un ángel a todos los que te conocieron, nadie te olvida y menos yo. Y aunque tu retrato esté siempre con flores en mi mesilla, no es tanto tu imagen la que me acompaña sino tantos e inolvidables momentos que compartimos juntas, nuestras historias irrepetibles, tu generosidad, tu dulzura, tu enamoramiento de la vida, tu valor y fortaleza, tu picardía, y lo que hiciste de mí, porque ¿quién sería yo sin esa derrama infinita de amor con la que protegiste mi alma? No te olvido Bonica mía, no te olvido, ¿cómo podría olvidarte si te llevaste una parte de mí pero dejas a cambio todo el amor con el que siempre me envolviste? ¿Cómo olvidarte si soy tu continuación? Cómo olvidarte si no éstas muerta porque vives conmigo y yo no estoy del todo viva porque también morí un poco contigo.

© Guillermo Güémez Sarre

PROEMIO-MISIVA

Rosario Ibarra de Piedra

Muy querida y admirada Denise: te agradezco que hayas incluido mi pequeñez intelectual en el florilegio que colmará el libro que coordinas. Acepté, porque sí he tenido experiencias de esa índole... Acepté también, porque –como bien lo dices– serán las páginas del libro el vertedero maravilloso de textos y de historias, de "sorpresa y silencio" de cada una de las convocadas, a las que nos has pedido que escribamos "con honestidad, valor y agudeza". Te aseguro que honestidad y valor no faltarán... agudeza, no lo sé.

Vayan pues unos trozos de mi modesta vida...

Desde muy pequeña supe lo que era la conmiseración; aprendí tempranamente que ésta nace de un inmenso dolor propio. Tenía apenas cuatro años y atisbé la cercanía de la muerte en el llanto de mi madre y en el desasosiego de mi padre. La letal difteria me tenía postrada en el crudo invierno de Chihuahua... lo ignoraba entonces, sólo más tarde supe que muy poca era la probabilidad de mi recuperación... ¡pero triunfó la ciencia! El suero antidiftérico que dieron a la humanidad Behring, Kitasato y Ehrlich, todos de la escuela del enorme Roberto Koch, me devolvió la salud, aunque mi madre no se cansaba de dar gracias a la Virgen del Rosario, pues decía que ya me había salvado antes, de allí que llevara su nombre. Días después, envuelta en una cobija, en brazos de mi buen padre, contemplaba con tristeza a un grupo de indios tarahumaras que llegaron a la puerta de mi hogar, descalzos, cubiertos apenas con un taparrabo y un jirón de lo que alguna vez fue un abrigo. Trataban de vender las codornices que sus pequeños hijos, descalzos y con poca ropa también, cargaban colgadas a sus débiles espaldas.

Al ver los ateridos pies de los niños, sentí como que algo se rompía dentro de mi pecho y a borbotones, entre un llanto que me ahogaba, pedía a mi padre que les comprara zapatos a todos. No entendía lo que me ocurría. Mi padre me dijo que lo que sentía se llamaba piedad, compasión, conmiseración. Me habló de la caridad, que junto a la fe y a la esperanza, forma la triada de las virtudes teologales. Me dijo además, que si bien la caridad es un bello gesto, no sería nunca lo que pudiera resarcir a los millones de seres humanos que viven y mueren en la más espantosa miseria.

Recuerdo, como si hoy me lo dijera, todas sus palabras y además las dos que aquel lejano día escuchara por primera vez: justicia social.

Por algún tiempo quedaron en mi memoria con un dejo de eufonía aquellas palabras: justicia social. Solía repetirlas en voz alta y me alegraba su sonido porque se me antojaban un surtidor de bienestar y de dicha para todos los pobres. (Sueños de mi "alma párvula").

Pero, desde hace mucho ya, no me gusta escuchar esos dos vocablos que han repetido los demagogos al correr de los años, en todos los gobiernos de todos los países.

Como suelen decir algunos poetas, el tiempo siguió su inexorable paso y mi vida siguió por el sendero que los compromisos de trabajo de mi padre nos marcaban. De Chihuahua nos fuimos a vivir a Monterrey, lugar donde nació mi madre y en donde aún vivía su señora madre, la única abuela que conocí: la hermosa, la esplendorosa abuela, dueña de todo mi cariño y admiración: Adelaida Villarreal.

De recién llegados vivimos en su vieja casona, que me llenaba de asombro la mente por los maravillosos "tesoros" que encontraba en todos sus rincones y recovecos. Que si banderas hermosas de rasos brillantes o estandartes con palabras libertarias; que si distintivos de colores patrios en los que se leía el famoso apotegma de

Juárez, bordado por ella y que solía repartir a los transeúntes el 21 de marzo en la puerta de su casa.

Pero mi rincón favorito era el que estaba detrás del piano, en una esquina de la sala, donde había colecciones enormes de periódicos viejos y amarillentos, guardados allí por alguna razón cuyo misterio quería desentrañar y por ello, despertaban mi interés.

¡Hallazgo maravilloso! Eran colecciones de *Regeneración*, de *El Hijo del Ahuizote* y de algunos diarios locales, cuyos nombres no recuerdo. Llamó mi atención uno que no estaba empaquetado, estaba solo en lo más escondido del rincón. Se me figuró un huérfano de cuento, sucio, maltrecho, que despertó en mí aquel sentimiento que mi padre definió como conmiseración tres años atrás. Era un trozo apenas de lo que fue un periódico en donde pude leer el nombre de Práxedis Guerrero y *Puntos Rojos*.

Salvada de la difteria, durante la convalecencia, mi padre se dio a la tarea de distraerme para que estuviera quieta y... ¡me enseñó a leer! Aprendí pronto y me gustó desentrañar los misterios que antes eran para mí las letras y las palabras que llenaban las páginas de los libros y aquel "tesoro" detrás del piano de mi abuela, que me hacía pensar que algo tenía que ver con que ella fuera aquel ser lleno de bondad, de ternura, pero también de fortaleza contra la adversidad, contra el infortunio que mutiló a su familia.

Quedó viuda a los treinta y ocho años con ocho hijos, de los que perdió cuatro, por enfermedades para las que aún no había medicamentos que combatieran su virulencia y peligrosidad. El último hijo en morir, fue el mayor, que cayó víctima de la "fiebre amarilla" a los dieciocho años.

Platicaban parientes y amigos que la vieron desplomarse de dolor, pero que se alzó de nuevo decidida y tenaz para luchar por los que le quedaban.

No sabía hacer pan, pero instaló en la esquina de su enorme casa una panadería a la que puso el nombre de "La Voz del Pueblo". Y de allí tuvieron para vivir ella y sus hijos, porque "el pueblo" acudía mañana y tarde atraído por "el santo olor" que de su horno brotaba.

Conocí la panadería ya en decadencia; poco a poco se fue opacando el esplendor que había en sus fotografías, solamente los estantes y mostradores conservaban la belleza de su madera con columnas torneadas, pulidas y brillantes. Por ese tiempo, 1931, mi abuela escribió al Congreso de la Unión con la petición de que se diera el voto a la mujer. La respuesta fue grosera, algo así como que "su solicitud se archiva por improcedente, porque la mujer no está preparada para ello". Vi lágrimas en su rostro y le pregunté: "¿Por qué lloras abuelita?" Acarició mi cabeza y me dijo: "Después te explicaré". Mi paciente padre que la adoraba me lo aclaró por ella.

La vida de mi abuela decaía a la par que su negocio. Vieja y cansada, sus penas no habían acabado aún. Tres nietos pequeños llegaron huérfanos de madre a buscar su amoroso cobijo. Mi abuela, condolida por la pena del hijo los cuidó como suyos. Eran tres: varón el mayor y dos niñas, la menor, recién nacida, que sería mi compañera de juegos porque éramos de la misma edad. La consentida fue Olguita, la de en medio, siempre callada, sentada cerca de la abuela, sonreía con tristeza y un mal día enfermó: ¡pulmonía doble! dijeron los médicos y Olguita se fue. Ese golpe ya no lo resistió la abuela; meses después se fue tras de su nieta consentida y los dieciséis que quedamos, lloramos por las dos ausentes. Pero unos éramos niños y otros adolescentes y los días que duraron los rosarios jugábamos en el patio querido, aspirando el perfume de la madreselva, el jazmín de España, el "huele de noche" y la reseda, que cubrían por entero la pérgola con sus ramajes y sus flores. De vez en cuando hacíamos silencio, porque todos pensábamos en ellas.

A pesar de todo, mi infancia fue feliz y lo mismo mi adolescencia. Nunca hubo en mi hogar vetos ni prohibiciones. En mi casa no había biblioteca, pero sí uno o dos libreros en cada habitación... todos sin llave. Algunas de mis amigas y compañeras de secundaria se sorprendían de que mis hermanos y yo no tuviéramos que pedir permiso para leer libros que se consideraban "prohibidos". Cuando mi culto padre se enteró de que la biblioteca de la casa de una compañera mía estaba cerrada con llave y que su dueño prohibía a sus hijos el acceso cuando él leía allí, exclamó: "¡Ay Omar, ay Omar!", porque con ironía evocaba al califa que destruyó hasta los cimientos lo que quedaba de la biblioteca de Alejandría, tras el incendio provocado por los soldados victoriosos de César.

En este momento y a propósito de fuego, se viene a mi memoria un hecho triste. Cuando enteré a mi padre de mis correrías tras el piano de la abuela y le dije lo que allí encontré, decidimos juntos pedirle que nos diera lo que yo consideraba un "tesoro", pero en esos días enfermó y murió. Después de los rosarios, la hermana mayor de mi madre empezó a repartir entre todos, las pertenencias de mi abuela, para que cada quien tuviera algún recuerdo de ella, pero "¡oh fatalidad! (Ananké, Ananké) un tío comedido (según él) empezó a quemar todo lo que consideraba inservible y lo primero que consumieron las llamas, fue mi "tesoro". ¡Vaya con el "neroniano" tío!

Pero decía que fui feliz. Sí, muy feliz y las vacaciones eran el *summum* de mi dicha. En verano me iba a Saltillo, mi tierra adorada y me sentaba a leer y a soñar bajo las frondas de los sauces llorones que sembró mi padre en la alameda, junto al lago que él trazó, cuando ni siquiera mi madre y él me habían imaginado. En invierno, solíamos pasar las vacaciones en Montemorelos con la familia de mi padre. Temprano en las mañanas, salía con mis primos a correr a caballo a campo traviesa hasta Guadalupe, la hacienda de unos tíos, llena de huertos. Allí también me sentaba bajo los naranjos sumergida en el *dolce far niente* tan común en la adolescencia y por las noches, como era diciembre, no había "posada" o baile que se privara de mi presencia. En medio de aquella dicha, de pronto había algo como una sombra que me agobiaba. No tenía motivos para sentirme así, pero una melancolía infinita me oprimía el pecho. Platiqué con papá, se puso de pie y fue a un librero por un libro que me entregó abierto. "Lee lo que está en estas páginas" –me dijo– ¡era *La vieja lágrima*, de Luis G. Urbina!

Pero decía antes que fui feliz, tanto de niña como ya joven. En todos los colegios y escuelas por donde pasé encontré amistad y cariño. Estudié declamación, baile, canto y piano; para este último resulté de una inutilidad absoluta y lo dejé.

En la preparatoria me encontré en un grupo de cuarenta varones y sólo yo del sexo opuesto. Todos fueron buenos compañeros; brillaban la camaradería y el respeto. Aún encuentro algunos de ellos cuando voy a Monterrey, viejos como yo. Nos saludamos con cariño, pero estoy segura de que pensamos: "Dios mío, ¿y éste es aquél? Dios mío, ¿y ésta es aquélla?"

Me casé con el único maestro que me reprobó en mi vida. Compartimos cincuenta años y tuvimos cuatro hijos, dos mujeres y dos varones, intercalados –valga la palabra– niña, niño, niña, niño... y seguí siendo feliz junto a todos ellos que también lo eran. Compartíamos gustos y diversiones, teníamos largos periodos de vacaciones. Viajábamos mucho y palpábamos la dicha.

Poco antes de cumplir veinticinco años de casados, nos llegó el zarpazo de la represión. El mayor de mis hijos varones fue víctima de un secuestro oficial, de una violación de las leyes pues no fue llevado ante autoridad alguna que demostrara su culpa en algún delito. El Campo Militar Número Uno fue su prisión durante mucho tiempo, al igual que la de muchos otros hombres y mujeres que conforman ese doloroso conglomerado en el que llevan el nombre de desaparecidos políticos.

Dividimos las tareas: mi esposo se quedó en Monterrey trabajando como médico que era y yo vine al Distrito Federal a exigir justicia para mi hijo. ¡Cuánta insolencia encontré! En medio de un mar de fingimiento, me movía llena de impotencia y de rabia. No estaba preparada para contemporizar con esa gente; me costaba trabajo entender sus actitudes, su capacidad para mentir sin pudor alguno, su descaro, su insensibilidad ante el dolor ajeno.

Me dolía no haber seguido la carrera de leyes que era mi intención al salir de la preparatoria pero pronto me di cuenta de que para quienes gobernaban el país, sólo su obtusa voluntad contaba: la ley era letra muerta, la Constitución, un objeto de museo. La simulación, la corrupción y la impunidad son las deidades que adoran quienes han gobernado este país durante varios sexenios hasta nuestros días, díganlo si no, el 2 de octubre de 1968, el 10 de junio de 71 y la cacería brutal que se inició con Díaz Ordaz y Echeverría que no se ha detenido con los gobiernos del "cambio imposible", que sigue vigente conforme a su origen, que tiene que ver con los cánones del fascismo. Los secuestros oficiales, la incomunicación en campos militares y bases navales, en cárceles clandestinas emuladoras de Guantánamo.

La tortura, con sus más diabólicas prácticas, ha llenado el aire de alaridos, y un dolor intenso, espantoso y perenne se ha aposentado en los hogares de los desaparecidos. Nos los arrebataron, los sacaron de raíz, nos rasgaron las entrañas en las que les dimos vida y engreídos creen haber gobernado. ¡No! siguen viviendo en compañía de su perversidad y estulticia.

Los encerraron porque les molestaba que pensaran, que tuvieran ideas y que no fueran como ellos, que viven en el fangoso pantano de sus intereses. Sintieron sus críticas juveniles zumbar sobre sus cabezas como dicterios y pensaron que encerrándolos donde nadie los viera, se acabaría el problema y gobernarían tranquilos... Y no gobernaron, ni gobiernan: están sumidos en la miserable "prosperidad del crimen".

Ellos iniciaron la conspiración de la barbarie, una "innovación básica" del Estado, copiada del nazismo. Los que dan las órdenes pertenecen "a la raza de los grandes asesinos"; son como los "asesinos orgánicos" descritos por Lombroso, rudimentarios y feroces, "crueles hasta la bajeza"...cazadores de hombres al fin.

Estos "gobiernos" feroces, se olvidan de que el pueblo de México es un pueblo inteligente, al que quieren mantener en la ignorancia para que no reclame. Estos "gobiernos" perversos, corruptos y simuladores, hoy pretenden convertir el justo reclamo de la gente que sufre, en crímenes con pena de cárcel. Es por eso que las prisiones están llenas de indigencia satanizada....pero este pueblo heredero de razas bravías, mantenido por años en la oscuridad del desamparo y la miseria, ha aprendido a guiarse en las sombras y por eso repite con el escritor ilustre: "Es sembrando en las tinieblas que florecen las auroras".

© Patricia Martín

Entre el reto y la sorpresa

Patricia Martín

Muchas de las mejores y de las peores cosas que me han sucedido me han caído de sorpresa. Esa inmediatez, ese tomar las cosas como vienen, ha hecho que casi todo lo que hago comience como un reto.

El recuerdo más nítido que conservo de mi niñez, y el más recurrente, sucede en la carretera de Mérida al puerto de Progreso. Recuerdo el volkswagen blanco modelo 1975, donde iban mi madre y mi tía platicando. Yo atrás, acostada, mirando hacia el cielo, veía cómo se juntaban y separaban, siempre paralelos, los cables de luz junto a la carretera. Ese día decidí que no me chuparía más los dedos. Además de la temperatura, de la humedad, de esa carretera decenas de veces recorrida, de la hora del día, del sonido de la plática a lo lejos, del ruido del motor, del color del cielo, lo que más profundamente recuerdo es la convicción con la que decidí que era tiempo de cambiar y pasar a otra etapa. Había decidido crecer.

También recuerdo un viaje con amigos de la secundaria a Tacámbaro, Michoacán. En esa ocasión sufrí un grave accidente. Mientras cocinábamos en una de esas cocinas del siglo XIX, en un rancho en la sierra michoacana, se me prendió la bata y me quemé ochenta por ciento del tórax. Habíamos llegado en camión de línea, así que tuvimos que caminar más de un kilómetro para llegar a la carretera y encontrar a alguien que nos llevara con un doctor. Todavía no me explico cómo fui capaz de caminar ese tramo, con quemaduras de segundo y tercer grado, y resistir. Las consecuencias de aquel accidente, sorpresivo como pocos, marcaron mi vida durante varios años, sembrados de operaciones y de tratamientos terapéuticos que pudieran reestablecer mi salud. Tres años tuve que llevar un corset que me apretaba para que mi piel se regenerara y para que las más de setecientas puntadas cicatrizaran. Sorprendente fue el cuidado, el profesionalismo y el cariño con que me atendieron doctores y enfermeras en una situación de tanta fragilidad y de absoluta vulnerabilidad. Salir adelante fue uno de los principales retos que he tenido que enfrentar y superar en una edad en la que se deja la niñez y se entra a la ya de por sí dolorosa adolescencia.

A la distancia pienso en mis padres y en lo difícil que debió ser para ellos enfrentar esta situación. Pero creo que lo hicieron con la gran fortaleza que siempre los ha caracterizado. Mi madre es una mujer yucateca que a los diecisiete años comenzó a trabajar para mantener a su familia, que vivía en Mérida. Salió adelante sola, sin ayuda de nadie. Mi padre, hijo de refugiados españoles, llegó a México a los seis años, con cicatrices de metralla en la espalda, pues un avión franquista disparó una y otra vez contra él, contra su hermana de sólo dos años y contra sus padres cuando huían de Madrid hacia Barcelona en 1936. Aunque arquitecto de formación, mi padre es más bien un anarquista en todo. Si algo compartieron mis padres fue una mentalidad distinta a la mayoría de sus contemporáneos. A mí y a mis hermanos nos enviaron a escuelas activas desde muy chicos. Fueron una pareja que vivió las décadas de los sesenta y de los setenta en todo su esplendor, con ese espíritu de libertad socialista, de no alineados. Ése fue el ambiente en el que crecimos, que nos formó, y que, por fortuna, nos salvó.

Otra de las sorpresas que me ha dado la vida me llegó cuando fui a Londres, en 1994. A mis veinticuatro años me aceptaron en la Universidad de Manchester para hacer una maestría en arte contemporáneo. Me sorprendí de lograrlo por varias razones. No hice licenciatura. Dejé mi casa muy joven y para vivir tuve que ponerme a trabajar. Así pasé varios años, haciendo dirección de arte para el mundo de la publicidad y el cine.

Había llegado a Londres un año antes, en gran parte atraída por la cultura inglesa, pero también para hacer un curso de escenografía e iluminación en una famosa escuela de teatro. A los pocos meses me salí de esa escuela y, sin saber bien qué hacer, pero habiendo decidido quedarme, me metí, casi por casualidad, a un diplomado sobre arte. Después de concluirlo, mis maestros me ofrecieron que continuara con la maestría, aunque me dijeron que no sería fácil que me aceptaran. Escribí entonces un ensayo sobre Bruce Nauman, Vito Aconcci y Bill Viola, y lo envié junto con mi solicitud. En esos días se casaba mi hermana en México. Tenía que viajar para estar en su boda y no sabía si sería para quedarme en México o si regresaría a Inglaterra. Cuando supe que me habían aceptado en la maestría, la decisión fue fácil: regresaría a Inglaterra a cursar una maestría en arte contemporáneo.

Durante los cuatro años que viví en Inglaterra sentí que una nueva sensación comenzaba a aflorar en mí, cada vez con más fuerza. Me sorprendía la relación equitativa y madura que en Inglaterra se vive entre hombres y mujeres. La verdad es que en México no me había percatado de la enorme inequidad de género en que vivimos. Viniendo de un país y una sociedad tan machistas (pero también criada en el seno de un hogar machista, muy liberal por un lado, pero asfixiante y retrógrado por el otro), me sorprendía mucho el hecho de que las mujeres en Inglaterra fueran consideradas igual que los hombres: seres pensantes a las cuales se les escucha con empatía, con respeto y con interés.

En otras palabras, me marcó el hecho de que entre personas (sin importar el género) existía un trato entre iguales, pleno de respeto y equidad. Me sorprendió que la cultura en Inglaterra fuera tan distinta. Pero más me sorprende, entonces y ahora, que en México el machismo esté tan arraigado en nuestra idiosincrasia, que sea parte de nuestra cultura y lo aceptemos como tal. Me sorprende que aceptemos como "normales" lo que considero son grandes y graves patologías de nuestra sociedad; que seamos un país en donde existen niveles alarmantes de corrupción, impunidad, machismo, elitismo, grandísimos monopolios, clasismo, racismo.

En este país (y en muchos otros, tal vez en todos), para lograr ser escuchada como mujer hay que pasar por una serie de pruebas: la suspicacia, la incredulidad, la burla, la denigración. En mi caso, esa necesidad de expresarme con plenitud, de articular de manera más clara, más precisa esas sensaciones y esos sentimientos a través del lenguaje, el oral y el escrito, ha sido uno de mis mayores retos. ¡Qué difícil hablar, decir, escribir para comunicar lo que siento y lo que pienso!

Mi lucha no es la del feminismo *per se*; no es así como me aproximo al trabajo que hago. Me parece sin duda una posición que hay que tomar en cuenta, sé lo que implica, pero no es esta posición la única que informa mi trabajo. Pero lo menciono porque éste me parece el lugar indicado para hablar de ello y nombrarlo.

Camino en Londres, descubro poco a poco que se filtra en mí una sensación de tranquilidad y de paz que nunca antes he tenido, qué gran sorpresa. No tengo que guerrear, la beligerancia no es necesaria: el feminismo bien entendido existe. No de gratis ni sin razón, las inglesas han sido férreas defensoras de su lugar en la sociedad, de su importancia, de su papel. Han luchado por conquistar cada ápice del respeto, del espacio, de los derechos que gozan y que hoy son cotidianos. Pero hay que subrayar que su lucha se dio en una sociedad y en un Estado en el que la ley, la igualdad y el derecho se viven cotidianamente y no son palabras huecas y sin sentido.

Otra importante y muy buena sorpresa en mi vida fue conocer a Eugenio López, entonces un joven de veintiocho años, con una genuina vocación de coleccionista de arte contemporáneo. Eugenio me había ido a buscar a la Lisson Gallery, en Londres, donde trabajé al terminar mi maestría. Cuando Eugenio llegó a preguntar por mí, hacía tres días que yo me había ido a Escocia, como viaje de despedida, para de ahí volver a México. Eugenio y yo nos cruzamos. Me regresé sin saber qué iba a hacer, pero convencida de que mi ciclo en Inglaterra había llegado a su fin. Recuerdo que en el avión de regreso, lo único claro que me pasó por la mente, como una epifanía, fue que lo que quería hacer en México y por México era una buena colección de arte contemporáneo internacional, que sería un legado para mi país. Es más: pensé que tendría que ser una colección privada, pues sabía que era imposible que al gobierno le interesara un proyecto de esta naturaleza.

A los pocos meses de haber regresado, finalmente conocí a Eugenio. Yo me había dedicado a visitar algunos estudios de una generación nueva de artistas contemporáneos mexicanos. En Londres me tocó vivir el auge de una generación de jóvenes artistas y quería explorar lo que sucedía en el ámbito del arte contemporáneo aquí. Me sorprendí al descubrir que esta generación (la mía) había sido capaz de inventar y crear su propio lenguaje. Eugenio y yo hicimos química desde la primera conversación. Nuestra visión del mundo del arte contemporáneo era la misma. Compartimos la convicción de que el arte es punta de lanza de lo que sucede en una sociedad; que el arte enriquece la vida y el espíritu de quienes tienen la oportunidad de entrar en contacto con esta manifestación del espíritu humano.

Eugenio ya había comenzado a coleccionar. Tenía algunas piezas y se le había metido entre ceja y ceja construir una colección de arte contemporáneo nacional e internacional. Tenía la firme convicción (algo que también compartimos desde un inicio) de que había que apostar por los artistas mexicanos, por los artistas de nuestra generación, y ser una plataforma desde la cual pudieran potenciar su talento y al mismo tiempo crear una importante colección internacional de arte contemporáneo.

En ese entonces, en 1998, jamás imaginé que la Colección Jumex llegaría a ser lo que es hoy. En ocho años colaborando con Eugenio pusimos en marcha uno de los programas más serios de colección en América Latina. Se adquirieron cientos de piezas; se impulsó el diálogo nacional e internacional entre artistas, curadores, museos, coleccionistas; se apoyó a instituciones públicas; se otorgaron becas a artistas, investigadores y curadores, además de comisionar obra, construir una galería y una biblioteca pública y establecer todo un programa de servicios educativos, cursos y talleres.

Hoy, después de años de arduo trabajo, Jumex goza de amplio reconocimiento nacional e internacional, por otra labor distinta a la de hacer jugos; ocupa un lugar predominante en un universo importante de autoridades culturales, museos, instituciones públicas, escuelas de arte, universidades, estudiantes, críticos, artistas, académicos, curadores, coleccionistas y empresarios.

Cada uno de estos retos lo disfruté con el ánimo de quien inventa, de quien produce, de quien crea y con la emoción de quien sabe que la labor que realiza es de una dimensión histórica. Siempre me ha sorprendido lo que puede pasar cuando uno desea algo. Y así, sorprendida y comprometida, realicé parte de mis sueños en Jumex con todo lo que soy y desde lo que soy. Me sentí un puente entre la posibilidad y la creatividad, entre el anhelo y lo concreto.

Como curadora independiente he podido ser testigo y compartir con algunos artistas el desarrollo de su carrera y el momento de la creación.

Curar no sólo consiste en elegir una serie de obras y definir cómo "ordenarlas" en un espacio o en un museo para su exhibición. Curar implica una lectura de las piezas, del momento en que fueron creadas, de sus intenciones, sus reflexiones, sus conexiones; es sobre todo un ejercicio de interpretación y respeto. Es crear un discurso estableciendo un diálogo entre artistas, obras, público, espacio y momento.

Cada exposición que he curado ha significado la sorpresa y la satisfacción de ver una idea materializada. Uno de los momentos más importantes fue la exposición inagural de la Colección Jumex. Fue muy revelador ver cómo la obra de artistas mexicanos que iniciaban su carrera hace diez años, se sostenía y dialogaba con piezas de artistas de otras latitudes y otras generaciones.

Todo lo que he escrito es el pasado, mi pasado, y creo que está bien. Después de todo, el pasado es lo que nos forja y lo que hace que seamos lo que hoy somos. Pero en el pasado no están las cosas más sorprendentes. De la vida lo que más me sorprende es la vida misma y la incertidumbre que nos depara, el hecho de que no todo está inventado, que siempre hay espacio para innovar y para proponer alternativas diferentes, nuevos caminos. Administrar la rutina de algo que ya está construido es fácil. Inventar, proponer, cambiar: eso es lo difícil, pero también lo realmente estimulante, provocador.

Hoy lo que más disfruto de vivir es imaginar las innumerables posibilidades de hacer cosas diferentes. Mi gran reto es poderlas aterrizar. Para hacer que las ideas avancen hay que empujar y luchar contra la resistencia de mucha gente, contra los intereses creados, y contra la comodidad de no hacer nada. No somos una sociedad que en general le apueste a la lucha contra la inercia. Más bien le apostamos a conservar las victorias del pasado. Con eso de que "la esperanza muere al último", nuestra sociedad espera que lo que ya sabemos que no funciona, vaya, algún día, por obra del Espíritu Santo, a funcionar. Debe ser nuestra devoción guadalupana.

Creo que el pasado debe servir como catapulta y no como ancla. Busco nuevos proyectos pensando qué se puede hacer distinto. Los logros del pasado me nutren, me dan experiencia, me ofrecen una perspectiva distinta, son un escalón para lo que sigue; pero mi vista está puesta en el futuro, en cómo desde la cultura puedo contribuir de nuevas maneras al crecimiento de mi país, apostar a que México sea diferente y a que mi hija Mercedes, que hoy tiene dos años, viva en un mejor país. Con todo, tal vez la sorpresa mas grande de mi vida, la que me recuerda lo afortunada que soy, es la de despertarme todos los días junto al hombre que amo y que me ama. No creo que tenga hoy mayor sorpresa ni mayor reto.

© Xevi Muntane

SER CANTANTE

Julieta Venegas

Yo nunca decidí ser cantante. Nunca lo pensé ni veía cantantes en la tele y decía que iba a ser como ellos. Simplemente se empezó a dar. Empecé a ver que de repente cantaba y no lo hacía mal. Cantaba en un grupo. Toda la vida fui pianista clásica y luego en la preparatoria me empezaron a invitar a grupos a tocar como tecladista y si en algunos grupos no había nadie que cantara entonces me decían, "bueno, canta tú". El primer grupo se llamaba Chantaje y ya estaba formado, así es que espero que a mí no me achaquen el nombre. Era combativo. Tocábamos reggae y todo era un poco contestatario. Hablábamos de problemas políticos.

En mi casa había mucho amor a la música de una manera muy cotidiana, pero no había músicos. Yo creo que mis papás me metieron a clases de piano así como me metieron a clases de baile y de cocina y de todo lo que se les ocurría. Según mi papá era para que hiciéramos cosas de utilidad fuera de la escuela. Cuando empecé a tocar con mi primer grupo ya como a los dieciséis años dejé de estudiar piano clásico. Empecé a descubrir no solamente la cuestión de tocar con un grupo sino de componer y explorar otro aspecto de la música que significaba ser creativo con el piano.

Nací en Los Angeles, pero soy de Tijuana. Nunca viví ni siquiera cerca de Los Angeles, más bien en Long Beach. Mi mamá quería que naciéramos del lado gringo para ver si buscábamos una vida en Estados Unidos. Era un poco la idea que tenían mis papás. Tijuana es una provincia, es una ciudad chica, pero somos muy gringos, vivimos en los dos lados prácticamente, hablábamos inglés, hablábamos español, era muy normal. Nunca te cuestionas tanto el hecho de escuchar música en inglés o que te relaciones con Estados Unidos de una manera tan cotidiana.

Para mi, venir a la ciudad de México fue una gran sorpresa porque en Tijuana somos muy mexicanos, pero no somos realmente mexicanos como son en la capital. La primera vez que vine tenía ocho años y vine a ver a unos tíos que viven en Cuernavaca y me encantó porque era la primera vez que viajaba en avión y era la primera vez que hacía muchas cosas. Pero la segunda vez tenía alrededor de dieciséis años y digamos que vi la ciudad de México con otros ojos. Para mí la capital era súperglamorosa, era lo máximo. Todo lo que venía del D.F. se me hacía extraño, casi como si fuera otro país. Porque en Tijuana era más familiar para mi ver un grupo de San Diego, de Los Angeles o de Inglaterra que ver a uno de la ciudad de México. Era como "guau... ¡cantan en español!" Cuando en Tijuana iba a ver a la gente que venía del D.F. como Eugenia León, era como ver gente de otro planeta.

Tomé la decisión de venir a la capital un poco para huir de Tijuana, para huir de mis papás. En mi familia eran muy estrictos y mi papá especialmente. No tenía una buena relación con él y creo que estaba huyendo de él básicamente.

Yo creo que mi papá ni siquiera era "tradicional" en el sentido estricto de la palabra, sino que rescataba las peores cosas de ser conservador y era bastante represor. Le gustaba tener control sobre todas sus hijas y no la pasamos nada bien. Él quería controlar todos los aspectos de nuestra vida: desde con quién nos relacionábamos socialmente y olvídate de tener novios o tomar alcohol o de salir a fiestas. Era como muy asfixiante y creo que por eso me vine al D.F. Fue por la necesidad de sentirme libre internamente, porque me sentía muy asfixiada, tan cercana a mi familia.

Ya en la ciudad daba clases de inglés para ganarme la vida aunque nunca en mi vida he estudiado gramática. Pero tenía un acento impecablemente californiano y pues los engañaba a todos. Le robé un libro de gramática a un amigo y sobre la marcha iba como más o menos sacándola. Di clases creo que como un año en la mañana y en la tarde pegaba volantitos por toda la ciudad y con ellos armé un grupo musical. Se llamaba Lula y cantábamos canciones horribles. Yo siempre pensé que era un buen grupo y que eran canciones buenas. Pero ahora estuve en Guadalajara presentando mi último disco, y de repente un chistosito que me entrevistó me dijo: "Tengo un demo tuyo de Lula", porque había grabado un demo allá en Guadalajara, y el ingeniero me lo pasó y lo puso y quedé horrorizada. Cómo pude pensar que era bueno. Era horrible, todas las letras me parecen horribles.

Pues a pesar de ello duró un año la aventura con Lula y fue cuando dije, "realmente yo no estoy hecha para esto. Tengo que ser solista, ni modo". El grupo no funcionaba. Yo nunca me desenvolvía igual cuando estaba rodeada de gente. Me di cuenta de que no estaba hecha para tratar de ser creativa frente a otras personas; como que siempre salía un pedacito de mí y lo demás lo reprimía. Entonces pensé "esto no es lo mío". Por otro lado, de pronto se dieron situaciones horribles. Las típicas que te puedes imaginar en un grupo lleno de egos que no aceptan un líder. Mi decisión fue "no quiero estar en un grupo, ni modo".

Pero gracias a ese grupo fueron un día un par de "tacubos" —miembros del grupo Café Tacuba— a vernos. De ahí me hice muy amiga de ellos e incluso fui novia de uno de ellos y él tuvo mucho que ver con que yo me decidiera a hacer las cosas sola. Muchas cosas que realmente marcaron mi vida tuvieron que ver con conocerlo a él. Se llama Joselo; estuvimos juntos tres años y somos súper amigos. Me apoyó más que nada emocionalmente, me decía: "Hazlo, hazlo". Me hacía ver que sí tenía la capacidad de hacer cosas sola, como componer y cantar canciones por mi cuenta. En ese momento ni me gustaba mi voz. Era muy insegura.

El me presentó a Gustavo Santaolalla que era su productor y empecé a mandarle demos. Luego Gustavo fue el que produjo mi primer disco llamado *Aquí* y después *Bueninvento*. Luego grabé *Sí* y yo creo que la mayoría de la gente me descubrió por ese disco. A la hora de empezar a escribir las canciones para ese disco como que me sentía cansada de escribir canciones tan duras que sólo revelaban melancolía, enojo o frustración. Pensé que no era capaz de expresar ternura o alegría y tenía ganas de hacerlo. Llegó un momento de mi vida en el que decidí: "Tengo que ser capaz de crecer en otra dirección, no siempre hablando de lo mismo, porque está bien que uno siempre le da vueltas a algunas obsesiones, pero no hace falta que sea exactamente de la misma manera". Sentí que estaba encerrada como en un lugarcito superchico y quería como salir de ahí. Eso me tomó como un año de escribir, escribir, y descartar.

Creo que mis obsesiones tienen que ver con el amor; a mí me nace escribir sobre eso. Me siento a tocar el piano y me gusta hacerlo en mi casa. Soy muy del oficio. Me gusta el proceso no sólo el resultado. Me gusta escribir y me gusta cuando va tomando forma, poco a poco. Me gusta sentarme al piano todos los días. Por eso solamente escribo cuando realmente no tengo nada qué hacer. Ni giras, ni promos ni entrevistas.

Yo siempre he pensado que esa cuestión de la fama tiene que ver con la percepción que los demás tienen de ti. A veces es bonito porque la gente se acerca, te saluda. A veces da hueva porque la gente llega y te quiere tomar una foto y ni siquiera te saluda ni te voltea a ver. Me gusta más cuando la gente se acerca y te dice algo como "mi papá te escucha" o "pasó tal cosa con una canción tuya" o "ay, que padre que vas a viajar" o cualquier tontería. Eso es mejor a que quieran una foto con una persona que les parece que es famosa y no tienen una opinión sobre ella, porque de alguna manera te convierten en un objeto. Por eso a veces digo "ni madres" foto no, mejor nos saludamos y platicamos un poco.

Mi vida ha cambiado definitivamente en los últimos años. Creo que yo también he cambiado en algunos aspectos y en otros no. Yo sigo siendo igual, me gusta estar en mi casa, me gusta leer, soy un poco antisocial, no me gustan mucho las fiestas. Soy bastante tímida. Digamos que mi empuje y mis intenciones no han cambiado tanto, porque me sigue gustando la música. Pero para mantenerlo así tengo que ser muy cuidadosa con la manera de llevar las cosas. No quiero convertirme en una persona que no soy y a veces los demás te van empujando a hacer algo que no reconoces y es raro. Todo el tiempo tengo que luchar contra eso y decir "no, espérame".

Tienes una disquera y tienes gente que te promociona y que hace su trabajo. De repente tú estás en tu casa escribiendo una canción y la gente ya la quiere vender y convertirla en otra cosa. Entonces como que dices "pero es que para mí tiene otro valor". Hay que ser cuidadosos con cómo llevas tu música a la gente y cómo transmites lo que eres. Salir al escenario es lo más natural. El escenario, hacer un disco, incluso hablar del disco, hablar de lo que hago, eso no me cuesta trabajo. Lo que más me cuesta trabajo tiene que ver con la percepción de los demás; cómo manejarla. La gente te va conociendo a cachitos; nunca sabe realmente quién eres y con eso se casan. Dicen: "¡Ay! Eres tú y me encantas o me chocas". Es muy raro porque yo hacia los demás sigo siendo igual, pero los demás hacia mí cambian.

Me sorprende ser "famosilla" porque no creo tener la personalidad para serlo. Cuando mi papá me decía "ven a cantar para mis amigos", yo me escondía en el clóset. No era el estereotipo de la niña que le gusta ser cantante, porque le gusta que la miren. No soy así, pero me gusta cantar y sí me gusta lo que significa conectar con los demás en ese sentido. Pero no creo que lo estoy haciendo por una cuestión de "quiero que me miren".

Tampoco es que sufra con la fama. Me la paso muy bien. Me encantan las giras. Me encantan todos los aspectos de lo que hago; ahora me acomodo mucho más, me divierte.

Cuando salgo al escenario siento nervio y emoción, de todo. Y no siempre me ha ido bien. Una vez me tocó ir a una gira para Jaguares que se llamaba *Revolución*. Había cinco grupos abriendo para Jaguares, porque no éramos conocidos; me tocó ser la cuarta. Cuando yo salí la gente ya estaba harta de oír a grupos que no conocía y lo que querían era ver a Jaguares. Esa gira fue muy difícil, pero me enseñó mucho.

En otro "show", creo que fue en Texas, no dejaron de gritar "que se encuere" todo el tiempo. Eso fue súper fuerte y a la vez esa gira me hizo perder el miedo. Pude salir y hacer un show enfrente de ese tipo de público a pesar de sentirme de la chingada. Yo pensaba, "qué estoy haciendo aquí", pero de alguna manera mi instinto me decía que tenía que sacarlo adelante. Entonces decidí "¡ni madres! Ahora me oyen". Sí fue muy fuerte.

Ha habido muchos momentos bonitos. Cuando de repente empecé a ver que llegaba la gente a mis conciertos y que empezaban a llegar niños, que empezaba a cambiar el público: gente chica, gente grande. Que empezó a moverse la gente y que era un público mucho más amplio. Me di cuenta de que estaba conectando de otra manera y me gustó. No quería ser como el símbolo del rock, sino lograr que la gente escuchara una canción y le gustara.

El momento más difícil de mi carrera ha sido el año en el que en realidad no sabía qué quería hacer. Fue una crisis personal de "qué va a pasar conmigo", "qué va a pasar con mis discos". No tenía la menor idea y me tomó como un año resolverlo. Además de eso venía trabajando con Gustavo Santaolalla que dejó de contestarme las llamadas y como que me soltó. Por el lado de la disquera veía como que no les gustaba lo que estaba haciendo y por el lado de Gustavo no sé qué fue lo que vio, pero desapareció.

Después apareció y tuvimos una plática y lo resolvimos. Pero fue para mí muy duro en ese momento porque nadie me echó un cable. De repente me dije, "claro la que tiene que encontrar otra dirección soy yo" y cuando me di cuenta de eso fue cuando las cosas empezaron a ocurrir. En ese tiempo descubrí que tenía capacidad de crecer. Que tenía la capacidad de cambiar.

No tengo canción mía favorita. A veces una canción me encanta y puede que a las dos horas me parezca una mierda. Puede que al día siguiente me guste o que le cambie algo. Cuando estoy haciendo un disco no escucho otra cosa y todo el día estoy obsesionada. Quiero que todo funcione y que quede como lo tengo en la cabeza, que se transmita. Después de que grabo una canción no me gusta volverla a escuchar. La gente que me conoce sabe que me siento incómoda cuando estoy en un lugar y ponen una canción mía. Mi modelo es Caetano Veloso, alguien que tiene la capacidad de crecer y cambiar, de transformarse todo el tiempo y de seguir adelante. Ahora tiene sesenta y dos años y sigue siendo súpercreativo. Sigue siendo una persona que se emociona con las cosas que hace y sigue siendo curioso, se le nota. Eso me encanta. Él me inspira, lo admiro muchísimo.

Creo que es difícil ser mujer y ser cantante en México. Creo que en general, por más que uno piense que somos una sociedad moderna y que ya las mujeres tenemos otro lugar y que las cosas han cambiado y que no somos como nuestras mamás y nuestras abuelas, sigue habiendo un montón de cosas que no terminan de resolverse; los instintos más básicos de la gente, de cómo nos relacionamos, de cómo nos perciben. Creo que las mujeres artistas en Latinoamérica, por lo menos las cantantes, todavía cargamos con muchas cosas, en especial en el sentido del marketing. La gente todavía no sabe cómo ver a una mujer creativa, cómo acomodarla y cómo percibirla. Yo culpo de esto a Televisa, con todo respeto, porque cuando surgió Timbiriche, cambió la forma de vender un grupo musical al público. Se impuso una fórmula televisiva y también cambió la música. Se perdieron los José Alfredo Jiménez, se perdió el valor de los compositores, se perdieron los Agustín Lara y los Juan Gabriel. ¿Quiénes son los grandes personajes de ahorita, de este momento?

La imagen de la mujer se quedó un poco atorada y atrofiada por eso. Se banalizó. Se volvió parte de una fórmula para vender a las mujeres en la televisión. No tengo por qué decir nombres, pero sabemos lo que es el perfil. Te describo a una chava con una faldita a la que le dan lo que va a cantar o que le imponen lo que va a decir. Y es una pista hecha a la medida, como un producto. Así muchas quedamos al margen. Es difícil luchar contra eso porque creo que las mujeres tendemos a ser más personales, más experimentales e intuitivas a la hora de hacer música que los hombres y no es por estereotipar. Cuando una mujer se pone a escribir una canción, pues le va a salir rara y le va a salir personal. ¿De dónde vienen las Joni Mitchell? La carrera que ella ha hecho ha sido muy personal, como ella ha querido y eso no hay manera de acomodarlo en una imagen totalizadora. Cada una tiene que encontrar su lugar.

Yo creo que mi lugar es el de hacer música popular. Cuando se habla de música popular todo mundo piensa ¡horrible! Pero yo tengo una percepción de la música popular más bien brasileña que implica valorizar la composición, valorizar las canciones y la vida cotidiana, valorizar la música con la cual crecí: escuchando José Alfredo, escuchando Pedro Infante, escuchando buenos cantantes. De alguna manera apreciando la buena música pero no haciéndola elitista, haciéndola para todos. Escuchándola. Como cuando lavas platos y estás escuchando una canción y te pega y te gusta y te dice algo de ti mismo. Por alguna razón conectas con eso que alguien escribió. Eso, para mí, le da el valor a las canciones y es lo que intento hacer. No tengo una fórmula; no sé por qué la gente me escucha, nunca lo voy a saber. Puede ser que el día de mañana me dejen de escuchar y no entiendan lo que escribo. Pero me parece que el arte tiene un valor más que nada porque es capaz de comunicar.

Por eso tienes la obligación de ser sincera antes que cualquier otra cosa. Por lo pronto se me hace padre conectar de esa manera. Jamás pensé que fuera ni a quererlo ni a hacerlo, mucho menos que sucediera. Pero me gusta ser cantante.

© Fernando Aceves

CUATRO SORPRESAS ESENCIALES

María Cristina García Cepeda

La respuesta a ¿qué me ha tomado por sorpresa?, podría ser tan amplia que rebasaría, por mucho, los límites de este texto. Un sinnúmero de sucesos importantes la mayoría de las veces llega así. La revelación del amor, el detalle que hace el día, la mirada que da inicio a una amistad, la partida de un ser querido, un abrazo que conforta, la invitación a sonreír... son acontecimientos que se presentan sin agenda ni programa.

Cuando las sorpresas se inscriben en el círculo de las relaciones humanas, sus consecuencias son impredecibles; se convierten en retos inusuales, a veces desconcertantes y la falta de preparación (¿hay alguien que se considere "preparado" para iniciar un romance o una amistad?) hay que suplirla con inteligencia, sagacidad y, en más de una ocasión, con el mero instinto, cerrando los ojos y saltando al vacío, con la esperanza de que el paracaídas se abra a tiempo.

Regresan a mi memoria vivencias determinantes que han perfilado mi proyecto de vida, mi formación humana y mi relación con esa incógnita que nos acompaña y en la que muchos no quieren ni pensar.

La protagonista de esas historias soy yo, y si bien el tiempo les ha añadido rasgos, palabras y modos de percibir la realidad, todas ellas están muy vivas en mí y han definido quién soy.

La conquista de la libertad y el tiempo

La libertad y el tiempo son necesarios para alcanzar la plenitud, para conquistar los sueños y para asomarnos con calma a la vida, a nuestro ser. Todo esto, que con frecuencia es un hallazgo en la vida adulta, lo descubrí tempranamente.

En casa había dos bicicletas que eran de mis hermanos mayores. Yo era la pequeña de la familia y, sin embargo, mi más grande anhelo era poseer mi propia bicicleta. A los ocho años, los Santos Reyes cumplen mi deseo y se vuelve mi tesoro más preciado. Era marca Wilson, de color rojo y tenía dos rayas doradas que me parecían hilos de oro. Como yo no me sabía sostener en ella, le pusieron dos ruedas pequeñas que me servían para conservar el equilibrio, pero más pronto que tarde se las quité. Montada en ella conocí, sin tener conciencia plena de ese hallazgo, el valor de la independencia.

Iniciaba la década de los cincuenta. Vivíamos en la Del Valle, una colonia de clase media, y mi casa estaba situada en la calle Gabriel Mancera, donde terminaba el camino pavimentado. Hacia el sur sólo había milpas, y el dueño de ellas, don Perete, nos perseguía con su escopeta cuando entrábamos a robar sus mazorcas. Hacia el oriente abundaban los llanos y las ladrilleras de Santa Cruz. Ver esos espacios, hoy enmarcados por las avenidas Félix Cuevas y Universidad, me provoca una gran nostalgia.

Ir sobre dos ruedas, descubrir todos esos lugares y sentir la velocidad y el viento en mi cara me producía una sensación que ahora, a la distancia, entiendo que fue conquistar la libertad.

Así pasaron los años, yo era libre y feliz con mi bicicleta. A punto de terminar la primaria, me obsesionó la idea de tener mi primer reloj. Recurrir a mi padre era la única opción y permanentemente le sugería: "¡Cómprame un reloj!" Cuál no fue mi sorpresa cuando, ante mi insistencia, un buen día me respondió con cariñosa firmeza: "Maraki, si lo quieres, vende tu bicicleta para que te compres uno". Sus palabras se grabaron en mí con tanta fuerza que después de pensarlo y repensarlo durante varios días, fui a ver a una amiga de la cuadra y le propuse que la comprara. Para mi fortuna, su papá accedió y le puso precio. Yo acepté el dinero sin chistar. Como de costumbre, llegó mi padre a la hora de la comida y de manera decidida le dije: "Papá, llévame a comprar mi reloj". Él con toda paciencia respondió: "Ya te dije, si quieres comprarte uno, vende tu bicicleta". "¡Ya la vendí! ¡Y aquí tengo mi dinero!", respondí entusiasmada. Fue tal su sorpresa que esa tarde vi cómo con orgullo me llevaba a adquirir mi reloj. Supongo que el dinero que yo tenía no había sido suficiente; sin embargo, eso me hizo sentir que era yo quien lo había comprado.

La decisión de vender mi bicicleta no fue fácil; sin embargo, a la distancia comprendo que fue esta enseñanza de mi padre la que me otorgó una libertad mayor: la libertad de elegir. Aprendí la lección de que uno debe esforzarse y arriesgarse para alcanzar sus sueños. Y esa lección hasta hoy rige mi vida. Fue así, también, como empecé a darle una importancia mayor al tiempo, a tener conciencia de su extensión y su medida. El reloj marca la bitácora de cada uno de mis días.

Mi proyecto de vida

Recuerdo un texto de Octavio Paz donde afirma que en todas las vocaciones intervienen dos elementos: el llamado y el aprendizaje. El llamado es la atracción súbita que un día sentimos hacia determinada actividad. El corazón del llamado es el hacer, un hacer inseparable de nuestro ser más íntimo. El aprendizaje nace del asombro que nos inspira una persona o una obra. Nos identificamos con aquello que admiramos y entonces surge el deseo de emular. El llamado nos invita a hacer; la emulación nos enseña cómo hacer.

Con estas palabras vino a mi mente uno de los momentos decisivos en mi vida: en 1965, a los dieciocho años de edad, descubrí esa gran ciudad que es Nueva York, donde me establecí durante nueve meses para colaborar en el Pabellón Mexicano de la Feria

Mundial, bajo la dirección del maestro Fernando Gamboa, el promotor cultural y museógrafo que situó a México en el mapa internacional con grandes exposiciones artísticas y culturales.

En ese pabellón, construido por el arquitecto Pedro Ramírez Vázquez y situado en el centro de los grandes pabellones del mundo, dialogaba la grandeza del arte prehispánico con la riqueza del arte colonial, y la fuerza del arte contemporáneo con las más portentosas obras de nuestro arte popular. Allí, cada día de esos intensos nueve meses, descubrí la dimensión humana y cultural de mi país, y me encontré a mí misma en conversación con esa cultura prodigiosa. Desconozco si fue el azar o el destino, pero allí quedó trazado el impulso de mi proyecto de vida. A partir de ese momento, supe que mi vocación tendría que ver siempre con la cultura mexicana. Comprendí a mi país a través de la Feria Mundial, pero no fue un deslumbramiento instantáneo: los velos comenzaron a descorrerse, antes de partir hacia la Feria, recibí una preparación intensiva con cursos de historia económica, política, social y cultural de la mano de seres de excepción como Francisco de la Maza y del propio Fernando Gamboa. Después de esa experiencia, de regreso en mi país, inició mi participación en diversos proyectos culturales que hasta la fecha me han permitido contribuir a que la luz del arte destelle en otros espíritus.

La muerte, cercana a la vida

Quién lo hubiera imaginado. La oportunidad de conocer la milenaria cultura china y de acercarme, hasta donde fuera posible, a esa sociedad que sabía, pero tenía prohibido hablar, de los recientes sucesos en la Plaza de Tian'anmen, fueron motivos suficientes para aceptar la invitación oficial que recibí del Gobierno de China a finales de los años ochenta. Allá me esperaba un encuentro que iba a modificar para siempre mi apreciación de la vida.

Dirigía entonces el Festival Internacional Cervantino y al finalizar una de las ediciones de esa fiesta cultural, fui con quien entonces era mi compañero. Al llegar a Pekín, me enteré de que las autoridades culturales ofrecerían en la siguiente noche una cena en mi honor, tal como el protocolo lo dicta. Recuerdo que fue en un elegante y sobrio salón de uno de los principales hoteles de esa ciudad. Éramos quince a la mesa y sólo tres hablábamos español: la intérprete-traductora y nosotros dos. Fieles a su tradición gastronómica, sirvieron infinidad de platillos.

A mitad de la cena, al ingerir un trozo de carne sentí que mi garganta se obstruyó y no podía respirar. Fui sintiendo la asfixia que, sumada a la angustia, me llevó a una parálisis inexplicable. Durante varios segundos fui incapaz de moverme. Mi compañero, situado al otro lado de la enorme mesa redonda, advirtió que algo me sucedía y exclamó: "¡Algo le pasa a María Cristina!". Su alarmada frase sólo fue entendida por la intérprete. A partir de ese instante, los únicos protagonistas de la historia fuimos él y yo. Los demás comensales, sin comprender y atónitos, sólo cumplieron con un extraño papel de mudos y sorprendidos testigos.

La falta de aire provocó, poco a poco, mi desvanecimiento a pesar de los fallidos intentos de mi compañero por auxiliarme. La parálisis causada por la impotencia para respirar contaminó mis sentidos, que ya no respondieron al exterior. Dejé de sentirme instalada en la realidad. Mi cuerpo seguía allí, pero sentía cómo la esencia de mi ser se fugaba. Estaba desfalleciendo y oía una lejana voz masculina que gritaba con desesperación "¡María Cristina se está muriendo!" Mientras mi cuerpo se debilitaba, percibí la presencia de una figura a mi lado, una mujer esbelta y vestida de negro tomó con firmeza mi brazo y me dijo: "Vente conmigo". Yo, sin dudarlo, de inmediato acepté. Cuando pronuncié ese "sí" con una voz que no podía escuchar el mundo exterior, vi al fondo de un túnel profundo una maravillosa luz blanca y me invadió una inmensa felicidad.

Caí al suelo y el golpe provocó que expulsara el bocado que me asfixiaba. Lentamente comencé a respirar. Recobré el aliento conforme mi cuerpo y mi ser empezaban a estar de nuevo en el mundo. Abrí los ojos y encontré a mi pareja, hincado, abrazándome y llorando. Lo abracé y un llanto que no sé de dónde provenía me apresó. Para el resto de los comensales, la escena escapó a su comprensión. La cena, por supuesto, terminó abruptamente y nos llevaron de regreso al hotel. Ya en la habitación, mi llanto no cesó. Y en medio de sollozos, entendí que había conocido a la Muerte, que me había invitado a partir con ella y que yo había aceptado.

Cuando le relaté la experiencia a mi pareja, él me confió que al gritar "¡María Cristina se está muriendo!", se dio cuenta que la Muerte estaba allí y decidió luchar contra ella. Aún hoy, no alcanzo a comprender si mi llanto provenía de la desolación por no haberme quedado donde yo lo había decidido o si lloraba por la sorpresa de estar de regreso.

Años después, conversando con Hugo Argüelles, con quien mantuve una cercana amistad, me platicó de su experiencia. Muy enfermo y en cama, los doctores lo declararon por algunos minutos muerto. Fue curioso que coincidiéramos en la misma visión: el túnel, al final la luz blanca y la posterior sensación de inmenso bienestar. Y aseguró con la vehemencia que él acostumbraba: "Maraki, tú y yo somos seres privilegiados. Llevamos mucha ventaja sobre los demás porque ya hemos aceptado a la Muerte, hemos dialogado con ella. Nuestra vida se ha modificado y la vivimos de otra manera". Y es cierto. Conforme ha pasado el tiempo, confirmo la verdad que me trajo esa experiencia. La muerte no me angustia ni me aterra, no me preocupa en lo más mínimo. La acepté y fue tal el placer que sentí al hacerlo que se modificó mi idea respecto a ella.

Haber hablado con la Muerte ha contribuido a que hoy tenga una vida más plena. La siento familiar, cercana, y por eso —sin ser irresponsable— no me obsesiono planeando el futuro. Vivo intensamente y con plenitud. La libertad, el tiempo, mi proyecto de vida y la aceptación de la Muerte son algunas de las sorpresas y lecciones más hondas que he recibido, pero quiero mencionar que entre las más maravillosas están mis hijas y mis nietos. Y tengo la certeza de que todos los días nos ofrecen regalos inesperados.

© Guillermo Güémez Sarre

Nacer en Egipto, vivir en México

María Teresa Arango

¡Nacer en Egipto, la cuna de la civilización! Vivir una infancia privilegiada, rodeada de tranquilidad, en el seno de una familia unida: un mundo irreal perteneciente al pasado. Creo haberme beneficiado de una situación especial, la cual desapareció súbitamente para nosotros; pagamos muy caro mi familia y yo al estallar la revolución. Mi padre, Marcel Hermand, originario de Lieja, la parte walona de Bélgica, coronel en el Congo Belga y habiéndose enamorado tanto de mi madre como de Egipto, había elegido abandonar su país para formar una familia. Mi madre, Hélène Lily Gibara, egipcia de origen sirio, era viuda y ya tenía dos hijos, Raymond y Jacques. Crecí en un ambiente sano, relajado, interesante y deportista. Estudié en el Liceo Francés de El Cairo.

Un día inesperado estalló la revuelta social con Gamal Abdel Nasser y el ejército egipcio. Al mismo tiempo que salía al exilio el rey Farouk, se quisieron deshacer de los extranjeros colonialistas (franceses, ingleses y belgas). Después de la nacionalización de las industrias, entre ellas las que había formado mi padre, de cartón y para el servicio hotelero, los grandes terratenientes se quedaron con cien *feddanes*, una fracción mínima de lo que tenía previamente la familia de mi madre. Había que abandonar Egipto, nuestra familia y todo lo nuestro. ¡Nos corrían!

Gracias a la ayuda de su gran amigo Wado Empain, mi padre consiguió trabajo como director del Hotel Saint Regis en Nueva York. La familia se desmembró, Raymond, su esposa y sus dos hijos se fueron a vivir a Líbano; Jacques se quedó en Francia. Todo el resto de la familia empezó a tomar caminos distintos así como casi todos los amigos. Emigramos en el año de 1963. Asesinaron al presidente Kennedy, justo antes de que llegáramos a Estados Unidos de América. ¡Qué cambio! Todo era distinto y nuevo. Vivimos dos años en este maravilloso lugar. Aprendí a valerme por mí misma y adquirí una independencia que no tenía en mi país. El barón Empain, vendió el hotel a un grupo encabezado por César Balsa. Este último invitó a mi padre a trabajar en México en la Nacional Hotelera, dirigiendo los hoteles María Isabel y El Presidente. Encontramos en México, una cultura parecida a la nuestra y un clima muy agradable en un país fantástico. Nos adaptamos muy rápidamente. Descubrimos que México y Egipto tenían las mismas cualidades, la calidez, la amabilidad, la hospitalidad. Por suerte, los defectos eran también muy parecidos (el "mañana" y la falta de puntualidad, entre otros), o sea que nos acostumbramos a esta nueva vida con mucha facilidad.

Acababa de terminar con mención "bien" mi examen del Baccalaureat en Nueva York. Aprendí a hablar el español en el Instituto Mexicano-Norteamericano. Cursé dos años de historia de las ideas en el Instituto Francés de América Latina. Con mucha suerte tuve al escritor J.M.G. Le Clézio, Premio Nobel de Literatura en 2008, de maestro. Trabajé de edecán durante las Olimpiadas de México de 1968, en el Comité Olímpico Internacional con el príncipe Alexandre de Merode. Fui formando un grupo de amigos, los cuales resultaron ser un apoyo fantástico para lograr que me integrara a mi nuevo lugar de residencia. México y yo nos habíamos adoptado mutuamente.

Soñaba con Francia y me dieron mis padres, con mucha generosidad, la oportunidad de vivir dos años en París. Aprovechando los cinco idiomas que hablaba, trabajé durante las conferencias generales en la UNESCO y varios congresos de intérprete. Fue una época muy feliz de mi vida.

En 1975 decidí regresar a México y al poco tiempo me casé con Manuel Arango. El resultado de esta unión fueron dos hijas, Manuela y Paula, la primera graduada en relaciones internacionales, la segunda en diseño industrial. Adquirí la mejor familia política con la que uno pueda soñar. Me admitieron en el seno de este núcleo Arango con un cariño gigante, el cual no ha hecho más que crecer, siendo para mí un apoyo invaluable. Cuántas cosas importantes y decisivas me habían pasado en el tiempo transcurrido de doce años. También había yo aprendido a disfrutar Acapulco, lugar que me ha dado y seguramente me seguirá dando muchas alegrías.

Perdí a mi padre prematuramente, tenía sesenta y ocho años. Sus características, las más sobresalientes, eran su alegría de vivir y un amor a la vida enorme. Mi madre era, a su vez, la sensatez, el realismo y la solidez. No hay un día en mi vida que no le agradezca a Dios haberlos tenido como padres. Con la educación que me dieron, pude lograr lo que he hecho en mi vida.

Manolo, mi marido, con mucha paciencia, me fue inculcando la preocupación por el prójimo. Vivir en un país con tantas necesidades... Tener tanto... La filantropía era siempre un tema de conversación. Como primera experiencia, me pidió participar en la Fundación Compartir. Durante años pudimos, gracias al generoso capital del que disponíamos, ayudar en áreas de salud, nutrición y educación a mujeres y niños. Cuando fundó el Centro Mexicano para la Filantropía fui la primera escéptica ante la posibilidad de convencer a los mexicanos de la necesidad de ayudar a los menos privilegiados, aliándose la sociedad civil con el gobierno. Afortunadamente me equivoqué, y fue un éxito que se basó en la perseverancia.

Ayudar es gratificante y llena de felicidad, pero lo más importante es encontrar en qué área tienes talento e interés para desarrollarlo y tener resultados óptimos en tu voluntariado.

A lo largo de mi vida, me ha cautivado el arte en todas sus formas. En Egipto tenía afición por todo lo que producían de artesanía: esa plata labrada, esa cerámica azul tan luminosa, los increíbles textiles, en fin, una infinidad de cosas. El mayor éxito y gran ejemplo fue el de una poderosa familia copta los Wissa Wassef. En sus tierras del Nilo habían emprendido y logrado darle renombre a una producción casera y limitada de tapetes. Habían traído de Aubusson a unos especialistas en tapetes hechos nudo por nudo con su famosa técnica. A sus campesinos les habían entregado estambre de lana y de algodón de gran calidad y les habían dado libertad total en relación con el tema. Obviamente, se inspiraron en lo que los rodeaba, temas campestres. Los tapetes se empezaron a vender con gran aceptación y llegó a escasear la producción. Hoy se venden a precios importantes en galerías de arte en todo el mundo. Qué fuente de trabajo y de orgullo nacional.

¡Descubrir todo lo mexicano fue cautivador! Desde mi llegada, empecé a comprar piezas al alcance de mis posibilidades. Ya casada, Manolo me presentó a Tonatiuh y a Electra Gutiérrez. En el sexenio de Luis Echeverría, Tonatiuh creó el Fondo Nacional para el Fomento de las Artesanías (Fonart). Por estar involucrada con los artesanos, las casas de cultura de los estados me fueron invitando a ser jurado en los concursos estatales y nacionales. Ahí conocí a la "mamá" de todos los artesanos mexicanos, la maestra María Teresa Pomar, la cual al pasar del tiempo se fue convirtiendo en una gran amiga mía. Soñaban con hacer un museo para enseñarle al mundo la capacidad creativa del artista mexicano y ¡me contagiaron! Habían formado un grupo llamado Populart y ya estaban en tratos con el gobierno del Distrito Federal. Me invitaron a formar parte del grupo, lo cual acepté con gran entusiasmo. No sabía en qué líos me estaba embarcando.

Me familiaricé con su grupo y sus ideas. Nos dio el edificio, que iba a ser la casa de todos los artesanos mexicanos, el entonces jefe de Gobierno de la ciudad, Cuauhtémoc Cárdenas; ese edificio, *art déco* de 1929 del arquitecto Vicente Mendiola, el cual hoy se volvió la sede del Museo de Arte Popular (MAP). Nos reuníamos pero nunca se concretaba nada, hasta que me llamó el presidente de Conaculta, Rafael Tovar, y me vino a ver el director de Culturas Populares, José Iturriaga, para invitarme oficialmente a hacerme cargo de este bello proyecto, una oferta que no pude rechazar.

En enero de 2000, se fundaba la Asociación de Amigos del Museo de Arte Popular. Como lo digo y lo recalco en múltiples ocasiones, el mejor órgano de voluntarios del país. La riqueza de ese grupo humano provenía de la variedad de sus integrantes, fuerza económica, intelectual y horas de trabajo voluntario. ¡Una tarea de titanes empezaba: involucrar los dos gobiernos, el federal y el estatal en tres sexenios! Del presidente Zedillo al presidente Calderón, pasando por el presidente Fox. De Cuauhtémoc Cárdenas a Marcelo Ebrard, pasando por Andrés Manuel López Obrador y Alejandro Encinas. Nuestro país es grandioso pero las prioridades no son, ni han sido la cultura. Con el apoyo incondicional de los arriba mencionados y de los presidentes de Conaculta, Rafael Tovar, Sari Bermúdez y Sergio Vela, fue complicado y desesperadamente lento el proceso y la realización del MAP. Estas normatividades con las que la sociedad civil tuvimos que enfrentarnos son agotantes y desesperantes. No olvidaré tampoco la ayuda y paciencia "con una mano de fierro en un guante de terciopelo" de la directora del Fideicomiso del Centro Histórico, Ana Lilia Cepeda.

La difícil meta de enamorar a los primeros donantes, sin tener nada en las manos más que un proyecto bonito, mucha buena fe y un enorme entusiasmo, comenzaba. La generosidad de mi marido y de mi familia fue muy alentadora. Tomamos un curso de recaudación de fondos, con María Elena Noriega, para aprender a organizarnos durante tres meses. Nos reuníamos en una diminuta oficina en Las Lomas todos los martes. No tardamos en lanzarnos al asalto de todas las oficinas de nuestros amigos. No les diré que no encontré puertas cerradas y rechazos pero la gran mayoría nos tuvo fe, creyó en la necesidad del museo y nos ayudaron, tanto en donativos en especie, como en efectivo. No era fácil para los mecenas visualizar los resultados tangibles e intangibles sociales de esta idea. Encabezaba la lista mejorar el ingreso y las condiciones de vida de los artesanos, el segundo era darle sentido a nuestro lema: "Exportemos arte popular, no artesanos, arraiguemos a los nuestros, promovamos unión familiar, tradición y arte". Al hacer el Museo de Arte Popular, se creaba una conciencia del mexicano hacia una faceta muy importante de su país. Dar a conocer este arte, esta imaginación, esta habilidad manual, en fin, esta infinidad de técnicas, era algo que urgía hacer para nuestros ocho millones de artesanos. Se trataba de impulsar y dignificar el arte popular, recuperándolo, fomentándolo, difundiéndolo en espacios vivos, dinámicos, fijos e itinerantes, en los que todos los sectores de la sociedad nacional e internacional lo puedieran apreciar y disfrutar.

"Arte del pueblo, manos de Dios", frase que le debemos desde el inicio en 2000, a uno de nuestros patronos, Carlos Fuentes, quien en 2007 nos dio una conferencia magistral extraordinaria como suelen ser las suyas. Dijo:

> El arte transforma las cosas y el arte moderno radicaliza para transformar. Pero al radicalizar —es decir, al buscar la raíz— revela que el arte original es el arte popular. Que el arte popular es la almáciga de la forma estética, revelando la hondura del origen de la forma, su germen terreno, la prodigiosa variedad de lo popular como semilla del árbol frondoso de la creación. Un árbol que no camina sino que crece... la creatividad cultural de México es el signo mismo de la continuidad que a menudo nos niegan la política o la economía... México posee hoy el valor de una continuidad identitaria. Somos indios, somos afroamericanos, somos españoles, somos mestizos y a través de España somos mediterráneos... la aurora del arte es el arte del pueblo, expuesto en el Museo de Arte Popular en toda su riqueza... anuncia un porvenir gracias a que recuerda un pasado... veamos en el Museo de Arte Popular de México el rostro del origen, el inicio de las cosas, los primeros ojos de la vida.

Con el Director de Sitios y Monumentos, el arquitecto Xavier Cortés Rocha, se puso la primera piedra en julio de 2003. Fueron años de experiencias interesantes, de convivencia con Xavier, pero muchas veces obstaculizadas por las reglas de la gran burocracia. Finalmente, después de firmar el Fideicomiso con los dos gobiernos y de convencer al maestro Walther Boesterley de asumir la dirección del MAP como director general, inauguramos el museo. El 28 de febrero de 2006, el presidente Vicente Fox, su esposa Marta Sahagún de Fox, la cual nos había ayudado muchísimo, el jefe de Gobierno, Alejandro Encinas, el secretario de Educación, Reyes Tamez, Sari Bermúdez, Ana Lilia Cepeda, Xóchitl Gálvez, el artesano guanajuatense Gorky González, el representante de Popu-lart, Carlos Payán y yo tomábamos la palabra frente a un grupo numeroso de amigos. Había una emoción, un interés y un cariño enormes en el aire. ¡Finalmente se cumplía ese sueño! Para mí es imposible expresar la felicidad y el orgullo de mi nueva patria, y a la vez que yo hubiera podido devolverle a este país una gota en el océano de lo que me había dado.

A partir de este momento, la asociación quedaba algo relevada de sus responsabilidades constantes y empezaba la de fortalecer el MAP y darlo a conocer.

Somos un ejemplo único en México, y probablemente en muchos países, de colaboración entre el gobierno y la sociedad civil. Durante la realización del proyecto se invirtió por partes igua-les en todo. Ahora, para el funcionamiento, la asociación tomó el compromiso de seguir apoyando económicamente en la misma proporción que lo hace el gobierno federal y el de la ciudad de Mé-xico, en el marco del fideicomiso que se constituyó para sufragar los gastos de operación del MAP. Es decir, seguimos recaudando fondos como lo hemos venido haciendo. Mencionaré, para traer (espero) buenos recuerdos a nuestros lectores, algunas ideas, fruto de la imaginación del patronato, que se han usado para hacerlo: las cenas de Emmanuel, la prcinauguración, las conferencias mensua-les con personajes ilustres de la vida mcxicana en todos los ámbi-tos, las alcancías en los aeropuertos, las pulseras tricolores, la emisión de timbres del sistema de correos sobre algunas piezas del MAP, la venta *Vintage* con su subasta, el Domingo de Antojos, la Pared de Plata, el Club Pared de Oro, las Manitas, la Pirámide Artesano, Brindemos por México y tantas otras más... Una parte muy relevante es la Tienda del MAP, creada y operada por mi hija Manuela, con un éxito rotundo. Es una asociación civil, de la cual todas las ganancias se reinvierten en el museo. Se inauguró la se-gunda tienda en el aeropuerto y estamos con muchas esperanzas de convertirlo en una cadena exitosa.

Hace algún tiempo, en el festejo del aniversario del Club de Industriales, que ha sido un gran apoyador del MAP, miraba alrededor mío y veía con mucha emoción un enorme número de caras que habían hecho posible ese proyecto. Desde este foro que me dio nuestra gran amiga Denise Dresser, les agradezco una vez más su confianza y su generosidad.

Es para mí una satisfacción invaluable haber tenido la oportunidad de lograr, acompañada de tantas personas extraordinarias, darle su casa a todos, los únicos, artesanos mexicanos.

Parece que el MAP ha sido una parte relevante de mi vida y ¡así es! Nacer, viajar, aprender, realizarse como hija, esposa, madre, hermana, amiga y finalmente darme cuenta que con voluntad y mucha terquedad todo se puede lograr.

© Adolfo Pérez Butrón

TODO PASA CUANDO TIENE QUE PASAR

Martha Debayle

Son las 10:42 de un ajetreado martes de abril. Estoy sentada en mi cama, Antonina y Camila ya bien dormidas, casa en absoluto silencio y pijama remangada, dispuesta a cumplir con la promesa de que no pasa de mañana que yo entregue este texto.

La semana pasada, cuando en mis eternos recorridos diarios del sur-sur de la Ciudad de México, desde la estación de radio, iba hasta el poniente-poniente a mi oficina, leía en mi *Blackberry* los textos finalistas. Desde la infertilidad, la depresión posparto, la relación de pareja, hasta una carta a mamá, al leer cada texto sólo pensaba "¡*wow!*, qué honestidad, esto es realismo, esto es compartir, ¡esto es intimar!". En eso creo yo, en eso creemos todos los que hacemos Bbmundo, en ser honestos y reales. Y como bien dice un amigo cada vez que nos reunimos: "Si vamos a reunirnos los amigos para mentirnos unos a otros, pues mejor cada quien se queda en su casa". Sólo así existe intimidad emocional, sólo así verdaderamente aprende uno. Y sería un desperdicio de tiempo, esfuerzo y espacio editorial sentarme a escribir cualquier otra cosa que no fuera "mi neta".

Ayer me contaron de un estudio de mercado que se hizo sobre el medio y la percepción que tiene el público, los lectores, radioescuchas y televidentes sobre diferentes personalidades. Me dijeron haber estado sorprendidos, ya que en el estudio habían mencionado una y otra vez: Martha por esto, Martha por aquello, y en resumen, estaban impresionados de la percepción que tiene el público de mí.

Y aunque claro que es halagador escuchar cosas bonitas de uno, no deja de ser una verdad a medias, sólo una parte del total, porque soy tan igual, tan imperfecta, como cualquier otra persona. Al final eso somos los que salimos en los medios, gente ordinaria con trabajos extraordinarios. Hoy sólo soy el resultado de mis propios procesos imperfectos de vida y por eso decidí contarlos en estas líneas.

Yo me casé como muchas otras, llena de ilusión, ganas, un poco nublada por el furor del enamoramiento, el amor, el futuro, los hijos, la casa, los perros, la familia, el "juntos", el "para siempre", el "hasta que la muerte nos separe", la boda, la luna de miel, la vida.

Y así me encontré, diecisiete días después de mi boda, con marido, casa, y la vida juntos por delante. Me esmeraba por tener la comida lista a tiempo cuando sabía que él vendría de la oficina a comer, y ordenaba los clósets, los blancos y la cocina todo el santo día con el afán de ser el ama de casa perfecta. Me dedicaba a ser la esposa, la compañera, la amante de mi marido viviendo sin mayor conciencia y pensando que así yo construiría un matrimonio exitoso. Nueve meses y veintiún días después de casarnos llegó mi adorada Antonina, y tres años más tarde, mi espectacular Camila.

Ya teníamos hijas, casa y hasta los perros, pero entre nosotros, nada. Era evidente que nuestra visión de la vida, nuestro proyecto de vida, nuestras personalidades, nuestros gustos, nuestro sentido del humor y nuestro carácter, eran como el agua y el aceite. Mi querido marido y yo, en aquel entonces, francamente fuimos víctimas de nuestra inconsciencia, inmadurez y decisión poco fundamentada. Nos habíamos casado por todas las razones incorrectas, como tantas otras parejas en este mundo.

Quisiera poder ser más drástica y dramática o más ilustrativa, pero no hubo infidelidad, ni alcoholismo, ni violencia, ni drogas, ni nada de esas cosas que parecen verdaderas causas para un divorcio; lo único que había entre nosotros era, precisamente, "la nada". Como si todo ese amor y enamoramiento le hubieran pertenecido a otra pareja, pero ciertamente no a nosotros. Era evidente que no había vuelta de hoja.

Crecí oyendo a mi mamá decir, cuando hablaba de algunas amistades mías que no le parecían: "No me gusta que te lleves con 'fulanita de tal' porque, acuérdate, uno se acostumbra a lo que ve a diario". Yo no me quería acostumbrar. Y ahí empezó un espantoso y tortuoso debate que parecía nunca tener fin: "Me voy, no me voy, que se vaya él, mejor me quedo, sí, mejor me quedo; el matrimonio es para toda la vida, ¡no!, esto es insoportable, dónde está la armonía, el amor; no, mejor me voy", y así, me la pasaba dándole vueltas a ese discurso en mi cabeza.

Un día agarré valor y dije "no más, hasta aquí", y agarré a mis hijas, mis maletas y me fui de mi casa. Dos semanas después estaba otra vez de regreso. No habían pasado ni seis meses cuando tomé a mis hijas, mi maleta y me volví a ir, pero tres semanas después ya había vuelto. Parecía una mala broma, para mí, para ellas, para él. Y así es como, literalmente, dije: "Dios mío, por favor dame la claridad y la fuerza para tomar la decisión correcta". Pero aún pasaron algunos meses más.

¿El dilema? El de todas: "Pero si me casé para siempre, si el matrimonio no es un juego, pero qué voy a hacer sola con mis dos hijitas, cómo les voy a quitar el derecho de vivir con su papá, cómo me voy a mantener", y así, todas las noches hasta quedarme dormida.

Pero como les digo a otras amigas que ahora están pasando por un matrimonio o una relación difícil, todo pasa cuando tiene que pasar. Un día verdaderamente me cayó el veinte. Pensé: "A ver, espérate Martha, cuando estas dos niñas crezcan éste es el modelo de pareja que van a seguir, ésta es la relación entre un hombre y una mujer que van a conocer, esto es lo que les va a resultar familiar, y eso es lo que van a buscar porque eso es lo que van a poder reconocer". Sí, lo grave no es solamente lo que ven, pues aquí no había horrores, lo grave era lo que no veían, las ausencias de amor, de complicidad, de entendimiento, de armonía, de todo eso bonito que necesita existir en una pareja. Y como bien digo en radio, "uno como quiera, ¿pero y los chamacos?" Yo no podía ser emocionalmente irresponsable con mis niñas.

Así, un sábado común y corriente, creo que por iluminación divina, dije no más, y por tercera y última vez tomé mis maletas y a mis hijas. ¿Destino final? ¡La casa de mi mamá! Fortuna, gran fortuna, la más grande fortuna tener papás con casas en donde refugiarse del miedo y el dolor, de la incertidumbre y la confusión. Y así llegué yo a casa de los míos.

Me afligía mi futuro. Yo hacía mis Bbtips, y un par de veces al año los famosos miss universo, grammys y óscares, y tenía una idea en mi cabeza que ya había bautizado como Bbmundo, pero hasta ahí. Me afligía mi economía, me afligían mis hijas, me afligía sentarme y explicarles por qué ya no vivíamos en esa casa, por qué no estaba su papá con nosotras. Me afligía el día siguiente, me afligía la vida, me afligía yo: "¿Quién me va a querer, cómo voy a rehacer mi vida?, ¡qué voy a hacer!". Sólo las que ya pasaron por lo mismo podrán entender la complejidad de este diálogo interno y el miedo a dejar el nido, por más feo que esté, para salir al mundo a fajarte, al final, sola.

Mientras, le daba vueltas a Bbmundo. Me parecía una muy buena idea; hay tantas mamás que como yo, ahí le van aprendiendo como pueden, y hay tan poca difusión de la información que necesitamos para ser madres y padres conscientes, educados, instruidos y bien informados. Así, sin saber ni cómo, sin saber de negocios ni de finanzas, y sin mucho dinero, me lancé a inventar, a crear, ¡a parir!, Bbmundo.

¿Qué hubiera hecho sin mi mamá? No sé. Me cuidó, me apoyó, me ayudó con las niñas, estuvo siempre ahí para mí, y también, claro (eso nunca podría faltar), ¡me torturó!, ya saben, como lo suelen hacer las mamás, porque nunca dejan de decirte lo que no les parece, todo lo que estás haciendo mal, todo los errores que has cometido, estás cometiendo y cometerás si sigues así. Pero ya saben, para eso también estamos las mamás, para ser ese fantástico *sounding board* que te mantiene con los pies en la tierra pero volando en tu mundo.

Bbmundo arrancó en Internet, yo a medio divorcio, abogados, papeles, emociones encontradas y todavía con una gran incertidumbre sobre el futuro, ahora no sólo emocional sino también empresarial. Llegar a un acuerdo y firmar el divorcio parecía inalcanzable, seguir viviendo con mi mamá no podía ser eterno, y convencer a un inversionista que patrocinara a Bbmundo era como comerse el hígado de pollo. Un abogado que pagar, una casa que rentar y una empresa con doce empleados que mantener parecía una labor imposible.

Hoy ya pasaron casi siete años: mi divorcio se firmó hace cuatro y creo que después de tantos pleitos y disgustos, mi ex marido y yo hemos aprendido a llevar la fiesta en paz. Al final, lo único que quieres como madre es que sea un buen papá y de eso no me puedo quejar.

Viví con mi mamá sólo un año, llevo casi seis viviendo en mi casa con mis hijas y ya no me angustia no tener para pagar la renta. Bbmundo ahora es toda una empresa con más de cien colaboradores, y no sólo es Internet, también es tele, radio, nuestra muy querida y bien ponderada revista, y estamos por expandirnos a otros mercados en Sudamérica y Estados Unidos, aparte de que ya vamos por el libro, los dvd's y otras monerías que ya verán. ¿Las niñas? Muy bien, Antonina acaba de cumplir once y Camila ocho años, y espero, si no estarles dando un buen ejemplo de pareja, por lo menos un buen ejemplo de lo que es tratar de ser la mejor versión de uno mismo.

Conclusión, no hay cruz chiquita y cada una tiene sus procesos y aprendizajes por los cuales pasar. En mi caso han sido éstos los que me han hecho quien soy, para bien o para mal. Hoy puedo decirles que me siento más abusada, más consciente, más madura, menos mensa, menos gorda, ¡menos fea que nunca!

La vida es demasiado corta como para vivirla con miedo, y aunque todavía le temo un poco al futuro, finjo no tenerlo y así me la voy capoteando como seguramente lo hacen ustedes y muchas otras mujeres que merecen todo mi respeto y admiración y, sobre todo, mi gratitud. Porque al final mis éxitos, chicos o grandes, en gran parte se deben a ustedes. Por oírme, verme y leerme, ¡gracias!

Y antes de apagar la luz, porque ya me dio, como siempre, la una de la madrugada, les dejo estas sabias palabras que quisiera fueran mías pero que de cualquier modo comparto con ustedes:

Todo lo que logras por fuera es porque primero
lo has creado por dentro.

Las victorias que el mundo puede ver son reflejos directos
de las victorias que ya has ganado contigo misma.

Tu más grande obstáculo al éxito puede ser tu propia
inhabilidad de verte alcanzándolo.

Una vez que sabes, sin dudar, que lo puedes lograr,
seguro lo harás realidad.

La persona más importante a convencer eres tú.

Una vez que verdaderamente estés convencida que lo puedes lograr,
convencerás a otros con gran facilidad.

Lo que sea que busques lograr, lógralo primero adentro.

Sólo entonces, los retos externos más increíbles
no tendrán el poder de detenerte.

Los logros internos construirán tu autoconfianza
y persistencia.

Los logros internos le darán poder al propósito
detrás de cada acción.

Trabaja en convencerte del valor de la meta que buscas.

Y de ese logro interno, el logro externo sin duda fluirá.

Ralph Marston, "Logro interno"

© Guillermo Güémez Sarre

¿Quién sabe todavía el lugar
de su nacimiento?

Saint-John Perse, "Exilio"

Miriam Morales

Supe de la cercanía del mar por el óxido que carcomía el metal, las manchas de humedad y las burbujas de salitre filtrándose por las paredes. El olor. Amanecía y yo acostada en un camastro la vi volar directo hacia mí. No me alteré, con los ojos muy abiertos y sin protegerme la cabeza con los brazos, la miré estrellarse contra los barrotes una y otra vez. Me sentía protegida aunque sabía que estaba encerrada, o tal vez por eso me sentía a salvo.

El atacante, incólume, después de golpear repetidamente las rejas, las rompió.

Desperté sin miedo.

Primer sueño en Santiago de Chile, febrero de 2006

En mi espejo de mano exploré la profundidad de las arrugas alrededor de mis ojos. Buscaba en ellas la seguridad que da el paso del tiempo ahora que, en menos de una hora, el avión aterrizaría en Santiago.

Éste no era un viaje más al país que abandoné en 1975 y al que volví por primera vez a dejar las cenizas de mis padres. Ahora venía a establecerme como gerente de la filial chilena de una empresa mexicana del sector público.

Llevo conmigo una maleta mediana, un cuadro envuelto en plástico de globitos y en una tela amarilla de algodón chiapaneco. La dedicatoria de Rafael Cauduro establece una mirada sobre lo que he sido, o deseado ser.

Paso Migración y me indican que debo ir a una oficina demasiado iluminada por neón. Aterrada, frente a cualquier autoridad chilena de uniforme, mi lugar de señora protegida por pasaporte, leyes, amigos y pertenencias, se resquebrajó.

¿Qué es esto?, dijo el oficial de aduanas. Un objeto personal, un cuadro… ¿Trae permiso para ingresar esa mercancía? ¿Qué mercancía?... no, está equivocado, es un cuadro, un objeto personalísimo, dice mi nombre… ¿Cuánto vale la mercancía que pretende ingresar? Mire, no sé, no lo considero así, no es un asunto cuantificable el valor que tiene, además me lo regaló el artista que lo hizo. ¿A cuánto lo podría vender? Cómo se le ocurre, lo traigo justamente porque yo…, he vivido fuera, estoy regresando a vivir aquí, este objeto pertenece a mi intimidad por eso está aquí, conmigo. Pero si lo vendiera, ¿cuánto podría sacarle? Me parece una falta de respeto lo que me dice, le estoy explicando que este objeto, este cuadro es algo personal no una cosa o un objeto comercial… Pero usted, si quisiera lo podría vender, ¿no?

Cuatrocientos dólares de impuesto para salir con mi cuadro me parecieron —en ese momento— poco para huir de esa oficina donde reconocí las ganas de intimidar, humillar, aprovecharse, propias de cualquier pequeña burocracia de cualquier lugar del mundo; la voracidad estimulada y triunfante por mi estúpida ineptitud.

Los amigos que me esperaban estaban preocupados por la tardanza, escucharon la anécdota entre risas y cariños; me regañaron por atontarme, espantarme de fantasmas del pasado y finalmente nos reímos.

Yo me sentí tocada por la rabia y el arrepentimiento.

Los exiliados guardan una relación de amor-odio con el país de origen. Sienten que son rechazados. Y no hay rechazo, sólo indiferencia. A lo más puede haber algunas preguntas de buena educación sobre la vida en el "exterior" pero es como si no existiera. Al regresar al país de origen, careces del interés o del exotismo de un extranjero de verdad, esperan un pliegue instantáneo al flujo de la vida cotidiana, un saber de los problemas que los preocupan, manejar el argot. Retornar es salir de una especie de paréntesis y regresar al texto; sólo que en el paréntesis está todo, o casi todo, por la edad que teníamos al salir.

Sin embargo, en mi caso todo jugaba a mi favor: amigos cercanos, sofisticados, a muchos los conocí durante el exilio, y sobre todo mi trabajo, que era una prueba de lo que había construido en México.

Antes de partir, había recibido entrenamiento en la empresa matriz y la información de los problemas financieros en la filial, ciertas líneas de procedimiento y la inequívoca misión de enderezar la empresa para recuperar la presencia. Aunque las cosas eran complicadas se partía con un enorme capital simbólico que cobijaría este periodo que se iniciaba con mi llegada.

Me impactó el deterioro, lo feo. El techo de mi oficina estaba pintado de un verde bosque oscurecido por el tiempo, los muebles de formica —me parecieron de cocina— proclamaban descuido. Un escritorio grande, vacío, y en uno de los mesones una computadora anticuada. Debía moverme en una enorme silla con ruedas entre el escritorio y la computadora, como inválida.

A mi espalda, la cordillera se alzaba entre las brumas de la contaminación, ni siquiera podía fijarme en la belleza de colores que pintan los cerros de todos los tonos de rojo, al atardecer.

Moví muebles, contraté pintores y sabiendo que ese "dolor" estético era privado, lo pagué yo.

Busqué consuelo en los sabores del durazno, la uva, los cerezos y los damascos, los sabores de mi infancia.

Caminaba entre y sobre el cemento reverberante del centro de Santiago llorando detrás de mis lentes oscuros. Llorando por mi error de estar acá, sostenida sólo por mi voluntad y presintiendo que era de alguna manera mi obligación: acepté, me comprometí y debía hacerlo. Mi lealtad al lugar donde están los míos crecía en la dificultad, mi estado de ánimo amplificaba mi propia importancia y me encajonaba para seguir ahí y no salir corriendo de vuelta. Naufragaba en el sentimentalismo. Supe desde siempre que el sentimentalismo es repugnante, enceguece, despoja del sentido del humor y altera la validez de las emociones al codificarlas en una jerga de frases hechas y gestos banales. Todo eso lo tenía tan claro en mi cabeza; sin embargo, no evitaba que saliendo de la oficina sólo tuviera ganas de llorar y quejarme.

Instalarme se complicaba, no tenía rol único tributario ni cuenta de cheques y mi *American* se volvió sospechosa por ser extranjera. Llamé a mi primo, al que le mandé dinero para que se pudiera recibir de abogado y ahora es un personaje; ni siquiera me devolvió la llamada, por peleas familiares de las cuales no tenía noticia alguna. Para parte de mi familia fui un fantasma, un personaje molesto en alguna época, por mi "historia", una loca. Sigo siendo inexistente. A otra parte de mi familia la reencontré en el registro cálido de vivencias y recuerdos pero a ésos no los había perdido, desde distintas partes del mundo donde muchos sufrieron también el exilio, habíamos estado cercanos, seguíamos en lo mismo.

Amigos, ésos sí están. El tamaño de mi carencia y desvalimiento era tal que hubiera necesitado que me pusieran los calcetines y me obligaran a comer y tomaran decisiones por mí.

Me instalé en un departamento enorme esperando la presencia de hijos y amigos. Muchos llegaron –mi amiga desde Guadalajara, contrabandeando tomates y chiles serranos para hacer una salsa cruda que nos puso muy contentas. Elegí alquilar en el mismo sector en que estaba mi casa paterna, a sólo unas cuadras. Muchas veces pasaba por ahí. Aún está el jacarandá que siempre estaba en flor para mi cumpleaños.

Así comenzó marzo.

Asumía la presidenta Bachelet, las mujeres estaban más contentas que los hombres. El discurso, "quién lo hubiera pensado", me impresionó; al fin había una política de primera que incorporaba la subjetividad en su quehacer. Ese discurso era de alguien que ha mirado hacia adentro de sí misma: "Ustedes lo saben, no he tenido una vida fácil pero ¿quién de ustedes ha tenido una vida fácil?"

Manifestación del 8 de marzo, en la Alameda, la calle que cruza la ciudad de este a oeste, encuentro gente que conocí aquí o allá.

Camino de un lado para otro mirando los *punk*, las panzas al aire de las jóvenes. Al final de la manifestación, tomo un taxi para ir a una fiesta en la casa de "Lolo" Sire, de la brigada del MIR (Movimiento de Izquierda Revolucionaria) de la Pontificia Universidad Católica, a la que pertenecí. Estábamos la mayoría de los sobrevivientes, vendrían dos compañeros que vivían en Europa y pasaban vacaciones en Santiago.

Muchos son ingenieros; uno cuenta sus planes de jubilación temprana. Hablamos de la conmemoración de la reforma universitaria, de nuestros compañeros muertos. Alguien recordó a Jacqueline Drouillet, alta, elegante, maciza (en tu casa me dejabas apagar los cigarrillos en el plato de la taza de café, a nadie se lo permitías, no lo tolerabas); a cambio, te explicaba el materialismo histórico, la plusvalía, era la plusvalía la que te intrigaba, y tú estás desaparecida y yo volví a Santiago de Chile a dirigir una empresa, "quién lo hubiera imaginado".

Los antiguos compañeros nos exploramos como los desconocidos que somos, nos queremos –y mucho– por el pasado doloroso y pleno. La noche de final de verano austral nos mantenía relajados, casi felices, así lo muestran las fotografías que fueron debidamente mandadas por Internet.

En cuanto nos abrazamos supe que seguía siendo el mismo que tanto me hizo reír y me quiso. Escandalicé a todos cuando me preguntó: Chiquita, ¿te acuerdas dónde nos vimos por última vez?

Sí, en tu cama. Fue una salida graciosa.

No era feliz ni gracioso el tiempo que enmarcaba esa memoria: 1974. Poco tiempo después de esa última noche caíste prisionero de la dictadura (no puedo siquiera pensar en tu cuerpo torturado).

Tú y yo, militantes clandestinos negando obstinadamente la derrota y sus consecuencias terribles. Y nunca en todos estos años –que superan la letra nostálgica del tango– nos volvimos a encontrar. Hasta ese 8 de marzo, hasta ese abrazo.

La generación de mujeres a la que perteneció mi madre usaba pieles. Ella tenía su peletero, el señor Chaskel.

Entré al lugar al que tantas veces la acompañé, estaba la misma mesa alta, unas butacas. Esta vez me encontraba en el probador, en la tarima, rodeada de espejos, el peletero medía y ajustaba los abrigos que me dejó mi madre.

En el siguiente instante el señor Chaskel aparece con una caja blanca grande (igual a la que guarda el vestido de mi primera boda), despeja el papel de seda del envoltorio y saca un suéter de lana oscuro, me lo prueba mientras sigo en la tarima, me pide que lo revise en todos sus ángulos. Apruebo, me apruebo, y salgo de la tienda feliz, con jeans y el suéter.

Segundo sueño en Santiago 2006

Llego a la oficina un poco después de las diez de la mañana, la conversación con el abogado de la empresa me había dejado preocupada. Más me preocupé cuando vi las cortinas metálicas bajas, es decir, cerrado. Entro por la puerta de atrás y pregunto, ¿qué pasa? Con un tono de voz y una expresión corporal inolvidable, la encargada de librería me contesta que cerró porque hay "desorden de estudiantes, si los persigue la policía se meten al local y hasta pueden robarse libros". Mientras por los ventanales mirábamos a un grupo de niños, lanzados violentamente al suelo por el chorro de agua del "guanaco".

Controlando la rabia le ordené: abra, prefiero a un estudiante que roba un libro a que los destruyan ustedes. La librería se repletó de muchachos que pasaban páginas de libros que por descuido del personal, estaban deteriorados, ya no eran estrictamente mercancía pero guardan lo que les da su valor, el texto.

Se abrió un periodo emocionante. Los estudiantes funcionaban en asambleas, tenían voceros, eran de izquierda y de derecha, y su objetivo era la reforma de ley de educación a la que la dictadura dio rango constitucional. Los estudiantes de escuelas oficiales querían estudiar más y mejor; evaluar la municipalización para reparar las enormes desigualdades entre las escuelas, jalando a las malas y empobrecidas al nivel de las mejores. La huelga fue larga, me gustaban tanto los voceros, conversar con los que boteaban, escucharlos. Lúcidos sabían el destino que les esperaba, el embudo que les impediría pasar donde quisieran –también al dinero y al éxito. Peleaban contra el determinismo que orillaba al estudiante de escuela pública a entregar el sitio de élite, a los de escuelas pagadas.

Me costó entender por qué maltrataban con la fuerza pública a esos chicos que serían el orgullo de cualquier país democrático, el cimiento de una masa crítica. La verdad es que todavía no lo entiendo muy bien.

Dawson

El miércoles primero de noviembre, a las 7:30, tomé el avión a Punta Arenas. Tuve, no se por qué, la sensación de que sería fácil hacer ese recorrido de memoria. Ahora mismo tengo una dificultad enorme para expresar esta experiencia íntima.

En el avión se me acercó un hombre, con una media sonrisa colocó mi valija en el compartimiento; me pareció algo mayor para ser sobrecargo, vestía pantalón negro, igual que su corbata y camisa blanca. Se sentó a mi lado, se presentó con su nombre y grado de almirante, encargado de la política de reparación y algo parecido a relaciones públicas, de la Armada.

Los marinos en Chile, son la rama "aristocrática" de las Fuerzas Armadas, en realidad en sus filas se gestó el golpe de Estado que derrocó al presidente Allende, y sus cuadros eran los que tenían el plan neoliberal de la reconversión del país. Esa ideología los despojaba de toda piedad.

Sufrí durante todo el trayecto una conversación educada, que se desbarrancó cuando él dijo que le parecía un poco exagerado llamar campo de concentración a Dawson, comparado con los horrores que habían sucedido en los "otros" campos, los europeos y asiáticos (no dijo soviéticos).

El campo es el lugar donde el interno está sin cargos, ni delitos ni proceso, sin tiempo, sin condena, despojado de todo derecho, sólo reducido a su condición biológica, eso es lo que permite el horror, le contesté con odio.

Llegué a un hotel que parecía conservado para los viajeros del siglo XIX y salí a pasear por la ciudad, sin ningún destino. Era día de Muertos, estaba segura de que Javiera, mi hija, había cumplido la promesa de hacer el altar, pensé en mis muertos, en el Guajiro, en mis padres, mi sobrino Alberto enterrado en Estocolmo.

Caminaba distraída. De repente sentí que tenía tanto frío que si no entraba a un lugar cobijado me quedaría ahí torcida hacia el oeste, igual que los árboles. Regresé de prisa al hotel y al cabo de mucho rato seguía teniendo frío, metida en la cama, con la calefacción, sin quitarme la ropa. Me dormí.

A las ocho de la noche desperté aún con luz radiante, me abrigué y salí de nuevo, caminé hasta el Estrecho de Magallanes. Recién en ese momento imaginé el 13 de septiembre de 1973: el día largo en que mi padre y sus compañeros, parte de la dirigencia del gobierno derrocado, fueron encarcelados en Dawson. Mirando al estrecho lo imaginé maniatado, con traje liviano, zapatos de vestir, corbata, subiendo a la barcaza. Me estremecí y las manos enguantadas se sumergieron en los bolsillos de mi adecuado abrigo. Caminé perdida, asustada, furiosa. Arrepentida de estar ahí, haciendo "turismo concentracionario" como dijo mi hijo Carlos, el hijo que guarda el nombre de su abuelo.

En la noche llegó la ministra de Defensa y su gabinete cercano, todas mujeres, nada dije o tal vez dije un poco, me reaseguré en sus respuestas que lo que sentía era algo transitado por ellas y los que son como ellas: el desplante orgulloso y negador de ser víctimas.

Yo no quiero. No. Hasta ahora puedo permitirme guardar el secreto.

A la mañana siguiente, en una misilera israelí que alcanza una velocidad de treinta nudos, embarcamos un pequeño grupo: Fabiola Letelier, hermana del canciller asesinado en Washington, Bernardo, el joven y guapo obispo de la zona, un pastor evangélico, el capellán militar que cuidó el alma a los presos en la isla, oficiales de alto rango. Estudio mapas, miro por la escotilla, tomo café —asqueroso *Nescafé*. No tengo ganas de conversar con ellos, ser amigable, responder preguntas. Todo es extremadamente terso en la cabina de pasajeros. Recuerdo que hace más de diez años en un barco de turismo hacia el glaciar de San Rafael, le pedí al capitán en la sala de comando que me mostrara en sus mapas la isla Dawson para que mi hijo Jorge supiera dónde estuvo preso su abuelo. Y el marino me contestó: "Esa isla no existe".

Ven mamá salgamos, dijo mi hijo de diez años. Él supo que yo y tal vez él, éramos víctimas.

El frío se instala. Llueve, sale el sol y un arco iris –absurdo en su poesía al lado de esa descomunal desolación– ilumina el cielo; el viento aúlla. Sentí intensamente la inmensidad del fin del mundo. La cubierta está empapada, con mucho cuidado flexionando las rodillas, me agarro de manijas metálicas, con miedo de caer al agua en un bandazo pero evitando en todo momento los brazos protectores de los oficiales de la Armada. Pensé en Daniel Vergara, el ministro de Gobierno de Allende, que fue baleado en un brazo para que no escapara. Imaginé los insultos y las amenazas, ellos mojados con las manos amarradas: el miedo. Las cuentas de la vida. Mal lugar el estrecho para reconciliarse con la muerte, que ellos pensaban inminente.

La isla es una base naval. Hay un montón de casas blancas y dicen que hay esposas, niños y escuelas y maestros y seguramente gallinas, perros y gatos. No vi a nadie salvo uniformados. Como fuimos los primeros en desembarcar, nos llevaron a unas instalaciones con baño y una pequeña estufa eléctrica, desencajada acepté un sándwich. Tenía que comer. Llegó la ministra y su equipo y más oficiales expertos en eufemismos: "Los desgraciados sucesos" acotan amables, y no tengo por qué pensar que carecen de buenas intenciones. Sólo que yo estoy traspasada por saberes y la banalidad del mal me regresaba obsesivamente a la cabeza. Nada que temer y a la vez todo.

Llegaron los otros barcos. Una mujer de cuarenta y un años, hija de un ex preso, sufrió un infarto. Murió esa tarde, en la isla en la que su padre sobrevivió.

Partimos hacia donde habían estado las barracas, se levantaron dos carpas esperando la lluvia o el granizo que afortunadamente no llegó. La hondonada en que se levantaron las barracas mira el mar, dos pequeñas colinas servían de puestos de vigilancia, en la cima estaba emplazada la artillería. Subí.

Hay una enorme dificultad de la naturaleza para rehacerse en estos climas, entonces la huella de lo que hubo, a pesar de que han pasado treinta años, está a la vista: el hueco de la puerta, los espacios reducidos, mínimos; la misma plataforma de cemento que servía de apoyo a las ametralladoras aún no se cubre con la delgada capa vegetal que hará olvidar el sonido de las balas en la noche, a cualquier hora para amedrentarlos, para que no supieran si después de acarrear piedras o cortar leña podrían regresar los mismos.

Hubo discursos emocionados, emocionantes. Reivindicativos, políticos. Todos los escuchábamos pero al mismo tiempo, desperdigados por el campo cada uno hacía su ceremonia íntima con el lugar.

Me fui a caminar al lado del mar y metí la mano al agua tan sólo unos segundos. Miré mis dedos enrojecidos, adoloridos. Busqué piedras negras de las que tallaban los presos, ninguna posee el brillo negro total de las que llevan nuestras iniciales en un canto y el número de prisionero en el otro: A-8, fue el número de mi padre.

Se me acercó un hombre flaco, le faltaban los dientes de adelante, habló rápidamente y me contó que estudiaba psicología no sabía para qué si él estaba próximo a morirse, fumaba mucho, dijo. Lo abracé. Un señor rubio mostraba a sus hijos el lugar exacto donde estaba su litera, y quién estaba en la de abajo y al lado. Sus hijos lo grababan en un aparato estupendo, él se regocijaba en el recuerdo de esa época que fue, puede ser, la última en que existió la fraternidad.

Un grupo de hombres que recuerdan una cancha de futbol me piden que les tome una foto. Se acomodan el pelo, estiran sus chamarras. Le dije a uno de ellos, pero ¿cómo vas a salir con esa bolsa de plástico?, déjala a un lado. ¡Ah no!, la bolsa es bien importante. Cuando me agarraron preso en el hospital, yo puse mi uniforme en una bolsa así, y con ella viajé a la isla, y lo conservé guardado ahí. Por eso ahora traje una igual.

Regresé con los mismos tripulantes de la misilera, en un helicóptero. La intendente de la zona explicó, mediante unos audífonos que usábamos todos, el desastre ecológico que azota la isla. Un empresario del neoliberalismo eliminó a no sé qué animal, que era el depredador de los topos. Al romper la cadena natural los topos se reprodujeron descontroladamente. Son una plaga. Mostró las inundaciones, el aniquilamiento de la vegetación.

Estuve a punto de decir Marx, el viejo topo…

Guardé silencio.

En el sur, los que somos del sur podemos convertirnos en foca cada vez que queramos, o en lugar de morir, convertirnos en foca. Es un parque natural, hay unas grutas, hay pozos, ríos, agua de mar. Sabemos el secreto de la conversión: lanzarse al agua. Ahí hago el amor como humana y como foca; con varios hombres que quiero o quise, un juego, alegría, dulzura, pasión, todo junto en ese ir y venir entre foca y humano. Supe que elegiría, si pudiera, ser foca y contigo. Sentados en un bus me mirabas tan triste, te acariciaba la cara. En el bus estaban Tachi y unos fugitivos, a ellos les contaba el secreto, sin creerlo del todo pero sin salida, se metían al mar. Les advertí que ser foca tiene peligro, porque hay temporada de caza.

Tú y yo bajábamos del bus en un pueblo pequeño del sur; era verano, tomábamos café y supimos que habíamos pactado presente-futuro.

Tercer sueño, Santiago, marzo de 2007

Decidí que debía regresar a México, a casa, a la dulzura del clima y de la gente. No era una decisión moral o política sino que sencillamente, era; hacia el norte estaba el deseo y el riesgo.

Frente al supuesto orden chileno el supuesto desorden mexicano.

No es un país u otro sino que así fue la vida.

En México crecí y crecieron mis hijos orgullosamente chilangos, me comprometí con las causas en que creía y creo. Planté un jardín. Tuve pérdidas y dolores y felicidad absoluta, como todos. Sigo teniendo.

Recuerdo desconcertada que en Santiago, una mañana –ya en camino a la oficina– regresé a mi departamento en un tercer piso, con porteros día y noche, a cerrar una ventana que se había quedado abierta, tuve miedo a los ladrones. Sin pensar en lo poco que había que robar en esa vivienda. Y en el D.F. no tengo miedo, aunque las evidencias empujen a encerrarse y a blindar puertas. No sé, conjeturo que es un asunto de conocer un territorio, los códigos, todas esas pequeñas señales que orientan los movimientos. Una sensación atávica, nutrida porque socialmente estamos por ahora, reducidos a ser individuos aislados, consumidores.

Regreso con mi cuadro y el placer duradero que me produce.

Los mil días del gobierno de Allende me enseñaron que ahí donde yo puedo, allí siempre hay muchos. El creer que la vida para todos puede ser mejor. Sé que ese periodo culminó un proceso que viví desde niña en mi familia y su enorme compromiso ético. Aprendí entre mi casa y la polis, ciudadanía, solidaridad, sentido de Estado, la cristiana parábola de los talentos, decencia, y como Antígona, a decir no. Desconcertada –a veces divertida– frente a la ambición ilimitada. Dinero fácil sin escrúpulos. Transacciones que terminan por ahogarse en el aburrimiento. Exhibicionismo. La pura, simple y tan bien pensada Sociedad del Espectáculo.

No hay juicios finales, sí los hay día con día. Es asunto de comparar rostros.

El paraíso para que sea, debe estar perdido (cito un verso trunco) y yo ya había perdido uno.

© Guillermo Güémez Sarre

AMAR CONSTANTE, MÁS ALLÁ DE LA MUERTE

Carmen Parra

> ...serán ceniza, mas tendrá sentido;
> polvo serán, mas polvo enamorado.
>
> *Don Francisco de Quevedo y Villegas,*
> *"Amor constante más allá de la muerte"*

Mi contradicción laico-religiosa

Mi padre se enteró de que yo estaba preparándome para realizar mi primera comunión en el convento de las monjas de San Ángel a la edad de cinco años. Llegó al convento hecho un energúmeno, tocó a la puerta, le abrió una monja y él preguntó por mí, entró a la clase y me sacó en vilo ante el asombro de toda la escuela. Las monjas del convento creyeron que el diablo venía por mí, mas no era el diablo sino mi padre, yo aterrada no entendía nada de lo que pasaba. En la puerta del convento mi padre que era absolutamente anticlerical me dijo: "Cuando tú entiendas y si quieres a los quince años podrás hacer tu primera comunión". Esta sentencia marcó mi vida, pues la prohibición del mundo teológico me creó una curiosidad indestructible, yo creo que por eso estudié antropología, ya que ésta contiene todo lo relativo al hombre y posteriormente realicé estudios de teología que me han ayudado a desarrollar mi obra.

Mi padre, anarquista, pertenecía a la corriente artística posrevolucionaria, tenía amigos como Diego Rivera, Vasconcelos, Juan

O'Gorman, Siqueiros, Frida Kahlo, Revueltas, Carlos Chávez, Fernando Gamboa, e hizo varias películas con el Indio Fernádez; todos ellos tenían ideas socialistas y laicas. No está en mí explicar las ideologías de la época, sino solamente dar una idea, como un pincelazo en un lienzo, de ese ambiente tan poco religioso.

Como arquitecto y artista, mi padre era un apasionado del patrimonio arqueológico y virreinal de nuestro país; con él recorrí todos los conventos, iglesias de México y sitios prehispánicos que estaban abandonados. Las esculturas de santos, cuadros coloniales y muebles se vendían en La Lagunilla a un precio ridículo. Muchos de los trabajadores de la construcción, que eran campesinos, traían piezas arqueológicas a mi padre que las coleccionaba como lo hacían sus colegas Chávez Morado, Tamayo, Diego Rivera, quienes más tarde las donaron a la nación.

Al mismo tiempo existía la pasión por la vanguardia industrializada, la cual destruyó en México muchos palacios coloniales. Mi padre compraba las demoliciones de esas casas e inventó una arquitectura con ellas que era un rompecabezas de la historia, creando así un estilo particular (estas piedras me hablaban).

En virtud de que vivía en la contradicción de un mundo laico, rodeada de santos, vírgenes de Guadalupe, imágenes de Cristo y todas las imágenes de los altares barrocos, tuve que crearme un mundo propio, en el cual fui tremendamente rebelde; si hubiera sido hombre me hubiera escapado de mi casa a los trece años.

Ingresé en la Universidad de México para estudiar teatro con la maestra Luisa Josefina Hernández, después estudié en la escuela de mi tía Alicia Rodríguez Peña, que se llamó Teatro Estudio.

A los quince años me afilié al Partido Comunista Mexicano que era clandestino. Mi célula era bastante irreal, porque la conformaba Raúl Kamfer, un anticuario que tenía una casa de antigüedades en la calle de Florencia, en la Zona Rosa, y que era un centro de acción cultural donde se reunían personajes de esa época como Rosario Castellanos, Ricardo Guerra, Horacio Durán, Julia López, Hugo Velázquez, Silvia Durán, José Luis Franco, Haled Muyaes, Rodolfo Stavenhagen, Wolfgang Paalen, Héctor

Xavier, Rafael Sánchez Ventura, David Brooks, Rodolfo Valencia, Waldeen (la creadora de la danza moderna en México), entre otros. Ahí teníamos nuestra célula del partido en la que además de Kamfer estaba Carlos Payán, entonces un joven abogado, el carpintero que se llamaba Félix, un restaurador de piezas arqueológicas llamado Santos y yo. Recuerdo que el tema era la discrepancia chino-soviética de la cual todos éramos unos completos ignorantes. Hacíamos proselitismo en zonas obreras y vivíamos de Raúl Kamfer.

En esta época me casé por primera vez con Hugo Velásquez, quien era ceramista *beatnik*. Estudiaba en la Escuela Nacional de Antropología, donde tuve la fortuna de tener compañeros extraordinarios como Jorge Alberto Lozoya, Eduardo Matos Moctezuma, Juan Somolinos Palencia, Roger Bartra, Miguel Messmacher, de los que me acuerdo. La escuela tenía magníficos maestros y se localizaba en la calle de Moneda donde todavía estaba el Museo de Antropología e Historia que después se cambió a Chapultepec.

A los dieciocho años me divorcié. Yo quería demostrar que podía sola, quería construir mi vida como una mujer revolucionaria. Me fui a vivir a una casa de huéspedes en la calle de Río Tigris; trabajaba en Bellas Artes en el Departamento de Arquitectura con Ruth Rivera, hija de Diego. Seguía mis estudios de antropología. No quería que supieran que era hija del arquitecto Manuel Parra, porque quería demostrar que yo podía sola.

Estaba lista para irme a Cuba con un grupo de amigos pero alguien le dio el pitazo a mi padre, quien inmediatamente me mandó a Europa; yo había pedido una beca para estudiar sociología en Polonia, la había tramitado por mis contactos con el Partido Comunista. Mi tenacidad se vio abruptamente coartada al enterarme de que en ese país se vivían varios meses a catorce grados bajo cero, lo cual demostraba que mi ignorancia geográfica era total.

En mi estancia en Europa peregriné por todas las catedrales y visité todos los museos de arte religioso; en Francia el arte gótico me maravilló e iba a los conciertos de órgano de París, eso me conectaba con mi necesidad de explicarme el cielo en la tierra. En Roma estudié pintura y descubrí mi vocación como artista plástica.

Regresé a México a hacer una exposición en la Casa del Lago en el año 1967, y me involucré nuevamente con los estudiantes inconformes de la época que fraguaron en el siguiente año el movimiento del 68.

A partir de 1970 mis inquietudes me llevaron a seguir recorriendo el mundo (estuve en Brasil, en Inglaterra, me casé con Gironella, me separé de él) y en 1976 regresé para empezar yo sola mi trayectoria como artista independiente. Decidí quedarme para siempre en México, donde por medio de la pintura retomé las dudas de mi infancia, de mi contradicción educativa laica católica y así empezó mi peregrinar artístico por incluir y rescatar el arte virreinal mexicano como mi propuesta artística.

La muerte de Colosio que cambió la historia de México

Francisco Ahumada Vasconcelos y yo caminábamos en la tarde por la plaza de Coyoacán el 23 de marzo de 1994, pues teníamos que hacer tiempo porque había esa noche una reunión-cena en casa de Rosalba Garza, en la que nos reuniríamos con Eliseo Diego, Diego García Elío, Patricia Lara, y otros. Eran aproximadamente las 7:30 horas cuando decidimos entrar a la cafetería-librería El Parnaso para hojear unos libros. Estaba puesta la televisión en la librería y mostraba a Colosio haciendo proselitismo en Tijuana para su campaña política para la Presidencia cuando, de repente, las imágenes mostraron una gran confusión y se vio a un hombre cruzar la barrera de sus guardaespaldas y darle un balazo a quemarropa. Alrededor de nosotros todos estaban consternados. Fue en ese preciso momento, en el que uno no sabe por qué, pero le vienen a la cabeza cantidad de ideas, que recordé lo que significaba para Bertolt Brecht el teatro: "El teatro está para recordarnos que el cielo se nos puede caer encima en cualquier momento".

Salimos despavoridos de la librería hacia la casa de Rosalba llamada *La Chiripa* a unas cuadras de donde estábamos. Cuando llegamos todos estaban lívidos viendo la televisión. Rosalba y yo estábamos llorando porque nosotras habíamos trabajado muy cerca de él, primero en Sedesol con el proyecto del libro *Acercamiento al misterio: la Catedral de México* y, posteriormente lo habíamos visitado en su oficina en Palacio Nacional donde tenía un cuadro mío sobre la isla de Mezcaltitlán, que coincidía con nuestra propuesta de rescatar ese lugar tan significativo históricamente para México.

Sorprendentemente era un político que se interesaba por la cultura y el arte, permitiendo a los artistas acercarse a él, escuchándolos y tratando de ayudarlos en sus proyectos.

Para mí fue un regalo haber encontrado un hombre con poder político que pudiera apoyarnos a atravesar la burocracia para concretar los proyectos artísticos. Estaba llena de esperanza ya que todo indicaba que podría, con otros artistas, realizar muchos sueños con él. Sin embargo, con su muerte murieron también nuestros sueños con esa gran tragedia mexicana que no acaba de concluir, ya que su muerte fue el detonador de este desgarramiento histórico-político que estamos viviendo, evidenciado en la violencia que se vive día a día, donde la impunidad impera.

Fue este acontecimiento trágico ocurrido en "ese misterioso taller de Dios", que es como respetuosamente llama Goethe a la Historia, y en particular en la historia de mi país, que me sentí poco preparada para afrontar este magnicidio.

Meses antes, gracias al apoyo de Colosio en Sedesol, habíamos organizado con éxito una exposición en Bellas Artes que se llamó *Colorín Colorado* a favor de la Fundación Fideicomiso para la Salud de los Niños Indígenas, A.C. que preside mi amiga Ofelia Medina y en la que participé como directora artística. La exposición consistía en murales pintados por niños indígenas de diferentes comunidades; la inauguraron Luis Donaldo Colosio en su primer acto oficial como candidato a la Presidencia y Rafael Tovar, entonces presidente de Conaculta.

Después de este momento, cuando al final teníamos alguien que nos apoyara, me sentí nuevamente huérfana y desgraciadamente no he encontrado en la política actual y después de Colosio, otro personaje equiparable que se interese tanto por los proyectos culturales de artistas mexicanos.

Hace poco fui invitada por el arquitecto Xavier Cortés Rocha, director de Sitios y Monumentos del Instituto Nacional de Antropología e Historia, para participar en un momento estelar de la historia de la Catedral de México.

En la torre poniente hay una esfera de piedra que sostiene una cruz, dentro de ésta se localizó una "caja del tiempo" que había colocado el arquitecto veracruzano José Damián Ortiz de Castro, quien concluyó la obra de la torre en 1972, la cual contenía entre otros objetos históricos, tres grabados cuyas imágenes son: Santa Bárbara, San Miguel Arcángel y la Virgen de Guadalupe. Mi participación en la nueva caja del tiempo que colocó el presidente Felipe Calderón el 18 de julio del 2008 fue la recreación de esas tres imágenes.

Sentí que en ese momento, Luís Donaldo Colsio estaba a mi lado ya que fue por él que pude realizar uno de mis trabajos más significativos sobre la Catedral de México.

Inventarme como artista independiente en la plástica mexicana

Al haber nacido en una comunidad artística que marcó mi vida y haber conocido a casi todos los creadores mexicanos que fueron los que dieron la pauta de un arte propio y reconocido mundialmente, como fueron Diego Rivera, Siqueiros, Orozco, O'Gorman, entre otros, pues eran amigos de la familia y también, al haberme casado con un artista tan importante como lo fue la figura de Alberto Gironella, que me involucró con otra generación de artistas mexicanos como Carlos Fuentes, Pedro Coronel, Salvador Elizondo, Fernando García Ponce, Octavio Paz, Ramón Xirau,

José Luis Cuevas, Vlady, Bartolí, Buñuel, y con la de artistas europeos como Saura, Semprún, Alechinsky, Jean Malaquais, Cortázar, Silva, Matta... que conocí con él en París, toda esta fuerza creadora se volvió un reto para mí como una mujer artista independiente.

Finalmente decidí quedarme en México y rasgar el sueño de mi propia propuesta artística de la que empezaron a surgir los fantasmas de mi infancia, ya que la última exposición que hice en París en 1976 invitada por Sergio Pitol, siendo embajador Carlos Fuentes en Francia, fue sobre la torre Eiffel.

Estos fantasmas, me llevaron a la relectura del arte virreinal mexicano que estuvo mucho tiempo rezagado de la historia del arte en México y estaba fuera de las propuestas museísticas. Pongo como ejemplo al pintor mexicano Cristóbal de Villalpando (1649-1714) a quien se reconoció como artista importante mediante la exposición que Fomento Cultural Banamex organizó en 1997. Si hablamos del mercado del arte, la pintura colonial no tiene los precios que debería tener en el mercado ya que está poco valorada, aún hoy.

En 1978, mi amigo y arquitecto Jaime Ortiz Lajous me invitó a ver la restauración que estaba haciendo de la Catedral de México. De ahí surgió mi interés junto con el escritor Gonzalo Celorio de hacer el primer libro-objeto sobre la Catedral de México, el cual editó la Galería Abril, y después Miguel Ángel Porrúa, con los mismos textos, hizo una edición popular *Tiempo cautivo, la Catedral de México*. Desde ese momento quedé atrapada para siempre en los espacios sagrados del monumento católico más importante de América. A partir de esa experiencia, y movida por resguardar el Centro de México, decidimos formar la Sociedad de Amigos del Centro Histórico con el maestro Fernando Gamboa, Fernando Benítez, Guillermo Tovar y de Teresa, Tonatiuh Gutiérrez, Manolo Arango, Franccesca Saldívar, José Luis y Berta Cuevas, Rosalba Garza, Pedro Diego Alvarado, el arquitecto Jaime Ortiz Lajous, Luis Felipe del Valle Prieto, hace casi treinta años. Queríamos hacer una asociación de centros históricos de la República Mexicana y nada más hicimos la de Puebla, Oaxaca e Hidalgo. A partir de ese momento, el maestro José Luis Cuevas hizo su museo recuperando ese edificio magnífico que fue un convento y Franccesca Saldívar organizó el Festival del Centro Histórico de México, que sigue vigente hasta nuestros días. Esta inquietud de recuperación del pasado se vuelve una adicción y repercute en los miembros de la sociedad en que vivimos y me da mucha alegría ver que en toda la República Mexicana hay un nuevo sentir para proteger esta historia que es nuestra.

Por otra parte, fui la primera artista en México que hizo una exposición ecológica sobre la mariposa monarca, tema que me ha acompañado desde hace más de veinte años y que he expuesto en varios museos de historia natural en Canadá, Estados Unidos, Colombia y Brasil. Mi hijo dice al respecto que yo pinto todo lo que vuela.

Fui también pionera como artista en el arte taurino, pues fui la primera mujer que hizo una exposición taurina en el año de 1984 en la Galería Lourdes Chumacero, en la cual no vendí un solo cuadro.

La dificultad de ser independiente versa en saber buscar espacios para difundir tu propuesta artística.

Así como el mundo se reinventa, nosotros tenemos que reinventarnos para buscar nuestros propios caminos; en mi caso particular, he creado el Aire Centro de Arte, A.C. que es un espacio que almacena y gesta muchísimos proyectos culturales. El objetivo de este espacio es el diálogo abierto hacia nuevas propuestas artísticas para exponer, organizar, difundir y comercializar en el complicado mundo globalizado en el que vivimos.

Para los artistas de la casa, mi padre Manuel Parra, Alberto Gironella, mi hijo Emiliano Gironella Parra y yo, ha sido el reto más inusual y desconcertante por ser una propuesta independiente y autosuficiente.

Lo eras para hacerme pensar que tú eras tú,
para hacerme sentir que yo era tú,
para hacerme gozar que tú eras yo,
para hacerme gritar que yo era yo
en el fondo de aire donde estoy,
donde soy animal de fondo de aire
con alas que no vuelan en el aire,
que vuelan en la luz de la conciencia
mayor que todo el sueño
de eternidades e infinitos
que están después, sin más que ahora yo, del aire.
Juan Ramón Jiménez, "Soy animal de fondo"

© Guillermo Güémez Sarre

Se la gané al destino

Susana Harp

Mi cumpleaños veintitrés lo pasé sentada en una banqueta de la ciudad de México llorando en silencio. Tenía seis meses de haber llegado de Oaxaca con la enorme ilusión de estudiar canto, mas la edad límite para entrar al Conservatorio o a la Escuela Nacional de Música se había cumplido y yo seguía sin entender esta ciudad, ni la forma de vivir, ni la forma de convivir, sólo sobrevivía. Si alguien me hubiera advertido cuánto tiempo tardaría en volver a abrir la boca, si hubiera sabido cuántas vueltas, cuánta espera, y cuánta frustración acumulada, quizás nunca lo habría intentado. Y pensar que antes todo parecía tan simple, como un juego.

Recuerdo muchos momentos que enlazaron mi corazón a la música.

Cantar era mi gracia a los cuatro años, a mi mamá le encantaba José José y "mis éxitos" eran *La nave del olvido* y *El triste*.

Tengo muy presente cómo en la preprimaria la maestra nos ponía a hacer ejercicios de coordinación psicomotriz con una canción istmeña que se llama *Tehuantepec* y en la parte que dice: "Música de una marimba, maderas que cantan con voz de mujer..." se me enchinaba la piel de la emoción, por lo que supongo que mi locura por la música oaxaqueña se me manifestó desde esa temprana edad.

Del kínder a la preparatoria estuve en escuelas católicas y las hermanas nos llevaban a misa todos los viernes primero de cada mes. Para mí era muy divertido cantar fuerte, fuerte y estar pendiente de cómo la voz rebotaba por las cúpulas de la iglesia y si había algún coro haciendo diferentes voces, cerraba los ojos para imaginarlas y como luz refractada en un arco iris la armonía se abría y yo escuchaba el cielo... y claro, también ponía atención a la misa.

A los trece años había aprendido a medio tocar la guitarra y me acompañaba algunas canciones y esto me ayudaba a hacer amigos y tener un lugar en las reuniones o fiestas. Hubo un tiempo en que la directora de la secundaria me propuso que yo montara canciones para la misa mensual. Todos éramos felices, la escuela no gastaba en el organista y mis amigas y yo nos salíamos de las clases aburridas a ensayar.

A los dieciséis años empecé a ir a los pueblos zapotecos del rincón de la Sierra Juárez para hacer trabajos comunitarios, pues igual que todo adolescente yo también quería cambiar el mundo. Conocí el movimiento de la nueva trova cubana, me topé con curas y jóvenes comprometidos con la llamada teología de la liberación y digo me topé porque vaya que me rompieron los esquemas que tenía sobre la religión católica tradicional. El asunto es que ahora cantaba con más ganas, Silvio, Pablo, Amauri, Mercedes, etcétera, etcétera.

Llegaron los diecisiete años junto con ideas nuevas, huipiles y rebozos y por supuesto una postura diferente ante la vida. Y también llegaron las críticas familiares que no tardaron en aparecer: tengo tres tíos maternos a quienes les decimos "los chayotes", pues son espinosos por fuera pero tiernos y blanditos en el corazón. Los domingos que los veía en las comidas familiares en casa de mi abuela solían hacer alguna de sus bromas pesadas sobre mis huipiles o rebozos. "Susana si estamos en octubre ya pasó la Guelaguetza, anda vete a cambiar."

Sé que les saqué varias canas verdes a mis padres y que incluso se llegaron a sentir avergonzados de mí, pero la juventud es terca y yo seguí mi camino.

En alguna ocasión me invitaron a cantar al canal de televisión local y por supuesto llegué con un huipil y canté *Me acosa el cara pálida*, de Silvio Rodríguez. El señor Jimmy Hamilton que era nuestro vecino le comentó a mi papá que me había escuchado en la televisión cantando canciones de protesta, a lo que mi padre aseguró que no era yo, que seguramente era una muchacha que se parecía a mí.

Entré a estudiar psicología. Mi amiga Gaby Ricárdez me invitaba los viernes a su casa pues hacían reuniones de amigos, de los cuales algunos eran músicos profesionales, ahora mis buenos amigos; *El Muerto*, cantante y guitarrista, y Memo Porras, maravilloso pianista... y yo encantada, cante y cante.

En una ocasión Memo me cuestionó sobre la posibilidad de estudiar canto de manera formal, asunto que jamás me había pasado por la cabeza a pesar de que mi mamá había estudiado la carrera de piano completa. Cuando yo pensaba en cantantes se me venía a la cabeza la ópera o los artistas que salían en la tele y yo, en ese momento, no me identificaba con ninguno de los dos. Yo sólo canturreaba por la vida como quien se pone unos patines para jugar, era algo a mi alcance; pero la idea se me quedó rondando en la cabeza y en el corazón, aunque no tenía una forma ni camino claro.

A los dieciocho años ya con más libertad en casa para hacer planes, me salí a descubrir el mundo y mi maravillosa y pródiga tierra. En Oaxaca sólo hay que caminar por sus calles para encontrar cientos de opciones, una lectura de poesía, la inauguración de la exposición de tal pintor, la presentación de un nuevo libro, un concierto en el zócalo. O simplemente caminar y comerte con los ojos todas esas nubes de tonos rojizos de los atardeceres, o dejarte guiar por el olor del chocolate de los molinos del mercado, o pasar y admirar el trabajo de las tejedoras triques que amarraban su telar de cintura a los faroles o a los árboles cercanos a Santo Domingo, todo me maravillaba. A partir de mis idas y vueltas en las comunidades indígenas había empezado a comprender la riqueza de mi tierra, todas las culturas milenarias que me rodeaban y que se mostraban en sus telares, en sus brocados, en sus canciones, en su comida... ¡mmm! La percepción sobre mi tierra se había abierto y todos mis sentidos (que son nuestro gran tesoro) se daban vuelo en disfrutarla.

Todos los días me enamoraba un cachito más de esa enormidad que para mí era Oaxaca y en vez de poner *posters* de mis artistas favoritos en mi cuarto, armé un collage que decía: Oaxaca en Oaxaca. Coleccionaba imágenes sobre los diferentes paisajes, pues me enteré que teníamos todo tipo de climas y que por eso era el estado con mayor biodiversidad, supe de todas sus etnias, de sus lenguajes de dioses y pegaba *posters* de mujeres y niños de la costa, del istmo, de la Mixteca, moría por tener huipiles de todas las regiones y por conocer más lugares mágicos.

Hace algunos años no era lo normal en Oaxaca que una muchachita de una familia tradicional se pusiera ropa típica y menos que anduviera cantando cosas raras. Si lo hacías se presuponía que eras muy reventadita o pertenecías a algún partido comunista o algo así. Y esta sensación de ser una fresa entre los reventados y una rarita entre los fresas siempre me ha acompañado. No soy de aquí, ni soy de allá, no fumo ni *Marlboro*, amo el sabor del mezcal pero con uno o dos tengo para degustarlo; por otro lado alucino las películas gringas, soy poco fijada en la moda y en los apellidos rimbombantes y me confieso incómoda en las reuniones sociales donde hablan de temas que, con todo respeto, no me interesan, así que ni de aquí ni de allá.

Entré a estudiar guitarra a la casa de la cultura y como iba en un horario por la mañana tenía pocos compañeros. Para hacerles el cuento corto, mi maestro terminó invitándome a formar parte de un grupo que tenía con su hermano y por supuesto acepté. Mario Vielma, músico de un grupo que se llamaba Yulinehui nos invitó posteriormente a continuar ese proyecto y así empecé a cantar de vez en cuando en algunos foros culturales.

En una ocasión mis compañeros consiguieron tocar en *El sol y la luna*, un bar donde usualmente se tocaba jazz. Pero en mi casa opinaban que esos lugares eran verdaderos antros de perdición y excuso decirles lo que me dijeron mis papás cuando les comenté que cantaría en un bar en las noches, ¡su hija más pequeña haciendo esos desfiguros! Usualmente en cualquier lugar donde hay música en vivo se tocan tres turnos, mas la negociación con mis padres fue que me dejarían cantar en los primeros dos turnos y antes de las doce de la noche mi papá pasaría por mí, para que así no se prestara a malas interpretaciones. Y así lo hice. Por supuesto era la burla de todo el gremio de artistas y al mismo tiempo era la comidilla de la sociedad oaxaqueña.

En segundo semestre de la carrera hice algo inusual en mí, me escapé de la última clase para ir a escuchar un concierto de jazz que se haría en una bella explanada en el centro de Oaxaca llamada La Plaza de la Danza. Aún me faltaban dos cuadras por llegar cuando de pronto un sonido atravesó mi cuerpo y eso que oí a lo lejos me cautivó. Era el sonido de un bajo eléctrico, me acerqué más y más y cuando vi a quien lo tocaba, quedé mas que prendada. Al poco tiempo este susodicho se convirtió en mi arrebatado amor; ahora me gustaba la música y en especial un músico.

Todo parecía un cuento de hadas hasta que pasados unos seis meses de mi noviazgo las presiones se impusieron. Yo sabía que él pertenecía a "un mundo raro" como dice José Alfredo y yo decidí que quería aprender a vivir en él.

Aprovechando que mi novio se iba unos meses a Estados Unidos hablé con mis padres para que por la buena, aceptaran mi decisión de intentar ser independiente y congruente con lo que quería y después de muchos jaloneos, me independicé. Tenía más que claro que debía acatar mi decisión de cabo a rabo, con todas las consecuencias que esto implica. No fue fácil, especialmente para mi madre.

En mi casa siempre vivimos bien gracias al trabajo de mi padre y de mi madre, pero nuestra realidad no era la de poder mandar a todos los hijos a estudiar fuera y siendo mujeres menos. Ellos nos decían que hasta que termináramos la carrera tendríamos la madurez y el criterio para salir a vivir a otro lado y también tener el tiempo de buscar una beca para continuar con una maestría, especialidad o lo que quisiéramos estudiar, pero después. Mis cinco hermanos y yo siempre fuimos buenos estudiantes y tratábamos de ayudar en casa obteniendo becas desde la prepa o antes si era posible.

Aproveché mi promedio de 9.8 en el segundo semestre de la licenciatura y conseguí una beca para continuar estudiando. Surgió la posibilidad de trabajar en las mañanas en una escuela en el área de psicopedagogía y no lo pensé dos veces, acepté. Las cosas se estaban acomodando para poder dar ese gran paso de crecer. Sentía un gran deseo de experimentar la independencia aunque esto me llevara a ser responsable de todos mis gastos.

Mis relaciones familiares se complicaron muchísimo más pero yo no quité el dedo del renglón, en verdad quería vivir esa experiencia a la buena, quizá el resto de mis amigas que habían salido de Oaxaca a estudiar, habían tenido esa experiencia de forma más simple, pero yo me la tuve que inventar.

Trabajaba de nueve de la mañana a dos de la tarde, y de tres a nueve de la noche iba a la universidad.

Así transcurrió mi tercer semestre de la carrera. Me sentía plena y agradecida de poder vivir esta experiencia e incluso mejoré mi promedio a diez a pesar de que ahora me daba mis escapadas más frecuentes a escuchar conciertos o asistía a eventos o fiestas a las que me invitaban; diecinueve años y la vida por delante, me sentía feliz y congruente con lo que quería.

Pero no todo fue miel sobre hojuelas. Mi novio regresó y yo creí que me podría apoyar en él para seguir adentrándome en el mundo de la música pero ¡oh decepción! Las malas caras y los recibimientos poco cordiales de mi familia hacia él, me los fue cobrando uno a uno. Y yo moría de amor por él y por la música y extrañamente ambos cada vez eran más lejanos.

Tenía claro que quería y debía terminar mi carrera y no dejarla a la mitad; por otro lado, la renta y los gastos cotidianos me obligaban a tener poco tiempo para dedicarle a la música.

¿Y él?, él se daba vuelo en resaltar cada uno de mis errores en vez de ayudarme a crecer, supongo que era su manera de ejercer poder, él era el músico profesional y yo una chamaquita que sólo era medio afinada y ya.

Cuando iba en séptimo semestre, un grupo de amigos nos invitaron a pertenecer a una cooperativa cultural que se llamó Candela, aún existe este lugar en Oaxaca, y yo me apunté. Ahora trabajaba de nueve de la mañana a dos de la tarde haciendo mi servicio social: un programa llamado AMO (Apoyo a la Mujer Oaxaqueña: Proyectos Productivos con Mujeres Indígenas). Tres de la tarde a nueve de la noche iba a la universidad y de jueves a sábado de diez de la mañana a dos de la mañana me iba a Candela. Nos tocaba hacer de todo, meserear, estar en la caja, cocinar, y sólo de vez en cuando, los músicos entre los cuales estaba mi amado bajista, me invitaban a cantar. Esos instantes me sabían a gloria y me hacían sentir cerca de la música y del ambiente al que pertenecían los artistas, los intelectuales y uno que otro loco maravilloso.

Terminé mi carrera y a los pocos meses decidí irme a la ciudad de México, ahora sí, a estudiar canto, ¡por fin!

Eso de ser tolerante a la frustración ha sido una constante pues llegar a la ciudad más grande del mundo y no saberme mover, realmente era una sensación muy ingrata. Las veces que había venido era en plan familiar y jamás me preocupé por entender ni las vialidades ni nada, yo venía de vacaciones y los adultos se encargaban de todo.

Gladis, una gran amiga de mi infancia, me dio posada en su departamento, pero sabía desde un principio que sólo sería por unas semanas, así que a entender la ciudad y antes que nada a buscar chamba.

Para ese momento yo contaba con veintidos años e ingenuamente creí que los amigos músicos que habían ido a tocar a Oaxaca me recibirían como nosotros lo hacíamos por allá, que serían buenos anfitriones, presuponiendo que eso era lo normal en cualquier parte. Y no, no hubo ningún anfitrión ni nadie que me prestara una brújula para por lo menos entender si el pesero de Insurgentes iba para el norte o para el sur. La locura de vida de la ciudad les impedía a todos mis conocidos echarme la mano. A los pocos días entendí que estaba sola con mi título de psicología, mi colección de diplomas, mi medallita que me había dado el Presidente de la República en turno a "Los mejores estudiantes de México", y mis enormes ganas de salir adelante.

Intenté buscar un trabajo que fuera de tiempo corrido para que me permitiera entrar a la Escuela Nacional de Música de la UNAM o al Conservatorio. Me acerqué a todos mis conocidos y familiares y nada. Lo que encontraba eran chambas que implicaban un horario partido por la hora de la comida, lo cual implicaba estar ahí metida todo el día.

Carlitos Tovar me invitó a hacer coros en un grupo de fusión (jazz y música caribeña) llamado Banco de Ruido. ¡Qué felicidad!

Pero resultó que no había suficiente trabajo para que de ahí yo pudiera cubrir mis gastos, y lo peor era la angustia que me provocaba recibir la dirección donde iba a tocar el grupo y yo sin saber cómo llegar ahí y menos cómo regresarme en la madrugada, ya sin Metro y sin pesero, y pagar un taxi era un lujo lejanísimo a mi realidad.

Ya debía desocupar el departamento de mi amiga y aún no encontraba un trabajo estable así que saqué mi título y empecé a buscar chamba dentro de la psicología o en lo que fuera. De pronto, Tere García me avisó que en Conasupo había una vacante para ingresar a un programa sobre el subsidio a la tortilla que realizaban en las comunidades indígenas y ciudades del interior del país y una vez más ganó la congruencia. Finalmente no parecía tan terrible, el desarrollo humano y el trabajo comunitario eran cosas que me llenaban el corazón y la realidad era que primero debía de tener un trabajo para pagar una renta y los gastos cotidianos así que entré ahí y postergué nuevamente el asunto de estudiar canto de manera formal, por lo que empecé a ir con maestros particulares en los tiempos que el trabajo me lo permitía.

Otro buen amigo, Agustín Bernal, me avisó que en el edificio donde él vivía se había desocupado un cuarto. A este lugar los vecinos de Tetelpan lo llamaban "La casa que arde de noche" pues el horario de casi todos los habitantes era poco usual, muchos eran músicos o teatreros o escritores. Entre mis vecinos estaban Lumy Cavazos, Paty Carrión, Ricardo Benítez, Víctor Hugo Martín, el baterista de Santa Sabina; también vivió un rato el actor italiano de *Cinema Paradiso*, escritores como Malú Huacuja, mi queridísima Honorata y tantos más que ya se habían mudado. Al vivir ahí, sentí una vez más que me acercaba al mundo que anhelaba, pero tristemente, las oportunidades no llegan por ósmosis.

Meses después cumplí veintitrés años y el sueño guajiro de estudiar en una escuela formal se terminó y el corazón se me partió en cachitos.

Buscando maestros con quien estudiar una o dos veces por semana encontré a Ricardo Hernández, un tenor con una técnica muy especial. Él daba las clases en su casa y me hizo el favor de aceptarme medio becada. Algunos artistas de Televisa asistían también a clases con él y por su relación con esta empresa le dijeron que estaban buscando caras nuevas y que esperaban que él les recomendara a algunos de sus alumnos para que fueran a un *casting*. Y ahí les voy. Saqué mis mejores garritas y llegué con cara de *pocker* para que no se notara el terror que me acompañaba. Como se lo imaginarán no canté ni "Las Mañanitas", sólo me observaron de arriba a bajo, me hicieron llenar un cuestionario larguísimo donde debía firmar el compromiso sobre la confidencialidad del proyecto. Pero, ¿cuál era el proyecto? Un dueto, un grupo, solista, rock, pop, ranchero, no me dijeron una sola palabra.

Me pidieron que regresara con un *demo* de música y un estudio fotográfico profesional. Seriamente anoté todo lo que me indicaban y salí de ahí. Mi *demo* podría ser un casete de alguna presentación de Oaxaca pero mi mejor foto era una tamaño óvalo de las que me habían sobrado de mi título profesional: por supuesto, no volví.

Como fuera, yo quería seguir intentándolo y por lo menos tenía el consuelo de poder ir a clases particulares de vez en cuando y asistir a los conciertos abiertos que ocurrían en esta gran urbe.

Así pasaron varios años. Yo me cambié a otros trabajos más amables pero ninguno cerca de la música.

Un día más, de muchos que amanecía con el dolor atravesado por no poder cantar. Ese gran dolor que me acompañaba y que en algún arrebato de claridad intenté matar de raíz y aceptar que en esta vida no me había tocado y sólo esperaba que los hinduistas tuvieran razón y existieran otras vidas, para que en alguna sí me tocara estar cerca de la música.

Mi situación económica ya era más amable, decidí intentar hacer una especialidad en psicoterapia Gestalt y acercarme a la programación neurolingüística. Regresar a ser estudiante me consoló un poco y el amor por el desarrollo humano volvió a tomar un lugar importante en mi corazón. Seguí estudiando todo lo que encontraba que se pudiera estudiar a partir de las siete de la noche para que fuera después del trabajo. Así terminé mi maestría y mi especialidad y en el ínter, un sinfín de cursos cortos de todos los temas habidos y por haber.

El canto volvió a ser mi compañero en las noches en las que me llegaba una guitarra a las manos. Cantaba cuando mis compañeros de la maestría o de los otros cursos decidían hacer alguna fiesta medio bohemia. El gusanito de la música (o en mi caso esa boa constrictora) seguía ahí, como fantasma burlón.

Al cuarto año, conseguí un trabajo aburridísimo pero mejor pagado donde daba capacitación a empleados de una gran empresa y a veces a los miembros de dirección. Ahí duré poco más de un año y medio pues tuve la fortuna de que me invitaran a trabajar en una fundación social maravillosa. Parecía como el primer regalo después de tantos sinsabores, fue regresar a un mundo que amaba, fue tener una segunda oportunidad de hacer trabajos comunitarios, ahora desde un lugar estratégico donde todo un equipo de profesionales y de seres humanos comprometidos ponían todos sus conocimientos, sus recursos y su pasión por hacer que este gran país avanzara. Era despertar la esperanza de mis dieciséis años de contribuir a mejorar este mundo desde sus entrañas, que en el caso de nuestro país y el de mi tierra en concreto, eran y tristemente aún son, unas entrañas muy golpeadas.

Este gran equipo de empresarios y profesionistas estaba dispuesto a hilvanar fino, a poner el corazón y toda la tecnología al servicio de proyectos que realmente aportarían oportunidades serias para que nuestros pueblos fueran autosuficientes y se engranaran con fuerza y con dignidad a la cadena productiva.

Ahora me la pasaba de la fundación a mi consultorio, pues ya había iniciado la consulta dos tardes a la semana, todo pintaba muy bien y así siguió.

Cuando viajaba a las comunidades, aprovechaba para enterarme sobre sus costumbres y tradiciones. Si podía me compraba algún huipil de la zona y por supuesto tenía el oído bien abierto para saber cómo era su música, qué cantaban.

Así me fui haciendo sin querer de mis primeras recopilaciones de campo.

Mi primo Alfredo era y sigue siendo el presidente de esta fundación y de pronto mis defectos se convirtieron en virtudes: usar huipiles, amar las comunidades indígenas y cantar. Entre las pasiones de Alfredo están presentes el beisbol, la música (en especial los boleros), la trova yucateca y por supuesto Oaxaca.

Él tuvo un inicio muchísimo más complejo que yo pues asumió ser el hombre en su casa desde los seis años y acompañó a su mamá en las preocupaciones y dolores de una viudez muy temprana.

Por eso supongo que supo leer entre líneas el esfuerzo que yo había hecho hasta ese momento y compasivo y generoso como es, un día después de un tiempo de estar dentro de Fomento Social y sabiendo mi pasión por la música me ofreció hacer una grabación, un disco sencillo.

¡Grabar un disco ahora! ¿Seis años después, con un trabajo que adoraba, con un consultorio que atendía y con todo mi nuevo álbum de diplomas?

¡Maravilla! Sería un gran consuelo plasmar mi pasión por la música y usar ese disco como mi regalo recurrente en todos los futuros cumpleaños a los que fuera invitada y para mostrárselos a mis hijos si algún día los tenía y por supuesto dije que sí.

Busqué las canciones con todo cuidado. Haría un disco sobre la música de mi tierra y podría cantar todas esas letras que me acompañaban desde niña y descubrir muchas más. Puse manos a la obra y empecé a buscar por donde se me ocurría. Me acerqué a gente como mi amadísimo Andrés Henestrosa, quien me apoyó y me permitió grabar algunas de sus canciones, pero su regalo no quedó ahí, me convidó de su corazón, de su maravillosa familia, de su sabiduría, de sus geniales ocurrencias y hasta de una que otra travesura. A él le llamaba la atención que yo quisiera aprenderme canciones en zapoteco y cariñosamente se burlaba de mis primeros intentos en pronunciar algunas frases en su lengua materna.

Me tardé mucho en hacer el disco. ¿Pero qué prisa había? La intención era hacer un documento sonoro de recopilación, algo que me llenara el hueco de saber que ésta era mi única oportunidad de volverme a acercar al canto.

Era un hecho que iniciaban mejores tiempos, que la vida me estaba regalando un rato de felicidad plena.

A los pocos meses de terminar el disco me invitaron a un programa de Televisa donde presenté este material que titulé *Xquenda* (alma, en zapoteco) y ahora sí pude cantar. Me impresionó ver el impacto que tiene esa cajita con enchufe que yo casi no prendo. Con ese programa de televisión iniciaron mis primeros contactos para cantar y presentar esta producción. Era como si el disco hubiera nacido con energía propia y se moviera a su antojo, como si tuviera un destino. Una de las llamadas fue la de un distribuidor para platicar sobre la posibilidad de que el disco entrara a las tiendas. ¡Yo vendiendo en *Mix Up*! todo fue como una agradable borrachera en la que yo no alcanzaba a asimilar todo lo que pasaba cuando ya no esperaba nada, cuando, como dicen los budistas, había soltado la esperanza por completo.

Y ocurrió el milagro, en el primer año me invitaron a varios recitales y empecé a regresar a ese mundo raro y tan añorado.

En mi búsqueda inicial, había encontrado muchas canciones, más de las que podían incluirse en un disco, y al año y medio de lo sucedido con el disco de *Xquenda*, decidí solicitar apoyo para un proyecto en Conaculta y poder hacer el segundo.

Poco a poco fui aprendiendo el oficio de producir discos de forma independiente, fui más asertiva en mis investigaciones y lo mejor fue que abrí con varios amigos una asociación cultural que también bautizamos *Xquenda*. Así los músicos y otros artistas independientes podríamos ayudarnos entre todos y, a la vez buscar apoyos para nuestros proyectos. Intenté trasladar al ámbito cultural lo que aprendí del tequio, del trabajo comunitario.

Hoy, llevo casi doce años cantado, he grabado seis discos temáticos y cada uno es una fotografía sonora de ese momento de mi vida, pues uno puede compartir por medio del canto la posibilidad de exorcizar los dolores y agradecer todos esos instantes de plenitud. Hoy tengo un sinfín de proyectos en la cabeza y sé que el éxito es esa posibilidad de poder aterrizar y materializar las ideas que te apasionan.

Ahora duermo con una sonrisa en la cara de saber lo privilegiada que soy: tengo mi mayor tesoro, mi pequeño Emiliano; comparto mi vida con Octavio, un hombre amoroso y profundamente solidario a quien amo, pertenezco a una enorme familia libanesa-oaxaqueña (que por cierto ahora son bastante más comprensivos y abiertos) y después de tantos tumbos, sé que soy un ser humano que tiene la dicha de dedicarse al oficio que le emana desde las entrañas.

Así que ésta, se la gané al destino.

Aunque mañana dejara de cantar, lo cantado nadie me lo quita. Canto porque lo necesito, porque es mi forma de expresión. Cantando hago rituales y conjuros, me despido de los amores y lloro los desamores, arrullo a mi niño, paladeo las lenguas de los dioses y en ese instante, respirar, reír, llorar o cantar se vuelven la misma cosa.

© Tomás Escárcega

ENCONTRAR MIS ALAS

Lourdes Ramos

Soñé que mi corazón se abría. Fue una sensación absolutamente física, dolorosa aunque feliz, como si se desgarrara. Como si lo jalaran hacia los lados. Me desperté y todavía tengo la memoria en el pecho. Se abbbbríaaaaaa en dos, así, des-pa-cio. Hace unos días, otro sueño me indicaba que sangraba mucho por una herida que tengo en el bajo vientre y de ahí brotaban un par de trompas de Falopio que yo veía y tomaba con mis manos. Eran elásticas, completas, como un estetoscopio. Estoy segura de que estos dos sueños tienen que ver con mi recién estrenada maternidad. Me han tomado por sorpresa, Denise, aunque no tanto como tu invitación a formar parte de este libro. Una feliz sorpresa.

Te conozco desde siempre, estudiamos juntas el bachillerato. Vivíamos cerca y pasabas muy frecuentemente por mí. Recuerdo como algo increíble tus sandalias de tacón, sin un rasguño, haciendo "crack-crick" en el camino arenoso que comunicaba los dos únicos edificios y la cafetería del TEC. Tu coche... ¿rojo? Y el pedal bajísimo, cuando frenabas con tu pie casi apoyado en el pavimento. Siempre impecable, tu misma cara analítica, tu media sonrisa, observando, haciendo planes, salvando al mundo. Yo luchaba por salir adelante cada día y así seguí, estudiando y trabajando como desde el principio. Y tú terminaste y desapareciste porque querías saber más. Nos reencontramos brevemente años después. No pasó nada. Hasta que leí *Gritos y susurros*. No supe cómo decirte que te conocí tanto y al mismo tiempo, no me atreví a preguntar sobre el capítulo más doloroso de tu vida que mostraste ahí, abierto para todos. Pasamos tanto tiempo juntas y nunca... Te busqué, te lo dije y a nuestros cuarenta y cinco años aquí estamos nuevamente. Abrí la computadora y recibí tu mensaje hace un par de semanas, a las tres de la mañana con ocho minutos. Llevaba noches sin dormir y ésta no fue una excepción.

Unos días antes, de camino a una cita pedía en el coche, en una especie de rezo que toda mi vida, mis aciertos, virtudes, errores, sonrisas, experiencias buenas y malas, se conjugaran en un instante para lograr traer a casa a Liset Indah. Quiero acomodar en su historia, si es posible, las tres preguntas que nos haces y contar así un pedacito de mi vida en Asia durante los últimos dos años y medio.

¡*Bule datang!* (Ahí vienen los extranjeros)

Un día de noviembre El Esposo me preguntó si me gustaría vivir en Indonesia. "Claro que sí", fue la respuesta automática. La referencia era Banda Aceh y el terrible tsunami que acabó con cientos de miles de almas de un coletazo, después de la Navidad de 2004. Durante días transmitimos y contamos historias en la televisión, historias de vida que nunca volverían a ser las mismas. Familias separadas, casas hechas nada, niños sin padres. Los "tsunamitos". Sin padres. Sin nadie. Donde nueve de cada diez practican el Islam en éste que es el país musulmán más grande del mundo. El país del "*you name it*", 240 millones de habitantes y 17 mil islas, inundaciones, gripe aviar, terremotos, tsunamis, atentados, malaria, dengue y también revueltas políticas dolorosamente cercanas. Corro al mapamundi y se me viene a la cabeza la lección de geografía de cuando éramos niños: Sumatra-Java-Borneo recitábamos en primaria.

Le llamo la "aventura asiática" pero ¿qué tanto estoy preparada para enfrentar un cambio así y dejar mi "zona de confort", como le llaman los especialistas? Con una cajita llena de preguntas sin respuesta viajamos por casi treinta y cinco horas. Tres perros con sus dueños van de camino a un país donde los prohíben como mascotas porque los consideran sucios, infieles. *Aku anjing*, eres un perro, es el peor insulto. Estamos pues, como familia, en la nada con todo por delante. Siguiente escala, Kuala Lumpur. Una más y llegaremos a Yakarta un sábado en la tarde. El calor húmedo me golpea al salir del edificio del aeropuerto y la pesadez que siento en la cabeza desaparece muy rápido porque hay mil cosas que hacer. Aparece un hombre que nos saluda como bala, muy parecido a nuestro Góber Precioso. No hay persona que no conozca, trámite que se le dificulte y esa sonrisa abre las cerraduras más feroces. Camina rapidísimo y me da miedo perderlo, perdernos sin él. Se llama Dadang. Saluda con la mano derecha y se toca el pecho; es la bienvenida javanesa de quien será uno de nuestros ángeles de la guarda.

Un chofer al que no entiendo ni nos entiende maneja como alma que lleva al diablo. Chocamos. Nuestra primera parada es contra un coche. Grito: "¡Tenga cuidado!", en inglés. Grito. Aquí no gritan, aquí no. Seguimos. La ciudad huele a hollín. Veo algunas niñas con *jilbab*, el velo islámico que es símbolo religioso y cultural, caminando en grupito con sus amigas, toreando coches para poder pasar.

¡Las... motos... ! Seis millones en la ciudad. Aparecen por todas partes. Cuento. Uno, dos, tres, cuatro personas nos pasan rozando. Es una familia completa que nos esquiva con audacia. Veo anuncios que se leen *ojek* pegados a los árboles. Son moto-taxis. Piiii, piii, piiiiiiiiiii, suenan las bocinas de los autos todo el tiempo obligando a los peatones a correr y buscar aceras que no existen. Más autos, motos, pájaros en jaulas, gatos sin cola, changarritos que se llaman *warung* con fritangas, comida china, plátanos, rambután, agua de coco. *Durian*, una fruta con la que se compara a Indonesia: apestosa por fuera y deliciosa por dentro. El secreto mejor guardado. Concentraciones de edificios que parecen albergar grandes corporaciones, ríos negros, campamentos humildes. ¿Qué carajos hago aquí? ¿Cuál será la diferencia? ¿Qué tengo que aprender?

Hello, my name is Lourdes and I am from Mexico.

Aunque durante meses tuve un pizarrón frente a la computadora con palabras en bahasa indonesio y los caracteres son similares al español, mi vocabulario al llegar a Yakarta es limitadísimo: esposo, *suami*; esposa, *isteri*; gracias, *terima kasih*. Cuando voy al supermercado sola por primera vez, me mareo porque no entiendo nada. Quiero comprar huevos para cocinar. Algo de leche. Imposible. Almidón para las camisas del Esposo. Jabón de pasta. Polvo para limpiar los baños. Recorro tres o cuatro veces el pasillo de los detergentes y cuando las edecanes me ven venir, ooootra vez, se ríen y se alejan.

Por favor, *tolong*. Espero cerca de la caja a una mujer y con caras y gestos le pregunto dónde encontró el cartón de huevos. Me señala justo el anaquel frente a donde estamos paradas. Estoy a punto de darme un golpazo en la escalera eléctrica de un centro comercial cuando leo el letrero *Awas kepala*: aguas con la cabeza. Llego eufórica a la tienda de regalos y hablo así: *selamat ulan tahun*. Quiero decir feliz año nuevo y me sale "feliz cumpleaños" *Saya anjing*, estreno frase para referirme a mis perros y digo "soy una perra".

"Jelou mister". Nos gritan unos pequeños cuando pasamos por el barrio, *kampung*, como hay miles. Caminamos tres señoras y un acompañante. Se ríen y gritan más fuerte antes de esconderse: "¡Jelou mister!" En Indonesia soy la *nyona, ibu, mom, madame, bule, orang tua*. Después de dos meses de clases intensivas presumo mi primera frase: *Saya mau pergi ke Plaza Indonesia dengan suami saya untuk beli makan* (quiero ir al súper con El Esposo a comprar comida). Voy en el auto y quiero hacer *small talk* para probarme con el chofer. ¿*Keluarga anda ok*? (¿la familia está bien?) *Yes mam, yes*. Conozco la palabra lluvia, aquí llueve seis meses al año. ¿*Hujan*? Es todo lo que me sale. Y ahí la dejo.

Sendiri, sola. Me siento sola.

Satu tahun lagi (Un año más)

Experimento por primera vez en mi vida ser una *ibu rumah tangga* (ama de casa) de tiempo completo, después de casi veinticinco años de no parar profesionalmente. Ha sido un respirito que me llegó como un regalo y sólo digo "*thank you, thank you*". No sabemos qué vendrá después.

Me gusta la suavidad al hablar. La gracia con la que se manejan las mujeres y el cuidado que dan a su cuerpo. Las flores, todas las *kamboja pagodas* en el collar de mi perro y todas las orquídeas colgadas de los árboles. *Angrekk bulan* de colores. El trabajo artesanal en madera, palma, piedra, los masajes, la música de Gamelan que es como una caricia. Las esencias de jazmín que perfuman mi casa cuando llego. El canto del gallo que me recuerda Malinalco. Los gritos de los niños jugando futbol en el parque, descalzos, usando sus sandalias como protección en las manos. Los veo sin que me vean. Una banca con nuestros nombres grabados será siempre parte de este lugar.

He recuperado el peso que siempre me hizo falta. Jengibre y *turmeric* se han vuelto parte indispensable en nuestra alimentación junto con el *cabe*, chile javanés, picante como el demonio y el arroz, los tallarines, tofu, verduras, germinados, tamarindo, telimón, productos de soya y salsas de pescado para condimentar. La fruta, perfumadísima. Hemos descubierto ensaladas preparadas con papaya muy verde y mango que son una delicia. Frente a la casa las palmeras nos regalan agua de coco fresca casi todos los días. Para mí, es como renovar la sangre de mi sangre.

Me he sometido a unas limpiezas brutales de hígado con un método naturista y he arrojado no sé cuantas bolitas de bilis. Me quedo siempre con una reserva porque si no, como dicen: luego con qué me enojo. He aprendido pues, a enojarme mejor. Practico yoga aunque todavía me sale quedito el "Ommmmmm". Me gana la timidez.

Los expatriados somos como una raza aparte, todo el tiempo van y vienen familias por el mundo y es como experimentar muertes chiquitas. Para muchos invertir "emocionalmente" es *useless* porque finalmente, terminaremos todos en otro lugar. Qué caso tiene. Desarrollas relaciones profundas y en un momento ya no lo son. Los afectos que uno trae del otro lado del mundo, algunos que pensábamos eran muy sólidos se desintegran y otros se vuelven muy fuertes.

Siento que tengo cinco años y acabo de volver a nacer.

Anda sayap saya (Eres mis alas)

Así me despedí de Marlin, una de las enfermeras-madres-cuidadoras de más de cuarenta niños que nos regaló una gran sonrisa. En realidad quería decirle que era mi ángel, pero en mi bahasa indonesio incorrecto la traducción salió como: "Eres mis alas".

A mis cuarenta y cinco y a sus cincuenta y cinco años, El Esposo y yo llegamos por primera vez a un orfanatorio en Indonesia. Conocíamos el proceso de adopción. Yo reportera al fin, estudié la posibilidad y la guardé en una cajita mental un millón de veces. Seis fertilizaciones *in vitro*, sin éxito, eran un buen mensaje de que el camino era otro. Por lo menos para nosotros en caso de que así lo decidiéramos.

Leí esa mañana que sería el día más feliz de todo el año. Habíamos tenido luna llena y el verano llegó con una luminosidad especial durante la mañana del sábado 21 de junio.

Recorrimos las calles de Kebayoran Baru.

No. Creo que voy a volver a empezar.

Liset. Quiero escribir esta carta hoy, cuando te acabo de conocer porque creo que estaremos ligadas durante todas nuestras vidas. Yo había leído que el 21 de junio es el día más feliz de todo el año y no es que tenga que ver con la llegada del verano o con que hay más luminosidad.

¿Estaría abierto? Nos indicaron que podíamos ir a las diez de la mañana o a las cuatro de la tarde. En casa, preparándome para salir, me puse el perfume que más me gusta, del que ya tengo muy poco y también estrené sweater y pantalones y mis aretes de perlas, cortitos, para que no los pudieras jalar.

No era el mismo hoyo en la panza, de cuando me preparaba para salir al aire en los noticiarios aunque apareció y todavía sigue ahí, es un vacío en el estómago que tiene que ver contigo.

"¡Pero si no es un zoológico!", me había dicho El Esposo. "No", contesté. "¿Entonces cómo los puedes ver, llegas así nadamás?" "No sé. Es la primera vez para mí también". Pobre. Cuántas primeras veces le ha tocado vivir conmigo y cuántas más vendrán ahora que te conocemos. Él, que presumía, *been there, done that.*

Vi al pasar, muy despacio, el mercado de los pájaros y recorrí sus puestos en cámara lenta, percibía que estábamos cerca cuando vi un portón de metal y las puertas de madera abiertas. *Yayasan Sayap Ibu.* Fundación Alas de Madre.

Sale destapado un niño con una espada de plástico, simula el movimiento de que nos va a cortar la garganta con su arma, ríe y desaparece divertido. Se llama Oki, es sordo. Tiene seis años. Deja la puerta abierta y aprovecho para asomarme. En la primera habitación seis, siete, diez *anak-anak laki-laki,* más, acaban de tomar un baño y cuando me ven entrar, casi al unísono gritan desnudos chorreando todavía que me salga. Recuerdo a uno de mis cuatro hermanos varones cuando de pequeña me atravesaba el pasillo corriendo, encuerada después del baño y soltaba, "¡polla, ésta es casa de hombres!" Cierro rápido y sigo.

Nada anticipa lo que vendrá. Una pequeña recámara con un enfermo de meningitis, amarrado de sus manitas a la cuna para que no se arranque la sonda que lo alimenta desde la nariz hasta su estómago. Tiene dos años y aunque su cuerpo es muy largo, parece de meses. Pálido, sus ojos entreabiertos, sus labios totalmente cortados por la resequedad. Está semi-dormido. Junto a un papel con referencias médicas pegado apenas a los barrotes del fondo, un radio avienta ruido a un volumen altísimo.

Lo tocamos y reacciona pero se inquieta. "¿Qué pasará con él?" "Posiblemente muera", me dice una trabajadora social. Intento cambiar la estación, acomodo el ventilador para refrescarlo. Un grupo de los mayores se acerca a la ventana. Le gritan, para asustarlo, como parte de su juego. Brinca y suelta un "ahhhhhgg".

Una mujer que no lleva uniforme cambia los pañales de un bebé en el cunero, la habitación más protegida que alberga a los trece bebés hasta de un año que viven en este momento en la Yayasan. Comentamos que debe estar en proceso de adopción, por eso le permiten el acceso, mientras un grupo de estudiantes o voluntarios juegan afuera e intercambian otros bracitos, nalguitas, caras. Cuántas manos han visto, cuántos olores han percibido. En un carrusel veo nuevamente a Dewas, a quien uno de estos muchachos ha paseado de la mano con gran cuidado y al final dejó sentar, mareado. Abusó de la resbaladilla. Siempre pide más y es en el momento en que se deja caer cuando se ríe, francamente feliz. Luego, regresa a su seriedad. Cuando cumpla cinco, tal vez seis años, se tendrá que ir a otra institución junto con Oki y ya no podrán ser adoptados. *If ever.*

Ya te había notado. De mameluco morado y ojos abiertos, muy atentos, como preguntándote cosas. Me distraje y te vi sin verte, suponía que ya "serías" de alguien, porque otros brazos te paseaban. "Mira a esa bebé", me dijo El Esposo. Escuché a alguien sin rostro, "¿la quieres cargar?" Y ahí fue. En ese momento mi vida cambió.

Es la una de la tarde. Estás en tu hora de siesta aunque me acabo de asomar y realmente no duermes, tus ojos están muy abiertos y juegas con tus manitas. Yo trato de que no me veas para no alborotarte. Llevo días viniendo a verte, a darte leche, a cambiarte, a jugar contigo media hora en las mañanas. Para que reconozcas mi olor, mi voz. Te hago pruebitas y traigo música de *American Idol*, Mozart, Celine Dion.

Me dicen que te llamas Liset. O Lizbeth. Y que te podremos cambiar el nombre si así lo deseamos. No. Ésta ha sido tu casa y todos los que te han querido te nombran así. Ése es el recuerdo que nos gustaría guardar en tu mente. De amor, de cuidados, de afecto. Oki me reconoce ya me trae todos los días hasta tu cuna. Busca juguetes y los acomoda junto a ti. Mona, Dewas, Rachel,

Risa, saben de El Esposo y no hay día que no quieran ver las fotos que tomamos y pregunten por él. Un *collage* con imágenes recientes de todos adorna ya dos habitaciones del Yayasan. Corro a abrazarlos en cada visita que hago. Es lo único que tenemos, aunque no basta, claro que no. Nunca será suficiente. Nos dicen que podremos llevarte hoy con nosotros. De aquí no me muevo hasta tenerte conmigo. No sé cómo puedes dormir, rodeada de más de diez bebés. Voy a tomar fotos del cunero para que las puedas ver cuando seas grande.

Ahora, después de más de un mes, las conversaciones giran cotidianamente en torno a los posibles candidatos para las cuidadoras y en los besos furtivos de la nueva pareja que formamos con un policía de la casa y una ellas. Puedo entrar al cunero, pero sólo para darte leche, jugar un momento y cambiarte. "Para que no se vuelva una relación muy emocional", me dice la mujer que administra el lugar.

Hoy te acosté, como durante los últimos días en la primera cuna porque siempre para mí, serás la primera. No me sorprende que no estés dormida, es sólo la espera, ¿no? ¿Tú sabes algo? Y seguramente debido a los ruidos de todos tus compañeritos de habitación, tú como ellos, has hecho una especie de caparazón para no escuchar sonidos y dormir, o soñar. ¿Sueñas, Liset?

Te veo y trato de no moverme y practicar esta habilidad adquirida a fuerzas, la de hacerme invisible. Alcanzo a distinguir tu mirada puesta en mí pero es como si no me vieras. *Wishfull thinking*. Véme, mírame, soy Lourdes. Aquí estoy.

Ésta ha sido tu casa por cinco meses, después de vivir dos en el hospital. Una tras otra están las cunas en perfecto orden, cubiertas sólo por un colchón y uno que otro muñeco de peluche, que hoy te acerqué para que veas más que paredes y techo. Por fin estás dormida. Finalmente caíste. Tu siesta será de dos horas.

Hace un momento se llevaron a una bebita recién nacida. La nueva mamá me preguntó si ya tenía a alguien para cuidarte. Contesté que yo quiero ser mamá de tiempo completo. "*¿No nanny*"? se sorprende, "no".

La puerta rechina cada vez que alguien entra o sale del cunero y me enerva. Consolé a otro pequeño. Y a otro. Está de más. En el pizarrón, los datos de todos. Tú eres la número once y llegaste al Yayasan el 24 de enero. Ahora lo sabemos. La madre biológica dio datos falsos y te abandonó. Presentabas sepsis, envenenamiento en sangre y debiste recibir transfusión sanguínea. Naciste con niveles altos de bilirrubina. Naciste con un defecto en el corazón. *Blessing in disguise* el que hayas permanecido en el hospital. Oficialmente no existías, Liset. El hospital debió cederte a la ciudad y ésta a su vez al Yayasan y debimos también "anunciarte" en el diario por treinta días para saber si alguien te reclamaba. Junto contigo, había doce nombres más en el periódico.

En la recepción, una pareja con una niña de dos años intenta dejar a un bebé de meses. La mujer tiene los ojos llorosos, el esposo sentado, inexpresivo, espera respuesta. Ella me cuenta con voz entrecortada y muy rápido que vienen de un pueblito y su hombre no tiene empleo. Una trabajadora social la llama, le ofrece consuelo a la madre y chamba al padre, algo de beber y un yogurt para el bebé. Pasan unos minutos y desaparecen. Entiendo que esperaban un pago por el pequeño, pero esto no se dio.

Cada año se van entre cinco y quince y llegan otros tantos. La estadística. Liset, nos dicen que eres la primera niña indonesia adoptada por papás mexicanos. Eres uno de los cuarenta y cinco mil trámites de adopción internacional. Yo sólo cuento los minutos para poder llevarte conmigo. Hay una pausa. En media hora, a las tres, empezará todo de nuevo y yo espero que nuestra vida juntas también.

Liset Indah, hoy cumples dos meses en casa-casa. Te tengo sentada en mis piernas, como changuito, tu cabeza recargada en mi pecho, dormida mientras escribo frente a la computadora, viendo las palmeras que rodean la casa, como todos los días. Estoy felizmente cansada, agradecida. Es un ejercicio cotidiano de amor, entrega, *rakyat kecil*, somos "gente chiquita".

No he dejado de verte ni un solo día después de haberte conocido, antes aun de saber si podíamos traerte a casa. Liset, eras como una verdurita, veías siempre al techo. Te dejabas cargar, no hacías ruido, no llorabas, estabas como en *stand by* en la vida. Por eso mi temor de que tuvieras sordera o autismo. Liset, hoy y siempre te doy besos, te apachurro los cachetes, te limpio las cacas, te doy de comer, bailo contigo, nos vemos en el espejo, dejo que me chupes mis hombros, te canto cosas horribles, saco la lengua y repito tu nombre todo el tiempo. *Indah* significa bonita en indonesio y así queremos que te sientas toda tu vida. Tienes unas pestañas de sueño y unos ojos almendrados enormes, me miras atenta como desde el primer momento, te arriesgas emocionalmente a estar cerca de mí. Has recibido tanto estímulo que debes estar cansadísima. Todo es primera vez para ti, el pasto, los colores, los árboles, las verduras, los perros. Tu papá, que te encanta. Lo sé porque cuando lo ves se parecen tanto. Se disfrutan horrores. Creo que me tienes tomada la medida y está bien conmigo. Danko no se ha separado ni un minuto de ti, te da unos lengüetazos de miedo y tú sólo cierras los ojos, anticipándote al gesto cariñoso. Sabe muy bien donde están sus lealtades. Cuando lloras corre a verte y me avisa nervioso, te acompaña siempre, duerme cerca de tu recámara, hasta cuando te bañamos está de cuerpo presente, encantador. Babah, que cumplió trece años en abril, ladra de gusto y Lya se levanta a acompañarme a darte tu leche de madrugada y se acerca con su carrito de ruedas para que te impulses en él y aprendas a pararte solita. Te estás destapando y juntas aprenderemos de la vida, con ayuda de los nuestros. Hace un momento tomé la primera foto con tu abuela Yuyú, jugando las dos en el suelo. Me gusta ser tu mamá, me gusta mucho.

Saya dari sini (De aquí soy)

Cuando algo me parecía difícil, en su momento decía: "Dentro de unas horas, ya habrá pasado", "falta tanto", "mañana, a las tres". Y así. Lo mismo viví cuando llegamos a Indonesia. "Sólo faltan trece veces el tiempo que llevamos aquí para regresar". "Mira, *sua-*

mi, seis veces y nos vamos a México". "Tres..." De pronto dejé de contar.

De acuerdo con una historia de tradición javanesa, un hombre sin una casa es como una flor sin fruto. La casa es uno de los cinco atributos de un caballero javanés. Los otros cuatro son: una esposa, una espada, una canción de pájaro y un caballo.

Y para mí, una hija.

Llegué a casa.

Yakarta, Indonesia, septiembre de 2008.

Biografías

Sandra Fuentes-Berain

Diplomática. Licenciada en derecho y miembro del Servicio Exterior Mexicano de Carrera. Ha sido titular de las embajadas en Canadá, Francia y Países Bajos así como de los consulados generales en Hong Kong y Milán. Actualmente es embajadora ante Bélgica y Luxemburgo y jefe de la Misión ante la Comunidad Europea. Recibió el doctorado Honoris Causa por la Universidad de Ottawa y la Orden de Orange-Nassau en grado de Caballero de la Reina Beatriz de los Países Bajos.

Lydia Cacho

Periodista. Cofundadora del Centro Integral de Atención a las Mujeres, A.C., en Cancún, Quintana Roo, donde se atiende a víctimas de violencia doméstica y sexual. Es columnista política de *El Universal* y *La Voz del Caribe*, así como directora editorial de la revista *Esta Boca es Mía*. Es autora del libro *Los demonios del Edén*, entre otros. Ha recibido múltiples premios, entre los que destacan el Premio de la Fundación Internacional de Mujeres en los Medios (2007) y el Premio Mundial UNESCO-Guillermo Cano de Libertad de Prensa 2008.

Diana Bracho

Actriz. Presidenta de la Academia Mexicana de Ciencias y Artes Cinematográficas desde 2002. Estudió la carrera de Filosofía y Letras en Nueva York y en Oxford, Inglaterra. Debutó profesionalmente en el teatro con la obra *Israfel*. En la televisión su debut fue en 1973 con la serie *Los miserables* y en el cine en la película *El castillo de la pureza* (1972). Ha participado en importantes producciones teatrales entre las que destacan: *Un tranvía llamado deseo*, *Las dos Fridas*, y *Entre Villa y una mujer desnuda*. En la televisión ha protagonizado diversas series y telenovelas.

Rebecca de Alba

Comunicadora. Es modelo y presentadora de televisión. Activista en la lucha contra el cáncer, ha dedicado los últimos años a su actividad filantrópica. En televisión ha sido conductora de *Un nuevo día*, y ha participado en series como *S.O.S: sexo y otros secretos* y en la televisión española en el programa *Una carta para ti*. Ha presentado múltiples programas especiales y ha realizado entrevistas a personalidades internacionales dentro de su carrera en la televisión.

Astrid Hadad

Cantante. Sus interpretaciones se inspiran en gran parte en los espectáculos de cabaret de mediados del siglo XX, y se caracterizan por estar acompañadas por una representación cuasiteatral. Entre sus aportaciones musicales está el *Heavy Nopal*, que consiste en la adaptación de canciones rancheras al ritmo del rock and roll o el flamenco. Sus principales espectáculos han sido *La tequilera*, *Oh-diosas*, *La mujer ladrina*, *Apocalipsis ranchero I y II* y *La monja azteca*.

Ángeles Mastretta

Escritora y periodista. Comenzó a escribir en la revista *Siete* y en el periódico *Ovaciones*. Sus principales novelas son: *Arráncame la vida*, *Mal de amores*, *La pájara pinta*, *Puerto libre*, *El mundo iluminado*, *El cielo de los leones*, *Mujeres de ojos grandes* y *Maridos*. En 1997 ganó el Premio Rómulo Gallegos por *Mal de amores*.

Alejandra de Cima

Activista social. Dedicada a la filantropía, constituyó la Fundación Cima-Asociación Mexicana contra el Cáncer de Mama A.C., tras sobrevivir a la enfermedad. Fue elegida como líder de filantropía por la revista *Mujer Ejecutiva* en 2005. La fundación realiza pláticas testimoniales y brinda apoyo emocional, médico y económico a mujeres que padecen cáncer de mama. Además proporciona donativos importantes al Instituto Nacional de Cancerología y al Hospital General de la ciudad de México, entre otros.

Mónica Patiño

Gastrónoma y empresaria. Estudió alta cocina en L´École de Cuisine de la Varenne, en París. En 1978 abrió las puertas del que fuera su primer restaurante La Taberna del León, ubicado en Valle de Bravo, Estado de México. Posteriormente trajo La Taberna del León al sur de la ciudad de México, en el barrio de San Ángel. Años más tarde abrió Bolívar 12. Ha participado en diversos festivales gastronómicos en Portugal e Inglaterra representando a México. En junio de 2000 inauguró el MP Café Bistro.

María Elena Morera

Activista social. Promotora del derecho a la seguridad de los mexicanos. Su posición ante el combate a la inseguridad es crítica y abierta. Conferencista nacional e internacional sobre la participación ciudadana en seguridad, justicia y legalidad. Ha sido acreedora de diversos reconocimientos por su trabajo en favor de la seguridad. Presidenta de México Unido Contra la Delincuencia A.C. de 2004 a la fecha.

Rosaura Ruiz

Investigadora. Bióloga y doctora en ciencias por la UNAM, fue vicepresidenta de la Academia Mexicana de Ciencias, la que actualmente preside. Ha ocupado diversos cargos en la UNAM: Secretaria de Desarrollo Institucional y Directora General de Estudios de Posgrado. Es investigadora nacional a partir de 1988. Ha sido profesora invitada en la Universidad de California, Irvine. Su tema central de investigación son las teorías evolutivas. Logró la creación del área de historia y filosofía de la biología en la misma Facultad de Ciencias de la UNAM.

Fernanda Familiar

Comunicadora. Conferencista nacional e internacional de "La imagen del éxito" y otros títulos. Es autora de *Las mejores entrevistas de...*, *Mamás de teta grande* y *El tamaño sí importa*, de reciente publicación. Edita la revista *Fernanda, una mujer como tú*. Desde hace ocho años es titular del programa radiofónico *Qué tal Fernanda* que se transmite por Grupo Imagen. Es miembro del Foro Internacional de la Mujer, capítulo México y desde septiembre de 2008 conduce, en Cadena Tres de televisión, la revista matutina *Bien Familiar*.

Ruth Zavaleta

Política. Licenciada en sociología por la UNAM. Es miembro del Frente Democrático Nacional y fundadora del PRD. En 1997 fue nombrada primera secretaria de Desarrollo Social del Gobierno del Distrito Federal, cargo en el que permaneció hasta 1998 cuando fue nombrada secretaria de Finanzas. Fue presidenta de la Cámara de Diputados en 2007. Ha sido Jefa Delegacional de Venustiano Carranza y diputada local en la Asamblea Legislativa del Distrito Federal.

Rosa Beltrán

Escritora. Estudió letras hispánicas y un doctorado en literatura comparada en la Universidad de California. Fue subdirectora de *La Jornada Semanal.* En 1992 obtuvo el reconocimiento de la American Association of University Women por su obra. Es colaboradora habitual de varias revistas y suplementos culturales. Ha publicado los volúmenes de relatos *La espera* y *Amores que matan,* el ensayo *América sin americanismos* (Premio Florence Fishbaum 1997), y la novela *La corte de los ilusos,* Premio Internacional de Novela Planeta/Joaquín Mortiz.

María Asunción Aramburuzabala

Empresaria. Es parte de los consejos de administración de múltiples empresas mexicanas como Tresalia Capital, Grupo Modelo, DIFA y Grupo Televisa. Asimismo, es consejera propietaria de América Móvil, Aeroméxico y Banamex-Citigroup. Por su destacado papel en el sector empresarial, ha recibido diversos reconocimientos como The Leading Women Entrepreneurs of the World otorgado por Star Group (1998) y el Golden Plate Award otorgado por la Academy of Achievement (2004), entre otros. Además, forma parte del Consejo Consultivo de la Escuela de Negocios del ITAM y del Consejo Asesor para Negociaciones Comerciales Internacionales de la Secretaría de Economía.

Gabriela Cuevas

Política. Actualmente se desempeña como jefa delegacional de Miguel Hidalgo, Distrito Federal. Estudió ciencia política en el ITAM. En el Partido Acción Nacional fue secretaria de Acción Juvenil. Fue asesora de la Subsecretaría de Comunicación Social de la Secretaría de Gobernación.

Diputada federal plurinominal en la LVIII Legislatura de la Cámara de Diputados y diputada local a la III Legislatura de la Asamblea Legislativa del Distrito Federal.

María Teresa Priego

Feminista. licenciada en Letras, por la Universidad de Monterrey y maestría en estudios de lo femenino, en París VIII. Es integrante del Comité editorial de *Debate feminista* y miembro del equipo fundador del Instituto de Liderazgo para mujeres, Simone de Beauvoir. Ha publicado en los diarios *Milenio, El Independiente, Diario Monitor*, y *El Universal*. Así como un libro de cuentos *Tiempos oscuros* y ha colaborado en diversas antologías.

Maricarmen de Lara

Cineasta. Egresada del Centro Universitario de Estudios Cinematográficos; durante 20 años ha dirigido, escrito y producido documentales y ficciones en la compañía de cine y video que fundó hace 18 años, Calacas y Palomas S.A. Sus películas han sido galardonadas con numerosos premios, incluidos un Ariel por la Academia Mexicana de Ciencias y Artes, Colón de Oro al Mejor Documental, en el Festival de Huelva, España; la Diosa de Plata de Pecime, Primer Premio Pitirre en Puerto Rico, y premio al mejor documental en el Festival de Cine de Canarias, España.

Cecilia Suárez

Actriz. Estudió teatro en la Universidad del Estado de Illinois en Estados Unidos y debutó en el cine con la película *Sexo, pudor y lágrimas*. Participó en la serie de HBO para Latinoamérica *Capadocia*. Ha participado en diversas películas entre las que destacan *Párpados azules, Un mundo maravilloso, Travesía, Los tres entierros de Melquíades Estrada, Isy, Spanglish, Sólo Dios sabe, Puños rosas* y *Todo el poder*, y series de televisión, como *Mujeres asesinas, Lo que callamos las mujeres, Todo por amor* y *Mi pequeña traviesa*.

Josefina Vázquez Mota.

Economista. Actualmente es Secretaria de Educación Pública. Fue diputada federal por el Partido Acción Nacional en la LVIII Legislatura. Se desempeñó como Secretaria de Desarrollo Social de diciembre de 2000 a enero de 2006. Fue coordinadora de campaña de Felipe Calderón durante los comicios del 2006 y fue coordinadora de enlace político de su equipo de transición. En el periodismo trabajó como editorialista en temas económicos y sociales en los diarios *Novedades*, *El Financiero* y *El Economista* y ha sido comentarista de radio. Es autora de *Dios mío, hazme viuda por favor*.

Tanya Moss

Diseñadora de joyería y empresaria. Cuenta con una franquicia de tiendas con sucursales en el Distrito Federal, Cancún y Cozumel. Estudió diseño gráfico en México y en la Universidad del Sur de Illinois, una de las mejores escuelas de joyería en Estados Unidos. Sus diseños se caracterizan por sus formas de espirales, estrellas y flores, en oro y plata, así como piedras preciosas y semi-preciosas, diamantes y perlas. Recibió un reconocimiento del Consejo Promotor de Perlas de Tahití con el primer premio en la categoría de collar.

Margo Glantz

Escritora. Doctora en letras por la Universidad de París. Es profesora emérita e investigadora de la UNAM. Ha sido directora de literatura del INBA y agregada cultural de la Embajada de México en Londres. Autora de: *Las genealogías*, *Síndrome de naufragios*, *Apariciones*, *El rastro*, *Historia de una mujer que caminó por la vida con zapatos de diseñador*, *Saña* y *Obras reunidas*. Profesora visitante en distinguidas universidades internacionales y miembro de número de la Academia Mexicana de la Lengua. Ha recibido numerosos premios, entre los que destacan el Premio Universidad Nacional (1991), Premio Nacional en Ciencias y Artes (2004) y el Premio Coatlicue 2009.

Dulce María Sauri

Política. Primera mujer en acceder a la gubernatura de Yucatán. Es egresada de la Universidad Iberoamericana donde estudió sociología. Entre sus primeros puestos políticos estuvo el de diputada en el Congreso de Yucatán y presidenta del PRI en el estado; desde ese cargo llegó por primera vez al Senado en 1998 hasta que asumió la gubernatura de Yucatán. Desempeñó el cargo de secretaria general del Comité Ejecutivo Nacional del PRI para posteriormente llegar a la presidencia nacional de ese partido en 1999. De 2000 a 2006 ocupó una curul en el Senado de la República.

Paloma Porraz

Curadora. Estudia Historia en la UNAM. Curadora en jefe del Museo Universitario del Chopo de 1989 a 1997. En el año 2000, se le encarga concebir un nuevo espacio de exhibición artística en la que fuera la Antigua Pinacoteca Virreinal: el resultado fue el Laboratorio Arte Alameda que dirigió hasta el 2004. De junio del 2004 a la fecha, es Coordinadora Ejecutiva del Mandato Antiguo Colegio de San Ildefonso, donde ha emprendido importantes exposiciones como "Revelaciones. Las artes en América Latina 1492-1820". Autora de textos para diversos catálogos, ha sido jurado en varias ocasiones de certámenes de Artes Visuales.

María Teresa Franco

Historiadora y economista. Estudio economía e historia en la UNAM. Posgraduada en historia por la Universidad Iberoamericana, donde fue profesora y directora del Departamento de Historia. Cuenta con amplia experiencia en administración de instituciones públicas y en la protección y promoción del patrimonio cultural del país. Ha sido directora del Instituto Nacional de Antropología e Historia. Actualmente se desempeña como directora del Instituto Nacional de Bellas Artes. Es autora de *La vida religiosa durante la Colonia* y *Obregón ante el mundo*, entre otros títulos.

Amaranta Gómez Regalado

Activista política. Muxhe mexicana, candidata política, activista en la prevención del VIH, investigadora social y columnista. Estudió idiomas y teatro. En 2003, con sólo 25 años de edad, se postuló como candidata a diputada federal por el partido México Posible, acaparando la atención de los medios de comunicación internacionales como "la primera candidata transexual en México". Actualmente, participa en varios proyectos de educación sexual, prevención del SIDA y apoyo a los derechos de la comunidad Lésbico, Gay, Bisexual y Transgénero. También es miembro del Comité Estatal contra la Homofobia.

Magali Lara

Artista plástica. Estudió en la Escuela Nacional de Artes Plásticas. En 1977 tuvo su primera exposición individual titulada *Tijeras*. Trabajó en el Grupo Marco y colaboró con el No-Grupo en los años setenta. Ha expuesto de manera individual y colectiva en México, Estados Unidos, Europa y América Latina. Su obra forma parte de varias colecciones importantes como el Museo Carrillo Gil, Museo de Arte Contemporáneo de Oaxaca, en México; Stedelijk Museum voor Actuele Kunst en Gante, entre otros. Es profesora en la Facultad de Artes Visuales de la Universidad Autónoma del Estado de Morelos.

Marinela Servitje

Directora de museo. Estudió sociología y se especializó en el ramo educativo. Laboró como voluntaria en la Fundación Mexicana para el Desarrollo Rural. Luego de cursar una maestría en Estados Unidos regresó a México para laborar en la Secretaría de Educación Pública dentro del Instituto Nacional para la Educación de los Adultos. Colaboró para crear y moldear el proyecto del Museo Papalote. En 1990 formó la asociación civil Museo Interactivo Infantil. Actualmente dirige Papalote, Museo del Niño.

Martha Delgado

Activista social. Licenciada en pedagogía, dirigió durante cinco años la Unión de Grupos Ambientalistas, I.A.P. En la administración pública federal fungió como asesora de la presidencia del Instituto Nacional de Ecología de 1993 a 1998. Desde 1998 hasta 2003 fue presidenta de Presencia Ciudadana Mexicana, A.C. Fue diputada independiente de 2003 a 2006 en la III Legislatura de la Asamblea Legislativa del Distrito Federal, cargo al cual llegó postulada por el extinto partido México Posible. Actualmente es secretaria de Medio Ambiente del Gobierno del Distrito Federal.

Purificación Carpinteyro

Abogada. Egresada de la Escuela Libre de Derecho, y de la maestría en leyes en Harvard Law School. Ha incursionado en el sector financiero y bancario nacional desempeñando cargos directivos en empresas nacionales e internacionales de la industria telefónica y de las telecomunicaciones. Se incorporó a la administración pública federal como directora general de Correos de México-Servicio Postal Mexicano y después fue designada subsecretaria de Telecomunicaciones. Ha recibido múltiples reconocimientos, entre los que destacan el título de Comendador en la Orden de Río Branco y Comendador de la Orden del Mérito Cultural por las contribuciones realizadas al desarrollo tecnológico, otorgados por los ministerios de Relaciones Exteriores y de Cultura de Brasil.

Rosario Ibarra de Piedra

Política y activista social. Senadora por el Partido del Trabajo. Su actividad política comienza en 1973, cuando su hijo Jesús Piedra Ibarra, acusado de pertenecer a un grupo armado de orientación comunista, "desapareció" cuando fue detenido por las autoridades. A partir de entonces, inició un largo peregrinar en las instituciones gubernamentales demandando información acerca del paradero de su hijo, que hasta la fecha no se ha esclarecido. En 1977 funda el Comité Pro Defensa de Presos, Perseguidos, Desaparecidos y Exiliados Políticos (conocido como el Comité Eureka). Forma parte de la Federación Latinoamericana de Asociaciones de Familiares de Detenidos-Desaparecidos. En 1982 fue candidata a la Presidencia de la República por el desaparecido Partido Revolucionario de los Trabajadores. Fue diputada por ese partido y en 1988 fue nuevamente candidata a la Presidencia de la República.

Patricia Martín

Curadora. Realizó estudios en Sotheby's Institute de Londres, obteniendo la maestría en arte contemporáneo por la Universidad de Manchester. Ha curado más de una docena de exposiciones de arte contemporáneo en México y en el extranjero. Junto con Eugenio López Alonso fundó la Colección Jumex, de la cual fue directora y curadora de 1998 a 2005. Bajo su dirección se constituyó el espacio de exhibición en Ecatepec. Asimismo ha impartido conferencias sobre arte contemporáneo en Colombia, Costa Rica, México, España y Estados Unidos, además de colaborar como escritora en distintas publicaciones tanto nacionales como extranjeras.

Julieta Venegas

Cantante y compositora. Realizó estudios en teoría musical en la Escuela de Música del Noroeste, Tijuana y en Southwestern College de San Diego, California. Ha compuesto bandas sonoras para diversas películas. En 2008 ganó un Ariel por la canción "Mi principio" de *Quemar las naves* (premio compartido con Joselo de Café Tacuba). Entre su producción discográfica destacan *Aquí* (1997), *Bueninvento* (2000), *Sí* (2003), *Limón y sal* (2006) y *MTV Unplugged Julieta Venegas* (2008). Es considerada como una de las cantautoras más destacadas dentro del pop latino. Ha sido ganadora tanto del Grammy como el Grammy Latino y ha recibido en diferentes años el premio MTV Latino.

María Cristina García Cepeda

Promotora cultural. Su experiencia profesional en distintas instituciones culturales del país le ha permitido adentrarse en los campos de la difusión y promoción de las artes. Inició en 1977 en el Instituto Nacional de Bellas Artes. Fue directora de cultura y relaciones internacionales en el Consejo Nacional de Recursos para la Atención de la Juventud, directora general del Festival Internacional Cervantino, secretaria ejecutiva del Fondo Nacional para la Cultura y las Artes, y secretaria técnica del Consejo Nacional para la Cultura y las Artes. Actualmente es coordinadora ejecutiva del Auditorio Nacional, cargo que desempeña desde el año 2001.

María Teresa Arango

Promotora cultural. Con estudios en historia del arte en el Museo de Louvre y en historia de las Ideas en el Instituto Francés de México. Como promotora cultural ha participado en diversos patronatos como el de la Universidad de "William and Mary" en Virginia, EUA, el Museo Nacional de Historia, el Museo Dolores Olmedo. Su gran pasión por el arte popular mexicano la llevó a concebir y realizar el Museo de Arte Popular, MAP del cual es presidenta del Patronato de la Asociación de Amigos del Museo de Arte Popular. Por esta labor ha recibido condecoraciones como ATA: Ayuda al Artesano en Nueva York (2005), el premio de la Asociación de Jaliscienses en San Antonio, Texas (2007) y el Galardón Promomedios a la "Mujer en la Cultura (2008), entre otros.

Martha Debayle

Comunicadora. Fundadora de la empresa *bbmundo*, una compañía multimedia que produce contenidos sobre maternidad, salud reproductiva e infantil *bbmundo.com* es el portal de mamás y bebés más importante de habla hispana, y la compañía publica también una revista homónima de circulación nacional. Ha sido conductora de programas de revista y noticieros y del segmento *bbtips*, que la perfiló como vocera del cuidado infantil. Actualmente conduce uno de los programas con mayor audiencia en la radio mexicana, *Martha Debayle en W* a través de W Radio.

Miriam Morales

Cientista política. Estudió derecho y estética. Ha trabajado en el campo de los derechos humanos, en el Alto Comisionado de Naciones Unidas para Refugiados durante los años de la guerra en Centroamérica y la entrada masiva de refugiados a México, posteriormente fue coordinadora de la Comisión Mexicana de Ayuda a Refugiados, de la Secretaría de Gobernación. Nació en Santiago de Chile y se naturalizó mexicana en 1980. Gerente de la filial en Santiago del Fondo de Cultura Económica (2006-07). Es autora de la novela *La monarca ilegal*.

Carmen Parra

Pintora. Sus temas principales son la protección del patrimonio natural con el tema de la mariposa Monarca y el patrimonio cultural haciendo una reflexión gráfica contemporánea sobre el arte virreinal. Ha expuesto en México y en diversas partes del mundo. Es fundadora de la Sociedad de Amigos del Centro Histórico, preside El Aire Centro de Arte, A.C. y es socia de Monarca, A.C., así como de la Sociedad Defensora del Tesoro Artístico de México y del Fideicomiso para la Salud de los Niños Indígenas de México.

Susana Harp

Cantante. Licenciada en psicología con estudios de psicoterapia Gestalt y una maestría en programación neurolingüística. Sus producciones son recopilaciones musicales del valor histórico y la riqueza de Oaxaca. Destacan *Xqenda*, su primer disco, y *Béele Crúu* (Cruz del Cielo), que incluye letras en zapoteco. Su actividad filantrópica la ha llevado a sumarse al proyecto de Fomento Social Banamex, A.C.

Lourdes Ramos

Periodista. Licenciada en comunicación. Ganadora del Premio Nacional de Periodismo en 1998 en la categoría de noticia. Ha participado en múltiples programas noticiosos como conductora, entre ellos *Nuestro mundo*, *Eco*, *Alta frecuencia*, *Primero noticias* y *A las tr3s* y como reportera en *Mundo de dinero* y *Contrapunto*. Ha participado también en la cobertura de eventos especiales internacionales como los juegos olímpicos. Incursionó en la radio con el matutino *Panorama informativo*.

Denise Dresser

Politóloga. Profesora de ciencia política en el Instituto Tecnológico Autónomo de México. Obtuvo la licenciatura en relaciones internacionales en el Colegio de México y el doctorado en ciencia política en la Universidad de Princeton. Es columnista de la revista *Proceso*, editorialista del periódico *Reforma* y comentarista en numerosos programas de radio y televisión. Coordinó el libro *Gritos y susurros. Experiencias intempestivas de 38 mujeres.* Su último libro, escrito en colaboración con el novelista Jorge Volpi, es *México: lo que todo ciudadano quisiera (no) saber de su patria,* una visión satírica del sistema político mexicano. Fue conductora del programa *El País de Uno* en el Canal 22.

Se terminó de imprimir en febrero de 2009, en EDAMSA Impresiones, S.A. de C.V., Av. Hidalgo 111, Col. Fraccionamiento San Nicolás Tolentino, Del. Iztapalapa, C.P. 09850, México, D.F.